Harald Richardt

Der aktienrechtliche Abhängigkeitsbericht
unter ökonomischen Aspekten

Bochumer Beiträge
zur Unternehmungsführung und
Unternehmensforschung

Band 15

Institut für Unternehmungsführung
und Unternehmensforschung
der Ruhr-Universität Bochum

Harald Richardt

Der aktienrechtliche Abhängigkeitsbericht unter ökonomischen Aspekten

Betriebswirtschaftlicher Verlag Dr. Th. Gabler, Wiesbaden

ISBN 3 409 72001 4

Inhaltsverzeichnis

Vorwort

Gegenstand der vorliegenden Schrift ist die Frage, ob der aktienrechtliche Abhängigkeitsbericht geeignet ist, eines der zentralen Anliegen der Aktienrechtsreform von 1965 zu verwirklichen, nämlich den Schutz der Minderheitsaktionäre im sog. faktischen Konzern entscheidend zu verbessern. Ist diese Frage zu verneinen, so schließt eine kritische Analyse der §§ 311–18 AktG – will sie nicht unglaubwürdig werden – zwangsläufig die Suche nach Möglichkeiten ein, das geltende Konzernrecht weiterzuentwickeln und die Interessen der außenstehenden Aktionäre wirksam zu wahren.

Die Arbeit wurde im Spätsommer 1970 abgeschlossen und lag der Wirtschaftswissenschaftlichen Abteilung der Ruhr-Universität Bochum im Wintersemester 1970/71 als Dissertation vor. Das Manuskript wurde im August 1971 auf den neuesten Stand gebracht; allerdings konnte die zwischenzeitlich erschienene Literatur im wesentlichen nur noch in Fußnoten berücksichtigt werden.

Die Dissertation wurde angeregt und betreut von Herrn Prof. Dr. Walther Busse von Colbe. Ihm gilt mein besonderer Dank. Danken möchte ich ferner Herrn Prof. Dr. Werner Schubert für seine wertvollen Hinweise und all jenen Wissenschaftlern, Konzernpraktikern und Angehörigen des wirtschaftsprüfenden Berufs, die diese Arbeit durch klärende Diskussionen gefördert haben. Mein Dank geht schließlich an das Direktorium des Instituts für Unternehmensführung und Unternehmensforschung der Ruhr-Universität Bochum für die Aufnahme der Arbeit in seine Schriftenreihe.

Harald Richardt

1. KAPITEL

Einführung

I. Zielsetzung dieser Arbeit

Die aktienrechtlichen Bestimmungen der §§ 311–318[1] (sog. Recht des „faktischen Konzerns"), in deren Mittelpunkt der Abhängigkeitsbericht[2] steht, bezwecken, die Minderheitsaktionäre faktisch konzernverbundener Aktiengesellschaften und Kommanditgesellschaften auf Aktien[3] vor Beeinträchtigungen ihrer Vermögensinteressen infolge schädigender Einflußnahmen seitens des Konzernaktionärs auf ihre Gesellschaft zu schützen. Ziel dieser Arbeit ist es, die §§ 311 ff auf ihre Praktikabilität und Effizienz hin zu untersuchen. Dabei sollen in erster Linie ökonomische Probleme erörtert werden, juristische dagegen nur insoweit, als dies für die Gesamtbeurteilung der von den §§ 311 ff ausgehenden Schutzwirkung erforderlich ist. Neben der präzisen Definition der ausgleichspflichtigen Konzerneinwirkungen und ihrer (mengenmäßigen) Erfassung gilt es daher zu untersuchen – und dies ist das zentrale Anliegen dieser Schrift –, ob Bewertungs- und Prüfungsmaßstäbe existieren, deren Anwendung ein Erkennen, eine Verhinderung bzw. einen Ausgleich der aus dem Konzernverbund möglicherweise resultierenden Erfolgsschmälerungen der abhängigen AG gewährleisten.

Im Falle, daß diese ökonomischen Probleme nicht befriedigend gelöst werden können, würde sich zwangsläufig die – wegen der weitreichenden Konsequenzen dringliche – Aufgabe stellen, Alternativen zur bestehenden Regelung des faktischen Konzerns zu erarbeiten: Bei Festhalten an den §§ 311 ff wäre nicht nur die angestrebte Verbesserung des Minderheitenschutzes gescheitert, sondern dann „verfehlt das neue Konzernrecht insgesamt sein Ziel"[4]; die §§ 311 ff würden für die Konzernverwaltungen einen künstlichen Anreiz schaffen, der tendenziell teureren Vertragskonzernierung (höherer Kapitaleinsatz, Leistungen an die Minderheitsaktionäre) auszuweichen. Darüber hinaus wäre eine Fortdauer der Privilegierung der Konzerninteressen zu Lasten der Minderheiten nicht mit der erstrebten Konzentrations- und Wettbewerbsneutralität des Aktienrechts[5] vereinbar. Aus den gleichen Gründen müßte schließlich auch von der geplanten Ausdehnung des Anwendungsbereichs der §§ 311 ff auf die GmbH[6] abgeraten werden.

1 Ohne Zusatz zitierte Paragraphen sind im folgenden solche des Aktiengesetzes von 1965.
2 Zur Wahl dieser Bezeichnung s. FN 42.
3 In dieser Arbeit wird explizit nur auf die abhängige AG Bezug genommen. Die Ausführungen sind aber analog auch auf die KGaA anzuwenden.
4 Kropff, B.: Das Konzernrecht des Aktiengesetzes 1965, in: BB. 20. Jg. (1965), S. 1281–89, 1287: vgl. auch Ausschußbericht zu § 311. Die Berichte des Wirtschafts- und Rechtsausschusses des DBT werden im folgenden – soweit nichts anderes vermerkt ist – genauso wie die RegB nach Kropff, B., Aktiengesetz. Textausgabe, Düsseldorf 1965 (hier S. 413) zitiert.
5 Vgl. Ausschußbericht zu §§ 20 ff, a.a.O., S. 40 f; RegB zum Konzernrecht, a.a.O., S. 374.
6 Vgl. den Referentenentwurf eines Gesetzes über Gesellschaften mit beschränkter Haftung, Köln 1969, der in den §§ 251 ff im wesentlichen und von einzelnen Abweichungen (vgl. die erläuternden Bemerkungen zum RefE, ebenda, S. 390 ff) abgesehen der aktienrechtlichen Regelung des faktischen Konzerns folgt.

Bevor die genannten Kernfragen dieser Arbeit angegangen werden, erscheint es nützlich, eine Rückschau auf die rechtliche Stellung der Minderheitsaktionäre im alten Aktienrecht zu halten: dadurch läßt sich am leichtesten ein Einstieg in die Problematik des konzernrechtlichen Minderheitenschutzes gewinnen und zunächst die Konzeption, später dann die vergleichsweise Schutzwirkung des neuen Konzernrechts verdeutlichen. Schließlich wird es sich als erforderlich erweisen, im Rahmen der Einführung den Geltungsbereich der §§ 311 ff abzugrenzen, weil dieses Problem im Schlußkapitel dieser Arbeit eine wichtige Rolle spielt.

II. Die Unzulänglichkeit des Schutzes der Minderheitsaktionäre verbundener Unternehmen durch das Aktiengesetz von 1937

Das Aktiengesetz von 1937 orientierte sich an einer rechtlich und wirtschaftlich selbständigen AG, welche sich in ihrer Geschäftspolitik allein von ihren eigenen Belangen und den im wesentlichen gleichgerichteten Interessen aller an ihr beteiligten Aktionäre leiten läßt[7]. Die Rechtsverhältnisse verbundener Unternehmen erfaßte das Gesetz in verstreuten Einzelbestimmungen nur fragmentarisch[8], besondere Vorschriften zum Schutze der Minderheitsaktionäre solcher Gesellschaften fehlten völlig.

Diese Konzeption vermag allenfalls die innere Ordnung einer Familien- oder Publikumsgesellschaft sinnvoll zu regeln, wenngleich sich auch hier die Aktionärsrechte im einzelnen als höchst reformbedürftig erwiesen.

Sie wird aber insoweit der Wirklichkeit in keiner Weise gerecht, als heute – genau so wie damals schon[9] – der Typ der konzernverbundenen AG dominiert: auf Grund neuerer Erhebungen[10] und Schätzungen[11] wird man annehmen können, daß erheblich mehr als die Hälfte der Aktiengesellschaften konzernverbunden ist. Durch die

7 Vgl. hierzu: DJT 1967, S. 35; v.Godin-Wilhelmi, Aktiengesetz vom 6. September 1965, 3. Aufl. Berlin 1967, S. 1499 ff; Flume, W.: Die abhängige Aktiengesellschaft und die Aktienrechtsreform, in: DB, 12. Jg. (1959), S. 190–96, 190; Kropff, B.: Das Konzernrecht des Aktiengesetzes 1965, in: BB, 20. Jg. (1965), S. 1281–89, 1281 f; Schäffer, F.: Selbstfinanzierung und Konzernrecht, in: AG, 4. Jg. (1959), S. 57–64, insb. S. 60 ff, Sapper, H.: Die rechtssystematische Stellung der Unternehmensverträge, Diss. Tübingen 1963, S. 89 ff. Zur Diskussion, welches idealtypische Modell der Gesetzgeber dem Aktienrecht zugrundelegen soll: Wiethölter, R.: Die Publizitätsinteressen der Anteilseigner, in: Das Fankfurter Publizitätsgespräch, Frankfurt 1962, S. 33–54, insb. S. 36 ff.

8 Vgl. die Zusammenstellung bei Geßler, E.: Probleme des neuen Konzernrechts, in: DB, 18. Jg. (1965), S. 1691–96, S. 1729–31, 1691 (FN 1 f).

9 Nach Angaben des Statistischen Reichsamtes waren am 31.12.1926 65,1% des Grundkapitals aller deutschen AGen konzernverflochten (zit. nach Enquete–Bericht 1930, S. 15). 1936 entfielen allein auf die passiv konzernverbundenen Gesellschaften ca. 2/3 des gesamten Grundkapitals (zit. nach Oeser, A.: Konzernarchitektur, in Die Wirtschaftskurve, 22. Jg. (1943), S. 224–40, 226).

10 Lt. Enquête–Bericht 1964, S. 64 f bestanden 1960 an 79% aller börsennotierten AGen Beteiligungen von 25% u.m., ihr Anteil am gesamten Grundkapital betrug ca. 58%. Die Gruppe der in Mehrheitsbesitz stehenden AGen allein machte anzahlmäßig ca. 47% aus. – Nach Gefromm (E.: Das Eigentum am Kapital der deutschen Aktiengesellschaften, in: Wirtschaft und Statistik, 18. Jg. (1966), S. 94–97, hier 94,97) befanden sich 1965 26% des gesamten Aktienkapitals in Schachtel-, 44,3% in Dauer- und nur ca. 17% in echtem Streubesitz.

Konzernierung wird das Recht der selbständigen AG „in wichtigen, um nicht zu sagen in allen Beziehungen“[12] modifiziert. Von einer Interessengleichheit der Aktionäre kann hier insbesondere dann keine Rede sein, wenn der Mehrheitsaktionär ein Unternehmen ist. Vielmehr sind die „Interessenkonflikte im Konzern . . . objektiver Natur und mit der Unternehmenszusammenfassung gegeben“[13], ja „den Zielen der Konzernierung ist das Kriterium, keine gesellschaftsfremden Sondervorteile zu verfolgen, entgegengesetzt“[14].

Der Mehrheitsaktionär kann sich solche Sondervorteile
(1) durch „verdeckte Gewinnausschüttungen“ (vGA) verschaffen, indem er z.B. die Verrechnungspreise zu hoch oder zu niedring ansetzt, je nachdem, in welcher Richtung der konzerninterne Leistungsaustausch erfolgt;
(2) dadurch, daß er die abhängige Gesellschaft veranlaßt, für sie nachteilige Maßnahmen zu treffen oder auf gewinnversprechende Geschäfte und Betätigungsgebiete zu verzichten zugunsten anderer Konzernunternehmen.

Wohl schädigt sich der Konzernaktionär durch solche Manipulationen auch selbst, aber während die Minderungen des Gewinns bzw. der Gewinnchancen der abhängigen AG voll zu Lasten der daran beteiligten Minderheitsaktionäre gehen, können seine Nachteile überkompensiert werden durch Vorteile anderer Konzernunternehmen, an denen er eine höhere Beteiligung hält [15]. Gegen die erstgenannten Gewinnmanipulationen boten zwar die *§§ 52 und 54 AktG 1937* eine Handhabe, da sie Gewinnausschüttungen in verdeckter Form untersagten. Die Tatsache, daß vGA in der Konzernpraxis [16] gang und gäbe waren [17] und der Fülle der Steuerrechtsprozesse, die solche

11 Vgl. Geßler (E.: Das neue Aktienrecht, in: BB, 20. Jg. (1965), S. 677–83, 681): „70% unserer Aktiengesellschaften (sind) in irgendeiner Weise ‚konzernverbunden‘ “; Baumbach–Hueck (Aktiengesetz, 13. Aufl. München und Berlin 1968, S. 854): „mindestens 70%“.

12 Mestmäcker, E.J.: Probleme der Konzentration im neuen Recht der verbundenen Unternehmungen, in: Jahrbuch der Fachanwälte für Steuerrecht 1967/1968, Herne 1968, S. 99–123, 100. In diesem Sinne auch RegB zum Konzernrecht, a.a.O., S. 373; Mestmäcker, E.J./Koberstein, G.: Konzern, in: Staatslexikon, Bd. V, Freiburg, 6. Aufl. 1960, Sp. 28–38, 35; Rasch, H.: Deutsches Konzernrecht, Köln–Berlin–Bonn–München, 4. Aufl. 1968, S. 114 ff.

13 Mestmäcker, E.J.: Verwaltung, Konzerngewalt und Recht der Aktionäre, Karlsruhe 1958, S. 280.

14 Ebenda, S. 348.

15 Berechnungen der Vorteile solcher Gewinnverlagerungen für den Konzernaktionär finden sich schon bei Steinitzer, E.: Ökonomische Theorie der Aktiengesellschaft, Leipzig 1908, S. 73 ff; vgl. auch Lipfert, H.: Gefahren der Konzentration für den Streubesitz, in: Konzentration in der Wirtschaft, Schriften des Vereins für Sozialpolitik, Bd. 20/III, Berlin 1960, S. 1661–85, 1673 f.

16 Zu den verschiedenen Praktiken der Gewinnmanipulation vgl. z.B. Enquête–Bericht 1964, S. 67 f; Steueroasen–Bericht, insb. S. 6 f, 9 f; Frankenberg, Ph.: Die konzernmäßige Abhängigkeit, Diss. Zürich 1937, S. 61 ff; zu älteren Fällen s. Buchwald, B.: Die wirtschaftlichen Strukturwandlungen und die Reform des Aktienrechts, in: Enquête–Ausschuß 1928, S. 89–125, 104 f.

17 Vgl. Ballerstedt, K.: Kapital, Gewinn und Ausschüttungen bei Kapitalgesellschaften, Tübingen 1949, S. 130; Stützel, W.: Worum geht es bei der Aktenrechtsreform? , in: Die Aussprache, 14. Jg. (1964), S. 138–47, 145; Harder, U.: Pflichtprüfung und verdeckte Gewinnausschüttung, in: Prüfung und Besteuerung der Betriebe, Festschrift für W. Eich zum 70. Geb., Berlin 1959, S. 61–87, 66; ders.: Bilanzpolitik, Wiesbaden 1962, S. 177; Weisser, K.-F.: Der Gewinn der Aktiengesellschaft im Spannungsfeld zwischen Gesellschaft und Aktionären, Berlin 1962, S. 121; Mestmäcker, E.J.: Verwaltung . . ., a.a.O., S. 237.

Begünstigungen des Konzernaktionärs zum Inhalt hatten, keine entsprechenden aktienrechtlichen Klagen gegenüberstanden [18], zeigt indes, daß diese an sich sehr weitreichenden Bestimmungen keine praktische Bedeutung erlangten [19].

Auch die in den *§§ 101 und 197 AktG 1937* statuierten Schadensersatz- und Klagerechte, mit deren Hilfe den Schädigungen der unter (2) genannten Art allein hätte entgegengetreten werden können, erwiesen sich im Ergebnis als wirkungslos. Zwar wich die weit verbreitete und auch schon im älteren Schrifttum vertretene minderheitenfeindliche Einstellung[20] allmählich der Einsicht, die Konzernleitung sei nur dann zu konzerndienlichen Einflußnahmen auf die Gliedgesellschaften befugt, wenn sie die daraus resultierenden Nachteile ausgleiche[21].

18 Nur zu verständlich ist in diesem Zusammenhang die Empfehlung der Spitzenverbände der deutschen Wirtschaft (im Rahmen ihrer ablehnenden Stellungnahme zur Verbesserung des Minderheitenschutzes im faktischen Konzern durch die §§ 300 f RegE), es solle „ein stärkeres Vertrauen zur Rechtsprechung herrschen, die Mißbrauchsfällen sicher wirksam begegnen wird, wenn solche vorkommen sollten" (Spitzenverbände 1960, S. 53).

19 Dies hatte im wesentlichen zwei Gründe:
(1) wurde weitgehend bestritten, daß die §§ 52, 54 AktG 1937 nicht nur die Beziehungen der Untergesellschaften zur Muttergesellschaft betrafen, sondern auch den Geschäftsverkehr der Gliedgesellschaften untereinander oder mit sonstigen „nebenstehenden Personen" (ablehnend wohl Mestmäcker, E.J.: Verwaltung . . ., a.a.O., S. 240 i.V. mit S. 366; Harder, U.: Pflichtprüfung . . ., a.a.O., S. 63; ders.: Bilanzpolitik . . ., a.a.O., S. 176);
(2) war umstritten, ob sich die aktienrechtliche Jahresabschlußprüfung auf Verstöße gegen die §§ 52, 54 AktG 1937 erstreckte (vgl. dazu statt vieler: Harder, U.: Pflichtprüfung . . ., a.a.O., S. 69 ff; Weisser, K.-F.: a.a.O., S. 110 ff). Es spricht vieles dafür, daß sich eine solche Auffassung in der Praxis nicht durchgesetzt hat; zwar beweist die Tatsache, daß Testatseinschränkungen wegen Verstoßes gegen die genannten Normen – soweit ich sehe – nicht vorgekommen sind, eindeutig nur, daß die Pflichtprüfung den freien Aktionären nicht die erforderlichen Informationen für die Erhebung einer erfolgsversprechenden Schadensersatzklage verschaffte. Immerhin ist denkbar – dem Verf. wurde von Wirtschaftsprüfern mitgeteilt, Fälle dieser Art habe es gegeben –, daß die Abschlußprüfer einen uneingeschränkten Bestätigungsvermerk nur unter der Bedingung erteilten, daß der durch vGA entstandene Schaden ausgeglichen wurde. Abgesehen davon, daß eine solche Handhabung in der Praxis dem Gesetz nicht Genüge getan hätte – nach h.M. waren Verträge, die gegen die §§ 52, 54 verstießen, unheilbar nichtig (vgl. Mestmäcker, E.J.: Verwaltung . . ., a.a.O., S. 234/237 mit weiteren Nachweisen) –, wäre sie nicht unbedenklich gewesen, da es der Mehrheitsaktionär hätte darauf ankommen lassen können, ob der WP die vGA aufdeckte und beanstandete.

20 Vgl. dazu Mestmäcker, E.J.: Verwaltung . . ., a.a.O., S. 276 f; Zöllner, W.: Die Schranken mitgliedschaftsrechtlicher Stimmrechtsmacht bei den privatrechtlichen Personenverbänden, München–Berlin 1963, S. 86.

21 Diese Auffassung war zuletzt vorherrschend: vgl. Filbinger, H.: Die Schranken der Mehrheitsherrschaft im Aktienrecht und Konzernrecht, Berlin 1942, S. 57 ff mit weiteren Nachweisen; Rasch, H.: Deutsches Konzernrecht, 2. Aufl. Köln–Berlin 1955, S. 101 f; ders.: Minderheitenschutz im Konzernrecht, in: W, 6. Jg. (1958), S. 592–601, 594 f; Ballerstedt, K.: Die Verfassung der Aktiengesellschaft und der Organschaftsvertrag, in: DB, 10. Jg. (1958), S. 837–41, 839; Duden, K.: Die Diskussion um das Konzernrecht, in: BB, 12. Jg. (1957), S. 1230–36, 1232; Geßler, E.: Der Schutz der abhängigen Gesellschaft, in: Aktuelle Probleme aus dem Gesellschaftsrecht und anderen Rechtsgebieten, Festschr. für W. Schmidt zum 70. Geb., Berlin 1959, S. 247–78, 261; Schäffer, F.: Selbstfinanzierung . . ., a.a.O., S. 62; Kropff, B.: Der außenstehende Aktionär im Konzern nach dem RefE eines Aktiengesetzes, in: W. 6. Jg. (1958), S. 674–80, 680; Pleyer, U.: Aktienrecht und Unternehmenskonzentration, in: AG, 4. Jg. (1959), S. 8–13, 39–43, hier 40; Zöllner, W.: a.a.O., S. 89.
Während diese Autoren nur die vermögens-, nicht auch die gesellschaftsrechliche Gleichrangigkeit von Mehrheits- und Minderheitsaktionären anerkannten, wurde im älteren Schrifttum darüber hinaus z.T. verlangt, der Konzernaktionär habe sich jeder schädlichen Einflußnahme zu enthalten. Im Konfliktsfalle gehe das Interesse der Gliedgesellschaften vor (so Kronstein,

Indessen ist mit der Feststellung einer entschädigenden Ausgleichspflicht für den Schutz der außenstehenden Aktionäre noch nicht viel gewonnen. Vielmehr hängt sein Umfang entscheidend von den *Modalitäten des Ausgleichs*[22] ab. Die überwiegende Meinung ging dahin, daß bei der Bestimmung des ausgleichpflichtigen Schadens die Konzernbeziehungen in ihrer Gesamtheit und Langfristigkeit zu berücksichtigen seien; ob ein Schaden vorliege und wie hoch er sei, könne nicht durch die isolierte Betrachtung einzelner Rechtsgeschäfte oder Maßnahmen ermittelt werden[23]. Als Ausgleich von Nachteilen sollten auch später zu erwartende, zum Zeitpunkt der Schädigung noch nicht näher festgelegte Vorteile gelten; eine vorübergehende Schädigung der Untergesellschaft sei statthaft, wenn der Ausgleich langfristig erfolge. Die Absicht ist offenkundig; man wollte der Konzernleitung ein uneingeschränktes Weisungsrecht sichern und den „nötigen" Spielraum bei der Durchsetzung der Konzernpolitik verschaffen[24].

Dagegen wurde jedoch vereinzelt geltend gemacht, eine so vage gestaltete Ausgleichspflicht gewährleiste nicht den tatsächlichen Ausgleich. Das erlaubte zeitliche Auseinanderfallen von Vor- und Nachteilen könne den Minderheitsaktionären nicht zugemutet werden, da der Wert ihrer Aktien in der Zwischenzeit beeinträchtigt werde[25]. Zudem dürften nicht unvergleichbare Vor- und Nachteile miteinander kompensiert werden, insb. seien „Reflexwirkungen" – d.h. allgemeine Vorteile der Gliedgesellschaften, die sich allein aus der Zugehörigkeit zum Konzern ergeben, wie etwa eine verbesserte Wettbewerbsposition oder eine größere Kreditfähigkeit –, nicht auf Nachteile anrechenbar[26]. Sonst stelle man „den wirtschaftlichen Erfolg der Konzernierung im ganzen in Rechnung"[27], was letztlich einen Verzicht auf Eingrenzung der „Konzerngewalt anhand der Entschädigungspflicht"[28] und eine erneute Privilegierung der Konzerninteressen als „schutzwürdige Belange" bedeute. – Ein Ausgleich sei deshalb nur dann gegeben, wenn sich Vor- und Nachteile innerhalb eines „Komplex(es) innerlich zusammengehöriger Geschäfte"[29] kompensierten. Nach Geßler[30] sollte es dabei genügen, wenn die vor- und nachteiligen Geschäfte und Maßnahmen

H.: Die abhängige juristische Person, München–Berlin–Leipzig 1931, S. 20; Frankenberg, Ph.: a.a.O., S. 72), der Konzernaktionär müsse zur Fusion schreiten, wenn er eine Beschränkung seiner Verfügungsmacht nicht hinnehmen wolle (Buchwald, B.: a.a.O., S. 103).

22 Die folgenden Ausführungen beschäftigen sich nur mit der Ausgleichtspflicht im faktischen Konzern. Zur Problematik des Ausgleichs im Vertragskonzern sei auf Mestmäcker, E.J.. Verwaltung . . ., a.a.O., S. 316 ff, insb. S. 351 ff verwiesen.

23 Vgl. Rasch, H.: 2. Aufl. a.a.O., S. 102; Duden, K.: Die Diskussion . . ., a.a.O., S. 1232; Ballerstedt, K.: Kapital . . ., a.a.O., S. 151, 153; weitere Nachweise bei Zöllner, W.: a.a.O., S. 332 f, FN 54; Mestmäcker, E.J.: Verwaltung . . ., a.a.O., S. 278, FN 526.

24 Zu dieser schon in der älteren Literatur vertretenen Ansicht vgl. Frankenberg, Ph.: a.a.O., S. 69 f.

25 Vgl. Geßler, E. Der Schutz . . ., a.a.O., S. 262; Duden, K.: Die Diskussion . . ., a.a.O., S. 1232.

26 Vgl. Filbinger, H.: a.a.O., S. 61.

27 Mestmäcker, E.J.: Verwaltung . . ., a.a.O., S. 279. Er scheint damit die Tatbestände im Auge zu haben, daß Konzernglieder florieren, gleichwohl aber geschädigt werden können und daß die Schädigungen infolge der Schwierigkeit, die Erfolgskomponenten zu isolieren, nicht nachweisbar sind.

28 Ebenda, S. 278.

29 Filbinger, H.: a.a.O., S. 61.

30 Vgl. Geßler, E.: Der Schutz . . ., a.a.O., S. 263 f.

auf einer gleichzeitigen „gemeinsamen wirtschaftlichen Planung beruhen", wobei er wohl an Fälle dachte, in denen z.B. die Produktion eines Erzeugnisses eingestellt und dafür die Herstellung eines neuen Produktes begonnen wird[31].

Nach Mestmäcker, dem diese Aufrechnungsmöglichkeit noch zu weit ging, waren Vor- und Nachteile innerhalb der einzelnen Verträge auszugleichen[32]. Er wollte anscheinend schädigende Einflußnahmen der Konzernleitung ganz verbieten, der Spielraum für Kompensationsmöglichkeiten wäre m.E. auf Ausnahmefälle[33] beschränkt gewesen.

Es sei dahingestellt, ob die Auffassung, der Ausgleich von Vor- und Nachteilen sei nur begrenzt zulässig, mit dem AktG 1937 zu vereinbaren war[34]. Keinesfalls hat sie sich in der Konzernpraxis durchgesetzt[35]. Ja, es muß sogar angenommen werden, daß die Konzernleitung – sie mögen sich des Interessenkonflikts oder gar eines Delikts bewußt gewesen sein oder nicht – die Interessen des Konzerns als vorrangig betrachtet und die Gliedgesellschaften ganz in den oft aufopferungsvollen Dienst der Konzernpolitik gestellt haben[36]. Dies um so leichter, als den Minderheitsaktionären – wie bei den §§ 52, 54 AktG 1937 – solche Praktiken in der Regel nicht bekannt wurden und Schadensersatz- oder Anfechtungsklagen wegen des Beweisnotstandes scheitern mußten bzw. gar nicht erst erhoben wurden[37].

31 Als weitere Beispiele kämen etwa in Betracht: die Gewährung von Gratislizenzen als Ersatz für die von der Konzernleitung veranlaßte Einstellung eines erfolgversprechenden Forschungsprojektes, der Abschluß langfristiger Lieferverträge zur Kompensation des Verlustes eigener Rohstoffquellen der abhängigen AG oder die langjährige Abnahmeverpflichtung als Ausgleich für den Abbruch von Marktbeziehungen infolge der Konzerneingliederung.

32 Vgl. Mestmäcker, E.J.: Verwaltung . . ., a.a.O., S. 278 f.

33 Zu denken wäre etwa an Verträge, in denen sich die abhängige AG zur Lieferung von Waren unter Marktpreis verpflichtet, dafür aber ein Äquivalent in Form der Langfristigkeit und Sicherheit der Abnahme durch die Obergesellschaft erhält.

34 Allein die Tatsache, daß ursprünglich sogar die Ausgleichspflicht als solche bestritten wurde, läßt dies jedoch als sehr zweifelhaft erscheinen. Ablehnend auch Zöllner, W.: a.a.O., S. 331.

35 Die Spitzenverbände der Wirtschaft forderten selbst de lege ferenda noch, es müsse „das gesamte Konzernverhältnis mitberücksichtigt werden" (Spitzenverbände 1960, S. 52). Im gleichen Sinne auch Pohle, W.: Konzernrecht, in: AG, 5. Jg. (1960), S. 311–17, 314; DJT 1967, S. 45, 65 (Minderheitsvotum).

36 Vgl. Rasch, H.: 4. Aufl., a.a.O., S. 126; Geßler, E.: Der Schutz . . ., a.a.O., S. 260; Schäffer, F : Selbstfinanzierung . . ., a.a.O., S. 62; insb. Stützel, W.: Worum . . ., a.a.O., S. 146.

37 Vgl. auch RegB zum Konzernrecht, a.a.O., S. 411; Rasch, H.: Gewinnabführungs- und Weisungsverträge im Referentenentwurf des Aktiengesetzes, in: DB, 14. Jg. (1959), S. 165–71, 170; Geßler, E.: Der Schutz . . ., a.a.O., S. 254; Fischer, C.E.: Rechtsschein und Wirklichkeit im Aktienrecht, in: AcP, Bd. 154 (1955), S. 85–120, 100; Girgensohn, W.: Der Minderheitenschutz im Entwurf eines neuen Aktiengesetzes, in: AG, 4. Jg. (1959), S. 29–33, 33; Großfeld, B.: Aktiengesellschaft, Unternehmenskonzentration und Kleinaktionäre, Stuttgart 1968, S. 216 f, 220 f; Semler, J.: Das Recht der verbundenen Unternehmen nach dem Regierungsentwurf eines Aktiengesetzes, in: Wpg, 13. Jg. (1960), S. 485–91, 514–20, 552–56, hier 552.

III. Grundzüge des durch das neue Konzernrecht angestrebten verbesserten Minderheitenschutzes

Die erstmalige Kodifizierung des Rechts der verbundenen Unternehmen im dritten Buch des Aktiengesetztes von 1965 bringt den Willen des Gesetzgebers zum Ausdruck, die Grundzüge einer Konzernverfassung zu schaffen[38] und so die allgemeinen aktienrechtlichen Vorschriften den – gegenüber den Verhältnissen selbständiger Gesellschaften – besonderen Gegebenheiten in wirtschaftlich abhängigen Unternehmen anzupassen. Erklärtes Ziel dieser neuartigen rechtlichen Erfassung der Konzernierung ist es, die Vermögensinteressen der Minderheitsaktionäre besser als bisher zu schützen. Das AktG sucht dies auf zwei Wegen zu erreichen, indem es – wenn auch nicht expressis verbis – zwischen Vertragskonzernen und faktischen Konzernen unterscheidet.

Im Vertragskonzern – bei Vorliegen eines Beherrschungsvertrages (§ 291) oder bei Eingliederung (§ 319) also – erkennt es den Unternehmenszusammenschluß rechtlich als neue wirtschaftliche Einheit an, und zwar dadurch, daß es der Obergesellschaft umfassende Herrschaftsrechte einräumt (§ 308), die diese selbst zu solchen – dem Konzern dienlichen – Weisungen befugen, welche die abhängige AG schädigen. Dafür erhalten die außenstehenden Aktionäre zur Sicherung ihrer Vermögensinteressen umfassende Rechte, die gegenüber den Minderheitsrechten in einer selbständigen AG völlig neu gestaltet und denen bei der Fusion nachgebildet sind: sie können wählen zwischen einem Anspruch auf Dividendengarantie (§ 304), der ihnen bei Verbleib in der abhängigen AG zusteht, und einem Abfindungsrecht im Falle ihres Ausscheidens (§§ 305).

Während die Konzernleitung im Vertragskonzern frei und eigennützig über die Substanz der Gliedgesellschaften verfügen und die erzielten Gewinne an sich ziehen kann – vorbehaltlich allerdings der §§ 300 ff – ist ihr dies im faktischen, d.h. nicht auf Beherrschungs- oder Eingliederungsvertrag basierenden Konzern gerade verwehrt: nach § 311Abs. 1 darf das herrschende Unternehmen abhängige Gesellschaften nicht zu ihnen nachteiligen Rechtsgeschäften oder Maßnahmen veranlassen. Der Gesetzgeber erkennt den Zusammenschluß rechtlich nicht an, – eine dem § 308 analoge, Weisungsrechte einräumende Bestimmung fehlt –; vielmehr sind Vorstand und AR der Untergesellschaften verpflichtet, ihre Unternehmen in grundsätzlich eigener Verantwortung zu leiten. Dadurch sollen die Minderheitsaktionäre wirtschaftlich so gestellt werden, als seien sie Anteilseigner einer selbständigen Unternehmung. Dafür werden ihnen selbst freilich auch keine besonderen Schutzrechte gewährt wie im Vertragskonzern[39].

Zudem hat der Gesetzgeber schädigende Einflußnahmen der Obergesellschaft nicht völlig untersagt: diese können legitimiert werden durch Ausgleich der daraus ent-

38 Vgl. RegB: a.a.O., S. 374.

39 Abgesehen von den Vorrechten, welche die Minderheitsgesellschafter abhängiger Unternehmen gegenüber den an selbständigen AGen beteiligten genießen bei der Anfechtung von HV-Beschlüssen, der Beantragung von Sonderprüfungen und der Geltendmachung von Schadensersatzansprüchen: ihnen stehen Individualrechte (vgl. §§ 243, 245, 315, 317 f), letzteren nur Minderheitsrechte (§§ 254 Abs. 3 Satz 3; 258 Abs. 3 Satz 3; 93, 116 f) zu.

stehenden Nachteile bis zum Ende des jeweiligen Geschäftsjahres (§ 311 Abs. 2). Insoweit hat der Gesetzgeber kein materiell neues Recht geschaffen, sondern lediglich die zuletzt herrschende Meinung zum alten Aktienrecht – sieht man einmal von der zeitlichen Begrenzung des Ausgleichs ab – kodifiziert. Angesichts des völlig unzureichenden Schutzes, den die Normierung eines bloßen Ausgleichsanspruches bietet – dies haben die obigen Erörterungen gezeigt[40] –, konnte er es jedoch damit nicht bewenden lassen. Er hatte vielmehr sicherzustellen, daß Schädigungen überhaupt aufgedeckt und Ausgleichsansprüche erfolgreich geltend gemacht werden können. Das soll primär der neugeschaffene sog. Abhängigkeitsbericht (§ 312)[41] [42] in Verbindung mit entsprechenden Haftungsbestimmungen garantieren. Der Vorstand der abhängigen AG ist verpflichtet, in diesem nicht öffentlichen Bericht alle Rechtsgeschäfte – also Kauf- oder Lieferverträge etwa – und Maßnahmen – wie z.B. die Durchführung einer Investition – darzulegen, die das Unternehmen auf Veranlassung oder aus Eigeninitiative im Interesse der Obergesellschaft oder anderer Konzernunternehmen[43] getroffen oder unterlassen hat; zudem muß er abschließend erklären, ob die Gesellschaft nach den zum Zeitpunkt der Vornahme des Rechtsgeschäfts bzw. der Maßnahme bekannten Informationen jeweils eine angemessene Gegenleistung erhalten hat bzw. die ihr entstandenen Nachteile ausgeglichen worden sind.

Maßstab für die Angemessenheit von Leistung und Gegenleistung bei Abschluß von Rechtsgeschäften bzw. für die Nichtnachteiligkeit von Maßnahmen ist dabei die

40 Der Gesetzgeber sah daher zu Recht in der mehrfach geforderten (vgl. z.B. Fischer, C.E.: Die Reform . . ., a.a.O., S. 238 f) ersatzlosen Streichung des § 101 Abs. 3 AktG 37 – dies ist in § 117 geschehen – allein keine ausreichende Verbesserung des Minderheitenschutzes.

41 Der Gesetzgeber folgte damit einem Vorschlag Flumes, der diesen erstmals auf dem 42. DJT 1957 vortrug (vgl. 42. DJT 1957, F. 86). Die Idee an sich ist bedeutend älter: zu den ähnlichen Bestrebungen im Rahmen der VO über Aktienrecht vom 19.9.1931 vgl. Fischer, C.E.: Rechtsschein ..., a.a.O., S. 119, vgl. ferner die Vorschläge von Buchwald, B.: a.a.O., S. 98, 104 f.

42 Auf Veranlassung des Rechts- und des Wirtschaftsausschusses wurde diese im RegE gewählte Bezeichnung wegen der darin angeblich zum Ausdruck gelangenden Diskriminierung der abhängigen Gesellschaften in „Bericht über die Beziehungen zu verbundenen Unternehmen" abgeändert (vgl. Ausschußbericht zu § 312: a.a.O., S. 412). Aus sachlichen und praktischen Gründen wird in dieser Arbeit an der ursprünglichen Benennung festgehalten; die abhängige Gesellschaft hat den Bericht über Beziehungen zum herrschenden Unternehmen und den mit diesem verbundenen Unternehmen aufzustellen; letztere sind nicht notwendig mit ihr selbst verbunden (vgl. Adler–Düring–Schmaltz: Rechnungslegung und Prüfung der Aktiengesellschaft, 4. Aufl. Stuttgart 1968, S. 884 ff; Geßler, E.: Die Rechtsverhältnisse verbundener Unternehmen, in: NB, 19. Jg. (1966), S. 198–202, 200; Havermann, H.: Die verbundenen Unternehmen und ihre Pflichten nach dem Aktiengesetz 1965, in: WPg, 19. Jg. (1966), S. 30–41, 66–73, 90–99, hier 31). Zudem ist auch über von der herrschenden Gesellschaft veranlaßte oder in deren Interesse liegende Maßnahmen und Rechtsgeschäfte mit unverbundenen Dritten zu berichten (§ 312 Abs. 1 Satz 2). Die Beziehungen mit Unternehmen, die nur mit der Unter-, nicht auch mit der Obergesellschaft verbunden sind, sind dagegen nicht berichtspflichtig. Außerdem hat sich die Bezeichnung schon wegen ihrer Kürze in der Praxis eingebürgert.

43 Genauer: mit dem herrschenden Unternehmen verbundene Unternehmen. Wenn hier und im folgenden im Rahmen der §§ 311 ff vereinfachend von Geschäftsbeziehungen der abhängigen AG zu anderen Konzernunternehmen die Rede ist, so wird – soweit nichts anderes vermerkt ist – der Begriff des Konzernunternehmens nicht i.S. des § 18 verwendet (zur Abgrenzung des Bereiches im einzelnen s. FN 42 und S. 27), sondern im allgemeinen Sinne.

Beurteilung eines „ordentliche(n) und gewissenhafte(n) Geschäftsleiters einer unabhängigen Gesellschaft" (§ 317 Abs. 2 i.V.m. § 311).

Der Bericht unterliegt ferner der Nachprüfung des AR (§ 314) und – das ist das Entscheidende – des Abschlußprüfers (§ 313). Beide haben das Ergebnis in einem besonderen Bestätigungsvermerk festzuhalten und der Hauptversammlung mitzuteilen. Ein nicht uneingeschränkt erteiltes Testat gibt jedem Aktionär die Möglichkeit, die gerichtliche Einsetzung eines Sonderprüfers zu beantragen (§ 315). Wegen der zumindest tendenziell gegebenen Gefahr, daß die Verwaltung der beherrschten Gesellschaft in wirtschaftliche Abhängigkeit gegenüber der Obergesellschaft gerät und die Interessen ihres Unternehmens nicht nachhaltig genug vertritt, kommt der Überprüfung im Rahmen der Abschlußprüfung überragende Bedeutung zu. Der Gesetzgeber hat die Wirtschaftsprüfer zu den eigentlichen Garanten der vollen Wirksamkeit der gesetzlichen Vorschriften berufen. Er verpflichtet sie nicht nur, zu prüfen, ob verdeckte Gewinnausschüttungen vorliegen – dies war nach dem AktG 1937 zumindest umstritten –, daneben erweitert er ihren Aufgabenbereich durch Ausdehnung der Prüfungspflicht auf die Maßnahmen nicht unerheblich.

Somit stellt sich die Konzeption des neuen Aktiengesetzes zur Verbesserung der Minderheitenstellung im faktischen Konzern im Kern wie folgt dar: die außenstehenden Aktionäre sollen im wirtschaftlichen Ergebnis so gestellt werden, als seien sie an einer selbständigen AG beteiligt. Die dazu erforderliche Unterbindung bzw. Neutralisierung erfolgsmindernder Einflußnahmen der Obergesellschaft erübrigt die Einräumung unmittelbarer vermögensrechtlicher Ansprüche an die Minderheitsaktionäre. Die Transparenz der Einflußnahmen, die Statuierung einer Ausgleichspflicht – verschärft durch die zeitliche Begrenzung der Ausgleichsmöglichkeit –, ferner die Kontrolle der Gesetzesbeachtung durch unabhängige Dritte und die damit verbundene wirksamere Haftung sollen den direkten Schutz der Gliedgesellschaften garantieren.

VI. Abgrenzung des Geltungsbereichs der §§ 311 ff

A. Der Unternehmungsbegriff

Die §§ 311 ff finden[44] nur Anwendung auf Unternehmensverbindungen, bei denen eine AG oder KGaA von einem „Unternehmen"[45] beherrscht wird. Geht die Herrschaftsmacht von einem Nicht-Unternehmen aus, so tritt an ihre Stelle im wesentlichen § 117[46], welcher der AG, ihren Minderheitsaktionären und Gläubigern im Ergebnis einen wesentlich geringeren Schutz[47] gewährt.

44 Das gilt auch für andere, Unternehmensverbindungen betreffende Vorschriften wie etwa die §§ 17, 18 Abs. 1, 291 ff, 329 ff, daneben auch die §§ 20 f.

45 Der Vorschlag des DJT 1967, S. 68 (lt. Kropff, B.: Das Konzernrecht . . ., a.a.O., S. 1285 lag der Bericht dem Gesetzgeber als ungedrucktes Manuskript vor), die §§ 311 ff auch auf beherrschende Nicht-Unternehmen auszudehnen, wurde nicht Gesetz.

46 Daneben ist hauptsächlich noch § 243 Abs. 2 zu erwähnen, dessen Wirksamkeit insb. von Großfeld, B.: a.a.O., S. 292 ff, 301 ff in Frage gestellt wird.

47 Vgl. dazu insb. Luchterhandt, H.F.: Der Begriff „Unternehmen" im Aktiengesetz 1965, in: ZHR, Bd. 132 (1969), S. 149–174, 158 f, FN 31.

Da sich der Gesetzgeber einer Definition des Unternehmensbegriffs „angesichts der großen praktischen Schwierigkeiten“[48] enthalten hat, ist dessen Inhalt im Wege der Auslegung zu ermitteln. Wirtschaftswissenschaftliche Kriterien[49] können zur Klärung nicht herangezogen werden, da es sich hier um einen rechtlichen Begriff handelt, der juristisch zu deuten ist[50].

Im juristischen Schrifttum herrscht Einigkeit darüber, daß es einen einheitlichen, für die gesamte Rechtsordnung verbindlichen Unternehmensbegriff nicht gibt. Er sei vielmehr aus dem Zweck des jeweiligen Gesetzes zu erschließen[51], das ihn zudem noch unterschiedlich gebrauchen könne[52]. Übereinstimmt wird noch festgestellt, daß eine bestimmte Rechtsform – etwa die der GbR –, die Unternehmenseigenschaft nicht auszuschließen vermag[53]. Ansonsten gehen die Meinungen jedoch weit auseinander[54]. Im wesentlichen lassen sich – jeweils mit Nuancen – zwei aktienrechtliche Unternehmenstheorien unterscheiden: die institutionale und die funktionale. Die Vertreter der letzteren[55] stellen auf die unternehmerische Tätigkeit ab: ein Aktionär erfülle den Tatbestand des Unternehmens, wenn er die marktstrategische Planungs- und Entscheidungsgewalt in der beherrschten AG innehabe und eigene unternehmerische Interessen verfolge, sich also nicht auf eine reine Vermögensverwaltung beschränke. Zusätzliche Merkmale, wie etwa die Kaufmannseigenschaft im Sinne des HGB, seien entbehrlich.

48 RegB zu § 15, a.a.O., S. 27.

49 Vgl. dazu z.B. Rehbinder, E.: Konzernaußenrecht und allgemeines Privatrecht, Bad Homburg v.d.H.–Berlin–Zürich 1969, S. 37 ff, insb. 50 ff; Hax, K.: Betriebswirtschaftliche Deutung der Begriffe „Betrieb“ und „Unternehmung“, in: Recht und Rechtsleben in der sozialen Demokratie, Festgabe für O. Kunze zum 65. Geb., Berlin 1969, S. 109–126. Der Hauptunterschied liegt darin, daß das AktG nur die rechtliche, nicht auch die wirtschaftliche Selbständigkeit voraussetzt.

50 Vgl. Rasch, H.: 4., Aufl. a.a.O., S. 36

51 Vgl. z.B. Würdinger, H.: Aktien- und Konzernrecht, 2. Aufl. Karlsruhe 1966, S. 263; Harms, W.: Konzerne im Recht der Wettbewerbsbeschränkungen, Köln–Berlin–Bonn–München 1968, S. 91 f; Geßler, J.H.: Aktiengesetz 2. Aufl. Frankfurt 1969, S. 13; WP–Handbuch 1968, Düsseldorf 1968, S. 1093; Bachelin, H.: Der konzernrechtliche Minderheitenschutz, Köln 1969, S. 9; Rehbinder, E.: a.a.O., S. 51, 81; Straßberger, C.P.: Der Beherrschungsvertrag in der Aktienrechtsreform, Diss. Würzburg 1965, S. 3 ff, insb. S. 4; Bache, W.: Der internationale Unternehmensvertrag nach deutschem Kollisionsrecht, Bad Homburg v.d.H.–Berlin–Zürich 1969, S. 40.

52 Vgl. Harms, W.: a.a.O., S. 92; für das Aktiengesetz: Würdinger, H.: Der Begriff Unternehmen im Aktiengesetz, in: Recht und Rechtsleben . . ., a.a.O., S. 177–187, 178; Koppensteiner, H.J.: Unternehmensgemeinschaften im Konzerngesellschaftsrecht, in: ZHR, Bd. 131 (1968), S. 289–329, 307 (FN 48).

53 Vgl. z.B. WP-Handbuch 1968: a.a.O., S. 1093; v. Godin-Wilhelmi: a.a.O., S. 57 f; Baumbach-Hueck: a.a.O., S. 37; Kropff, B.: Konzernrecht . . ., a.a.O., S. 1285; zur Unternehmenseigenschaft der BGB-Gesellschaft vgl. insb. Koppensteiner, H.J.: a.a.O., S. 312 f.

54 Die folgenden Ausführungen beschränken sich auf die beiden Fragen, ob ein Privataktionär Unternehmenseigenschaft anzunehmen vermag und inwieweit dies für mehrere an der AG beteiligte Großaktionäre zutreffen kann. Diese Fragen spielen im weiteren Verlauf der Arbeit noch eine große Rolle (vgl. S. 211 ff). Zu sonstigen Spezialfragen sei auf die im folgenden zitierte Literatur verwiesen.

55 Vor allem Kropff, B.: Konzernrecht . . ., a.a.O., S. 1285; daneben Brauksiepe, J.: Zum Unternehmensbegriff des neuen Aktienrechts, in BB, 21. Jg. (1966), S. 869–72, 871; Möhring, P.: Die gesetzliche Regelung der Unternehmensverbindungen im neuen Aktiengesetz, in NJW, 20. Jg. (1967), S. 1–10, 1; Claussen, C.P.: Konzerne vor der Entscheidung, in VW, 20. Jg. (1966), S. 51–53, 52; wohl auch Winkhaus, E.: Der Bericht des Vorstandes einer Aktienge-

Die überwiegende Mehrzahl der Autoren[56] sieht dagegen das Unternehmen mehr institutionell als „Zusammenfassung von beweglichen und unbeweglichen Sachen, Rechten und Verbindlichkeiten sowie immateriellen Werten“[57]. Sie sind sich allerdings im Grunde nur einig in der Ablehnung des rein funktionalen Unternehmensbegriffes. Eine Auffassung geht dahin, das unternehmerische Sonderinteresse des Großaktionärs müsse sich in einem gegenständlichen Gebilde institutionalisieren[58]. Nach anderen Autoren muß die Herrschaftsmacht unabdingbar von einem Gewerbebetrieb[59] ausgehen[60].

Bachelin[61] wiederum sucht Elemente der institutionalen und funktionalen Unternehmenstheorie zu kombinieren: der Unternehmenstatbestand setze zwar einen Gewerbebetrieb voraus; dieser müsse aber nicht vorgegeben sein. Das Institutionalisierungsmerkmal sei vielmehr schon erfüllt, wenn die Verfolgung eigener unternehmerischer Sonderinteressen durch den Großaktionär einen kaufmännisch eingerichteten Geschäftsbetrieb erfordere.

Das den rein funktionalen Unternehmensbegriff ablehnende Schrifttum stützt sich hauptsächlich[62] auf § 18 Abs. 2 und die RegB dazu. Wenn die einheitliche Leitungs-

sellschaft über Beziehungen zu verbundenen Unternehmen unter besonderer Berücksichtigung des Problems der Ausgleichtspflicht und der Einfluß von Rahmenverträgen, welche die Geschäftsbeziehungen zwischen herrschender und abhängiger Gesellschaft regeln, auf die Berichterstattungspflicht und den Berichtsumfang, Diss. Münster 1967, S. 21 ff; Petzel, A.: Ansprüche der Minderheitsaktionäre bei Unternehmensverbindung und Umwandlung, Diss. Göttingen 1967, S. 20; Niemann, Ch.: Ansprüche der Minderheitsaktionäre bei Abschluß eines Beherrschungs- oder Gewinnabführungsvertrages, Diss. Frankfurt/M. 1968, S. 103 ff, insb. 104; im Ergebnis auch Rasch, H.: 4. Aufl., a.a.O., S. 38 f. Neuerdings auch Kellmann, Ch.: Schadensersatz und Ausgleich im faktischen Konzern, in BB, 24. Jg. (1969), S. 1509–18, 1511 f.

56 Vgl. Havermann, H.: a.a.O., S. 32; Leo, H.Ch.: Die Einmann-AG und das neue Konzernrecht, in: AG, 10. Jg. (1965), S. 352–59, 353; Schäfer, D.: Aktuelle Probleme des neuen Konzernrechts, in: BB, 21. Jg. (1966), S. 229–33, 231; ders.: Wann ist der Großaktionär Unternehmer?, in: NJW, 20 Jg. (1967), S. 1741; v.Godin–Wilhelmi: a.a.O., S. 57; Janberg, H./Schlaus, W.: Abstimmungsverträge nach dem neuen Aktienrecht unter Berücksichtigung des Rechts der verbundenen Unternehmen, in: AG, 12. Jg. (1967), S. 33–39, 37; Müller, H.J./Rieker, K.: Der Unternehmensbegriff des Aktiengesetzes 1965, in: Wpg, 20. Jg. (1967), S. 197–203; Werner, W.: Probleme des neuen Konzernrechts, in: NB, 20 Jg. (4/1967), S. 1–18, 1 ff; WP-Handbuch 1968: a.a.O., S. 1093 f; Brachvogel, G.: Leitungsmacht und Veranwortlichkeit im Konzern, Diss. München 1967, S. 18, 58, Bolsenkötter, H.: Zum aktienrechtlichen Begriff des Unternehmens, in: DB, 20. Jg. (1967), S. 1098–1101; im Ergebnis auch Luchterhandt, H.F.: Der Begriff . . ., a.a.O., S. 156 f, 165; im Ansatz auch Würdinger, H.: 2. Aufl., a.a.O., S. 293 und Baumbach-Hueck: 13. Aufl., a.a.O., S. 37.

57 Rasch, H.: 3. Aufl., a.a.O., S. 24.

58 Vgl. Schäfer, D.: Wann . . ., a.a.O.; Müller, H.J./Rieker, K.: a.a.O., S. 201; Raisch, P.: Zu den grundsätzlichen Aufgaben der Rechtswissenschaft gegenüber dem neuen Aktiengesetz, in: JZ, 21. Jg. (1966), S. 501–506, 549–56, hier 555; z.T. auch Bachelin, H.: a.a.O., S. 13; zur berechtigten Kritik vgl. Luchterhandt, H.F.: der Begriff . . ., a.a.O., S. 154 (FN 19) und S. 155; Koppensteiner, H.J.: a.a.O., S. 309 f.

59 Meist in der Fassung von Adler-Düring-Schmaltz: 4. Aufl., a.a.O., S. 883.

60 Vgl. WP-Handbuch 1968, a.a.O., S. 1093; Luchterhardt, H.F.: Der Begriff . . ., a.a.O., S. 154 ff; Bolsenkötter, H.: a.a.O., S. 1101; Janberg, H./Schlaus, W.: a.a.O., S. 37 f; Leo, H.Ch.: Die Einmann-AG . . ., a.a.O., S. 353; Würdinger, H.: 2. Aufl., S. 263.

61 A.a.O., S. 8 ff, insb. S. 13.

62 Zu den weiteren Argumenten siehe die zusammenfassende Darstellung bei Koppensteiner, H.J.: a.a.O., S. 308 (FN 51).

macht in der Hand des Großaktionärs eo ipso dessen Unternehmenseigenschaft begründe, so sei § 18 Abs. 2 überflüssig, weil dann nur noch Unterordnungskonzerne möglich wären, Gleichordnungskonzerne dagegen nicht oder kaum noch[63].

M.E. ist der Unternehmungsbegriff nur unter strikter Beachtung des Zweckes des Konzernrechts zu interpretieren. Sinn der §§ 311 ff im besonderen ist es – wie oben ausgeführt wurde –, die abhängige AG, ihre Minderheitsaktionäre und Gläubiger vor Einflußnahmen zu schützen, die gesellschaftsfremden und -schädigenden Zielen dienen. Dieser Schutzzweck gebietet eine weite Auslegung des Unternehmensbegriffes[64]. Dem entspricht der funktionale Unternehmensbegriff am besten: jedwede Verfolgung von Sonderinteressen zu Lasten der abhängigen AG – auch die durch einen privaten Großaktionär oder mehrere Unternehmen gemeinsam – begründet danach die Unternehmenseigenschaft. Allerdings spricht m.E. gegen eine rein funktionale Betrachtungsweise der klar erkennbare Wille des Gesetzgebers, nur die Herrschaftsmacht des Unternehmens, nicht des Privataktionärs den strengen konzernrechtlichen Kontrollnormen zu unterwerfen[65].

Der Gesetzgeber wollte die abhängige AG offensichtlich nur vor besonderen, typischen Gefahren durch Sondervorschriften schützen, es ansonsten aber bei den Schutzbestimmungen für eine Einzel-AG bewenden lassen. In der Tat ist die potentielle Gefährdung größer, wenn die Leitungsmacht bei einem Unternehmen liegt[66]. Das Gesetz gebraucht den Unternehmensbegriff sozusagen als Synonym für eine besondere Gefahrenlage[67]. Insofern ist den Vertretern der institutionellen Unternehmenstheorie zuzustimmen, welche die Notwendigkeit eines Gewerbebetriebes betonen.

63 Vgl. Bachelin, H.: a.a.O., S. 8 und die dort zit. Literatur. Auch Koppensteiner, H.J.: a.a.O., S. 306, 308; Luchterhandt, H.F.: Der Begriff . . ., a.a.O., S. 160 f.

64 So auch Bachelin, H.: a.a.O., S. 9 die dort zitierte Literatur; weiterhin: Baumbach-Hueck: 13. Aufl. a.a.O., S. 37; Geßler, J.H.: a.a.O., S. 13; Winkhaus, E.: a.a.O., S. 21.

65 Vgl. die RegB zu §§ 20 f, a.a.O., S. 41 f; Schäffer, F.: Selbstfinanzierung . . ., a.a.O., S. 60 f; dafür spricht ferner die Tatsache, daß der Gesetzgeber den Vorschlägen von Flume, (W.: Grundfragen der Aktienrechtsreform, Düsseldorf 1960, S. 45) und des DJT 1967 (S. 44, Tz 236, S. 64 ff, insb. Tz 402, 416), jeden Aktionär den konzernrechtlichen Bestimmungen zu unterstellen, nicht gefolgt ist. Das spricht auch gegen die These Bachelins (a.a.O., S. 11), der an einer AG beteiligte Privataktionäre könne die Unternehmenseigenschaft haben.

66 Insbesondere die Möglichkeiten der vGA sind hier in vielfältigerer Weise gegeben und schwieriger aufzudecken (instruktiv hierzu Enquête-Bericht 1964, S. 67). Vor allem vermag ein Unternehmensaktionär auch daraus Nutzen zu ziehen, daß er die beherrschte AG zu ihr nachteiligen Maßnahmen – etwa zur Stillegung von Betriebsteilen oder Nichtwahrnehmung von Gewinnchancen – veranlaßt, weil dies seinen übrigen Beteiligungen zugutekommen kann. Der Privataktionär würde sich bei gleichem Vorgehen i.d.R. selbst schädigen.

Allerdings vermag dieser Sachverhalt die Privilegierung des Privataktionärs m.E. nicht zu rechtfertigen. Dessen Bereicherungsmöglichkeiten sind nicht unerheblich (vgl. Enquête-Bericht 1964, der in der Praxis z.B. folgende Fälle vorgefunden hat: Beteiligungsverkauf weit unter Buchwert an eine ausländische Holding, Grundstücksverkauf zu niedrigen Preisen an den Großaktionär, Ankauf von Patenten des Großaktionärs zu überhöhten Preisen). Auch unter dem Aspekt der Vermögenskonzentration (vgl. hierzu die eindringlichen Ausführungen von Flume, W.: in: Das Frankfurter Publizitätsgespräch, Frankfurt 1962, S. 183–189, 188 f) wäre rechtspolitisch eine Lösung im Sinne des DJT 1967 und Flumes vorzuziehen.

67 So auch Würdinger, H.: Der Begriff . . ., a.a.O., S. 184.

Dies heißt jedoch nicht[68], daß dem Privataktionär unter allen Umständen, also auch dann, wenn er die Beherrschungsmacht über mehrere Unternehmen besitzt, die Unternehmenseigenschaft abgesprochen werden kann. Entscheidend ist die potentielle Gefährdung der AG, und die ist hier in gleicher Weise gegeben, als wenn sie von einem Unternehmen ausginge. Deshalb ist auch nicht einsichtig, warum die Unternehmenseigenschaft im vorliegenden Falle erst bei Ausübung der einheitlichen Leitungsmacht durch den Aktionär bejaht werden sollte[69]. Zwar scheint das Gesetz der These, die nur geschäftsführende Tätigkeit sei ein „Unternehmen“, nicht entgegenzustehen[70], sie erweist sich aber als zu eng, da die §§ 311 ff mit voller Absicht gerade schon zur Anwendung gelangen, wenn die bloße Möglichkeit der einheitlichen Leitung besteht. Deshalb ist der Unternehmenstatbestand im Geltungsbereich der §§ 311 ff m.E. bereits bei Abhängigkeit mehrerer Unternehmen von einem Privataktionär als erfüllt anzusehen[71].

B. Der Abhängigkeitsbegriff

1. Abgrenzung des Abhängigkeitsverhältnisses vom Konzern

Es hat sich eingebürgert, die §§ 311 ff als Recht des „faktischen Konzerns“ zu bezeichnen. Diese Sprachregelung – im folgenden aus praktischen Gründen beibehalten – ist insofern sachlich unzutreffend, als die Anwendung der §§ 311 ff kein Konzern-, sondern nur ein Abhängigkeitsverhältnis voraussetzt. Beide Tatbestände müssen nicht – wie im Regelfall – zusammenfallen: ein Konzernverhältnis erfordert die Ausübung der „einheitlichen Leitung“, ein Abhängigkeitsverhältnis nur die Möglichkeit dazu. Zudem kann eine Unternehmensverbindung ein Konzern sein, ohne daß die beteiligten Unternehmen voneinander abhängig wären (Gleichordnungskonzern, § 18 Abs. 2). Daneben bringt die Bezeichnung „faktischer Konzern“ den Unterschied

68 So aber Luchterhandt (H.F.: Der Begriff . . ., a.a.O., daneben auch Bolsenkötter, H.: a.a.O., S. 1101; Müller, H.P./Rieker, K.: a.a.O., S. 201, Schäfer, D.: Wann . . ., a.a.O., Semler, J.: Das Recht . . ., a.a.O., S. 486). Er verkennt, daß der Gesetzgeber keinesfalls den Privataktionär unter allen Umständen privilegieren wollte, sondern nur dann, wenn dieser *eine* AG beherrscht, während er über das Recht der Einzel-AG hinausgehende Schutzmaßnahmen als überflüssig erachtet hat.

69 So aber – mit Ausnahme von Koppensteiner (H.J.: a.a.O., S. 310 f) und wohl auch Gessler (J.H.: a.a.O., S. 13) – alle Autoren, die die Unternehmenseigenschaft eines Aktionärs, der die Herrschaftsmacht über mehrere Unternehmen besitzt, bejahen. Vgl. insb. Baumbach-Hueck: 13. Aufl., a.a.O., S. 37; Würdinger, H.: 2. Aufl., a.a.O., S. 263 f; ders.: Der Begriff . . ., a.a.O., S. 183 ff; Niemann, U.: Probleme der Gewinnrealisierung innerhalb des Konzerns, Düsseldorf 1968, S. 10 ff, 13; Bache, W.: a.a.O., S. 42; wohl auch die Anhänger der funktionalen Unternehmenstheorie.

70 Vgl. dazu Würdinger, H.: Der Begriff . . ., a.a.O., S. 184 f; ders.: Konzernbegriff und Konzernbilanz, in: AG, 14. Jg. (1969), S. 165–167, 166.

71 Im Ergebnis so auch Koppensteiner, H.J.: a.a.O., S. 310 f.

zum Vertragskonzern nicht eindeutig zum Ausdruck, da Unternehmensverträge nach § 292 keinen Vertragskonzern begründen, sondern unter die §§ 311 ff fallen[72].

2. Abhängigkeit bei Bestehen einer Mehrheitsbeteiligung

Ein Abhängigkeitsverhältnis wird gesetzlich vermutet bei Vorliegen einer Mehrheitsbeteiligung (§ 17 Abs. 2). Diese Vermutung kann nur durch den Nachweis widerlegt[73] werden, daß der Mehrheitsaktionäre keinen beherrschenden Einfluß auszuüben vermag. Die Tatsache, daß dieser von seiner Herrschaftsmacht keinen Gebrauch macht, reicht also allein zur Widerlegung der Abhängigkeitsvermutung nicht aus[74], da er seinen Einfluß jederzeit geltend machen kann[75]. Es sind darüber hinaus i.d.R.[76] Satzungsbestimmungen – sie können z.B. ein Mehr- oder Höchststimmrecht oder stimmrechtslose Vorzugsaktien vorsehen und dadurch die Beherrschung trotz Bestehens einer Kapitalmehrheit verhindern – oder Verträge[77] – z.B. Stimmrechtsvereinbarungen oder Konsortialverträge, die den Minderheiten ein AR-Entsendungsrecht einräumen – erforderlich, die den beherrschenden Einfluß des Mehrheitsaktionärs wirksam ausschließen[78].

3. Abhängigkeit ohne Bestehen einer Mehrheitsbeteiligung

Andererseits kann ein Abhängigkeitsverhältnis auch ohne Kapitalmajorität begründet werden. Wegen der regelmäßig unvollständigen HV-Präsenzen genügt häufig eine Minderheitsbeteiligung zur Erringung der Stimmenmehrheit, insb. wenn sich die übrigen

72 Mit der Sonderregelung für Gewinnabführungsverträge, auf die nach § 316 nur die §§ 311, 317 f anzuwenden sind. Die von der RegB (a.a.O., S. 418) angegebenen Gründe für die Entbehrlichkeit des Abhängigkeitsberichts können nicht überzeugen. Vgl. die zutreffende Kritik von Heigl, A.: Der aktienrechtliche Prüfungsauftrag beim Abhängigkeitsbericht und die Prämissen für die Auftragserfüllung, in: ZfR, 14. Jg. (1968), S. 1–4 , 27–32, hier S. 3.

73 Er ist durch das im Mehrheitsbesitz stehende Unternehmen zu führen. Vgl. Gessler, J.H.: a.a.O., S. 16; WP-Handbuch 1968: a.a.O., S. 1118.

74 Vgl. RegB zu § 17, a.a.O., S. 31; zustimmend u.a. Rasch, H.: 4. Aufl., a.a.O., S. 65; Adler-Düring-Schmaltz, 4. Aufl., a.a.O., S. 892; Geßler, E.: Probleme . . ., a.a.O., S. 1696; Schreib, P.: Abhängigkeit (§ 17 AktG), in: W, 15. Jg. (1967), S. 92; Stellungnahme NA 4/1968: Zur Widerlegung der Abhängigkeitsvermutung nach § 17 Abs. 2 AktG, in WPg, 21. Jg. (1968), S. 262 f, 262.

75 Dies gilt auch für eine Bank, die eine Mehrheitsbeteiligung nur vorübergehend zum Zwecke der Sanierung übernimmt; insoweit unzutreffend DIfB, S. 115 und v. Godin-Wilhelmi: a.a.O., S. 72.

76 Ausnahmsweise können auch rein tatsächliche Gegebenheiten die Ausübung der Herrschaftsmacht verhindern, z.B. staatliche Eingriffe bei Auslandsbeteiligungen; vgl. WP-Handbuch 1968: a.a.O., S. 1119; Adler-Düring-Schmaltz: 4. Aufl., a.a.O., S. 900.

77 Dabei kommt es entscheidend auf die Einhaltung der Verträge an (Scheinverträge!); auch kann trotz der genannten Umstände ein beherrschender Einfluß auf andere Weise ausgeübt werden; vgl. RegB zu § 17, a.a.O., S. 31; Geßler, E.: Probleme . . ., a.a.O., S. 1696; Havermann, H.: a.a.O., S. 35.

78 Zu Einzelheiten s. RegB zu § 16, a.a.O., S. 28 f; WP-Handbuch 1968, a.a.O., S. 1119 ff; Rasch, H.: 4. Aufl., a.a.O., S. 86 ff; DJT 1967, S. 11 ff; Werner, W.: Probleme . . ., a.a.O., S. 4 f; DIfB, S. 114 f; Caflisch, S.: Die Bedeutung und Grenzen der rechtlichen Selbständigkeit der abhängigen Gesellschaft im Recht der AG, Diss. Zürich 1961, Winterthur 1961, S. 109 ff; zur Praxis vgl. insb. Enquête-Bericht 1964, S. 65 f.

Aktien im Streubesitz befinden[79]. Die Höhe der zur Beherrschung notwendigen Beteiligungsquote kann jedoch nur anhand des Einzelfalles bestimmt werden. Jedenfalls wird man aber dann ein Abhängigkeitsverhältnis annehmen können, wenn es dem Paketaktionär auf obige Weise oder mit Hilfe von Depotbanken, anderer Aktionäre oder Satzungsbestimmungen gelingt, die Mehrheit der AR-Mandate zu erringen oder zumindest die Schlüsselpositionen im AR zu besetzen. Als Indiz für pozentielle Beherrschungsmacht sind auch enge Liefer- und Leistungsbeziehungen, etwa in Form langfristiger Lizenz-, Zulieferer-, Abnahme-, Ausschließlichkeits- oder Kreditverträge zu werten, wenn sie zu einer Beteiligung hinzukommen[80].

Die Kapitalbeteiligung gilt unbestritten als wichtigstes Konzernierungsmittel. Da es jedoch auf die Form der Beherrschung nicht ankommt[81], können auch rein wirtschaftliche Machtpositionen, die nicht auf einer Beteiligung oder sonstigen gesellschaftsrechtlichen Bindungen beruhen, Abhängigkeiten im Sinne des § 17 schaffen[82]. Dies gilt auch für Verträge der letztgenannten Art. Voraussetzung ist allerdings, daß sie über den eigentlichen Vertragszweck hinausgehende Einflußnahmen – die „einheitliche Leitung" – ermöglichen. Daß solche Verträge Abhängigkeitsverhältnisse begründen können, steht m.E. außer Zweifel[83], zumindest dann, wenn bei ihrer Aufkündi-

79 Lt. Enquête-Bericht 1964, S. 63, betrug die Präsenz in börsennotierten AGs im Durchschnitt 70–80% des Grundkapitals, z.T. weit weniger. Folgerichtig wertet der Bericht (a.a.O., S. 548) Minderheitsbeteiligungen zwischen 25 und 50% als beherrschend, wenn keine weitere Beteiligung über 25% ermittelt wurde. Die Bedeutung dieser Fälle erhellt daran, daß 1960 an 210 von insgesamt 661 börsennotierten AGen solche Beteiligungen – z.T. allerdings auch mehrfach – bestanden (Enquete-Bericht 1964, S. 65). Die in der Literatur zur Beherrschung einer AG für erforderlich bzw. u.U. ausreichend erachteten Beteiligungsquoten schwanken zwischen 20 und 45%: vgl. Zahn, J.: Diskussionsbeitrag in: DJT 1957, S. F 95 f, F 95 (20%); Lipfert, H.: a.a.O., S. 1670 (20–30%); Rasch, H.: 4. Aufl., a.a.O., S. 65 (25%); Caflisch, S.: a.a.O., S. 115 f und die dort genannten (FN 218) Autoren (25 bzw. 40%); Fischer, C.E.: Unternehmenskonzentration . . ., a.a.O., S. 37, ihm folgend Großfeld, B.: a.a.O., S. 27 f (25–40%); Harms, W.: a.a.O., S. 255 (40–45%).

80 Lt. Enquête-Bericht 1964 (S. 590) hat die Kombination solcher Machtmittel in einigen Fällen zur Konzerneingliederung geführt.

81 Vgl. RegB zu § 17, a.a.O., S. 31.

82 Unzutreffend daher Maul, K.-H.: Zur Berichterstattung über Beziehungen zu verbundenen Unternehmen nach französischem und deutschem Recht, in: DB, 23. Jg. (1970), S. 213–218, 217.

83 Vgl. hierzu insb. Arndt, H.: Mikroökonomische Theorie, Bd. 2, Tübingen 1966, S. 178 ff; Lenel, O.: Ursachen der Konzentration, 2. Aufl. Stuttgart 1968, S. 105 ff (Patentabhängigkeit), S. 176 ff (Zulieferabhängigkeit), S. 389 ff (Ausschließlichkeitsbindungen); DJT 1967, S. 13 (Tz. 121); Semler, J.: Die Aufgaben des Wirtschaftsprüfers nach dem Entwurf eines Konzernrechts, in: Unternehmen und Wirtschaftsprüfer mit Blick in die Zukunft, Stuttgart 1960, S. 49–85; Arndt, H.: Aktuelle Probleme der Konzentration, in: Die Aussprache, 15. Jg. (1965), S. 211–218, 216; ders.: Konzentration und Konzentrationspolitik, in: Bibliographie: Konzentration und Konzentrationspolitik 1960–1966, Berlin 1967, S. 11–30, S. 20 f.
Der Enquête-Bericht 1964 (S. 587, 590) weist die konzernkonstituierende Wirkung von Betriebsüberlassungs- und -pachtverträgen nach (insoweit unzutreffend Arbeitskreis Krähe der Schmalenbach-Gesellschaft, Konzernorganisation, 2. Aufl. Köln und Opladen 1964, S. 11 und Wein, E.A.: Die betriebswirtschaftliche Aussagefähigkeit der Konzern-Rechnungslegung nach dem neuen Aktiengesetz, Köln und Opladen 1968, S. 19, 22 f, die behaupten, ein Konzernverhältnis könne nur durch Kapitalbeteiligung begründet werden). Die Frage, wann Abhängigkeit vorliegt, spielt allerdings bei diesen Verträgen keine Rolle, da sie ohnehin unter die §§ 311 ff fallen.

gung die AG nicht mehr lebensfähig wäre. Allerdings wird man diesen „beteiligungslosen" Abhängigkeitsverhältnissen keine allzu große praktische Bedeutung beizumessen haben, da solch enge wirtschaftliche Bindungen meistens kapitalmäßige Verflechtungen zur Folge haben[84]. Zudem wird man kaum ein operationales Kriterium finden können, das eine eindeutige Aussage darüber erlaubt, wann eine rein wirtschaftliche Abhängigkeit aktienrechtlich relevant ist[85].

Auch aus dem tatsächlichen Verhalten der beteiligten Unternehmen kann man keine eindeutige Schlüsse ziehen; dies beweisen die Schwierigkeiten, den Begriff der einheitlichen Leitung operational zu definieren[86], ganz abgesehen von dem Problem, Einflußnahmen nachzuweisen[87].

Zusammenfassend ist festzustellen, daß der Gesetzgeber dem Abschlußprüfer angesichts der geringen Präzision des Abhängigkeitsbegriffs des § 17 – im Gegensatz zur Regelung des RegE beweist nicht einmal eine Beteiligung von 51% und mehr die Abhängigkeit[86] – und der dadurch begründeten Gefahr der Umgehung[89] der §§ 311 ff große Verantwortung aufbürdet: ihm obliegt nach h.M. die Prüfung, ob ein Abhängigkeitsverhältnis vorliegt[90]. Bei der Beurteilung, ob trotz fehlender Mehrheitsbeteiligung oder entgegen dem Wortlaut von Verträgen oder Satzungsbestimmungen, die eine Beherrschung ausschließen, dennoch ein Abhängigkeitsverhältnis vorliegt, kann er sich allenfalls auf Indizien stützen. Seine Aufgabe wird dadurch erschwert, daß ihn hier – anders als bei Vorliegen einer Mehrheitsbeteiligung – die Beweislast trifft. Die RegB bemerkt dazu nur lapidar, es käme auf das „Gesamtbild der Beziehungen zwischen den Unternehmen"[91] an.

4. Abhängigkeit von mehreren Aktionären

Es sei im folgenden vereinfachend angenommen, es handele sich um drei Aktionäre, die je 25% der Stimmanteile an einer AG halten[92].

84 Nachweise bei Krämer, H.: Die Finanzpolitik westdeutscher Konzerne der Elektroindustrie, der chemischen Industrie und des Kohle–Eisen–Stahlbereichs von 1950–1959, Berlin–München 1961, S. 165 ff; Lenel, O.: a.a.O., S. 21 ff, 181; vgl. auch Enquête-Bericht 1964, S. 590.

85 Dies beweisen z.B. die kontroversen Literaturmeinungen zur Frage der wirtschaftlichen Selbständigkeit von Zulieferern großer Konzerne. Vgl. hierzu Lenel, O.: a.a.O., S. 176 ff.

86 Vgl. insb. Busse v. Colbe, W./Ordelheide, D.: Konzernabschlüsse, Wiesbaden 1969, S. 45 f und die dort angegebene Literatur; außerdem Meier, A.: Einheitliche Leitung im Konzern aus betriebswirtschaftlicher Sicht, in: WPg, 19. Jg. (1966), S. 570–573; Heigl, A.: Der aktienrechtliche . . ., a.a.O., S. 3; Meier, A.: Der Abhängigkeitsbericht unter betriebswirtschaftlichen Aspekten, in: Wirtschaftsprüfung im neuen Aktienrecht, Düsseldorf 1966, S. 83–91, S. 84 f; Schupp, R.: Probleme, die das neue Aktiengesetz ungelöst ließ, in: NB, 20. Jg. (2/1967), S. 32–35, 35.

87 S. dazu die Ausführungen zum Begriff der „Veranlassung", S. 52 ff dieser Arbeit.

88 Ein Antrag, die §§ 311 ff uneingeschränkt auf Mehrheitsbeteiligungen anzuwenden, fand keine Mehrheit im Wirtschaftsausschuß. Vgl. Ausschußbericht zu § 311 Abs. 1, a.a.O., S. 408.

89 So zu Recht Kruk, M.: Die Konzerne passen sich an, in: FAZ,Nr. 255 vom 2.11.1965, S. 17.

90 Vgl. z.B. Geßler, E.: Probleme . . ., a.a.O., S. 1695; v. Godin-Wilhelmi: a.a.O., S. 1647 f; Heigl, A.: Der aktienrechtliche . . ., a.a.O., S. 27; Kropff, B.: Das Konzernrecht . . ., a.a.O., S. 1286, 1288; Stehle, H.: Abhängigkeitsbericht oder Beherrschungsvertrag? , in: AG, 11. Jg. (1966), S. 233–239.

91 RegB zu § 16, a.a.O., S. 29.

92 Zu denken ist hier vor allem auch an Gemeinschaftsunternehmen, die in letzter Zeit erheb-

Eindeutig ist der Fall, wenn die Beteiligungen in der Hand von Privatleuten liegen. Er ist genau so zu beurteilen, wie der, bei dem ein Privataktionär zu 75% beteiligt ist, und zwar auch dann, wenn sich die Gesellschafter zwecks Poolung ihrer Stimmen zusammenschließen, etwa auf der Grundlage eines Konsortial- oder Stimmrechtsbindungsvertrages[93].

Sind die beteiligten Aktionäre selbst Unternehmen, so sind verschiedene Fälle zu unterscheiden:

1.) Die Gesellschafter koalieren und üben die gemeinsame Beherrschung über eine GbR aus.

a) Einigkeit herrscht im Schrifttum nur für den Fall, daß einem der Partner von seinen Mitgesellschaftern die einheitliche Leitung über die abhängige AG zugestanden wird. Nur er gilt als herrschenden Unternehmen[94].

b) Üben die Gesellschafter die einheitliche Leitung gemeinsam aus, so sind die Meinungen kontrovers:

(1) Eine Reihe von Autoren spricht der GbR die Unternehmenseigenschaft ab, wenn sie nicht noch zusätzlich – über die Koordinationsfunktion hinaus – eigenständige wirtschaftliche Ziele verfolge[95]. Mangels Interessenidentität könnten ihr auch nicht die Gewerbebetriebe der Gesellschafter zugerechnet werden. Folgt man dieser Auffassung, so entfiele mangels Abhängigkeit der AG von einem Unternehmen die Anwendung der §§ 311 ff auf die Beziehungen zur GbR und deren Teilhaber.

(2) Andere Äußerungen qualifizieren die GbR ohne obige Einschränkungen als Unternehmen[96]. Sie können m.E. zu Recht geltend machen, daß die für die Annahme

liche Bedeutung gewinnen. Vgl. dazu Busse v. Colbe, W.: Zum Informationswert von Konzernabschlüssen, in: Betriebswirtschaftliche Information, Entscheidung und Kontrolle, Festschrift für H. Münstermann zum 70. Geb., Wiesbaden 1969, S. 85–117, S. 100 ff; lt. Arbeitskreis Hardach der Schmalenbach-Gesellschaft (Gemeinschaftsunternehmen, in: ZfbF, 21. Jg. (1969), S. 1–25, 8 f) und Koppensteiner, (H.J.: a.a.O., S. 290 f) können an Gemeinschaftsunternehmen auch außenstehende Dritte beteiligt sein. – Zur relativ großen Bedeutung zwei- und dreifacher Schachtelbeteiligungen im allgemeinen vgl. auch Plum, G.: Beteiligungsverhältnisse in der deutschen Wirtschaft, in: ZfgK, Sonderausgabe, 2. Aufl. Sept. 1966 und Enquête-Bericht 1964 (S. 65: 1960 bestanden bei 412 von insgesamt 661 börsennotierten AGen, an denen Beteiligungen von 25–75% festgestellt wurden, weitere Einzelbeteiligungen in Höhe von 25% und mehr).

93 Zur weit verbreiteten Praxis dieser Verträge s. Enquête-Bericht 1964, S. 583 ff.

94 Vgl. Bachelin, H.: a.a.O., S. 13; Kropff, B.: Das Konzernrecht . . ., a.a.O., S. 1285; Luchterhandt, H.F.: Der Begriff . . ., a.a.O., S. 159, 164; Leo, H.-Ch.: Einheitliche Konzernleitung durch mehrere Obergesellschaften, in: WPg, 21. Jg. (1968), S. 395–400, 397 f; Koppensteiner, H.J.: a.a.O., S. 296 und die dort (FN 22) angegebene Literatur; Harms, W.: a.a.O., S. 272; Rasch, H.: 4. Aufl., a.a.O., S. 70; Boetius, J.: Konzernbildung durch Aktienpoolung? , in DB, 23. Jg. (1970), S. 1964 f.

95 Vgl. Bachelin, H.: a.a.O., S. 12 f; Schäfer, D.: Aktuelle . . ., a.a.O., S. 231; Müller, H.P./Rieker, K.: a.a.O., S. 203; Burchardt, F.v.: Diskussionsbeitrag, in: Zur großen Aktienrechtsreform, a.a.O., S. 86–88, 87; WP-Handbuch 1968, a.a.O., S. 1095, 1129; Janberg, H./Schlaus, W.: a.a.O., S. 37 f; Luchterhandt, H.F.: Der Begriff . . ., a.a.O., S. 159, 164; Adler-Düring-Schmaltz: 4. Aufl., a.a.O., S. 883; Boetius, J.: a.a.O., S. 1965.

96 Vgl. Kropff, B.: Das Konzernrecht . . ., a.a.O., S. 1285; Claussen, H.P.: a.a.O., S. 52, Graf, H.: Zur Problematik des „Abhängigkeitsberichts“ nach dem neuen Aktienrecht, insb. bei fak-

eines Unternehmens im konzernrechtlichen Sinne maßgebliche Voraussetzung vorliegt: eine potentielle Konfliktssituation zwischen den unternehmerischen Interessen der BGB-Gesellschafter – vertreten und verwirklicht durch die GbR – und den Interessen der abhängigen AG und ihren Minderheitsgesellschaftern und Gläubigern[97]. Die Gefährdung der abhängigen AG infolge möglicher Verlagerungen von Gewinnen und Gewinnchancen auf die BGB-Gesellschafter wird auch nicht dadurch geringer, daß sich letztere gegenseitig kontrollieren. Die Kontrolle wird nur bewirken, daß alle Partner gleichmäßig an evtl. Sondervorteilen partizipieren[98]. Die gegenseitige Kontrolle kann im übrigen die Prüfung durch unabhängige Abschlußprüfer nicht ersetzen[99]. Die §§ 311 ff sind also nach der unter b(2) dargestellten Auffassung im Verhältnis der abhängigen AG zur GbR anzuwenden. – Dieses Ergebnis zeigt zugleich eine nicht zu übersehende Schwäche der vorgetragenen Lösung, da sie von einzelnen BGB-Gesellschaftern veranlaßte, die abhängige AG schädigende Rechtsgeschäfte und Maßnahmen infolge der Verneinung eines Abhängigkeitsverhältnisses zwischen der AG und jedem ihrer Hauptaktionäre nicht erfaßt. Zwar sind einseitig schädigende Einflußnahmen eines Gesellschafters, die ihn allein begünstigen, durch die starke Stellung der übrigen Partner erschwert. Immerhin entspräche eine Kontrolle durch unabhängige Sachverständige der Gesetzeskonzeption besser. Zudem wäre es denkbar, daß die Partner ein solches Vorgehen dulden, um sich auf die gleiche Art durch andere Sondervorteile schadlos zu halten. Schließlich wäre eine Überprüfung des Abhängigkeitsberichtes durch den Abschlußprüfer erschwert, oft sogar unmöglich gemacht, da dieser das Auskunftsrecht nach § 165 Abs. 4 nicht gegenüber den BGB-Gesellschaftern geltend machen könnte.

(3) Diesen Schwierigkeiten kann man entgehen, wenn man die Möglichkeit eines mehrfachen Abhängigkeitsverhältnisses der beherrschten AG zu jedem der BGB-Gesellschafter bejaht[100]. Diese Möglichkeit wird im juristischen Schrifttum

tischen Einflußmöglichkeiten durch zwei Obergesellschaften, in: BFuP, 20. Jg. (1968), S. 94–102, 97; Koppensteiner, H.J.: a.a.O., S. 302 ff; Werner, W.: Probleme . . ., a.a.O., S. 2 f; Rasch, H.: 4. Aufl., a.a.O., S. 39, z.T. auch Schulze, J.: Einheitliche Leitung von Konzernunternehmen durch mehrere Obergesellschaften und ihre Bedeutung für die Konzernrechnungslegung nach dem Aktiengesetz, in: WPg, 21. Jg. (1968). S. 85–90, 89.

97 So insb. Koppensteiner, H.J.: a.a.O., S. 312, 320.

98 Leos (H.Ch.: Einheitliche Konzernleitung . . ., a.a.O., S. 399) Behauptung, die schädliche Einflußnahme entfalle i.d.R., wenn mehrere Gesellschafter ein Gemeinschaftsunternehmen betreiben, ist nicht ganz überzeugend: der Anreiz, z.B. Rohstoffe zu Selbstkostenpreisen zu beziehen, dürfte sehr wohl gegeben sein. Zwar ist ihm zuzugeben, daß in dem von ihm offensichtlich beschriebenen Fall – die Konsorten sind 100%ig an dem Gemeinschaftsunternehmen beteiligt, außenstehende Aktionäre also nicht vorhanden – die Stellung der Konsorten viel stärker ist als die der typischen konzernfreien Aktionäre. Sie können sich insb. die Einflußnahme bei gemeinsamer Gründung eines Gemeinschaftsunternehmens vertraglich zusichern lassen. – Das macht aber die §§ 311 ff nicht überflüssig. Allein schon im Interesse der Gläubiger der abhängigen AG ist ihre Anwendung geboten; deshalb entfällt ja generell die Berichtspflicht nicht bei 100%-Beteiligungen. Leo vernachläßigt zudem den Fall, daß an dem Gemeinschaftsunternehmen noch außenstehende Aktionäre beteiligt sind.

99 So richtig Schulze, J.: a.a.O., S. 86.

100 Die gleiche Schutzwirkung würde man allerdings auch erreichen, wenn man die GbR zusammen mit ihren Gesellschaftern als „Unternehmen" qualifiziert. Luchterhandt (H.F.: Der

nur von wenigen Autoren erwogen; auch bei ihnen überwiegen die Bedenken[101]. Abgesehen von den juristischen Einwänden, die hier nicht näher diskutiert werden können, ist eine sachgerechte Lösung der Minderheitenprobleme im faktischen Konzern nur bei Anwendung der §§ 311 ff auf die Beziehungen der abhängigen AG zu den BGB-Gesellschaftern erreichbar. Nur so können die Gefahrenquellen unmittelbar unter Kontrolle gebracht werden.

Auch die Frage der Ausgleichspflicht der Gesellschafter im Innenverhältnis dürfte der Annahme einer mehrfachen Abhängigkeit nicht entgegenstehen[102], zumal im Schrifttum praktikable Lösungsvorschläge unterbreitet wurden[103]. Es wäre im wirtschaftlichen Ergebnis auch geradezu grotesk, wollte man der geschädigten AG einen wirksamen Ausgleichsanspruch nur deshalb verweigern, weil sich die Gesellschafter über den Ausgleichsmodus nicht einigen können.

2.) Schaffen sich die drei Unternehmen[104] kein Koordinationsorgan außerhalb der abhängigen AG, so wird im allgemeinen angenommen, es bestehe kein Abhängigkeitsverhältnis zwischen der AG und ihren Großaktionären[105], weil keiner von ihnen imstande sei, der AG autonom seinen Willen aufzuzwingen.

M.E. ist dieser Auffassung nur dann uneingeschränkt beizupflichten, wenn sich die Gesellschafter der Einflußnahme auf die Geschäftspolitik der AG enthalten oder sich gegenseitig die Führung streitig machen und blockieren. Im letzteren Falle können zwar die Interessen der AG stark beeinträchtigt werden, wenn die Großaktionäre z.B.

Begriff . . ., a.a.O., S. 165, FN 45a) stellt diese Möglichkeit zur Debatte mit der Begründung, das AktG stehe – wie § 18 Abs. 2 lehre – der Vorstellung mehrerer sich überschneidender Konzerne nicht entgegen. Er behauptet aber im übrigen, die Anwendbarkeit der §§ 311 ff entfalle wegen der fehlenden Unternehmenseigenschaft der GbR.

101 Schulze (J.: a.a.O., S. 85 ff, insb. 87f) bejaht die mehrfache Abhängigkeit nur für den Regelfall des § 709 Abs. 1 BGB, daß sämtliche Geschäftsführungsmaßnahmen der Zustimmung aller Gesellschafter bedürfen. In analoger Weise die mehrfache einheitliche Leitung bejahend: BAG, Beschluß vom 18.6.1970, 1 ArB 3/70, abgedruckt in AG, 15. Jg. (1970), S. 268–70. Nur Koppensteiner, (H.J., a.a.O., S. 329) hält sie – eigene schwerwiegende Bedenken beiseiteschiebend – auch dann für gegeben, wenn die Willensbildung der GbR auf Mehrheitsbeschlüssen basiert (a.A.: Schulze, J.: a.a.O., S. 88 f; Leo, H.Ch.: Einheitliche Leitungsmacht . . ., a.a.O., S. 399; Harms, W.: a.a.O., S. 199, 271 mit weiteren Nachweisen). Er macht geltend, die Gesellschafter hätten durch Abschluß des Gesellschaftsvertrages der Durchführung der Maßnahmen von vornherein zugestimmt und müßten sich daher diese als eigene zurechnen lassen.

102 So aber Leo, H.Ch.: Einheitliche Leitungsmacht . . ., a.a.O.., S. 389.

103 Allerdings werden in der Literatur nur die parallelen Probleme diskutiert, die auftreten, wenn mehrere Obergesellschaften mit einer Untergesellschaft einen Beherrschungs- und Gewinnabführungsvertrag abschließen (vgl. FN 900). Sie lassen sich m.E. aber analog auf die Durchführung des Ausgleichs nach §§ 311 ff anwenden.

104 Auf die Frage, ob zwei Unternehmen, die zu je 50% an einer AG beteiligt sind, jede für sich die einheitliche Leitung ausüben können – sie wird in der Literatur gegensätzlich beantwortet, die bejahenden und verneinenden Äußerungen (vgl. die umfangreichen Nachweise bei Koppensteiner, H.J.: a.a.O., S. 297 f, FN 26 und Schulze, J.: a.a.O., S. 85, FN 4) halten sich in etwa die Waage – wird hier nicht eingegangen, sie spielt – anders als für die Konzernrechnungslegung und die Praxis der Gemeinschaftsunternehmen – für den Minderheitenschutz keine Rolle.

105 Vgl. WP-Handbuch 1968; a.a.O., S. 1129; Koppensteiner, H.J.: a.a.O., S. 296 f; Leo, H. Ch.: Die Einmann-AG, a.a.O., S. 354; Rasch, H.: 4. Aufl., a.a.O., S. 70; Graf, H.: a.a.O., S. 98.

ihr Wachstum hemmen oder sie zum Verzicht auf Gewinnchancen zwingen, weil etwa eine erfolgversprechende Neuentwicklung der AG die Absatzposition der eigenen Produkte gefährden würde[106].

Insgesamt gesehen gleicht die Situation aber doch mehr der Gefahrenlage bei Vorhandensein privater Großaktionäre: auch diese können die AG mittels einer Sperrminorität behindern. Zudem werden die Gesellschafter gegenseitig darüber wachen, daß keiner von ihnen Sondervorteile – z.B. in Form verdeckter Gewinnausschüttungen – erhält. U.U. hat die Geschäftsleitung der AG auch die Möglichkeit, die Gesellschafter gegeneinander auszuspielen und so ihre Unabhängigkeit – wenn auch begrenzt – zu wahren.

Anders ist m.E. die Situation einzuschätzen, wenn sich die Großaktionäre über die Ausübung der Einflußnahme auf die gemeinsame Tochtergesellschaft verständigen und etwa im AR – dessen Sitze werden sie i.d.R. mehrheitlich besetzt halten – der AG koalieren. Es ist nicht einzusehen, warum hier kein mehrfaches Abhängigkeitsverhältnis vorliegen soll; denn hier besteht genau die Konfliktssituation verschiedener unternehmerischer Interessen, für die der Gesetzgeber die Anwendung besonderer Vorschriften zum Schutze der AG, ihrer Minderheitsaktionäre und Gläubiger als nötig erachtet hat[107]. Im wirtschaftlichen Ergebnis macht es keinen Unterschied, ob Beschlüsse innerhalb oder außerhalb der AG gefaßt werden[108]. Auch ist es unerheblich, ob ein Aktionär die Herrschaftsmacht allein ausüben kann, entscheidend ist die Abhängigkeit der AG. Diese wird nicht dadurch automatisch selbständig, daß sie von mehreren Aktionären beherrscht wird. Angesichts der gegenteiligen Auffassungen in der Literatur und des § 17 Abs. 1, der eine Abhängigkeit erst bei Bestehen einer Mehrheitsbeteiligung vermutet, werden diese Abhängigkeitsverhältnisse von den §§ 311 ff wohl kaum erfaßt. Da andererseits aber die „Koalitionsgefahr“ sehr wahrscheinlich ist – alle Partner können daraus Nutzen ziehen –, die Koalition selbst aber schwer nachzuweisen ist[109], wäre es sachgerechter gewesen, zumindest eine strenge gesetzliche Abhängigkeitsvermutung für den Fall zu statuieren, daß mehrere Unternehmensaktionäre zusammen die Aktienmajorität besitzen.

106 Als Beispiel kann hier das Verhältnis der drei IG-Nachfolger zu der gemeinsamen Tochter Casella genannt werden. Die drei Großaktionäre, zu je 25,1% beteiligt, verhinderten seit der Übernahme der Beteiligung im Jahre 1952 eine Kapitalerhöhung bei Casella mit der Folge, daß diese in ihrer Expansion erheblich hinter dem Wachstum der Chemiebranche zurückblieb. Vgl. Der Spiegel, 24. Jg. (3/1970), S. 33 f und 23. Jg. (44/1968). S. 36.

107 Dies verkennt z.B. Graf (H.: a.a.O., S. 98) vollkommen, wenn er meint, die Unternehmensaktionäre übten hier nur Vermögensverwaltungsrechte aus.

108 Vgl. etwa die vergleichbare Problematik beim Nachweis mündlicher, kartellgesetzwidriger Preisabsprachen in Form von „Frühstückskartellen“ (vgl. dazu: Der Spiegel, 24. Jg. (17/1970), S. 84, 86).

109 Vgl. etwa die vergleichbare Problematik beim Nachweis mündlicher, kartellgesetzwidriger Preisabsprachen in Form von „Frühstückskartellen“ (vgl. dazu: Der Spiegel, 24. Jg. (17/1970), S. 84, 86).

C. Zusammenfassung

Als Fazit bleibt festzuhalten, daß es dem Gesetzgeber nicht gelungen ist, den Geltungsbereich der §§ 311 ff eindeutig abzugrenzen. Dadurch, daß weder der Unternehmens- noch der Abhängigkeitsbegriff hinreichend präzisiert wurde, ist die Gefahr nicht auszuschließen, daß beherrschender Einfluß ausgeübt wird, ohne daß die Konzernrechtsvorschriften eingreifen.

2. KAPITEL

Definition und Erfassung der ausgleichspflichtigen Konzernwirkungen

I. Rangordnung von Konzern- und Minderheitsinteressen

Der Frage, in welcher Rangordnung die Interessen des Konzerns und der Minderheitsaktionäre zueinander stehen, kommt bezüglich der Schutzwirkung der §§ 311 ff[110] größte Bedeutung zu. Sie wird dann akut, wenn die Interessen der einen Gruppe nur unter Mißachtung der Belange der anderen realisierbar sind. Eine solche Situation träte zweifellos dann ein, wenn z.B. die Konzernleitung im Rahmen der einheitlichen Konzernplanung in den Kombinationsprozeß der Untergesellschaft eingriffe und die dadurch entstehenden Nachteile nicht quantifiziert werden könnten. In der Literatur wird behauptet, diese Fälle gäbe es tatsächlich, sie kämen insb. bei strukturverändernden Maßnahmen (Betriebsstillegung, Absatzspezialisierung etc.) in Betracht[111], weil diese „die abhängige Gesellschaft als selbständiges Unternehmen so (umgestalten), daß das unternehmerische Eigeninteresse als Maßstab für die Begrenzung des beherrschenden Einflusses unvollziehbar würde“[112].

Ob die Behauptung zu Recht oder zu Unrecht besteht, soll hier noch nicht untersucht werden; uns interessiert vorerst nur, welchen Belangen nach dem Willen des Gesetzgebers der Vorrang einzuräumen ist. Das Dilemma besteht nun darin, daß der Gesetzgeber bedauerlicherweise zu diesem bedeutsamen Problem nicht ausdrücklich Stellung bezogen hat. Daraus kann man nur zwei Schlußfolgerungen ziehen: entweder er hielt das Quantifizierungsproblem für lösbar, dann kann ein (objektiver) Interessenkonflikt gar nicht aufkommen oder aber er hielt es für unlösbar und hat implicite eine der beiden Gruppen bevorzugen wollen. Zu prüfen ist also, ob es irgendwelche Hinweise in der einen oder anderen Richtung gibt. Wenden wir uns zunächst der letzteren Alternative zu, die offensichtlich von Luchterhandt und Mestmäcker, allerdings mit jeweils umgekehrtem Vorzeichen vertreten wird.

Mestmäcker gelangt im Ergebnis zu der Auffassung, den Interessen der Minderheitsaktionäre gebühre der Vorrang[113],wenn er sagt, der einheitlichen Leitungsmacht seien

110 Die Frage spielt insb. für den Umfang des Nachteilsbegriffs für die zeitliche Durchführung des Ausgleichs und die Bewertung eine entscheidende Rolle. Vgl. die auf S. 41ff, 52ff, 64f dargestellten Konfliktsfälle.

111 Vgl. insb. Mestmäcker, E.J.: Zur Systematik des Rechts der verbundenen Unternehmen im neuen Aktienrecht, in: Das Unternehmen in der Rechtsordnung, Festgabe für H. Kronstein aus Anlaß seines 70. Geb., Karlsruhe 1967, S. 129–150, 147; Luchterhandt, H.F.: Leitungsmacht und Verantwortlichkeit im faktischen Konzern, in: ZHR, Bd. 133 (1969), S. 1–60, S. 7 f, S. 28 ff.

112 Mestmäcker, E.J.: Zur Systematik . . ., a.a.O., S. 147.

113 Vgl. Mestmäcker, E.J.: Zur Systematik . . ., a.a.O., S. 139 ff, S. 147; so auch Neuhaus, J.: Die Grenzen der Konzernleitungsmacht im faktischen Konzern und der Nachteilsbegriff des § 311 AktG 65 in BB, 24. Jg. (1970), S. 1913–19, 1914 und passim, der allerdings inkonsequenterweise nicht zu den gleichen Schlußfolgerungen wie Mestmäcker gelangt.

im faktischen Konzern dort Grenzen gesetzt, wo ihre negativen Auswirkungen mangels Quantifizierbarkeit – wie in den oben genannten Fällen – nicht ausgeglichen werden könnten. Er stützt seine These vor allem auf den Wortlaut des § 311 Abs. 1, der die einheitliche Leitung nur unter der Bedingung zulasse, daß die daraus u.U. erwachsenden Nachteile ausgeglichen werden. Dieses Argument wiegt schwer, zumal es m.E. auch für § 312 zutrifft. Zwar heißt es dort in Abs. 1 nur, es seien die Gründe, die zu einer Maßnahme geführt haben und deren Vor- und Nachteile anzugeben; daraus wird man aber keineswegs ableiten dürfen, der Gesetzgeber verlange nicht zwingend eine Quantifizierung; im Gegenteil: wie sollte der Vorstand die nach § 312 Abs. 3 geforderte Erklärung abgeben, seine Gesellschaft sei „dadurch, daß die Maßnahme getroffen oder unterlassen wurde, nicht benachteiligt (worden)", bzw. die entstandenen Nachteile seien ausgeglichen worden oder nicht, ohne die Auswirkungen der Maßnahmen quantifiziert zu haben?

Luchterhandt[114] begründet seinen Standpunkt, im Konfliktsfalle sei das Konzerninteresse vorrangig, hauptsächlich mit der Feststellung, auf Grund der Entstehungsgeschichte der §§ 311 ff, aber auch aus den gesetzlichen Vorschriften[115] ergebe sich eindeutig, daß der Gesetzgeber die einheitliche Leitung im faktischen Konzern ermöglichen wollte. Da außerdem die Leitungsmacht umfassende Befugnisse einschließe und diese Tatsache allgemein – also auch dem Gesetzgeber – bekannt gewesen sei, könne – grob gesprochen – ein Verbot einzelner Maßnahmen nicht in Betracht kommen, dies selbst dann nicht, wenn nachteilige Folgen mangels Quantifizierbarkeit nicht ausgeglichen werden könnten[116].

Luchterhandt ist m.E. zuzugeben, daß der Gesetzgeber die einheitliche Leitung im faktischen Konzern zulassen wollte[117]. Sowohl die Aufgabe der RefE-Konzeption – § 284 RefE sah bekanntlich ein Verbot der einheitlichen Konzernleitungsmacht vor, sofern diese nicht auf vertraglicher Grundlage ausgeübt wurde – als auch die Auflockerung der in § 300 RegE festgelegten Ausgleichsregelung[118] kann nur so aufgefaßt

114 Vgl. Luchterhandt, H.F.: Leitungsmacht . . ., a.a.O., S. 5 ff, insb. S. 13.

115 Luchterhandt (H.F.: Leitungsmacht . . ., a.a.O., S. 12) meint, § 318 schränke als Sondervorschrift zu § 93 die Haftung des Vorstandes der Untergesellschaft auf die Erfüllung der Berichtspflicht ein und entlaste diesen von der Wahrnehmung des unternehmerischen Interesses. Allerdings räumt er (S. 42 ff) – genau so wie Geßler (E.: Faktische Konzerne?, in: Recht und Rechtsleben in der sozialen Demokratie, Festgabe für O. Kunze zum 65. Geb., Berlin 1969, S. 159–175, 171) – ein, daß die Haftung nach §§ 93, 116 nicht völlig aufgehoben sei.
M.E. ist dieses Argument nicht ganz stichhaltig, da die Berichtspflicht nach § 312 – wie schon oben betont – nur unvollständig erfüllt werden kann, wenn sich eine Quantifizierung als unmöglich erweist.

116 Vgl. a.a.O., S. 8 i.V.m. S. 13, S. 28 ff.

117 So auch – bis auf Mestmäcker – die gesamte Literatur: vgl. z.B. Kropff, B.: Der faktische Konzern . . ., a.a.O., S. 2147 ff, insb. S. 2150; Geßler, E.: Faktische Konzerne?, a.a.O.; Gessler, J.H.: a.a.O., S. 351 f; Großfeld, B.: a.a.O., S. 218; Döllerer, G.: Fragen der verdeckten Gewinnausschüttung der Aktiengesellschaft, in BB, 22. Jg. (1967), S. 1437–46, 1445.

118 Vgl. dazu S. 49 f dieser Arbeit.

werden, daß die §§ 311 ff den Zweck verfolgen, die „Macht des Faktischen" – Weisungen können zwar nicht mit rechtlichen Mitteln, wohl aber auf Grund der tatsächlichen Beherrschungsmöglichkeit durchgesetzt werden – zu legalisieren. Läßt sich daraus aber andererseits eine gesetzliche sanktionierte Vorrangigkeit der Konzerninteressen ableiten? Luchterhandt bleibt dafür jeden Beweis schuldig. Die von ihm zitierte Ausschußberatungen[119] bieten dafür keinen Anhalt. Auch die Änderung der RefE-Konzeption wurde bezeichnenderweise nicht mit dem Wunsch, den Konzern zu begünstigen, begründet, sondern im Gegenteil damit, daß § 284 RefE den Minderheitsaktionären keinen ausreichenden Schutz gewähre[120].

Gleichfalls kann die Abänderung des § 300 RegE nicht etwa so verstanden werden, als habe der Gesetzgeber den faktischen Konzern sozusagen um jeden Preis ermöglichen wollen. Das beweist die Tatsache, daß die noch weiter gehenden Forderungen der Wirtschaft auf Ausdehnung des Ausgleichszeitraums über ein Jahr hinaus[121] zurückgewiesen wurden[122]. Unberührt bleibt ferner von der Änderung die Feststellung der RegB, die Vermögensinteressen der Minderheitsaktionäre und des Konzerns seien gleichrangig[123].

So bleibt nur zu prüfen, ob sich für die Unterstellung Luchterhandts, der Gesetzgeber sei sich der von Luchterhandt beschriebenen Konsequenzen voll bewußt gewesen und habe sie in Kauf genommen, Anhaltspunkte finden lassen. Gewisse Aufschlüsse könnte eine Äußerung Wilhelmis, des Vorsitzenden des für die Aktienrechtsreform federführenden Rechtsausschusses, geben[124]. Wilhelmi stellt zunächst fest, der Gesetzgeber habe sich entschlossen, „den faktischen Konzern (gegenüber dem Vertragskonzern, d. Verf.) gleich zu behandeln, nicht zu erschweren"[125]. Er fährt dann fort:

119 A.a.O., S. 6 f. Es sei hier eine persönliche Bemerkung erlaubt: Der Verf. hätte gerne selbst Einblick in die Protokolle des Wirtschaftsausschusses genommen, um sich Sicherheit darüber zu verschaffen, inwieweit die Quantifizierungsprobleme im Rahmen der Ausschußberatungen eine Rolle gespielt haben und inwieweit die Abgeordneten von der Durchführbarkeit des Gesetzes überzeugt waren. Dies wäre u.a. auch deshalb von Bedeutung gewesen, um nicht auf – evtl. unvollständige (vgl. FN 125) – Zitate in anderen Schriften angewiesen zu sein.
Der derzeitige Vorsitzende Kienbaum lehnte ein entsprechendes Ersuchen mit der Begründung ab, die veröffentlichten Berichte „sollten als Material für eine Doktorarbeit ausreichen". Dies muß um so mehr erstaunen, als anderen Doktoranden – z.B. Bachelin- und Luchterhandt Einblick gewährt wurde.

120 Vgl. RegB.: a.a.O., S. 375; freilich wird dort auch auf das Bestreben, den faktischen Konzern zuzulassen, hingewiesen. Gleichzeitig wird aber auch die Notwendigkeit betont, die abhängige Gesellschaft vor Nachteilen zu schützen.

121 Vgl. die Aussagen von Pohle und Zahn, in: Anlage zum Kurzprotokoll der Sitzung des Wirtschaftsausschusses des DBT am 7. 2. 1963 II, 8–11, zit. nach Kropff, B.: Der „faktische Konzern" . . ., a.a.O., S. 2150; ferner Pohle, W.: Konzernrecht, a.a.O., S. 314; Spitzenverbände 1960, S. 46.

122 Vgl. Ausschußbericht zu § 311, a.a.O., S. 409 f.

123 Vgl. RegB zu § 311, a.a.O., S. 407 f.

124 Vgl. Wilhelmi, H.: in: Verhandlungen des DBT, 4. WP, 187. Sitzung vom 25. 5. 1965, Stenographische Berichte, Bd. 59, Bonn 1965, S. 9405: anläßlich seiner Berichterstattung in der 3. Lesung des AktG.

125 Insofern bezieht sich Luchterhandt (a.a.O., S. 1 f) bezüglich der These der Zulässigkeit des faktischen Konzerns zu Recht auf Wilhelmi. Interessanterweise erwähnt er aber – wie übrigens auch Kropff, B.: Der „faktische Konzern" . . ., a.a.O., S. 2150 – die nun folgenden Ausführungen nicht mehr.

„Allerdings haben wir hier auch erhebliche Sicherheiten eingebaut um zu gewährleisten, daß diese Selbständigkeit (der Untergesellschaft, d. Verf.[126]) eine echte ist"[127]. Besonders aufschlußreich erscheint vor allem die Auffassung Geßlers[128], der faktische Konzern sei zwar einerseits zulässig, andererseits seien aber auch die oben genannten Maßnahmen – die Luchterhandt und Mestmäcker für nicht quantifizierbar halten – in ihren Wirkungen berechenbar[129]. Es spricht also einiges dafür, daß der Gesetzgeber die Interessen der außenstehenden Aktionäre und des Konzerns als gleichrangig behandelt wissen will und einen Interessenkonflikt für vermeidbar hielt[130].

II. Die Fiktion der Unabhängigkeit der abhängigen Aktiengesellschaft als Bewertungsmaßstab

Zur Realisierung der gesetzlichen Pflicht, nachteilige Auswirkungen der Konzernverbundenheit auf die abhängige Gesellschaft – genauer: auf Erfolg und Erfolgschancen derselben – zu eliminieren, bedarf es eines Maßstabs, der angibt, ob und ggf. in welcher Höhe eine Schädigung und damit ein Ausgleichsanspruch vorliegt. Das Gesetz – insb. der hier maßgebliche § 311 – sagt nichts Näheres darüber aus, jedoch wird man § 317 Abs. 2 heranziehen können[131]. Wenn es dort – ähnlich auch in § 318 Abs. 1 – heißt, die Schadensersatzpflicht entfalle, wenn das Verhalten der abhängigen Gesellschaft dem „ein(es) ordentlich(en) und gewissenhaft(en) Geschäftsleiter(s) einer unabhängigen Gesellschaft" entspreche, so bedeute dies:

126 Es geht hier zweifelsfrei um die wirtschaftliche, nicht um die rechtliche Selbständigkeit, wie sich aus den Äußerungen Wilhelmis während der 2. Lesung des AktG (vgl. 184. Sitzung des DBT am 19. 5. 1965, a.a.O., S. 9266) ergibt: beim faktischen Konzern werde „immer die Selbständigkeit des einzelnen Konzernunternehmens aufrechterhalten", die einzelne Gesellschaft bewahre „ihr Eigenleben in allen Punkten".

127 Man könnte allerdings annehmen, Wilhelmi seien selbst Zweifel an dieser Garantie gekommen, wenn er ein wenig später bemerkt, man habe sich bemüht, „die Dinge so zu regeln, daß die Wirtschaft mit dem Gesetz arbeiten kann und nicht auf Grund von Theorien umstürzlerische Maßnahmen getroffen . . . Lieber machen wir in ein paar Jahren ein neues Gesetz". Die widersprüchliche Kommentierung der §§ 311, 317 bei v. Godin-Wilhelmi: a.a.O., S. 1634 ff (vgl. S. 162 ff) könnte allerdings auch so aufgefaßt werden, daß sich Wilhelmi bei der Verabschiedung des Gesetzes nicht ganz im klaren war über dessen Konsequenzen.

128 Luchterhandt beruft sich (a.a.O., S. 7) interessanterweise auch auf Geßler mit dem Hinweis, dessen Äußerungen vor dem Wirtschaftsausschuß „dürfe man sicherlich die Qualität von Motiven zum Aktiengesetz zubilligen".

129 Vgl. Geßler, E.: Faktische Konzerne? . . ., a.a.O., S. 173 f.

130 Dafür spricht schließlich auch, daß der DJT, dessen Bericht den DBT-Ausschüssen lt. Kropff (B.: Der „faktische Konzern", a.a.O., S. 2149 f) im Entwurf vorlag, gleicher Meinung zu sein, scheint (vgl. DJT 1967, S. 44 ff, 64 ff, insb. TZ 246, 404, 407 f, 410 f). Es muß fast angenommen werden, daß sich Mestmäcker mit seinen schon sehr früh geäußerten Bedenken (vgl. Mestmäcker, E.J.: Verwaltung . . ., a.a.O., S. 278 ff, 303 ff) kein Gehör verschaffen konnte. Darauf deutet z.B. hin, daß Geßler (E.: Der Schutz . . ., a.a.O., S. 263 f, 266 ff) diese Bedenken nur begrenzt teilte.

131 Kropff (B.: Der „faktische Konzern" . . ., a.a.O., S. 2151) und Bachelin (H.: a.a.O., S. 47) meinen zu Recht, die Regelung des § 317 Abs. 2 hätte auch schon in § 311 aufgenommen werden können (müssen).

(1) Maßnahmen oder Rechtsgeschäfte, welche die Untergesellschaft durchführt oder unterläßt, sind nicht nachteilig, wenn der Vorstand bei Selbständigkeit genau so gehandelt hätte,

(2) Die Höhe etwaiger Nachteile ist anhand eines Ist-Soll-Vergleichs des tatsächlichen Verhaltens des abhängigen Unternehmens mit dem bei fiktiver Unabhängigkeit zu ermitteln.

Der Vorstand soll so handeln, als sei er selbständig; wird er von der Obergesellschaft gezwungen, sich abweichend von dieser Norm zu verhalten, so liegt ein Nachteil vor in Höhe der Differenz der unterschiedlichen Auswirkungen auf die Vermögens- und Ertragslage seiner Gesellschaft.
Ob die gesetzliche Fiktion eines unabhängigen Unternehmens[132] ein praktikables Bewertungskriterium abgibt, wird sich im 3. Kapitel herausstellen. Davon wird es abhängen, ob die Absicht des Gesetzgebers, die Minderheitsaktionäre und Gläubiger so zu schützen, als seien sie Beteiligte bzw. Partner einer selbständigen AG, realisierbar ist.

III. Qualitative Anforderungen an den Nachteilsbegriff i.S. der §§ 311 ff

A. Grundsätzliches

Im Schrifttum besteht weitgehende Übereinstimmung darüber, daß grundsätzlich jede Beeinträchtigung der Vermögenslage oder des Ertrags der abhängigen Gesellschaft als Nachteil i. S. des § 311 anzusehen ist[133]. Er ist also nicht gleichzusetzen mit Verlust[134], sondern kann auch in einem Gewinnentgang bestehen.

Zu denken ist hier etwa an den Fall, daß die Gesellschaft zugunsten des herrschenden Unternehmens auf Gewinnchancen verzichtet, indem sie eine gute Werbeidee oder ein erfolgversprechendes Entwicklungsvorhaben nicht weiter verfolgt oder eine Marktchance nicht wahrnimmt. Es ist auch nicht erforderlich, daß die herrschende Gesell-

132 Die h.M. geht ebenfalls von der Maßgeblichkeit dieser Fiktion für die Nachteilsbewertung aus; vgl. etwa Schubert, W.: Zur Berichtspflicht über Beziehungen zu verbundenen Unternehmen nach dem neuen Aktienrecht, in: BFuP, 18. Jg. (1966), S. 165–74, 223–34, 223; IDW, Stellungnahme NA 6/1966, in: WPg, 19. Jg. (1966), S. 678 f, 678; Mestmäcker, E.J.: Zur Systematik . . ., a.a.O., S. 146; Buchner, R.: a.a.O., S. 36 f; Winkhaus, E.: a.a.O., S. 78, 82 f; WP-Handbuch 1968, a.a.O., S. 651; DIfB, a.a.O., S. 126; Geßler, E. Die Rechtsverhältnisse . . ., a.a.O., S. 201; Döllerer, G.: Rez. zu Niemann, U.: a.a.O., in: RGmbH, 60. Jg. (1969), S. 371 f, 372; Heigl, A.: Der aktienrechtliche . . ., S. 28; Adler-Düring-Schmaltz: 4. Aufl., a.a.O., S. 930; Graf, H.: a.a.O., S. 98 f; Werner, W.: Probleme . . ., S. 11; die gegenteilige Ansicht von v. Godin-Wilhelmi (a.a.O., S. 1631) und z.T. Leo (H.Ch.: Die Einmann-AG . . ., a.a.o., S. 387), die Fiktion spiele nur für die Schadenersatzpflicht, nicht aber für die Nachteilbestimmung eine Rolle, muß abgelehnt werden, da sie zu dem unsinnigen Ergebnis führt, daß ein Nachteil nach § 311 ausgleichspflichtig, nicht aber nach § 317 ersatzpflichtig wäre.

133 Vgl. z.B. Adler-Düring-Schmaltz: 4. Aufl., a.a.O., S. 923; Baumbach-Hueck: a.a.O., S. 922.

134 Vgl. WP-Handbuch 1968, a.a.O., S. 651; Adler-Düring-Schmaltz: 4. Aufl., a.a.O., S. 924; Würdinger, H.: 2. Aufl.: a.a.O., S. 310; Goerdeler, R.: a.a.O., S. 125; Winkhaus, E.: a.a.O., S. 71; Heigl, A.: Der aktienrechtliche . . ., a.a.O., S. 28.

schaft gleichzeitig einen Vorteil erlangt[135], noch nicht einmal mittelbar, etwa über die Begünstigung eines ihr nahestehenden Geschäftspartners. Die Veranlassung zur selbstschädigenden Handlung der Untergesellschaft reicht grundsätzlich allein aus.

Allerdings gibt es m.E. Ausnahmen von diesen Grundsätzen: unterbindet die Obergesellschaft z.B. eine notwendige Kapitalerhöhung der abhängigen AG, so wird man darin m.E. keinen Nachteil i.S. des § 311 erblicken können, denn selbst der an einer Einzel-AG beteiligte private Inhaber einer Sperrminorität ist zu solchen Behinderungen in der Lage.

Zweifelhaft ist die Nachteiligkeit auch in dem Fall, daß der Konzernaktionär – veranlaßt etwa durch die den US-Firmen zeitweise auferlegte Pflicht zur Repatriierung der aus Auslandsinvestitionen fließenden Gewinne – der abhängigen AG durch die Veranlassung zu hohen Gewinnausschüttungen dringend benötigte Investitionsmittel entzieht. Eine Ausgleichspflicht könnte in diesen Fällen allenfalls bei Geltung des funktionalen Unternehmensbegriffes[136] vertreten werden. Aber selbst dann wäre noch fraglich, ob das Interesse des Konzernaktionärs hinter dem der abhängigen AG zurückstehen müßte: man denke etwa an den Fall, daß das herrschende Unternehmen wegen Kapitalmangels sein Bezugsrecht nicht ausüben kann und deshalb bei einer Kapitalerhöhung der abhängigen AG seine Aktienmehrheit verlöre.

In der Literatur wird darüber hinaus geltend gemacht, es müsse sich um einen Vermögenswert handeln, der in Geld bewertbar sei[137]. Das versteht sich an sich von selbst, da der Ausgleich von Nachteilen ihre Quantifizierbarkeit voraussetzt. Nur vermißt man eine generelle Aussage darüber, welcher Art die Nachteile sind, die als quantifizierbar zu gelten haben. Daß es gerade hierauf entscheidend ankommt, zeigen schon die folgenden Ausführungen.

B. Der Verlust der selbständigen Existenzfähigkeit als Bewertungsgegenstand

Die möglichen nachteiligen Wirkungen der Konzerneingliederung[138] erschöpfen sich für die abhängige Gesellschaft nicht darin, daß sie im Interesse des Konzerns auf Erträge oder die Wahrnehmung von Ertragschancen verzichtet. Hinzu treten in der Regel die Gefahren, die sich aus der Umorganisation und Ausrichtung der Untergesellschaft auf den Konzern ergeben. Zu denken wäre hier insb. an folgende Fälle:

(1) Wichtige Unternehmensfunktionen werden aus Rationalisierungsgründen oder zum Zwecke der besseren Koordinierung der Konzernpolitik bei den Gliedgesell-

135 Vgl. v. Godin-Wilhelmi: a.a.O., S. 1631; Leo, H.Ch.: Die Einmann-AG . . ., a.a.O., S. 357; DIfB, a.a.O., S. 126; Niemann, U.: a.a.O., S. 79; Winkhaus, E.: a.a.O., S. 72.

136 S. Aber S. 23 ff.

137 Vgl. Gessler, J.H.: a.a.O., S. 353; Baumbach-Hueck: 13. Aufl., a.a.O., S. 922; Geßler, E.: Probleme . . ., a.a.O., S. 36; Mutze, O: Erfahrungen aus der Anwendung der Unternehmensverträge des Aktiengesetzes 1965, in: AG, 12. Jg. (1967), S. 215–218, 254–259, hier 258; Würdinger, H.: 2. Aufl., a.a.O., S. 310.

138 Dieser Begriff wird hier und im folgenden – soweit nicht ausdrücklich etwas anderes vermerkt ist – im allgemeinen Sinne, nicht i. S. der §§ 319 ff verwendet.

schaften ausgegliedert: etwa die Absatzorganisation einschl. der Werbung und Marktforschung, die Forschung und Entwicklung, der Einkauf, die Finanzierung, sei es, daß sie bei der Muttergesellschaft selbst zentralisiert oder auf eigens geschaffene, rechtlich selbständige Institutionen (Konzernbank, -handels-, -revisions-, -versicherungsgesellschaft)[139] übertragen werden[140],

(2) Normung, Typung, Spezialisierung der Produktion im Hinblick auf den Konzernbedarf,

(3) Abstimmung des Warensortiments mit den übrigen Konzernunternehmen.

Diese Eingriffe der Konzernleitung brauchen bei der abhängigen Gesellschaft nicht zu Gewinneinbußen zu führen, ganz im Gegenteil werden sie oft nicht nur dem Konzern, sondern auch ihr selbst Produktivitäts- und Kostenvorteile bringen, wie das folgende Beispiel zeigt:
Bis zu ihrer Konzerneingliederung habe die nunmehr abhängige AG aus absatzpolitischen Gründen ein weitgefächertes Warensortiment hergestellt. Im Zuge der Arbeitsteilung und der Bildung von Produktionsschwerpunkten im Konzern nimmt sie eine Typenbereinigung ihres Fertigungsprogramms vor und spezialisiert sich ganz auf die Belieferung der Konzernunternehmen. Hat sie bisher Vielzweckmaschinen benutzt, so kann sich jetzt der Einsatz von Spezialaggregaten lohnen. Die Vermeidung von Maschinenumstellungen, die gestiegenen Losgrößen und die kontinuierliche Auslastung der Kapazität werden die Kostenstruktur und Ertragslage günstig beeinflussen.

Dies gilt jedoch nur so lange, wie die Gesellschaft im Konzernverbund steht. Der zwischenzeitlich eingetretene Verlust der Kundenbeziehungen, die Beeinträchtigung der Patente, der Marken, des Goodwill, die Abwanderung von Spitzenkräften zur Muttergesellschaft, der Verzicht auf eine eigene Rohstoffbasis und Forschung, ein nicht marktgängiges, da auf die speziellen Konzernbedürfnisse zugeschnittenes Sortiment lassen eine Zurückerlangung der wirtschaftlichen Selbständigkeit bei Lösung der Konzernbindung nahezu unmöglich erscheinen. Die Gesellschaft gleicht bei Amputation wichtiger Funktionsbereiche eher einem Torso denn einem lebensfähigen Gebilde.

139 Vgl. Arbeitskreis Krähe der Schmalenbach-Gesellschaft, a.a.O., S. 53; Hardach, F.W.: Die „einheitliche Leitung" von Konzernen, in: ZfhF, 13. Jg. (1961), S. 713–37, 719; Grochla, E.: Betriebsverbindungen, Berlin 1969, S. 218 f.

140 Das gebräuchlichste Steuerungsinstrument des faktischen Konzerns dürfte die einheitliche Finanzpolitik sein (Dividendenpolitik, Liquiditätsausgleich, Kapitalerhöhungen, Bildung von Investitionsschwerpunkten), die selbst in dezentralen Konzernen i.d.R. straff zentralisiert ist. Sie wird meistens ergänzt – bzw. erst ermöglicht – durch eine zentrale Personalpolitik. Dagegen wird die Absatzfunktion den Konzerngliedern oft belassen, um deren Goodwill (Kundenstamm, Marken, Warenzeichen) weiterhin für den Konzern nutzbar zu machen (vgl. dazu Harms, W.: a.a.O., S. 115; Arbeitskreis Krähe der Schmalenbach-Gesellschaft, a.a.O., S. 75 ff; Huppert, W.: Internationale Industriekonzerne, Berlin 1966, S. 28 f; Semler, J.: Das Recht . . ., a.a.O., S. 552). Im übrigen hat es den Anschein, als setze sich in wachsenden, insb. diversifizierten Konzernen ein Trend zur divisionalisierten Organisationsstruktur durch, d.h. an die Stelle einer funktional gegliederten Organisation tritt die Gliederung nach Produktions- oder geographischen Bereichen (vgl. dazu insb. Schmidt-Sudhoff, U.: Organisation und Führungskontrollen in dezentralen Unternehmen, in: Betriebswirtschaftliche Information, Entscheidung und Kontrolle, a.a.O., S. 423–442, 429).

Da es im faktischen Konzern i.d.R. an einer vertraglichen Zusicherung des langfristigen Bestandes der Unternehmensverbindung mangelt[141], wird man den dargelegten Fall nicht einfach abtun können[142]. Zwar wird die Konzernleitung bei Verkaufsabsicht selbst an einem hohen Verkaufspreis interessiert sein, diese also erst realisieren, wenn sie einen Käufer findet, dessen Unternehmensstruktur durch die Angliederung der abhängigen Gesellschaft so sinnvoll ergänzt wird, daß der Koordinationseffekt in ähnlich günstiger Weise wie bisher zur Wirkung kommt. Die Minderheits- und Gläubigerinteressen sind aber zumindest dann gefährdet, wenn das bisherige Abhängigkeitsverhältnis nicht auf einer maßgeblichen Beteiligung beruhte, der Konzern wegen wirtschaftlicher Schwierigkeiten zu Notverkäufen genötigt wird oder sich anderen Produktionszweigen zuwenden will, weil er dort größere Entwicklungsmöglichkeiten sieht[143].

Ist einerseits nicht zu bestreiten, daß der Unternehmenswert der Untergesellschaft zumindest potentiell beeinträchtigt wird, so ist doch fraglich, ob darin ein Nachteil i.S. des § 311 liegt, weil eine Lösung der Konzernbindung meist nicht voraussehbar ist und bis zu ihrer Verwirklichung eine Minderung des Bilanzgewinns des abhängigen Unternehmens nicht eintritt.

Luchterhandt[144] bestreitet dies. Seine Meinung, ausgleichspflichtig sei nur die „unmittelbare vermögensmäßige Schlechterstellung im Gefolge einer benachteiligenden Maßnahme"[145] begründet er damit, daß der Gesetzgeber mit der Zulassung des faktischen Konzerns die Gefahren des Verlusts der wirtschaftlichen Selbständigkeit der abhängigen Gesellschaft bewußt in Kauf genommen hat[146]. Zudem sei es für die Konzernleitung unzumutbar, bei jeder Maßnahme auf die Selbständigkeit der Konzernglieder bedacht zu sein. Zwinge man sie dazu, so sei die einheitliche Leitung, damit die Zulassung des faktischen Konzerns insgesamt, illusorisch. Ein Ausgleich für die Beeinträchtigung der „Substanz" der abhängigen Gesellschaft scheitere schon an der mangelnden Quantifizierbarkeit und sei auch nicht gerechtfertigt, weil die nicht quantifizierbaren Konzernvorteile etwa aus der konzerngemeinsamen Werbung, der Steigerung des Goodwill und Know how ein ausreichendes Äquivalent böten[147].

Die Argumentation Luchterhandts vermag vor allem deshalb nicht zu überzeugen, weil er von der Vorrangigkeit des Konzerninteresses ausgeht[148]. Der Gesetzgeber

141 Abgesehen einmal von Abhängigkeitsverhältnissen, die auf einen Unternehmensvertrag nach § 292 gegründet sind. Diese Verträge haben aber auch i.d.R. nur eine Laufzeit von 5 Jahren und sind dann jährlich kündbar.

142 So zutreffend Schubert, W.: Zur Berichtspflicht . . ., a.a.O., S. 226, FN 36. Seltsamerweise werden in der Literatur die Gefahren des Verlustes der Selbständigkeit in erster Linie nur für den Vertragskonzern behandelt. Vgl. etwa Rasch, H.: 4. Aufl., a.a.O., S. 159; DJT 1967, S. 47.

143 Harms (W.: a.a.O., S. 193) weist darauf hin, daß das Ausscheiden von Konzerngliedern – meist im Wege der Veräußerung der Mehrheitsbeteiligung an andere Unternehmen – durchaus nichts Außergewöhnliches ist.

144 Vgl. Luchterhandt, H.-F.: Leitungsmacht . . ., a.a.O., S. 13, 29 ff.

145 Ebenda, S. 13, 31.

146 Ebenda, S. 13, 30.

147 Ebenda, S. 32.

148 Vgl. S. 36 ff dieser Arbeit.

wollte m.E. keineswegs zulassen, daß die Untergesellschaft im Konzerninteresse Nachteile dieser Art in Kauf zu nehmen hat. Es ist wohl kaum zu leugnen, daß hier aus der Sicht eines unabhängigen Unternehmens – dem maßgeblichen Bewertungskriterium – ein Nachteil vorliegt[149]. Zudem widerlegt die Tatsache, daß der Nachteilsausgleich zumindest ex post durchführbar wäre[150] – eine Regelung, die Luchterhandt im übrigen selbst für bestimmte Maßnahmen für geboten hält[150] – die Behauptung, eine Quantifizierung sei unmöglich. Fraglich kann daher nur sein[151], in welcher Form und zu welchem Zeitpunkt der Ausgleich zu erfolgen hat[152]. Selbstverständlich wird das Recht der Konzernleitung, die abhängige AG u.U. völlig umzugestalten, von dieser Verpflichtung nicht tangiert. Aus der gesetzlichen Regelung der zeitlichen Durchführung des Ausgleichs[153] ergibt sich eindeutig, daß der Gesetzgeber die abhängige AG nicht von dem daraus resultierenden Risiko befreien wollte, daß der tatsächliche Ausgleich in gewissem Maße von der Geschäftsentwicklung des Gesamtkonzerns abhängt.

IV. Beschränkung der Ausgleichspflicht des herrschenden Unternehmens auf aktive Konzerneffekte

Nachteile, die der abhängigen AG aus der Vornahme oder der Unterlassung von Rechtsgeschäften oder Maßnahmen erwachsen, hat die Obergesellschaft nur dann auszugleichen, wenn sie auf ihre „Veranlassung" zurückgehen (§ 311). Der § 311 bezweckt also i.V.m. § 317 die Neutralisierung aktiver Einwirkungen des herrschenden Unternehmens – fortan auch aktive Konzerneffekte genannt[154] – auf die abhängige Gesellschaft. Bei selbständiger Veranlassung seitens anderer Unternehmen, die mit der Obergesellschaft verbunden sind, greift – ebenso wie bei schädigenden Einflüssen konzernfremder Dritter – statt der §§ 311, 317 nur § 117 ein[155]. Desgleichen entfällt die Ausgleichtspflicht des herrschenden Unternehmes, wenn die abhängige AG aus Eigeninitiative handelt oder aus eigenem Antrieb untätig bleibt. Hier gelangen die

149 Im Ergebnis so wohl auch Würdinger (H.: 2. Aufl., a.a.O., S. 260), wenn er feststellt, es sei „dafür Sorge zu tragen, daß die abhängige Gesellschaft bei Beendigung des Abhängigkeitsverhältnisses lebensfähig ist". Allerdings zieht er daraus keine weiteren Schlußfolgerungen.

150 Vgl. S. 160 ff dieser Arbeit.

151 Zu dem zusätzlich (oder ersatzweise) vorgebrachten Argument, die nicht quantifizierbaren Konzernvorteile seien als Ausgleich anzusehen, vgl. S. 50 ff dieser Arbeit. Es sei aber schon hier darauf hingewiesen, daß die Auffassung Luchterhandts im Falle der Beendigung der Abhängigkeit gerade zu dem vom Gesetzgeber abgelehnten Resultat führen würde, daß konkrete Nachteile durch allgemine, nicht faßbare Vorteile abgedeckt werden. Außerdem fallen die positiven Reflexwirkungen schon dadurch nicht „ganz unter den Tisch" (Luchterhandt, H.-F.: a.a.O., S. 33), daß negative passive Konzerneffekte nicht ausgleichspflichtig sind (vgl. S. 57 f).

152 Vgl. dazu FN 150 und S. 64 f dieser Arbeit.

153 Vgl. S. 52 ff dieser Arbeit.

154 Begriff nach Moxter, A.: Offene Probleme der Rechnungslegung bei Konzernunternehmen, in: ZfhF, 13. Jg. (1961), S. 641–653, 646. Hierzu sollen auch Veranlassungen gezählt werden, die die Konzernleitung indirekt initiiert, z.B. über andere Konzerngesellschaften.

155 Dies gilt selbst dann, wenn die abhängige AG irrtümlicherweise annimmt, diese Veranlassung gehe auf Weisungen der Konzernleitung zurück.

§§ 93, 116 zur Anwendung. Die beiden zuletzt genannten Fälle unterliegen jedoch zusätzlich der Berichtspflicht nach § 312, bei eigeninitiiertem Verhalten der abhängigen Gesellschaft allerdings nur, wenn es „im Interesse“ des Konzerns liegt. Es ist im folgenden zu klären, wann aktive Konzerneffekte vorliegen und was der Gesetzgeber mit der Differenzierung von Ausgleichs- und Berichtspflicht beabsichtigt.

A. Die Veranlassung als Voraussetzung für die Ausgleichspflicht nach §§ 311

Als Veranlassung i.S. der §§ 311 ff ist nach einmütiger Auffassung[156] nicht nur die Weisung anzusehen, sondern auch jede sonstige Geltendmachtung des herrschenden Einflusses auf die abhängige Gesellschaft. Sie kann daher schriftlich oder (fern-)mündlich erfolgen, durch Richtlinien, Rundschreiben, Organisationshandbücher, Ausschüsse, über Genehmigungs-, Mitwirkungs- oder Ausführungsvorbehalte oder auch in Form von Empfehlungen, Ratschlägen, Anregungen etc.[157]. Wenn Leo[158] eine gewisse „Nachdrücklichkeit“ der Einwirkung verlangt, so kann dem deshalb nicht zugestimmt werden, weil in manchen Konzernen bloße Empfehlungen oder Ratschläge wie Weisungen befolgt werden[159]. Andererseits wird man nicht in jeder informellen Einflußnahme eine Veranlassung zu erblicken haben; insb. in dezentral oder locker geführten Konzernen werden starke Vorstandspersönlichkeiten der Untergesellschaften z.B. Anregungen der Konzernspitze nur als einen Entscheidungsparameter unter vielen ansehen und sich ansonsten in ihren Handlungen nicht fremdbestimmt fühlen.

Aus dem Gesagten erhellt, daß die äußere Form des Handlungsanstoßes kein eindeutiges Indiz für das Vorliegen einer Veranlassung abgibt. Man wird auf den Einzelfall abstellen müssen und allgemein nicht mehr sagen können als, daß eine Kausalität zwischen der Einwirkung und den Rechtsgeschäften bzw. Maßnahmen vorliegen muß i.S. einer überwiegenden Verursachung seitens der Obergesellschaft[160].

Damit ist der Begriff Veranlassung jedoch in keiner Weise operational und nachprüfbar bestimmt, da die Dinge oft nicht so einfach liegen, daß die Untergesellschaft gegen ihren Willen und wider bessere Einsicht – etwa noch durch eine schriftliche Anord-

156 Vgl. z.B. WP-Handbuch 1968, a.a.O., S. 650; v. Godin-Wilhelmi: a.a.O., S. 1630; Mestmäcker, E.J.: Zur Systematik . . ., a.a.O., S. 141; Goerdeler, R.: Geschäftsbericht, Konzerngeschäftsbericht und Abhängigkeitsbericht aus der Sicht des Wirtschaftsprüfers, in: WPg, 19. Jg. (1966), S. 113–126, 125; Adler-Düring-Schmaltz: 4. Aufl., a.a.O., S. 926 f.

157 Zu Einzelheiten vgl. Hardach, F.W.: Die „einheitliche“ Leitung von Konzernen, in: ZfhF, 13. Jg. (1961), S. 713–737, 725 ff; Arbeitskreis Krähe der Schmalenbach-Gesellschaft, a.a.O., S. 63 ff; Meier, A.: Koordination in der Leitungsorganisation, in: ZfhF, 13. Jg. (1961), S. 538–553, 541 ff; ders.: Einheitliche Leitung . . ., a.a.O., S. 571 f.

158 Vgl. Leo, H.-Ch.: Die Einmann-AG, a.a.O., S. 357.

159 Vgl. hierzu insb. Baum, H.-P.: Gestaltung und Organisation der Führung und Leitung deutscher und britischer Konzerne, Diss. FU Berlin 1963, S. 272 f.

160 So auch die h.M., wenn auch mit Differenzierungen: Vgl. u.a. Adler-Düring-Schmaltz: 4. Aufl., a.a.O., S. 925; WP-Handbuch 1968, a.a.O., S. 650; DIfB, a.a.O., S. 117; Gessler, J.H.: a.a.O., S. 352; Spitzenverbände 1967, S. 106; v. Godin-Wilhelmi: a.a.O., S. 1629 f; Baumbach-Hueck, 13. Aufl., a.a.O., S. 922.

nung – zu einem Tun oder Unterlassen gezwungen wird. In der Regel wird die Konzernleitung die Konzernpolitik im Wege der gegenseitigen Abstimmung und Überzeugung durchzusetzen suchen[161]. Hier entscheidet letzlich das subjektive Empfinden des Vorstandes der Untergesellschaft darüber, ob eine Veranlassung vorliegt, da er nicht selten die nach Abschluß des Willensbildungsprozesses realisierte Entscheidung als seine eigene ansehen wird.

Abgrenzungsschwierigkeiten zwischen eigen- und fremdbestimmtem Handeln ergeben sich insb. auch für die praktisch bedeutsamen Fälle, in denen eine Personalunion zwischen Vorstand der Ober- und AR der Untergesellschaft vorliegt oder das abhängige Unternehmen im Rahmen vorgegebener Konzernrichtlinien handelt. Der Vorstand der abhängigen Gesellschaft wird sich hier häufig bei seinen Entscheidungen nicht nur von den Interessen seines Unternehmens leiten lassen, sondern auch die Konzerninteressen berücksichtigen, ohne daß es einer ausdrücklichen Intervention der Konzernleitung bedürfte. Es wird die Möglichkeit des Eingriffs sozusagen eskomptieren. Schließt er unter diesen Umständen z.B. Verträge ab, welche die Obergesellschaft oder mit ihr verbundene Gesellschaften zum Nachteil des eigenen Unternehmens begünstigen oder verzichtet er zum Vorteil der Genannten auf die Bearbeitung eines lukrativen Absatzmarktes, so liegt trotz Passivität der Konzernleitung die Annahme der Veranlassung nahe. Angesicht der erheblichen Beweisschwierigkeiten, insb. des Wirtschaftsprüfers, wäre es m.E. dringend geboten gewesen, daß der Gesetzgeber eine Veranlassungsvermutung mit der Wirkung der Beweislastumkehr normiert hätte[162].

161 Diese Feststellung wird auch durch den Bericht bestätigt, den Lieser / Pleyer / Westermann jüngst über ihre Befragungen von Konzerngesellschaften vorgelegt haben. Die befragten Konzerne gaben danach an, „einseitige Anweisungen der Konzernspitze in konkreten Einzelfällen seien selten, die meisten unternehmerischen Entschlüsse beruhten auf gemeinsamen Erwägungen. Zur Begründung wies man darauf hin, daß befähigte Leute im Management der Tochtergesellschaften nicht als Befehlsempfänger behandelt werden könnten. Gute Leiter seien aber nötig, weil sich die Alltagsarbeit nicht mit der Spitze in allen Details absprechen läßt. In der Praxis wirtschaften, so hieß es immer wieder, die Vorstände der Untergesellschaften meist selbst, und zwar innerhalb von Investitions- und Wirtschaftsplänen. Die Geschäftsführungen der konzernzugehörigen Unternehmen würden von den Finanzabteilungen der Spitze beraten und müßten regelmäßig Berichte erstatten. Bestimmte Geschäfte dürften ohne Genehmigung nicht vorgenommen werden." (Lieser / Pleyer / Westermann: Tatsachen und Konzeptionen für ein neues GmbH-Konzernrecht. – 4. Stellungnahme zum Referentenentwurf der Centrale für GmbH, Köln 1971, S. 2).

162 Es ist strittig, ob bei nachteiligen Rechtsgeschäften bzw. Maßnahmen der abhängigen AG zugunsten anderer Konzerngesellschaften eine Beweiserleichterung bzw. Beweislastumkehr durch die Vermutung der Veranlassung trotz Fehlens einer entsprechenden gesetzlichen Regelung herbeigeführt werden kann. Bejahend: Brachvogel, G.: a.a.O., S. 95 f; Bachelin, H.: a.a.O., S. 64 f; Kronstein, H.: Die Anwendbarkeit der §§ 311 AktG über die Verantwortlichkeit im „faktischen Konzern" bei mehrstufigen Unternehmensverbindungen, in: BB, 22. Jg. (1967), S. 637–44, 640; ablehnend: Baumbach-Hueck: a.a.O., S. 922; Rasner, H.: Der Abhängigkeitsbericht nach § 312 AktG, in: BB, 21. Jg. (1966), S. 1043–1046, 1046; Mathern, F.: Die Beurteilung von Rahmenverträgen zwischen Gesellschaften im Abhängigkeitsverhältnis auf Grund der §§ 311 ff AktG 1965, in: AG, 11. Jg. (1966), S. 380–85, 381.

B. *Die gegenüber der Ausgleichspflicht nach § 311 erweiterte Berichts- und Prüfungspflicht nach §§ 312 f*

Ist – wie in den gerade betrachteten Fällen – zweifelhaft, bestritten oder nicht nachweisbar, ob die Obergesellschaft die abhängige AG zu nachteiligen Rechtsgeschäften oder Maßnahmen veranlaßte und damit nach § 311 ausgleichspflichtig ist, so entbehren die geschädigten Minderheitsaktionäre und Gläubiger nicht jeden Schutzes. Ein Verhalten der Untergesellschaft, das dem herrschenden Unternehmen oder mit ihm verbundenen Gesellschaften Vorteile, ihr selbst aber Nachteile bringt, liegt zumindest „im Interesse“[163] dieser Gesellschaften mit der Folge, daß ein fehlender Nachteilausgleich nach § 312 Abs. 3 berichts- und publizitätspflichtig ist.

Die Berichtspflicht nach § 312 – genau wie die Prüfungspflicht nach § 313 erheblich

163 Zur Frage, wann ein Handeln „im Interesse“ der genannten Gesellschaften vorliegt, wird im Schrifttum, wenn auch oft beiläufig, unterschiedlich Stellung genommen. Z.T. wird nur gesagt, das Verhalten der Untergesellschaft müsse den anderen Gesellschaften einen Vorteil oder Nutzen bringen oder einen Nachteil von ihnen abwenden (vgl. Goerdeler, R.: a.a.O., S. 125; Heigl, A.: a.a.O., S. 27; Stehle, H.: a.a.O., S. 234); andere Autoren nennen als Kriterium das überwiegende Interesse der anderen Unternehmen, wenn die Rechtsgeschäfte und Maßnahmen auch im Interesse der abhängigen AG liegen (vgl. Adler-Düring-Schmaltz: 4. Aufl., a.a.O., S. 955; WP-Handbuch 1968, a.a.O., S. 650; Spitzenverbände 1967, S. 107; DJfB, a.a.O., S. 118; NA 6/1966, a.a.O., S. 678; Schreib, P.: Abhängigkeitsbericht (§ 312 AktG) II, in: W, 15. Jg. (1967), S. 298; Werner, W.: Probleme . . ., a.a.O., S. 11). Damit ist – zumindest explizit – noch nicht gesagt, ob ein „im Interesse Handeln“ nur vorliegt, wenn die daraus resultierenden Vorteile der begünstigten Unternehmen für die abhängige AG Nachteile bringen. M.E. trifft das nicht zu. Schließt die abhängige AG z. B. neue Einkaufsverträge mit einem konzernfremden Unternehmen ab, weil jenes nur unter dieser Bedingung bereit ist, Waren von anderen Konzerngesellschaften zu beziehen, so bedeutet das für die abhängige AG keinen Nachteil, wenn der Lieferantenwechsel keine zusätzlichen Kosten verursacht. M.E. ist die Berichtspflicht hier dennoch zu bejahen. Die Auffassung Geßlers (E.: Die Rechtsverhältnisse . . ., a.a.O., S. 201; ihm folgend Winkhaus, E.: a.a.O., S. 59), die Berichtspflicht sei nicht zwingend, wenn eine Einwirkung, deren „Veranlassungs-Charakter“ auf Grund einer gegenüber der Weisung unverbindlicheren Form streitig ist oder ein „im Interesse Handeln“ bei der abhängigen AG zu keinen Nachteilen führt, widerspricht dem Sinn des § 312; dies selbst dann, wenn man die Prüfungspflicht nach § 313 auf solche Geschäfte ausdehnt, die zwar nicht Gegenstand des Berichts sind, die dem Prüfer aber wegen ihrer Ungewöhnlichkeit im Verlauf der Prüfungshandlungen auffallen (dies ist in der Literatur zu Recht unstreitig: vgl. z.B. WP-Handbuch 1968, a.a.O., S. 653; Adler-Düring-Schmaltz: 4. Aufl., a.a.O., S. 986 f). Die Berichtspflicht ist nämlich bewußt weiter gefaßt als die Ausgleichs- und Schadensersatzpflicht: sie soll alle Vorgänge einer möglichen Schädigung offenlegen und der Prüfung unterziehen, um dadurch die Erfassung der tatsächlichen Nachteile zu garantieren. Folgte man der Ansicht Geßlers, so wäre die Aufdeckung von Nachteilen weitgehend dem Zufall überlassen und dem Vorstand der abhängigen Gesellschaft die Möglichkeit der Selektion der berichtspflichtigen Vorgänge eröffnet; dies könnte der beabsichtigten Stärkung der Vorstandsposition gegenüber dem herrschenden Unternehmen nur abträglich sein. Zudem würde dadurch die Gefahr der Umgehung der §§ 311 ff erheblich verstärkt: die Obergesellschaft brauchte sich nur eindeutiger (schriftlicher) Weisungen zu enthalten (zur amerikanischen Umgehungspraxis vgl. Harms, W.: a.a.O., S. 63) und ansonsten ihre Energie darauf zu verwenden, den Vorstand der abhängigen AG davon zu „überzeugen“, daß eine Maßnahme auch im Interesse seiner AG liegt (im Ergebnis wie hier wohl auch Rasner, H.: a.a.O., S. 1045; v. Godin-Wilhelmi: a.a.O., S. 1642 f; Baumbach-Hueck: 13. Aufl., a.a.O., S. 926.).

weiter gefaßt als die Ausgleichspflicht nach § 311[164] – bezweckt einmal, alle „verdächtigen“[165] Vorgänge, welche die abhängige AG infolge der Beherrschung potentiell gefährden, zu erfassen, unabhängig davon, ob eine Schädigung tatsächlich eingetreten ist oder nicht (FN 163).

Die Publizierung der vom Abschlußprüfer geprüften Berichtsergebniss[166] erleichtert die Geltendmachung von Schadensersatzansprüchen nicht nur aus § 317, sondern auch aus den §§ 93, 116 f. Insofern sind die Minderheitsaktionäre hier eindeutig besser gestellt, als wenn sie an einer Einzel-AG beteiligt wären[167]. Diese Privilegierung rechtfertigt sich nur z.T. aus der besonderen Gefährdung ihrer Interessen durch die Konzerneingliederung ihrer Gesellschaft; sie zeigt darüber hinaus einen weiteren Hauptzweck des § 312: er soll den Nachweis erleichtern, daß ein selbstschädigendes Verhalten der abhängigen AG, das äußerlich auf Eigeninitiative oder Veranlassung seitens eines mit der Obergesellschaft verbundenen Unternehmens beruht, doch letztlich von der Obergesellschaft veranlaßt wurde.

C. Die fehlende Ausgleichspflicht für passive Konzerneffekte

Nachteile aus der Konzerneingliederung bzw. Abhängigkeit können sich bei dem abhängigen Unternehmen auch bei völliger Passivität der Konzernleitung – aus sog. passiven Konzerneffekten[168] – ergeben. So etwa, wenn sein Absatz oder seine Rohstoffbeschaffung allein deshalb boykottiert wird, weil es einem ausländischen Konzern angehört und die Abnehmer oder Lieferanten eine Überfemdung der einheimischen Wirtschaft befürchten.

Diese Wirkung ist zuweilen bei mittelständischen, konzernfeindlich eingestellten Unternehmen zu beobachten. Auch mag es vorkommen, daß sich Kunden zurückziehen oder abgeschreckt werden, weil sie schlechte Erfahrung mit anderen Gesellschaften des betreffenden Konzerns gemacht haben. Die gleiche Folge kann eintreten, wenn die Untergesellschaft Vor- oder Zwischenprodukte an eine Vielzahl von Unter-

164 Berichtspflichtig sind
(1) alle Rechtsgeschäfte, die mit der Obergesellschaft oder den mit ihr verbundenen Unternehmen getätigt werden unabhängig davon, ob sie „veranlaßt“ wurden,
(2) alle Maßnahmen und Rechtsgeschäfte – einschl. solcher mit konzernfremden Dritten –, die im Interesse oder auf Veranlassung der Konzernunternehmen vorgenommen oder unterlassen wurden.

165 V. Godin-Wilhelmi: a.a.O., S. 1643.

166 Das Gesetz sagt nichts darüber aus, ob der Vorstand der abhängigen AG in der Schlußerklärung nach § 312 Abs. 3 die Gründe für den fehlenden Ausgleich anzugeben hat. Träfe dies nicht zu, so könnte dieser nicht entnommen werden, ob ein Grund zur Schadensersatzklage besteht und gegen wen sie zu richten ist. Man wird daher eine Pflicht des Vorstandes zur Angabe der Gründe bejahen müssen (so auch Adler-Düring-Schmaltz: 4. Aufl., a.a.O., S. 967 f; DIfB: a.a.O., S. 124; a.A. offenbar Kronstein, H.: Die Anwendbarkeit . . ., a.a.O., S. 643).

167 Gleichwohl ist die Schutzwirkung wesentlich geringer, wenn der § 311 nicht zur Anwendung gelangt, da ansonsten die Vorschriften der Einzel-AG gelten. Vgl. dazu Bachelin, H.: a.a.O., S. 63 f; Großfeld, B.: a.a.O., S. 208, 292 ff, 301 ff und FN 32.

168 Begriff nach Moxter, A.: Offene Probleme . . ., a.a.O., S. 646.

nehmen einer bestimmten Branche liefert, die mit der Obergesellschaft oder Schwesternunternehmen auf Märkten für weiterverarbeitete oder Endprodukte im Wettbewerb stehen und befürchten, durch den Warenbezug die Konkurrenz zu stärken. Fraglos sind in solchen Fällen die Erlöseinbußen auf Grund des Absatzrückganges oder der Produktionsstockung durch die Konzernzugehörigkeit verursacht. Ausgleichspflichtig wären sie jedoch nur, wenn eine Veranlassung i.S. des § 311 vorläge. Davon wird man aber selbst bei großzügiger Auslegung dieses Begriffs nicht sprechen können, da es hier an einer Beeinflussung der Willensbildung der abhängigen Gesellschaft durch die Konzernleitung mangelt[169].

V. Der Ausgleich der negativen Konzernwirkungen

A. Die gegenüber § 300 RegE modifizierte Ausgleichsregelung des § 311 Abs. 2

§ 300 RegE – der Vorläufer des § 311 – schrieb in Abs. 2 vor, Nachteile infolge einer aktiven Einwirkung des herrschenden Unternehmens könnte nur ausgeglichen werden durch „Vorteile aus einem Vertrag, der mit dem nachteiligen Rechtsgeschäft oder der nachteiligen Maßnahme so eng zusammenhängt, daß sie wirtschaftlich als ein einheitliches Geschäft anzusehen sind“.

Diese Regelung geht erkennbar auf die Vorstellungen Geßlers zurück, es müsse zwar ein Konnex zwischen den kompensablen Vor- und Nachteilen vorliegen, die weiter reichende Forderung Mestmäckers[170], der Ausgleich habe innerhalb einzelner Verträge zu erfolgen, gehe aber zu weit[171].

In dem Bestreben, den Spielraum für die Durchsetzung der Konzernpolitik zu erweitern[172], ohne dabei den Schutz der Minderheitsaktionäre und Gläubiger zu beeinträchtigen[173], hat der Gesetzgeber den § 300 RegE in § 311 in zwei Punkten modifiziert:

169 Im Ergebnis so auch Schubert, W.: Zur Berichtspflicht . . ., a.a.O., S. 228. Er stellt außerdem zutreffend fest, daß hier eine Gesetzeslücke vorliegt. Nach der Intention des Gesetzes, die Minderheitsaktionäre und Gläubiger so zu stellen, als seien sie an einer unabhängigen Gesellschaft beteiligt, müßten auch diese negativen Konzernwirkungen neutralisiert werden.

170 Vgl. S. 20 dieser Arbeit.

171 Im Ergebnis scheint die Regelung des § 300 RegE gar nicht so erheblich von § 311 Abs. 2 abzuweichen, wie es in der Literatur z. T. dargestellt wird, da offenbar vorgesehen war, daß ein fehlender Sachzusammenhang zwischen Vor- und Nachteilen (wie in den in FN 31 angegebenen Beispielen) durch die vertragliche Koppelung ersetzt werden konnte. So wäre es m.E. z.B. möglich gewesen, eine Verpflichtung der Untergesellschaft zur verbilligten Lieferung von Waren an die Obergesellschaft auszugleichen durch eine vertragliche Zusicherung eines entsprechenden Vorteils in Form eines ermäßigten Rohstoffbezugs von anderen Konzernunternehmen.

172 Der Gesetzgeber erfüllte damit die Forderungen der Wirtschaft (vgl. FN 35) weitgehend. Wenn auch der Abrechnungszeitraum für die Vor- und Nachteile entgegen den weiter gehenden Wünschen auf ein Jahr begrenzt wurde, so sind der Konzernpolitik wegen des praktisch unbegrenzten Ausgleichszeitraumes grundsätzlich keine Grenzen gesetzt.

173 Vgl. Ausschußbericht zu § 311, a.a.O., S. 409 f.

(1) Die Vorteile müssen nicht mehr aus einem Vertrag stammen, soweit sie der abhängigen Gesellschaft während des Geschäftsjahres tatsächlich zugeflossen sind. Nur wenn im Abrechnungszeitraum entstandene Nachteile nicht ausgeglichen worden sind, ist am Ende der Periode eine vertragliche Zusicherung entsprechender Vorteile erforderlich.

(2) Die Einzelbetrachtung ist in der starren Form, daß bestimmte Vorteile bestimmten Nachteilen zugeordnet werden müssen, aufgegeben worden. Zwar sind die Vor- und Nachteile weiterhin einzeln zu bewerten, aber nach der Art eines Kontokorrentkontos gegeneinander aufzurechnen. Es wird lediglich gefordert, daß dieses „Konto" per saldo ausgeglichen ist.

B. Die Ausgleichsfähigkeit positiver Konzerneinwirkungen

Da der § 311 keine Beschränkungen mehr enthält bezüglich der Art des Nachteilausgleichs, wird man davon ausgehen können, daß grundsätzlich jeder Vorteil, den die abhängige Gesellschaft erhält, als Ausgleich verwendet werden kann. Dies gilt auch für positive Konzerneinwirkungen: da das beherrschte Unternehmen im wirtschaftlichen Ergebnis so – also auch nicht besser – gestellt werden soll, als sei es unabhängig, wäre es nicht gerechtfertigt, wenn nur die negativen Konzerneffekte, die auf die Vermögens- und Ertragslage der abhängigen Gesellschaft einwirken, eliminiert würden. Dennoch könnte aus zweierlei Gründen eine Beschränkung der Ausgleichsfähigkeit positiver Konzerneffekte in Frage kommen:

(1) Die RegB[174] führt aus, „ein allgemeiner Ausgleich von Nachteilen mit Vorteilen aus dem Beherrschungsverhältnis" sei nicht in Betracht zu ziehen, „rein tatsächliche Vorteile, allgemeine Vorteile aus der Anlehnung an ein herrschendes Unternehmen, aus dem Konzernzusammenhang" dürften nicht berücksichtigt werden. Die Bundestagsausschüsse[175] scheinen – trotz der Abänderung des § 300 RegE – der RegB zu folgen, wenn sie feststellen, es sei zu prüfen, „ob dem einzelnen Nachteil aus dem Beherrschungsverhältnis ein bestimmter Vorteil gegenüberstehe".

(2) Oben wurde dargelegt, daß negative passive Konzerneffekte nicht ausgleichspflichtig sind. Daraus könnte man schließen, entsprechende Effekte positiver Art seien nicht ausgleichsfähig. Zudem könnte man geltend machen, positive passive Konzerneffekte entstünden durch alle Konzernunnternehmen gemeinsam, sie seien demnach nicht alleiniges Verdienst der Obergesellschaft und dieser deshalb auch nicht allein gutzuschreiben, sondern den Konzerngliedern anteilsmäßig zuzurechnen.

In der Literatur wird zu einem großen Teil – offensichtlich in Anlehnung an die RegB – die Meinung vertreten, rein tatsächliche Vorteile aus der Konzernzugehörig-

174 Ebenda, S. 409.
175 Ebenda, S. 410.

keit – man bezeichnet sie auch als Reflexwirkungen – seien nicht ausgleichsfähig[176]. Es bleibt dabei jedoch meist offen, ob Reflexwirkungen – also wohl passive Konzerneffekte – generell oder nur wegen mangelnder Quantifizierbarkeit[177] nicht als Ausgleich in Frage kommen sollen. M.E. findet die erste Alternative im Gesetz keine Stütze. Die zweite trifft zumindest in dieser Verallgemeinerung nicht zu, da es eine Reihe positiver Konzernwirkungen gibt, die sich zahlenmäßig erfassen lassen, wie das Beispiel des verbilligten Bezugs von Waren infolge der Gewährung von Konzernrabatten seitens der Lieferanten zeigt. Man wird nur solche Vorteile als Ausgleich ausschließen müssen, die sich nicht einzeln erfassen und zahlenmäßig bewerten lassen[178], wie etwa die Konzernzugehörigkeit als solche[179] und eine dadurch u.U. erhöhte Existenzsicherheit der abhängigen Gesellschaft.

Erforderlich ist also, daß sich die „allgemeinen Vorteile" konkretisieren[180]. Dies soll am Fall erhöhter Kreditwürdigkeit infolge Konzernzugehörigkeit – ein viel zitiertes Beispiel für einen nicht ausgleichsfähigen Vorteil[181] – verdeutlicht werden: Solange die abhängige Gesellschaft keinen Kapitalbedarf hat, ist dieser nur potentielle Vorteil außer acht zu lassen; dies ändert sich in dem Augenblick, in dem die Gesellschaft z.B. eine Großinvestition tätigt und sich Kredite wegen der „derivativen Kreditfähigkeit" zu niedrigeren Zinskosten beschaffen kann. Die Kosteneinsparung wäre auf entstandene Nachteile anzurechnen. Ebenso verhält es sich mit einer (Aval-) Provision, welche die Muttergesellschaft für die Vermittlung eines Bankkredits erhält, den die abhängige AG bei Selbständigkeit nicht erlangt hätte, weil sie etwa nicht die erforderlichen Sicherheiten stellen kann.

Bliebe nur noch das Argument zu würdigen, die Verbundeffekte würden von allen Konzerngesellschaften gemeinsam hervorgebracht. Zwar wird man dagegen nicht einwenden können, diese Vorteile stünden der Obergesellschaft deshalb zu, weil von ihr die Initiative zur Konzernbildung ausgeht; würde sie nämlich die Untergesellschaft kaufen, so mußte sie i.d.R. dem Verkäufer – also auch den freien Aktionären – einen Teil der Vorteile im Preis erstatten[182]. Wohl aber bleibt auf Grund der gesetzlichen Fiktion der Unabhängigkeit der abhängigen AG – selbst wenn dies nicht gerecht-

176 Vgl. Adler-Düring-Schmaltz, 4. Aufl., a.a.O., S. 930; Geßler, E.: Probleme . . ., a.a.O., S. 1731; Winkhaus, E.: a.a.O., S. 77; DIfB, a.a.O., S. 127; Niemann, U.: Probleme . . ., a.a.O., S. 80; Gessler, J.H.: a.a.O., S. 353; Goerdeler, R.: a.a.O., S. 126.

177 So zumindest Winkhaus, E.: a.a.O., S. 77 f; Gessler, J.H.: a.a.O., wohl auch Geßler, E.: a.a.O., S. 1731.

178 Vgl. Döllerer, G.: Rez. zu Niemann, U.: , a.a.O., S. 372; v. Godin-Wilhelmi: a.a.O., S. 1637; Baumbach-Hueck: 13. Aufl., a.a.O., S. 923; Schubert, W.: Zur Berichtspflicht . . ., a.a.O., S. 228; Luchterhandt, H.-F.: Leitungsmacht . . ., a.a.O., S. 57 f; wohl auch Heigl, A.: a.a.O., S. 29. In die gleiche Richtung zielt Kropff, B.: Der „faktische Konzern" . . ., a.a.O., S. 2207, wenn er auf das Merkmal der Einklagbarkeit abstellt.

179 Vgl. WP-Handbuch 1968, a.a.O., S. 651; Würdinger, H.: 2. Aufl., a.a.O., S. 310.

180 Der Ansicht Luchterhandts (H.-F.: Leitungsmacht . . ., a.a.O., S. 32, 57), die konzerngemeinsame Werbung und der Know how-Austausch innerhalb des Konzerns seien als allgemeine, nicht ausgleichsfähige Konzernvorteile zu bezeichnen, ist zu widersprechen: der Konzern kann sich dafür sehr wohl eine Vergütung – etwa in Form einer Konzernumlage – erstatten lassen (vgl. dazu S. 71 ff dieser Arbeit).

181 Vgl. z.B. Adler-Düring-Schmaltz: 4. Aufl., a.a.O., S. 930.

182 Vgl. S. 198 ff dieser Arbeit.

fertigt erscheint – nichts anderes übrig, als die Verbundeffekte prinzipiell der Obergesellschaft zuzurechnen. Andererseits ist die beherrschte Gesellschaft – gerade wegen dieser Fiktion – in dem Maße an den Verbundvorteilen zu beteiligen, wie sie diese auch bei Selbständigkeit – etwa durch Kooperation mit anderen Unternehmen – erlangt hätte.

Neben den passiven Konzerneffekten sind auch Vorteile infolge aktiver Eingriffe der Konzernleitung in den Kombinationsprozeß der Untergesellschaft zum Ausgleich entstandener Nachteile heranzuziehen. Wird die Produktion – um ein obiges Beispiel wieder aufzugreifen – eines bestimmten Erzeugnisses bei dem abhängigen Unternehmen konzentriert und beliefert die Untergesellschaft nicht nur den Konzern, sondern auch den freien Markt, so sind die Kosteneinsparungen infolge erhöhter Seriengrößen bzw. die dadurch ermöglichten Erlössteigerung als ausgleichsfähige Vorteile anzusehen.

Wie schwierig aber letztlich die Abgrenzung von ausgleichsfähigen und nicht ausgleichsfähigen Konzernvorteilen ist, mag abschließend an dem Fall gezeigt werden, daß sich die Absatzposition der abhängigen AG durch die Konzernzugehörigkeit verbessert. Diese Verbesserung wird in der Literatur ebenfalls als nicht beachtenswerter, da nicht quantifizierbarer Vorteil bezeichnet. Nun nehmen wir einmal an, die Obergesellschaft kaufe eine Konkurrenzfirma der Untergesellschaft auf, um sie anschließend stillzulegen. Die Tatsache, daß Kapazitäten aus dem Markt genommen werden, dürfte sich für die Anbietersituation der Untergesellschaft zweifellos positiv auswirken; in welchem Umfange dies geschieht, wird man allerdings nicht exakt ermitteln können, da ein Aufhalten des Preisverfalls oder Preissteigerungen, gleichfalls die Erlösverbesserung der Untergesellschaft, auch auf ganz anderen Ursachen beruhen können und die Ursachen letztlich nicht isolierbar sind[183]. Erschwert wird die Bewertung u.U. noch dadurch, daß dieser Aufkauf auch Schwesterngesellschaften zugute kommen kann, wenn das erworbene Unternehmen auch mit diesen in Konkurrenz stand.

Obwohl man hier faktisch die gleiche Wirkung erzielt, wie wenn die Konzerngesellschaften untereinander den Wettbewerb einschränken und die daraus resultierenden Vorteile nach h.M. nicht ausgleichsfähig sind, so wird man schwerlich etwas dagegen einwenden können, wenn die Konzernleitung die Investitionsausgaben des Beteiligungserwerbs auf die begünstigen Unternehmen umlegt.

C. Die zeitliche Durchführung des Ausgleiches: bilanzmäßige Neutralisierung negativer Konzerneffekte

Ausgleichs- und Abrechnungszeitraum für Nachteile sind nicht identisch, da die Obergesellschaft einen Ausgleich nicht durch Gewährung entsprechender tatsächlicher Vorteile im Berichtsjahr herbeiführen muß, sondern sich mit der Einräumung eines Rechtsanspruchs auf spätere Vorteile begnügen kann (§ 311 Abs. 2 S. 2)[184].

183 Zum Zurechnungsproblem vgl. S. 129 ff dieser Arbeit.
184 Das darin für die abhängige AG begründete Risiko (wirtschaftliche Schwierigkeiten des Konzerns!) wurde offensichtlich in Kauf genommen.

Im Schrifttum herrscht weitgehend Einmütigkeit darüber, daß auch nicht bilanzierungsfähige Nachteile ausgleichspflichtig sind, desgleichen darüber, daß aktivierungsfähige Vorteile nur insoweit im Berichtsjahr aktiviert werden dürfen, als die Nachteile passiviert worden sind oder zu einer Verminderung von Aktiva geführt haben. Ist also ein Nachteil noch nicht erfolgswirksam geworden, so sind Rechtsansprüche auf aktivierungsfähige Vorteile mit einem Merkposten anzusetzen; sind die Vorteile der abhängigen Gesellschaft schon tatsächlich zugeflossen, so sind sie zu aktivieren; außerdem ist eine Rückstellung zu bilden, die in dem Maße aufgelöst wird, in dem die Nachteile den Erfolg der Gesellschaft mindern[185].

Heftig umstritten ist jedoch die Frage, ob Nachteile, die sich im Abrechnungszeitraum bereits erfolgsmindernd ausgewirkt haben, nur durch aktivierte bzw. aktivierungsfähige Vorteile ausgeglichen werden dürfen. Die erhebliche Bedeutung dieses Problems sei an folgendem Beispiel dargelegt: die abhängige AG habe in einem Geschäftsjahr durch zu billige Warenlieferungen an die Obergesellschaft einen Schaden von 10 Mio DM erlitten. Dafür räumt ihr das herrschende Unternehmen unentgeltlich das Alleinvertriebsrecht für ein sehr erfolgreiches Produkt ein; die daraus erwarteten diskontierten Zukunftserfolge der nächsten 10 Jahre sollen ebenfalls 10 Mio DM betragen.

Die Problematik liegt klar auf der Hand: wird dieser Vorteil nicht aktiviert – was nach den allgemeinen Bilanzierungsregeln[186] auch gar nicht möglich wäre, da eine kostenlos erworbene Konzession, viel weniger noch der bloße Rechtsanspruch darauf, nicht aktivierbar ist – so vermindert sich der ausschüttungsfähige Gewinn entsprechend – die Untergesellschaft erleidet u.U. sogar einen Bilanzverlust – und die Gewinnansprüche der Minderheitsaktionäre werden zeitlich erheblich hinausgeschoben. Läßt man dagegen die vorteilhafte Leistung – oder generell: nicht aktivierungsfähige Vorteile – nicht als Ausgleich zu, so beschneidet man den Spielraum für die Durchsetzung der Konzernpolitik.

In der Literatur machen die Befürworter des bilanziellen Ausgleichs von Vor- und Nachteilen[187] im wesentlichen geltend, der beabsichtigte Zweck des Gesetzes, die Minderheitsaktionäre vor Nachteilen aus der Konzernzugehörigkeit ihrer Gesellschaft

185 Vgl. z.B. Adler-Düring-Schmaltz: 4. Aufl., a.a.O., S. 932; Niemann, U.: Probleme . . ., a.a.O., S. 82 ff.

186 Vgl. hierzu insb. Adler-Düring-Schmaltz: Rechnungslegung und Prüfung der Aktiengesellschaft, 3. Aufl. Stuttgart 1957, S. 149 f; zur Aktivierbarkeit immaterieller Anlagewerte vgl. dies.: 4. Aufl., a.a.O., S. 403 ff.

187 Havermann, H.: a.a.O., S. 39; Scherpf, P.: Die aktienrechtliche Rechnungslegung und Prüfung, Köln 1967, S. 393; Rasch, H.: 4. Aufl., a.a.O., S. 172; Heigl, A.: a.a.O., S. 28; Winkhaus, E.: a.a.O., S. 78; Gessler, J.-H.: a.a.O., S. 353; Enßlin, G.: Bilanzierung von Ausgleichsforderungen und -verbindlichkeiten gem. § 311 AktG – Abhängigkeitsverhältnis –, in: DB, 21. Jg. (1968), S. 1190 f, 1191, der aber die Problematik nicht zu sehen scheint; Geßler, E.: Probleme . . ., a.a.O., S. 1731, der allerdings ein bilanzielles Ungleichgewicht von Vor- und Nachteilen zuläßt, wenn der Gewinn der außenstehenden Aktionäre nicht in entscheidender Weise geschmälert wird; im Ergebnis ähnlich Bachelin, H.: a.a.O., S. 49 ff, wenn er (S. 52) sagt, die Gewinneinbußen dürften nicht ins Gewicht fallen. Unklar bleibt dabei, wo die Grenze des Unzumutbaren liegt.

zu schützen, erfordere den Jahresausgleich; die Vertreter der gegenteiligen Meinung[188] bringen vor, das Erfordernis des Bilanzausgleichs schränke die Realisierung der Konzerninteressen zu sehr ein und laufe dem Ziel des Gesetzgebers, den faktischen Konzern zu ermöglichen, zuwider.

Beide berufen sich also mit einiger Berechtigung auf den Gesetzeszweck. Da sich der Gesetzgeber zu diesem Problem nicht geäußert hat, steht der Gesetzeswortlaut keiner der beiden Meinungen entgegen. Es muß als bedauerlich angesehen werden, daß der Gesetzgeber zu diesem Problem keine Stellung bezogen und es versäumt hat vorzuschreiben, – dies gilt auch im Hinblick auf andere noch zu behandelnde Fragen – welches Interesse – das der Minderheitsaktionär und Gläubiger oder des Konzerns– im Konfliktsfalles Vorrang hat.

Zu fragen wäre jedoch, ob nicht eine Lösung gefunden werden kann, die beiden Interessen gerecht wird. Was das obige Beispiel einer unentgeltlichen, damit auch nicht aktivierbaren Konzession anbelangt, so ist geltend zu machen, daß der Untergesellschaft Kosten in Höhe des ausgleichspflichtigen Nachteils entstanden sind, die Konzession also in Wirklichkeit entgeltlich erworben wurde und somit einer Bilanzierung nichts im Wege steht[189]. Dagegen kann m.E. auch nicht eingewandt werden, es liege kein Markt im Verhältnis zwischen den Konzernunternehmen vor[190]. Abgesehen vom zweifelhaften Wert des Marktpreisarguments für immaterielle Wirtschaftsgüter generell[191], postuliert der Gesetzgeber im Rahmen der §§ 311 ff eine „Verobjektivierung" dadurch, daß er den Leistungsaustausch im Konzern nur zu solchen Preisen zuläßt, die auch unabhängige Dritte zahlen würden[192] und obendrein anordnet, daß der Abschlußprüfer als „unabhängiger Dritter" die Einhaltung dieser Vorschrift nachprüft.

Eine Komplizierung des Problems tritt ein, wenn im obigen Beispiel als Ausgleich die Vornahme einer vorteilhaften Maßnahme[193] zugesagt wird, die sich erst in späteren Jahren ertragsmäßig auswirkt und keinen selbständigen Verkehrswert besitzt. Hier

188 Vgl. Leo, H.Ch.: Die Einmann-AG, a.a.O., S. 358; Adler-Düring-Schmaltz: 4. Aufl., a.a.O., S. 932; Niemann, U.: Probleme . . ., a.a.O., S. 82 ff, insb. 84; Luchterhandt, H.-F.: Leitungsmacht . . ., a.a.O., S. 58; Kropff, B.: Der „faktische Konzern" . . ., a.a.O., S. 2207 f, jedoch mit der Einschränkung, daß der Mindestgewinnanspruch der Minderheitsaktionäre lt. § 254 nicht beeinträchtigt werden darf. Baumbach-Hueck (13. Aufl., a.a.O., S. 923), Würdinger (H.: 2. Aufl., a.a.O., S. 311) und v. Godin-Wilhelmi (a.a.O., S. 1637) sagen lediglich, die Vorteile müßten nicht notwendigerweise bilanzierungsfähig sein, äußern sich aber im übrigen nicht zu der Frage, ob sich Vor- und Nachteile der Konzernierung bilanzmäßig ausgleichen müssen.

189 A.A. Adler-Düring-Schmaltz: 4. Aufl., a.a.O., S. 932; Bachelin, H.: a.a.O., S. 49 für den Fall der kostenlosen Überlassung eines Patents. A.A. wohl auch Döllerer, G.: Die Maßgeblichkeit der Handelsbilanz für die Steuerbilanz, in: BB, 24. Jg. (1966), S. 501–507, 505.

190 So aber Bachelin, H.: a.a.O., S. 49.

191 Vgl. hierzu Adler-Düring-Schmaltz: 4. Aufl., a.a.O., S. 404; vgl. auch S. 79 ff dieser Arbeit.

192 Vgl. S. 39 f.

193 Als Beispiel käme in Betracht, daß die Obergesellschaft dem abhängigen Unternehmen zusichert, Rohstoffe unter Marktpreis zu liefern.

scheidet trotz des in Form des entstandenen Nachteils gezahlten Entgelts eine Aktivierung des Rechtsanspruchs der abhängigen Gesellschaft aus[194].

Jedoch könnte m.E. eine akzeptable Lösung gefunden werden, wenn man vom Zweck des § 311 Abs. 1 Satz 2 ausgeht. Dieser besteht unzweifelhaft darin, auszuschließen, daß zum Ausgleich konkreter Nachteile unbestimmte, nicht näher quantifizierbare Vorteile herangezogen werden. Es kommt weniger auf die Zusicherung bestimmter vertraglicher Rechtsgeschäfte oder Maßnahmen an, als vielmehr auf die damit verbundenen konkreten Vermögenswerte. Dieser Zweck ist ebenso eindeutig dann erreicht, wenn der abhängigen Gesellschaft eine – aktivierbare – Geldforderung in Höhe des entstandenen Nachteils – oder anders ausgedrückt – der erwarteten Vermögens- und Ertragsmehrungen infolge der Durchführung der Maßnahme eingeräumt wird. Der herrschenden Unternehmung müßte aber gleichzeitig das Recht zugestanden werden, die Forderung statt in Geld mittels anderer Vorteile – hier der vorteilhaften Maßnahmen – zu begleichen[195]. Der Wert der Forderung wäre in dem Maße zu berichtigen, wie die *erwarteten* Vorteile der Untergesellschaft zufließen. Sind die tatsächlichen Vorteile geringer als die erwarteten[196], so wäre eine Sonderabschreibung in Höhe der Differenz vorzunehmen[197].

VI. Die organisatorische Erfassung der berichtpflichtigen Vorgänge

A. Die Pflicht des Vorstandes der abhängigen Aktiengesellschaft zur systematischen Registrierung aller berichtspflichtigen Vorgänge

1. Die Erfassung der mit der Obergesellschaft verbundenen Unternehmen

Der Vorstand wird sich und dem Abschlußprüfer – auch wenn dies im Gesetz nicht ausdrücklich vorgeschrieben ist – vorab einen Überblick über die mit der herrschenden Gesellschaft verbundenen Unternehmen verschaffen und diesen dem Abhängig-

194 A.A. offenbar DIfB (a.a.O., S. 127), Obermüller / Werner / Winden (a.a.O., S. 200 f) und Mutze (O.: Erfahrungen aus der Anwendung der Unternehmensverträge des Aktiengesetzes 1965, in: AG, 12. Jg. (1967), S. 215–218, 254–259, 258), die der Meinung sind, jeder Rechtsanspruch sei aktivierungsfähig und -pflichtig.

195 Hiergegen könnte man einwenden, durch eine solche Ausgleichsregelung werde die Planung der Untergesellschaft gestört: werde ihr z.B. Geld zugesichert, und wolle sie dies z.B. zur Schuldentilgung verwenden, so nütze ihr eine kostenlose Konzession wenig. Dagegen ist aber zu sagen, daß die Konzession nur dann einen ausgleichsfähigen Vorteil darstellt, wenn die Untergesellschaft sie sonst entgeltlich hätte erwerben müssen und wollen, insofern also Geldmittel einspart. Außerdem wäre ihr die Sachlage bei Gewährung des Rechtsanspruchs bekannt.

196 Von diesem Risiko wollte der Gesetzgeber die abhängige Gesellschaft nicht befreien, wie die fehlende Ausgleichspflicht für später höher ausfallende Nachteile aus einer bei ihrer Vornahme positiver beurteilten Maßnahme zeigt (vgl. S. 80 ff). Zudem steht diesem Risiko die Chance gegenüber, daß sich die Maßnahme positiver auswirkt, als zum Bewertungszeitpunkt angenommen.

197 Die Abweichungen zwischen erwarteten und tatsächlich eintretenden Vorteilen sind als außerordentliche Erträge bzw. Aufwendungen zu verbuchen.

keitsbericht voranstellen[197a] müssen, da Rechtsgeschäfte mit diesen Gesellschaften berichtspflichtig sind[198]. Das trifft auch für Maßnahmen zu, allerdings nur insoweit, als sie auf Veranlassung oder im Interesse der genannten Gesellschaften vorgenommen oder unterlassen werden.

Schwierigkeiten treten hier dann auf, wenn der Vorstand nicht die erforderlichen Kenntnisse der gesamten Konzernverflechtungen besitzt – ein Fall, der insb. bei Zugehörigkeit seiner Gesellschaft zu einem weit verzweigten ausländischen Konzern nicht ausgeschlossen ist[198a] – und sie sich auch nicht verschaffen kann, weil ihm die Obergesellschaft die notwendigen Auskünfte verweigert. Ihm fehlt nämlich ein den §§ 335 Abs. 2, 331 Abs. 1, 165 entsprechendes Auskunftsrecht[199]. Dem Abschlußprüfer steht dies zwar zu (§ 313 Abs. 1 i.V.m. § 165 Abs. 4), ob er es aber auch gegenüber einer ausländischen Muttergesellschaft durchzusetzen vermag, erscheint zweifelhaft[200].

2. Die Registrierung und beweiskräftige Belegung aller berichtspflichtigen Vorgänge

Der Vorstand der abhängigen Gesellschaft hat in Erfüllung seiner Berichtspflicht nach § 312 dafür Sorge zu tragen, daß alle berichtspflichtigen Vorgänge (Rechtsgeschäfte und Maßnahmen) während des Geschäftsjahres lückenlos und zuverlässig erfaßt und die Angaben im Abhängigkeitsbericht beweiskräftig belegt werden. Dies liegt schon in seinem eigenen Interesse, da ihn die Sanktionen der §§ 318 Abs. 1 und 400 treffen (können), wenn er im Bericht falsche Angaben macht, insb. nachteilige Vorgänge verschweigt. Die Pflicht des Vorstandes, die organisatorischen Voraussetzungen für eine Nachprüfbarkeit des Abhängigkeitsberichts zu schaffen, folgt auch daraus, daß der Abschlußprüfer jederzeit von seinem Auskunftsrecht nach § 313 Abs. 1 i.V.m. § 165 Abs. 2 Gebrauch machen und Aufklärungen und Nachweise verlangen kann, welche für eine sorgfältige Prüfung notwendig sind. Der Prüfer hat zwar grundsätzlich

197a Vgl. hierzu z.B. Schubert, W.: Zur Berichtspflicht . . ., a.a.O., S. 171.

198 Vgl. S. 45 ff, 47.

198a Zu weiteren Fällen, in denen die Verbundenheit nicht ohne weiteres bekannt sein muß, s. Schubert, W.: Zur Berichtspflicht . . ., a.a.O., S. 171.

199 Diese fehlende Auskunftspflicht der Obergesellschaft ist insoweit unproblematisch, als Rechtsgeschäfte mit Geschäftspartnern, deren Konzernzugehörigkeit unbekannt ist, wohl zu normalen Bedingungen abgewickelt werden. Sie kann aber die Erfüllung des Zwecks der §§ 311 ff dann gefährden, wenn die Obergesellschaft die Einsicht in Rechnungsunterlagen – z.B. Kalkulationen – verweigert, diese aber für die Beurteilung der Vor- und Nachteiligkeit des Leistungsaustauschs zwischen ihr und der Untergesellschaft unerläßlich ist. Vgl. hierzu S. 90.

200 Eine Einschränkung oder Versagung des Testats durch den Abschlußprüfer wegen mangelnder Information ist m.E. – so bedauerlich dies von der Gesamtkonzeption der §§ 311 ff her gesehen ist – nicht zu rechtfertigen und wirkungslos, da sich der Vorstand der abhängigen Gesellschaft darauf berufen kann, er habe alles für die Aufklärung des Wirtschaftsprüfers Nötige veranlaßt.
Kritisch auch Klussmann, G.: Einzelfragen zu Inhalt und Gliederung des Abhängigkeitsberichts nach § 312 AktG 1965, in: DB, 20. Jg. (1967), S. 1487–1489, 1487; Adler-Düring-Schmaltz: 4. Aufl., a.a.O., S. 970; Geßler, E.: Prüfungsrechte gegenüber anderen Unternehmen?, in: WPg, 17. Jg. (1964), S. 400–404, 400; Goerdeler, R.: Geschäftsbericht . . ., a.a.O., S. 126; DIfB, a.a.O., S. 122; Kronstein, H.: a.a.O., S. 640.

nur die Angaben des Berichts zu prüfen, da seine Aufgabe nicht auf die Nachprüfung der Vollständigkeit gerichtet ist (§ 313 Abs. 2 Satz 2) und er sich infolgedessen mit einer Vollständigkeitserklärung des Vorstandes begnügen kann[201]. Stößt er jedoch im Rahmen seiner Prüfungshandlungen auf „berichtsverdächtige", da außergewöhnliche Rechtsgeschäfte und Maßnahmen, so wird er seine Prüfung ausdehnen müssen[202].

3. Die Gliederung des Abhängigkeitsberichts

Der Abschlußprüfer wird erwarten dürfen, daß der Abhängigkeitsbericht übersichtlich gegliedert ist. Hier bietet sich eine Unterteilung in nur berichtspflichtige und ausgleichspflichtige Vorgänge an. Dabei wird es meist zweckmäßig sein, die Rechtsgeschäfte und Maßnahmen getrennt zu erfassen[203], da jeweils unterschiedliche Anforderungen an den Umfang der Berichtspflicht zu stellen sind.

4. Die Pflicht zur Erfassung von Rechtsgeschäften und Maßnahmen ohne Ansehung ihrer Größe

Nach dem Willen des Gesetzgebers ist jedes einzelne Rechtsgeschäft und jede einzelne Maßnahme zu erfassen[204], mögen sie auch noch so unbedeutsam erscheinen[205]. Wenn das Gesetz die Erfassungspflicht – entgegen gegenteiliger Forderungen – nicht auf wesentliche Rechtsgeschäfte und Maßnahmen beschränkt, so ist dem deshalb beizupflichten, weil kein Kriterium ersichtlich ist, nach dem diese eindeutig von „unwesentlichen" abgegrenzt werden könnten und weil der Vorstand der Untergesellschaft keinen zusätzlichen Belastungen ausgesetzt werden sollte[206]. Diese Argumente gelten zwar für die Berichtspflicht in gleicher Weise, dennoch wird man eine zusammenfassende Darstellung insoweit zulassen können[207], als durch eine Einzelaufführung der berichtspflichtigen Tatbestände kein zusätzlicher Aussagewert erzielt wird, sondern der Bericht infolge der Aufblähung an Aussagekraft und Übersichtlichkeit verliert. Eine Gruppenbildung wird

(1) in Frage kommen, wenn es sich um Tatbestände handelt. die gemessen etwa am Gesamtumsatz der Untergesellschaft unbedeutend sind, selbst wenn sie heterogenen Charakter haben,

201 Vgl. auch die RegB zu § 313, a.a.O., S. 414.
202 So zutreffend Wollert, H.: Der Abhängigkeitsbericht nach dem Aktiengesetz 1965, in: Beiträge zum Aktienrecht 1965, III, Düsseldorf 1966, S. 25–28, 26; Adler-Düring-Schmaltz: a.a.O., S. 648; WP-Handbuch 1968, a.a.O., S. 653.
203 Zu weiteren Gliederungsmöglichkeiten von Abhängigkeitsberichten vgl. Wollert, H.: a.a.O , S. 27; Klussmann, G.: a.a.O., S. 1489; DIfB, a.a.O., S. 121 ff.
204 Vgl. RegB zu § 312, a.a.O., S. 411.
205 A.A. Geßler, E.: Die Rechtsverhältnisse . . ., a.a.O., S. 202, der die Anwendung des amerikanischen Grundsatzes der „materiality" zulassen will.
206 Dies verkennt Maul (K.-H.: a.a.O., S. 217 f) völlig, wenn er meint, i.S. einer Konzentration auf die wesentlichen Fakten sei es nützlich, daß der Vorstand nur über die Geschäfte berichte, die nicht zu „normalen Bedingungen" abgeschlossen wurden.
207 So auch die h.M.: vgl. etwa DIfB, a.a.O., S. 125; Goerdeler, R.: Geschäftsbericht . . ., a.a.O., S. 124; Winkhaus, E.: a.a.O., S. 62; Adler-Düring-Schmaltz: 4. Aufl., a.a.O., S. 960 f; WP-Handbuch 1968, a.a.O., S. 648; v. Godin-Wilhelmi: a.a.O., S. 1643.

(2) bei Geschäften, die hinsichtlich ihres Gegenstandes, der Fristigkeit und Zahlungsmodalitäten einschl. der Preise gleichartig sind und sich ständig wiederholen. Das wird z.B. zutreffen für Lieferbeziehungen, innerhalb deren die Untergesellschaft andere Konzernunternehmen laufend zu Listenpreisen mit Halberzeugnissen versorgt. Eine vereinfachende Darstellung enthebt die abhängige Gesellschaft aber nicht der Pflicht, Detailaufstellungen außerhalb des Berichts zu führen, da der Abschlußprüfer das Recht hat, in Zweifelsfällen eine Aufgliederung zu verlangen.

5. Die Errichtung einer Registratur [208]

Zweckmäßigerweise werden die berichtspflichtigen Vorgänge in der abhängigen Gesellschaft von einer zentralen Stelle registriert. Die Einrichtung einer besonderen Instanz[209] ist jedenfalls dann erforderlich, wenn der Leistungsaustausch zwischen den Konzernunternehmen sehr rege ist und infolge einer straffen Konzernorganisation zahlreiche Maßnahmen zu erfassen sind; andernfalls mag es ausreichen, wenn ein einzelner Sachbearbeiter mit dieser Aufgabe betraut wird. Die Frage, welcher Abteilung die Zentralstellen zugeordnet werden oder der betreffende Sachbearbeiter angehören soll, wird man nur anhand des Einzelfalles und unter Berücksichtigung der Organisationsstruktur der herrschenden Gesellschaft entscheiden können. Da die berichtspflichtigen Vorgänge jedoch nicht nur quantitativ zu erfassen – zu registrieren –, sondern auch zu bewerten sind, primär also ökonomische Probleme bewältigt werden müssen, erscheint generell die Revisionsabteilung zur Übernahme dieser Aufgaben am geeignetsten[210]. Dies nicht nur deshalb, weil sie von ihrer sonstigen Tätigkeit her noch am ehesten damit vertraut ist, sie besitzt daneben i.d.R. auch eine gewisse Unabhängigkeit gegenüber den anderen Abteilungen und die notwendigen Kompetenzen, um sich die zur Bewertung erforderlichen Unterlagen und Informationen zu beschaffen. Sollte dies nicht der Fall sein, so ist sie von der Unternehmensleitung mit zusätzlichen Befugnissen – etwa zur Einsichtnahme in AR- oder Vorstandsprotokolle oder sonstiger Verschlußsachen – auszustatten.

Die Einrichtung einer zentralen Stelle empfiehlt sich auch deshalb, weil sich zahlreiche berichtspflichtige Vorfälle – wie noch zu zeigen ist – nicht buchmäßig niederschlagen. Durch die Schaffung eines Meldesystems und die Erteilung entsprechender Weisungen ist sicherzustellen, daß alle nach außen wirkenden Abteilungen – also primär die Ein- und Verkaufsabteilungen – und sämtliche mit dem Abschluß von

208 Vgl. hierzu Goerdeler, R.: Geschäftsbericht . . ., a.a.O., S. 134; Adler-Düring-Schmaltz: 4. Aufl., a.a.O., S. 969 f; Winkhaus, E.: a.a.O., S. 68 f; Wollert, H.: a.a.O., S. 25; Winkelmann, R.: Die Gewinn- und Verlust-Rechnung im Konzern, Berlin 1936, S. 123 ff; Heigl, A.: a.a.O., S. 30; Mutze, O.: Erfahrungen . . ., a.a.O., S. 257.

209 In der Praxis sahen sich insb. große Konzerne z.T. gezwungen, eigene Abteilungen für die Erstellung des Abhängigkeitsberichtes einzurichten (vgl. hierzu die Befragungsergebnisse von Lieser / Pleyer / Westermann: a.a.O., S. 2).

210 So auch schon Winkelmann, R.: a.a.O., S. 123 ff; zutreffend auch die ausführliche Darstellung von Heigl, A.: a.a.O., S. 30, der sich zu Recht gegen die Ansicht Wollerts (H.: a.a.O., S. 25) wendet, die Rechtsabteilung sollte mit der Aufgabe, die berichtspflichtigen Tatbestände zu erfassen, betraut werden.
Sollte bereits eine Abteilung „Konzernrechnungswesen" bestehen, so böte sich auch diese zur Durchführung der im Rahmen der §§ 311 ff zu bewältigenden Aufgaben an.

Geschäften oder der Durchführung von Maßnahmen befaßten Angestellten Vorgänge als berichtspflichtig erkennen und – etwa anhand von Fragebögen – an die Registrierstelle melden.

B. Die Schwierigkeiten der Erfassung der Rechtsgeschäfte und Maßnahmen

1. Die Erfassung der Rechtsgeschäfte im einzelnen

Die Erfassung der berichtspflichtigen Rechtsgeschäfte bereitet unterschiedliche Schwierigkeiten. Am einfachsten ist noch die Erfassung des Lieferungs- und Zahlungsverkehrs, der in der Berichtsperiode zwischen den Konzernunternehmen abgewickelt wird, da sich dieser kontenmäßig niederschlägt. Allerdings ist eine Verbuchung auf besonderen Konten angebracht. Bei Geschäften, die mit konzernfremden Dritten auf Veranlassung oder im Interesse des Konzerns getätigt werden, ist darüber hinaus eine spezielle Kennzeichnung erforderlich, da andernfalls ihr berichtspflichtiger Charakter nicht ersichtlich ist. Geht aus den Buchungsunterlagen i.V.m. dem Kontenplan der Gesellschaft nicht eindeutig der mengen- und wertmäßige Umfang der berichtspflichtigen Vorgänge hervor, so werden besondere Aufzeichnungen notwendig. Bei Waren- und Zahlungsbewegungen ist die Erfassung der Leistungsmengen unproblematisch; anders dagegen bei Dienstleistungen, die von einer zentralen Stelle im Konzern oder von der abhängigen Gesellschaft für andere Konzernunternehmen erbracht werden, wie etwa Leistungen von Rechts-, Steuer-, Werbe-, Marktforschungs-, Revisions- oder Forschungs- und Entwicklungsabteilungen. Die Leistungsmengen – insb. soweit es sich um fixe Gemeinkosten handelt – können hier i.d.R. nur indirekt und unter Zuhilfnahme von Schätzungen ermittelt werden[211].

Erfassungsschwierigkeiten können sich auch ergeben, wenn immaterielle Wirtschaftsgüter – etwa selbsterstellte Patente, Marken, Know how, Teile des Kundenstammes – von der Untergesellschaft auf andere Konzerngesellschaft übertragen werden, zumal diese im allgemeinen nicht bestandsmäßig verzeichnet werden. Die Registrierung dieser Vorgänge kann erleichtert werden, indem ihre schriftliche Fixierung – etwa in Vertragsform – angeordnet wird.

Schließlich sind auch besondere Aufzeichnungen erforderlich, wenn der Abschluß von Rechtsgeschäften erst in späteren Perioden zu Kontenbewegungen führt. Werden etwa im Berichtsjahr Aufträge vergeben und erfolgen Fertigung und Lieferung erst später, so schlägt sich dieser Vorgang lediglich in Nebenaufzeichnungen – hier in der Bestell- oder Auftragsbestandskartei der Einkaufs- bzw. Verkaufsabteilung – schriftlich nieder. Immerhin kann sich der Abschlußprüfer aber durch Stichproben davon überzeugen, daß solche Nebenaufzeichnungen an die zentrale Meldestelle weitergegeben und dort bei der Aufstellung des Abhängigkeitsberichts verwertet werden.

Zusammenfassend ist festzustellen, daß schon die Rechtsgeschäfte z.T. nur insoweit der tatsächlichen oder potentiellen Prüfungund Kontrolle des Abschlußprüfers unter-

211 Vgl. dazu insb. Moxter, A.: Offene Probleme . . ., a.a.O., S. 649.

liegen, als die Untergesellschaft ihrer Berichtspflicht sorgfältig nachkommt, da die Erfassung einer Reihe von Geschäften durch organisatorische Einrichtungen nicht völlig garantiert werden kann[212].

2. Die Erfassung der Maßnahmen im einzelnen

Das zuletzt Gesagte gilt für die Erfassung der Maßnahmen in erhöhtem Maße, da sie in der Regel in der Periode ihrer Vornahme keinen vollen Niederschlag in den Büchern finden, sondern sich erst langfristig ertragsmäßig auswirken. Sicherlich können sie schriftlich festgehalten werden. Das wird auch bei dispositiven Entscheidungen von weitreichender Bedeutung regelmäßig der Fall sein, da hierüber umfangreiche Wirtschaftlichkeitsberechnungen angestellt und die Entscheidungen selbst in AR- und Vorstandsprotokollen festgehalten werden. Abgesehen davon, daß auch diese Beschlüsse mündlich gefaßt werden können, wird es bei der Mehrzahl der übrigen Maßnahmen normalerweise an schriftlichen Vereinbarungen mangeln.

Man wird daher verlangen müssen, daß der Vorstand der Untergesellschaft dafür Sorge trägt, daß sie zum Zeitpunkt der Vornahme von Maßnahmen maßgeblichen Zielsetzungen, Bewertungskriterien und Erwartungen *schriftlich fixiert* werden. Damit wird der Vorstand auch in keiner Weise überfordert, da es sich nur um die Aufzeichnungen der Überlegungen handelt, die er bei verantwortlichem Handeln in jedem Falle anzustellen hat. Jede fachgerechte Entscheidung erfordert detaillierte Unterlagen über die finanz-, kosten- und ertragsmäßigen Auswirkungen der Entscheidungen, Marktanalysen, Kapazitätsberechnungen, Risikoanalysen (Darlegung des Grades der Sicherheit bzw. Unsicherheit, mit dem der Erfolg der Maßnahme erwartet wird) etc.

Ist aber schon bei den getroffenen Maßnahmen eine zwangsläufige Registrierung nicht gegeben, so trifft dies erst recht für unterlassene zu; es ist nicht ersichtlich, welche organisatorischen Vorkehrungen getroffen werden könnten, damit sich z.B. eine unterlassene Kündigung oder Revision eines sich ungünstig entwickelnden Vertrages, die Nicht-Weiterverfolgung einer guten Werbeidee oder die Aufgabe eines erfolgverheißenden Forschungsvorhabens automatisch auch nur in Nebenbüchern niederschlägt.

Die Problematik der lückenlosen Erfassung der berichtspflichtigen Maßnahmen gründet sich letzlich darauf, daß „Veranlassungen" dazu seitens des herrschenden Unternehmens oder anderer Konzernglieder, welche eine evtl. bestehende Ausgleichspflicht erst auslösen, nicht notwendig in Form einer schriftlichen Weisung erfolgen. Wenn es – wie oben dargestellt[213] – schon für den Vorstand der Untergesellschaft schwer sein kann, zu entscheiden, ob er zu einer Handlung veranlaßt wurde, wieviel schwerer muß es für den Prüfer sein, schädlichen Einflußnahmen auf die Spur zu kommen, zumal wenn sie in die Form einer mündlichen Empfehlung oder eines Ratschlages gekleidet

212 Kritisch auch Schäffer, F.: Selbstfinanzierung . . ., a.a.O., S. 63 und Rautmann, H.-G.: Probleme . . ., a.a.O., S. 195.
213 Vgl. S. 45 f.

sind[214]. So kann nur Semler zugestimmt werden, wenn er sagt: „... der Abschlußprüfer kann nur prüfen, was ihm durch den Bericht mitgeteilt worden ist. Wenn bestimmte Maßnahmen ... verschwiegen werden, versagt die Prüfung“[215].

Dieses Ergebnis ist um so bedauerlicher, als die Gefahr des Verschweigens von Maßnahmen insb. deshalb nicht von der Hand zu weisen ist, weil der Vorstand der Untergesellschaft die Sanktionen, welche an einen solchen Gesetzesverstoß geknüpft sind, relativ leicht umgehen kann. Folgendes Beispiel mag das zeigen: auf Grund „freundschaftlicher Gespräche“ mit Vertretern der Obergesellschaft gelangt der Vorstand der abhängigen AG zu „seinem“ Entschluß, eine Produktion aufzunehmen, die große Risiken bei gleichwohl geringen Gewinnaussichten in sich birgt. Für den Gesamtkonzern möge die Maßnahme dennoch vorteilhaft und auch notwendig sein, weil er dadurch sein Sortiment abrunden und seine Marktstellung stärken kann. Sieht der Vorstand die „gesprächsweise Anregung“ nicht als „Veranlassung“ an – eine Einsicht, zu der ihm möglicherweise die Obergesellschaft „verholfen“ hat – so wäre sein Vorgehen dennoch berichtspflichtig, weil es „im Interesse“ des Konzerns liegt.

Da die Berichterstattung wiederum die Nachprüfung des Abschlußprüfers – verbunden mit der Gefahr, daß dieser im Handeln des Vorstandes einen Verstoß gegen die Sorgfaltspflichten eines gewissenhaften unabhängigen Geschäftsleiters erblickt – nach sich zieht, käme die Erfüllung der Berichtspflicht praktisch der Selbstbezichtigung gleich; zumindest würde der Vorstand seine eigene Überprüfung selbst in Gang setzen. Er wird daher geneigt sein, von einem Bericht abzusehen. Stößt der Wirtschaftsprüfer dann durch Zufall auf die betreffende Maßnahme, so könnte der Vorstand immer noch behaupten – vorausgesetzt der Wirtschaftsprüfer verlangt überhaupt eine Aufklärung –, er hätte sie auch bei Unabhängigkeit vorgenommen. Wie noch zu zeigen sein wird, kann der Wirtschaftsprüfer das Gegenteil nur unter günstigen Umständen beweisen.

Wem dieses Beispiel zu konstruiert erscheint, der möge immerhin beachten, daß das Gesetz im Grunde nur selbstverständliche Pflichten – den Minderheitenschutz – normiert, also doch wohl gerade Pflichtverletzungen vermeiden will.

214 Wenn Bachelin (a.a.O., S. 62) behauptet, der Abschlußprüfer habe nicht zu prüfen, ob eine Veranlassung vorliege, so stimmt dies in dieser Allgemeinheit nicht. Die Tatsachenprüfung impliziert auch die Kontrolle, ob ein Handeln „im Interesse“ nicht doch ein solches „auf Veranlassung“ ist. Zudem hat der Prüfer nachzuforschen, wenn er – was allerdings nach dem Gesagten wenig wahrscheinlich ist – zufällig auf „verdächtige“ Maßnahmen stößt.

215 Semler, J. jr.: Das Recht ..., a.a.O., S. 554; ebenso skeptisch Meier, A.: Der Abhängigkeitsbericht ..., a.a.O., S. 86 ff; Potthoff, E.: Prüfung und Überwachung der Geschäftsführung, in: ZfhF, 13. Jg. (1961), S. 563–580, 571; optimistischer Saage (G.: Die Prüfung der Geschäftsführung, Stuttgart 1965, S. 82), allerdings nur hinsichtlich solcher Unterlassungen etc., die auch ohne besondere Untersuchungen (Erprobung neuer Stoffe und Verfahren, Marktanalysen etc.) „bei verständiger Würdigung betrieblicher Gegebenheiten oder (der) Stellung im Markt“ erkennbar sind.

VII. Zusammenfassung

Die Definition der ausgleichspflichtigen Konzernwirkungen und ihre Erfassung läßt sich wie folgt zusammenfassen:

(1) Der Gesetzgeber will die Interessen der außenstehenden Aktionäre und des Konzerns als gleichrangig behandelt wissen; dies folgt aus der Entstehungsgeschichte der §§ 311 ff und daraus, daß keine Regelung für den Fall eines Konflikts zwischen der Zulassung faktischer Konzernleitungsmacht und der Pflicht zum Ausgleich etwaiger Nachteile der abhängigen AG infolge der Konzernzugehörigkeit getroffen wurde.

(2) Ausgleichspflichtig sind alle Rechtsgeschäfte und Maßnahmen, welche die Untergesellschaft bei Unabhängigkeit vorgenommen oder unterlassen hätte (Fiktion der Selbständigkeit als Nachteils- und Bewertungskriterium) und welche auf Veranlassung der Konzernleitung zurückgehen (aktive Konzerneffekte).

Auszugleichen sind nicht nur unmittelbare und voraussehbare Beeinträchtigungen des Erfolgs bzw. der Erfolgsfähigkeit der abhängigen AG, sondern auch Nachteile, die dieser aus dem Verlust der selbständigen Existenzfähigkeit infolge einer völligen Ausrichtung auf den Konzern erwachsen können.

Die Schutzwirkung der §§ 311 ff wird dadurch beeinträchtigt, daß das Gesetz für nachteilige Handlungen, welche die abhängige AG im Konzerninteresse vornimmt oder unterläßt, keine Veranlassungsvermutung statuiert (Beweisschwierigkeiten!); ferner dadurch, daß Nachteile, welche die Untergesellschaft trotz Passivität der Konzernleitung wegen der Konzernzugehörigkeit erleidet (negative passive Konzerneffekte), nicht erfaßt werden.

(3) Zum Nachteilsausgleich können Vorteile jeder Art herangezogen werden, soweit sie sich konkretisiert haben oder sich einzeln erfassen und zahlenmäßig bewerten lassen; dies gilt auch für positive passive Konzerneffekte. Verbundvorteile (Kombinationseffekte) sind nur insoweit zum Nachteilsausgleich zuzulassen, als die Untergesellschaft sie bei Selbständigkeit – etwa durch zwischenbetriebliche Kooperation – nicht hätte realisieren können.

Nachteile, die in der Abrechnungsperiode bereits erfolgswirksam wurden, sind durch entsprechende Vorteile abzudecken. Allerdings sind in diesem Falle auch nicht aktivierungsfähige Vorteile als Ausgleich verwendbar, wenn die Obergesellschaft eine Geldverbindlichkeit in Höhe des Nachteils eingeht und sich gleichzeitig die Wahl des Tilgungsmodus vorbehält.

(4) Zu erfassen sind alle nach §§ 311 f berichts- bzw. ausgleichspflichtigen Vorgänge ohne Ansehung ihrer Größe. Bei Bestehen eines intensiven innerkonzernlichen Leistungsaustausches ist die Erfassung u.U. aufwendig; sie bereitet aber in organisatorisch-technischer Hinsicht keine grundsätzlichen Schwierigkeiten. Es empfiehlt sich in diesem Falle eine zentrale Registrierstelle einzurichten, die zweckmäßigerweise der Revisionsabteilung zuzuordnen ist.

Maßnahmen, die sich entweder zum Zeitpunkt ihrer Vornahme oder Unterlassung nicht in vollem Umfange oder überhaupt nicht buchmäßig niederschlagen, sind besonders aufzuzeichnen. Dabei sind alle bewertungsrelevanten Daten (Zielsetzung, Bewertungskriterien, Erwartungen etc.) schriftlich zu fixieren.

Insb. bei Zugehörigkeit der abhängigen AG zu einem weitverzweigten ausländischen Konzern kann es für ihren Vorstand schwierig sein, alle berichtspflichtigen Rechtsgeschäfte zu erfassen, da er kein den §§ 335 Abs. 2, 331 Abs. 1, 165 entsprechendes Auskunftsrecht gegenüber der Obergesellschaft besitzt.

Dem Abschlußprüfer steht dieses Auskunftsrecht zwar zu, er wird es aber kaum durchsetzen können. Er hat zudem keine Möglichkeit, Veranlassungen, die nicht schriftlich erfolgt sind, zuverlässig festzustellen.

3. KAPITEL

Bewertung und Prüfung der betriebspflichtigen Konzerneinwirkungen

Dieses Kapitel beschäftigt sich mit dem für die Schutzwirkung der §§ 311 ff entscheidenden Problem der Bewertung der ausgleichpflichtigen Konzerneffekte durch den Vorstand der abhängigen AG und durch den Abschlußprüfer. Da das Gesetz die ausgleichs- und berichtspflichtigen Handlungen in Rechtsgeschäfte und Maßnahmen einteilt, sollen deren Bewertungsmöglichkeiten im folgenden jeweils getrennt untersucht werden. Dies empfiehlt sich auch deshalb, weil die Bewertungsprobleme jeweils unterschiedlichen Charakter und Schwierigkeitsgrad aufweisen.

Bevor wir uns den Bewertungsproblemen selbst zuwenden, ist es notwendig, auf den – für die Bewertung und Prüfung der ausgleichspflichtigen Rechtsgeschäfte und Maßnahmen in gleicher Weise – maßgeblichen Bewertungszeitpunkt einzugehen.

I. Der maßgebliche Bewertungszeitpunkt

Der die Nachteilsausgleichspflicht regelnde § 311 enthält keine Aussage darüber, welcher Zeitpunkt der Bewertung von ausgleichspflichtigen und -fähigen Rechtsgeschäften und Maßnahmen zugrundezulegen ist. Da jedoch die den faktischen Konzern behandelnden §§ 311–318 eine Einheit bilden, sind nach herrschender Meinung die §§ 312 ff ohne Bedenken für die Auslegung des § 311 heranzuziehen.

In den §§ 312 Abs. 3 Satz 1, 313 Abs. 1 Nr. 2 bestimmt das Gesetz unzweideutig, daß die Vor- oder Nachteiligkeit berichtspflichtiger Vorgänge nur auf Grund der Informationen zu beurteilen ist, die zum Zeitpunkt der Vornahme oder Unterlassung vorlagen[216]. Der Gesetzgeber hat nirgends – weder im Gesetzestext noch in den Materialien – zu erkennen gegeben, daß er von diesem Grundsatz abweichen oder Ausnahmen gestatten wollte. Vielmehr hat er ihm weiteren Nachdruck dadurch verliehen, daß er § 313 Abs. 1 Nr. 2 nachträglich ins Gesetz aufnahm und damit klar-

216 Aus der Tatsache, daß der Ausgleich spätestens bis zum Geschäftsjahresende zu gewähren ist, könnte man schließen – so anscheinend Luchterhandt (H.-F.: Leitungsmacht . . ., a.a.O., S. 22, 47) –, die Bewertung dürfe ebenfalls bis zu diesem Zeitpunkt hinausgeschoben werden. Das widerspräche aber dem Sinn der §§ 311 ff, da neue Kenntnisse nach Vornahme des Rechtsgeschäfts bzw. der Maßnahme nicht berücksichtigt werden sollen; ferner dem Wortlaut der obengenannten Vorschriften, der den Zeitpunkt der Vornahme bzw. Unterlassung ausdrücklich nennt.
Keineswegs darf „die Konkretisierung des Anspruchs nach § 311 Abs. 2“ – also wohl die Bewertung – erst nach Geschäftsjahresende (etwa bis zum Abschluß der Prüfung nach § 313) erfolgen (so aber Adler-Düring-Schmaltz: 4. Aufl., a.a.O., S. 919). Eine solche Regelung käme der Aufforderung an die Geschäftsleitungen zur Gesetzesumgehung gleich; sie könnten in Ruhe abwarten, ob der Wirtschaftsprüfer die Schädigung (Nichtausgleich)aufdeckt, ohne Sanktionen (Testatseinschränkung, -versagung) befürchten zu müssen.

stellte[217], daß Nachteile, die erst später infolge eines Abweichens der tatsächlichen von der prognostizierten Entwicklung erkennbar werden, unbeachtlich sind. Eine letzte Bestätigung liefert schließlich § 317 Abs. 2, der die Obergesellschaft von einer „Haftung für fehlgeschlagene Geschäfte oder Maßnahmen"[218] freistellen soll, wenn letztere „im Zeitpunkt der Vornahme auch vom Standpunkt eines ordentlichen und gewissenhaften Geschäftsführers einer unabhängigen Gesellschaft nicht zu beanstanden"[218] waren.

Somit ist der h. M.[219] beizupflichten, die von der uneingeschränkten Maßgeblichkeit der ex ante-Bewertung und -Berichtspflicht ausgeht[220].

II. Die Bewertung des berichtspflichtigen Leistungsaustausches durch den Vorstand der abhängigen Aktiengesellschaft

A. Der bewertungspflichtige Leistungsaustausch

Gegenstand von Rechtsgeschäften – der Begriff wird im Gesetz nicht definiert[221] – sind in erster Linie Lieferungen und Leistungen, die inzwischen den abhängigen Unternehmen und der Mutter- bzw. den Schwestergesellschaften ausgetauscht werden[222]. Zu nennen sind hier im wesentlichen folgende Transaktionen:

217 Vgl. Ausschußbericht zu § 313, a.a.O., S. 415.
218 RegB zu § 317, a.a.O., S. 419.
219 Vgl. Geßler, E.: Die Rechtsverhältnisse . . ., a.a.O., S. 202; ders.: Faktische Konzerne? , in: Recht und Rechtsleben in der sozialen Demokratie, a.a.O., S. 159–175, 174; Mestmäcker, E.J.: Zur Systematik . . ., a.a.O., S. 141, 147; Döllerer, G.: Fragen der verdeckten Gewinnausschüttung . . ., a.a.O., S. 1444; Adler-Düring-Schmaltz: 4. Aufl., a.a.O., S. 957 f; WP-Handbuch 1968, a.a.O., S. 648; Werner, W.: Der erste Kommentar zum neuen Aktienrecht (zum Erscheinen der 3. Aufl. des Kommentars v. Godin-Wilhelmi zum Aktiengesetz 1965), in: AG, 12. Jg. (1967); S. 122–127, 125; ders.: Probleme . . ., a.a.O., S. 11; ders.: Zum Erscheinen der 13. Aufl. des Komm. von Baumbach-Hueck zum Aktiengesetz, in: AG, 13. Jg. (1965), S. 181–185, 185; Würdinger, H.: 2. Aufl., a.a.O., S. 310; Mutze, O.: Erfahrungen . . ., a.a.O., S. 258; Hornef, H.: Diskussionsbeitrag, in: Wirtschaftsprüfung im neuen Aktienrecht, Düsseldorf 1966, S. 121–124; Schubert, W.: Zur Berichtspflicht . . ., a.a.O., S. 173 f; Buchner, R.: Der Bericht des Vorstandes über Beziehungen zu verbundenen Unternehmen nach dem neuen deutschen Aktienrecht und seine betriebswirtschaftliche Problematik, in ZfbF, 19. Jg. (1967), S. 32–41, 35; Scherpf, P.: a.a.O., S. 378 f, 392 f; Winkhaus, E.: a.a.O., S. 79 f; 106 ff; Mathern, F.: a.a.O., S. 382; Uni-Tagung; a.a.O., S. 10 f; Enßlin, G.: a.a.O., S. 1190; Spitzenverbände 1967, S. 106; Neuhaus, J.: a.a.O., S. 1917.
220 Auf die abweichende – wenn auch im Grundsatz meist zustimmende – Ansicht einer Reihe von Autoren, die generell oder in bestimmten Fällen eine ex post-Bewertung für maßgeblich erachten, kann an dieser Stelle noch nicht eingegangen werden, da ihre Würdigung einen Vorgriff auf die nun folgenden Ausführungen erfordern würde. Vgl. dazu deshalb S. 160 ff.
221 Zu dem Begriff des Rechtsgeschäfts und seiner Abgrenzung gegenüber dem der Maßnahme vgl. z.B. Adler-Düring-Schmaltz: 4. Aufl., a.a.O., S. 953 f; WP-Handbuch 1968, a.a.O., S. 647 ff; v. Godin-Wilhelmi: a.a.O., S. 1641 f; Schreib, P.: Abhängigkeitsbericht II, a.a.O.; Winkhaus, E.: a.a.O., S. 54 f; weitere Nachweise bei Bachelin, H.: a.a.O., S. 43 (FN 127) u. S. 54.
222 Da die Bewertung von Rechtsgeschäften, die auf Veranlassung oder im Interesse des Konzerns mit konzernfremden Dritten abgewickelt werden, keine Besonderheit aufweist, sei sie im folgenden nicht besonders erwähnt.

(1) die Lieferung von Roh-, Hilfs- und Betriebsstoffen, die beim liefernden Konzernglied als Haupt- oder Neben- bzw. Abfallprodukte (Gichtgas, Schrott etc.) anfallen, ferner von Halb- und Fertigerzeugnissen sowie Handelswaren,

(2) die Übertragung und Überlassung immaterieller Wirtschaftsgüter wie Konzessionen, Patente, Lizenzen, Gebrauchsmuster, Rezepturen, Marken, Warenzeichen, Bezugskontingente, Verkaufsquoten, Kundenlisten, technisches und kaufmännisches Know how (Erfahrungsaustausch, Verfahrenstechniken, Fabrikationsgeheimnisse etc.),

(3) Dienstleistungen, die von einzelnen Konzerngliedern, oft der Obergesellschaft, für andere Konzernunternehmen oder für den Gesamtkonzern erbracht werden, etwa die zentrale Bearbeitung von Rechts-, Steuer-, Patentangelegenheiten, Öffentlichkeitsarbeit, Leistungen gemeinsamer Forschungs-, Entwicklungs-, Einkaufs-, Lagerhaltungs-, Transport-, Verkaufs-, Sozialeinrichtungen (Unterstützungs- und Pensionskassen, Wohnungsbau, Ferienhäuser), Nutzung eines konzereigenen Rechen- und Ausbildungszentrums, Übernahme von Bürgschaften,

(4) Vermietung und Verpachtung einzelner Anlagegegenstände, Betriebsteile oder des gesamten Unternehmens (Betriebspacht- oder -überlassungsverträge),

(5) Kreditgewährung.

Diese Übersicht über die leistungswirtschaftlichen Beziehungen der Konzernunternehmen, die keinen Anspruch auf Vollständigkeit erhebt, zeigt, wie umfangreich und verschiedenartig die Bewertungsprobleme sind, die das Gesetz zu lösen aufgibt. Allerdings gestalten sich Art und Umfang des konzerninternen Leistungsaustauschs und damit der Bewertungsaufgabe in der Praxis unterschiedlich, je nachdem, ob der Konzern z. B. horizontal oder vertikal gegliedert oder zentral oder dezentral organisiert ist[223].

B. Die Bewertung der Leistungen zu Marktpreisen

1. Die grundsätzliche Eignung des Marktpreises als Verrechnungseinheit

Das betriebswirtschaftliche Schrifttum, das sich mit der Verrechnung konzerninterner Leistungen befaßt[224], nennt eine Vielzahl möglicher Wertansätze.

223 Vgl. dazu insb. Arbeitskreis Krähe der Schmalenbach-Gesellschaft, a.a.O., S. 75 ff; Krause, W.: Der Wertumlauf im Industriekonzern, Diss. München 1939, S. 18 ff.

224 Vgl. Schmalenbach, E.: Über Verrechnungspreise, in: ZfhF, 3. Jg. (1908/09), S. 165–185; ders.: Theorie der Produktionskostenermittlung, ebenda, S. 41–65, 52 ff; Raunecker, W.: Die Revision industrieller Tochtergesellschaften im Dienst der Muttergesellschaft, Betriebs- und finanzwirtschaftliche Forschungen, hrsg. von F. Schmidt, II. Serie, H. 28, S. 124 ff, 139 ff; Richter, A.: Verrechnungspreispolitik in Konzernen, in: ZfhF, 22. Jg. (1929), S. 234–241; Lehmann, R.: Das Wesen und das System der betriebswirtschaftlichen Verrechnungspreise, in: ZfB, 7. Jg. (1930), S. 721–742; 801–818; 902–929, insb. S. 734 ff; ders.: Industriekalkulation, 5. Aufl. Essen 1964, S. 209 ff; Haar, A.: Die Konzernbilanz, in: Die Bilanzen der Unternehmungen, Bd. II, Festgabe für J. Ziegler, hrsg. von K. Meithner, Wien 1933, S. 155–202, 174 ff; Kreis, A.: Verrechnungspreisprobleme im Konzern, in: WTr,

Diese können in zwei Gruppen unterteilt werden:

Kostenpreise – auf der Basis von Ist-, Durchschnitts-, Normal-, Standard-, Plankosten einerseits und von Proportional- bzw. Grenz-, Herstell- und Selbstkosten andererseits – und Marktpreise, die wiederum nach durchschnittlichen, historischen, Wiederbeschaffungs- und Tagespreisen differenziert werden. Man ist sich weitgehend darüber einig[225], daß es einen allgemeingültigen Verrechnungspreis nicht gibt, sich die Bewertung vielmehr nach dem jeweils mit der Preisfestsetzung verfolgten Zweck zu richten hat. Als Aufgaben der Verrechnungspreisbildung können im wesentlichen genannt werden:

(1) Kontrolle und Vergleich der Wirtschaftlichkeit der Konzernglieder,

(2) Eliminierung bzw. Verhinderung des Ansatzes unrealisierter Konzerngewinne,

4. Jg. (1935), S. 500–504; Winkelmann, R.: a.a.O., S. 76 ff; Brökelmann, H.: Beiträge zum Verwaltungs- und Rechnungswesen des Konzerns, Diss. Kiel 1938, S. 113 ff; Krause, W.: a.a.O., S. 53 ff; Meusel, H.: Verrechnungsfragen bei Lieferungen und Leistungen zwischen den Betrieben einer Unternehmung und eines Konzerns, Diss. Frankfurt/M. 1944, S. 19 ff; Koberstein, G.: Das Rechnungswesen des Konzerns, Freiburg 1949, S. 66 ff; ders.: Unternehmenszusammenschlüsse, Essen 1955, S. 81 ff; ders.: Konzern, a.a.O., Sp. 33; Lutz, B.: Die Bewertungsprobleme des Konzerns, Zürich und St. Gallen 1952, S. 112 ff; Everling, W.: Interne Konzernbeziehungen, Diss. Berlin 1957, S. 122 ff; ders.: Die Bedeutung der internen Preisbildung für die Aussagefähigkeit von Bereichsergebnissen, in: BFuP, 14. Jg. (1962), S. 557–566; ders.: Interne Preisbildung bei Lieferung gleicher Erzeugnisse an externe und interne Abnehmer, in: BFuP, 15. Jg. (1963), S. 446–455; ders.: Bezugszwang bei Schwesterwerken oder freie Lieferantenwahl? , in: BFuP, 21. Jg. (1969), S. 107–114; Hofmann, G.: Die Bedeutung der optimalen Geltungszahl für die Verrechnungspreise im Konzern, Diss. Tübingen 1958, S. 52 ff; Becker, J.: Die Bestimmung der Verrechnungspreise für zwischenbetriebliche Leistungen als Problem der Betriebspraxis, in: ZfhF, 11. Jg. (1959), S. 493–514; Gaube, H.: Verrechnungspreise, in: Dynamische Betriebsführung, Berlin 1959, S. 226–230; Heinen, E.: Konzentration und Kosten, in: Konzentration in der Wirtschaft, Schriften des Vereins für Socialpolitik, Bd. 20/III, hrsg. von H. Arndt, Berlin 1960, S. 1633–1659, 1656 ff; Ott., M.: Die Bilanzprobleme bei Konzernverflechtung, Frankfurt 1960, S. 48 ff; Eßer, J.: Die Bedeutung von Verrechnungspreisen in betriebswirtschaftlicher, handelsrechtlicher und steuerrechtlicher Hinsicht, in: AG, 6. Jg. (1961), S. 170–175 (er behandelt aber nur Organschaftsverhältnisse); Moxter, A.: Der Einfluß von Publizitätsvorschriften auf das unternehmerische Verhalten, Köln und Opladen 1962, S. 145 ff; Hahn, D.: Gliederung und Bewertung des Vorratsvermögens im Einzel- und konsolidierten Jahresabschluß unter besonderer Berücksichtigung des Regierungsentwurfs eines Aktiengesetzes, Diss. Berlin 1962, S. 76 ff; ders.: Handels- und steuerrechtliche Zulässigkeit von Konzernverrechnungspreisen, in: BFuP, 17. Jg. (1965), S. 342–357, 438–449; Beste, Th.: Verrechnungspreis, in: HdB, Bd. IV, 3. Aufl., Stuttgart 1962, Sp. 5806–5811; Kern, W.: a.a.O., S. 102 ff; Zitzelsberger, S.: Die Problematik der Gewinnrealisierung bei der handels- und steuerrechtlichen Bewertung konzerninterner Lieferungen und Leistungen, Diss. München 1966, S. 101 ff; Pausenberger, E.: Konzerninterne Gewinnrealisierung, in: BFuP, 18. Jg. (1966), S. 535–540; Langenegger, E.: Konzernunternehmungspolitik, Bern 1967, S. 69 ff; Mellerowicz, K.: Kosten und Kostenrechnung, Bd. II, Verfahren, 2. Teil, Kalkulation und Auswertung der Kostenrechnung und Betriebsabrechnung, 4. Aufl. Berlin 1968, S. 237 ff; Bergsteiner, W.: Die Problematik der Gewinnverlagerungen bei internationalen Konzernen im handels- und steuerrechtlichen Jahresabschluß deutscher Konzernunternehmen, Diss. München 1968, S. 103 ff; Gerster, M.: Bewertung und Preisstellung für Lieferungen unter Konzernfirmen, in: BWM, Nr. 4. v. 25. 2. 68, S. 59–62.

225 Allerdings gibt es einige Autoren, die lediglich die Verwendung einer Verrechnungspreisart empfehlen. So ist z.B. nach Ott (M.: a.a.O., S. 61) und Kreis (H.: a.a.O., S. 502) nur der gegenwärtige Marktpreis anzuwenden.

(3) Optimale Kosten- und Erfolgsgestaltung i. S. der pretialen Lenkung des Konzerns,

(4) Beeinflussung des Gewinnausweises und der Dividendenausschüttung, Ermittlung der tatsächlich erwirtschafteten (der „richtigen") Konzern-Bereichsergebnisse.

Für den zuletzt genannten Zweck – er ist mit dem der §§ 311 ff identisch und interessiert im folgenden allein – wird im allgemeinen die Verwendung von Marktpreisen vorgeschlagen[226]. Dem ist beizupflichten, weil der Ansatz von Marktpreisen verhindert, daß Gewinne auf andere Konzernunternehmen verlagert werden, also „gewinnverlagerungs-neutral" ist[227]. Auch in der Praxis scheinen Marktpreise weitgehend Anwendung zu finden[228].

Da das AktG Leistungsentgelte für Lieferungen und Leistungen im faktischen Konzern dann als „angemessen" ansieht, wenn sie auch von unabhängigen Wirtschaftssubjekten vereinbart worden wären[229], kann somit in Übereinstimmung mit der h.M. in der betriebswirtschaftlichen Literatur festgestellt werden, daß als Bewertungsmaßstab in erster Linie der Marktpreis in Betracht kommt[230]. Voraussetzung dafür ist natürlich, daß ein solcher überhaupt existiert. Das ist dann der Fall, wenn die Konzernunternehmen die gleichen Güter und Dienstleistungen auch an Konzernfremde erbringen bzw. von diesen beziehen, oder wenn – im Falle des nur konzerninternen Leistungsaustauschs – die gleichen Leistungen auch von Dritten am Markt gehandelt werden.

226 So insb. Raunecker, W.: a.a.O., S. 140, allerdings nur für Lieferungen der Mutter- an die Tochtergesellschaft; Kreis, H.: a.a.O., S. 502 f; Isaac, A.: Unternehmensverflechtung und Bilanzrevision, in: Der WP, 1. Jg. (1932), S. 380–384, 383; Ott, M.: a.a.O., S. 61; Richter, A.: a.a.O., S. 236, 241; Mellerowicz, K.: a.a.O., S. 240; Winkelmann, R.: a.a.O., S. 113 f; Haar, A.: a.a.O., S. 175 ff; Krause, W.: a.a.O., S. 56, 58; Kern, W.: a.a.O., S. 104; Pausenberger, E.: a.a.O., S. 539 f; Bergsteiner, W.: a.a.O., S. 104 ff; Hahn, D.: Handels- und steuerrechtliche . . ., a.a.O., S. 354; Danert, G.: Preispolitik bei Voll- und Überbeschäftigung, in: ZfbF, 16. Jg. (1964), S. 158–167, 163; a.A. aber Saage [G.: Die Bewertung von Anschaffungen zwischen Konzerngesellschaften nach geltendem Aktienrecht, in: AG, 5. Jg. (1961), S. 221–225, insb. 222, 224], o.V. [Wie setzt man Konzern-Fabrikationspreise? , in: DB, 13. Jg. (1960), S. 1432] und wohl auch Koberstein [G.: Konzern . . ., a.a.O., Sp. 33], die Kostenpreise vorziehen.

227 Die Marktpreise sollen daher im folgenden – in Anlehnung an Kern, W.: a.a.O., S. 102 f – auch „gewinnverlagerungs-neutrale" oder kürzer „gewinn-neutrale" Preise genannt werden. Diese Bezeichnung wird darüber hinaus generell – also auch bei Fehlen von Marktpreisen – für alle Preise verwendet, welche dem vom Gesetzgeber postulierten Bewertungskriterium der fiktiven Unabhängigkeit der abhängigen AG (vgl. S. 39 f dieser Arbeit) gerecht werden.

228 Lt. einer 1960 an der TU Berlin durchgeführten Umfrage verwendeten von 11 bedeutenden deutschen Konzernen 7 Marktpreise (zit. bei Hahn, D.: Gliederung . . ., a.a.O., S. 85 f). Auch bei Tochtergesellschaften amerikanischer Konzerne ist die Bewertung zu Marktpreisen häufig anzutreffen (vgl. hierzu Gerster, M.: a.a.O., S. 375). Vgl. auch Poensgen, O.H.: Zentralisation und Dezentralisation im Lichte dreier moderner Entwicklungen, in: ZfB, 37. Jg. (1967), S. 373–394, 381.

229 Vgl. S. 39 f.

230 So auch die allgemeine Meinung. Vgl. z.B. Adler-Düring-Schmaltz: 4. Aufl., a.a.O., S. 928; WP-Handbuch 1968, a.a.O., S. 651; Schubert, W.: a.a.O., S. 224; Goerdeler, R.: a.a.O., S. 125; DIfB. a.a.O., S. 122; Meier, A.: Der Abhängigkeitsbericht . . ., a.a.O., S. 89; Heigl, A.: a.a.O., S. 28; Werner, W.: Probleme . . ., a.a.O., S. 11; Albach H.: Die Rechtsverhältnisse verbundener Unternehmen, in: NB, 19. Jg. (1966), S. 203–206, 203.

2. Die Korrekturen des Marktpreises wegen der mangelnden Vergleichbarkeit der vorhandenen Marktpreise

So unproblematisch der Marktpreis auf den ersten Blick erscheint, so korrekturbedürftig erweist er sich in vielen Fällen.

Handelt es sich um Güter und Dienste, die die abhängige AG nur von verbundenen Unternehmen bezieht oder an diese absetzt, so ist der Marktpreis nur dann uneingeschränkt als Konzernverrechnungspreis zu verwenden, wenn die Leistungen der Konzernunternehmen in ihrer technischen und qualitativen Beschaffenheit auch tatsächlich denen des freien Marktes entsprechen. Nicht immer werden sich die unterschiedlichen Qualitäten so relativ einfach mittels Äquivalenzziffern umrechnen lassen wie z.B. Kohlensorten auf der Grundlage der verschieden hohen Heizwerte[231]. Weiterhin ist – dies gilt auch für Leistungen, die gleichzeitig konzernextern abgesetzt oder bezogen werden – auf die Gleichheit der Nebenbedingungen zu achten, z.B. bezüglich der Zahlungs- und Liefermodalitäten (Skonti, Lieferfristen, Lieferung frei Haus oder Empfangsstation, ab Werk etc.), des Kundendienstes oder evtl. Garantieverpflichtungen[232]. Wenn die Preise – dies kommt bekanntlich selbst bei fungiblen Gütern häufig vor – differenziert sind, etwa nach Auslands- und Inlandsmärkten, nach der Dauer der Lieferbeziehungen, nach Abnehmergruppen und Abnahmemengen, oder in zeitlicher Hinsicht (Mengen-, Treuerabatte, Mindermengenaufschläge, Boni usw.), sind die Marktpreise um Zu- und Abschläge zu berichtigen.

Diese können oft infolge mangelnder Markttransparenz nur geschätzt werden, es sei denn, die betreffende Konzerngesellschaft beliefert auch vergleichbare konzernexterne Abnehmer. Die Schwierigkeiten der Quantifizierung fallen um so mehr ins Gewicht, als die Korrektursätze nicht selten große Teile des Preises ausmachen, andererseits aber bei umfangreichen Geschäftsvorhaben schon geringe „Preisverfälschungen" zu erheblichen Gewinnverlagerungen führen. Darauf wird weiter unten noch ausführlicher einzugehen sein.

3. Korrekturen des Marktpreises wegen konzernexterner Faktoren

a) Das Fehlen von Konkurrenzpreisen

In der Literatur wird geltend gemacht, der Marktpreis sei nur dann als Verrechnungspreis geeignet, wenn es sich um einen echten Konkurrenzpreis handele. Dahinter steht die Erwägung, daß bei Fehlen dieser Prämisse der Marktpreis nicht den „wahren" Wert der Leistungen widerspiegelt.

So lehnt Koberstein staatlich normierte Preise ab. Hier sei „die Konkurrenz des Angebots und der Nachfrage als marktpreisbildender Faktor ausgeschaltet, da der Preis nicht auf Grund der subjektiven Wertschätzungen der Marktparteien gebildet"[233] werde. Mit der gleichen Begründung wird der Marktpreis für nicht anwendbar

231 Vgl. dazu und zu weiteren Fällen dieser Art Arbeitskreis Hardach der Schmalenbach-Gesellschaft, a.a.O., S. 21.

232 Zu weiteren Fällen vgl. insb. Moxter, A.: Der Einfluß . . . , a.a.O., S. 61 f; Lenel, O.: a.a.O., S. 196 ff.

233 Koberstein, G.: Unternehmungszusammenschlüsse, a.a.O., S. 82; ähnlich ders.: Das Rechnungswesen . . . , a.a.O., S. 67 f.

erklärt, wenn er auf oligopolistischen oder monopolistischen Märkten zustandegekommen ist[234].

An diesen Feststellungen ist natürlich richtig, daß sich ein „objektiver“ Preis nur bilden kann, wenn am Markt die subjektiven Kosten- und Nutzenschätzungen einer Vielzahl von Anbietern und Nachfragern zusammentreffen. Dennoch sind m.E. auch solche, auf unvollkommenen Märkten gebildete Preise – sie bilden den Regelfall – als Konzernverrechnungspreise heranzuziehen. Im ersten Fall wären auch selbständige Unternehmen an diese Preise gebunden. Zudem ist der Einwand Kobersteins vernachlässigbar, da staatlich gelenkte Preise in der BRD – zumindest im vorwiegenden Betätigungsbereich von Aktiengesellschaften – eine untergeordnete Rolle spielen. Das wird man von dem zweiten Fall nicht behaupten dürfen, da insb. industrielle Beschaffungsmärkte für Halberzeugnisse vielfach oligopolistischer Natur[235] und vor allem im vertikal integrierten Konzern von Bedeutung sind. Aber auch Preise, die der Konzern infolge seiner Marktmacht autonom festsetzen[236] oder maßgeblich beeinflussen kann, sind m.E. als Wertansätze für Konzernleistungen zuzulassen, wenn die abhängige Gesellschaft auch bei Selbständigkeit in diese eintreten müßte[237]. Nur so entgeht man außerdem der Schwierigkeit, definieren zu müssen, wann im Einzelfall unzulässige, weil überhöhte Oligopolpreise vorliegen.

b) Die Problematik der Eliminierung von Marktpreisschwankungen

Marktpreise werden auch dann weitgehend als Verrechnungseinheit abgelehnt, wenn sie saisonalen oder konjunkturellen Schwankungen unterliegen[238]. Insbesondere sei es notwendig, kurzfristige und zufällige „Verzerrungen“ auszuschalten, da der Marktpreis in diesen Fällen nicht mehr dem Wert der betrieblichen Leistungen entspreche und ein Unsicherheitsmoment in die Kalkulation hineintrage. Soweit nicht die Verwendung von Kostenpreisen empfohlen wird[239], schlägt man vor, den „Begriff der Fristigkeit entsprechend dem typischen Charakter der Preisbildung im Einzelfall“[240]

234 So Mestmäcker, E.J.: Verwaltung, . . . , a.a.O., S. 307; Koberstein, G.: a.a.O., ihm folgend Langenegger, E.: a.a.O., S. 38; Hofmann, G.: a.a.O., S. 75 ff; Bachelin, H.: a.a.O., S. 43.

235 Vgl. dazu insb. Schneider, D.: Die Theorie der Verrechnungspreise heute, in: Liiketalondellinen Aikakauskirja, (The Journal of Business Economics), XVI Vousikuta, 6. Jg. (1967), S. 106–124, 115.

236 Eine solche Situation ist z.B. auf einigen deutschen Pharma-Teilmärkten gegeben, auf denen die Unternehmen mit gut eingeführten Marken Monopolgewinne einstreichen und im Vergleich zu kleineren Herstellern erheblich höhere Preise erzielen, obwohl diese z.T. die Wirkstoffe der Branchengroßen verwenden. (Vgl. dazu Weber, K.: Verrechnungspreise im Konzern, in: BdW, 12. Jg. (1969), Nr. 207 v. 8. 9. 1969, S. 8).

237 Zu den anders gelagerten Fällen, daß die abhängige Gesellschaft selbst eine Oligopol- oder Monopolstellung innehat, vgl. S. 130.

238 So Koberstein, G.: Das Rechnungswesen . . . , a.a.O., S. 71; Mestmäcker, E.J. Verwaltung . . . , a.a.O., S. 309; Kern, W.: a.a.O., S. 104 f; Zitzelsberger, S.: a.a.O., S. 103; Bachelin, H.: a.a.O., S. 44; Bergsteiner, W.: a.a.O., S. 110; Albach, H.: Die Rechtsverhältnisse . . . , a.a.O., S. 205; Saage, G.: Die Bewertung . . . , a.a.O., S. 221; Meusel, H.: a.a.O., S. 23.

239 So Koberstein, G.: Das Rechnungswesen . . . , a.a.O.; wohl auch Mestmäcker, E.J.: a.a.O., Saage, G.: a.a.O., S. 222.

240 Kern, W.: a.a.O., S. 105.

zu bestimmen und den Durchschnitt des zukünftigen Marktpreises anhand der Schwankungen in der Vergangenheit zu schätzen[241].

Was den Vorschlag der Verwendung von Kostenpreisen betrifft, so ist festzustellen, daß diese keineswegs „sicherer" sind als Marktpreise[242]. Aber auch die Verrechnung zu durchschnittlichen Marktpreisen ist abzulehnen. Es wurde oben bereits darauf hingewiesen, daß der Verrechnungspreis im Rahmen der §§ 311 ff allein dem Zweck zu dienen hat, den Erfolg der abhängigen Gesellschaft „richtig" zu ermitteln. Zur Erfüllung dieser Aufgabe sind auch evtl. abrechnungstechnische Schwierigkeiten oder Erschwerungen der Wirtschaftlichkeitskontrolle in Kauf zu nehmen. Letztere erlauben es jedenfalls nicht, die ohnehin problematische Bewertung durch die Einführung von Schätzwerten zusätzlich zu komplizieren und möglicherweise der beherrschten Gesellschaft das Risiko zukünftiger Marktentwicklungen aufzubürden[243]. Es ist also der jeweilige Tagespreis in Ansatz zu bringen.

4. Die Korrekturen des Marktpreises wegen der Konzernzugehörigkeit

a) Die grundsätzliche Einordnung der Konzerneffekte

Als gewichtigster Einwand gegen die Bewertung des konzerninternen Leistungsaustauschs zu Marktpreisen wird in der Literatur vorgebracht, sie mißachte die aus der Konzerneingliederung resultierende unterschiedliche Kostenstruktur und Ertragslage der Konzerngesellschaften gegenüber selbständigen Unternehmen[244]. Saage[245] gibt seinen Bedenken wie folgt Ausdruck:

> „Ein Unternehmen, das nur noch für den Konzern liefert, hat so lange keine Absatzsorgen, wie der Konzern nach Art und Umfang unverändert beschäftigt bleibt. Es hat keine Kosten für Reklame und die Organisation der Absatzwege. Es kann alle Anlagen und Einrichtungen auf die Konzernnachfrage einstellen und vielleicht den Rohstoffbedarf zu verbilligten ‚Konzernpreisen' decken, denn die Höhe der Preise ist oftmals unabhängig vom Umfang der Lieferung. Die eingegliederte Unternehmung partizipiert so am Konzerneffekt, der sich aus der Zentralisation der Funktionen (Einkauf, Markterkundung, Vertrieb, Werbung), dem Ausgleich der Aufträge und Produktionsmittel sowie dem Austausch von Produktionsverfahren und Erfahrungen ergibt . . . ."

Diesen Ausführungen kann nur zugestimmt werden, ja die Zahl der Konzerneffekte ist – wie noch im einzelnen darzulegen ist – weit größer. Zu ergänzen ist insb., daß

241 So Albach, H.: Die Rechtsverhältnisse . . . , a.a.O., S. 205. Zur Eliminierung von Marktpreisschwankungen aus der Kalkulation vgl. auch Arbeitskreis Diercks der Schmalenbach-Gesellschaft: Der Verrechnungspreis in der Plankostenrechnung, in: ZfbF, 16. Jg. (1964), S. 613–668, 629 ff.

242 Sie unterliegen insb. auch den Beschaffungsmarkteinflüssen. Im übrigen s. hierzu S. 85 ff.

243 Ablehnend auch Heigl, A.: a.a.O., S. 28. Dagegen wird man m.E. nichts einzuwenden haben, wenn die Marktpreisschwankungen durch Vereinbarung fester Preise im Rahmen längerfristiger Verträge „eliminiert" werden. Hier wird sich die abhängige Gesellschaft das übernommene Risiko vergüten lassen müssen durch entsprechende Zu- oder Abschläge zu/von dem bei Vertragsabschluß gültigen Marktpreis.

244 So vor allem Mestmäcker, E.J.: Verwaltung . . . , a.a.O., S. 306 ff; Saage, G.: Die Bewertung . . . , a.a.O., S. 222; Koberstein, G.: Konzern . . . , a.a.O., Sp. 33.

245 Saage, G.: Die Bewertung . . . , a.a.O., S. 222.

auch die Marktpreise der Fremdumsätze – bei Aufrechterhaltung von Marktverbindungen – der abhängigen Gesellschaft von der Konzernierung beeinflußt werden.

Wenn daraus allerdings gefolgert wird, Marktpreise seien (1) als Bewertungsmaßstab überhaupt ungeeignet – demzufolge durch Kostenpreise zu ersetzen – oder (2) pauschal um „gewisse Abschläge“[246] zu reduzieren, so ist dem, was den faktischen Konzern anbelangt, zu widersprechen. Hinter der ersten Auffassung steht oft[247] die Erwägung[248], die abhängige AG erhalte durch kostenlose Leistungen der Muttergesellschaft – etwa bei der Übertragung von Know how – Vorteile, die sie unberechtigterweise begünstigen, wenn sie andererseits der Obergesellschaft für eigene Leistungen Marktpreise berechnet.

Dagegen ist jedoch einzuwenden, daß die Konzernleitung den Tochtergesellschaften solche Dienstleistungen eben in Rechnung stellen muß[249]. Gegen die zweite Alternative sprechen Zweck und Absicht der §§,311,ff, die eine Einzelerfassung der Konzernwirkungen erfordern. Sofern letztere nicht quantifizierbar sind, wird man sie nicht berücksichtigen dürfen. Demgemäß sind die obengenannten Fälle getrennt und möglichst marktmäßig zu bewerten.

Im übrigen ist eine Differenzierung auch schon deshalb angebracht, weil sie ganz unterschiedliche Tatbestände betreffen: aktive Konzerneffekte (Auftragsausgleich,

246 Lehmann, M.R.: Industriekalkulation . . . , a.a.O., S. 209; ähnlich Bergsteiner, W.: a.a.O., S. 108; Schmalenbach, E.: Über Verrechnungspreise . . . , a.a.O., S. 176; Winkhaus, E.: a.a.O., S. 83 f; Hofmann, G.: a.a.O., S. 67.

247 Vgl. z.B. Weber, K.: Verrechnungspreise . . . , a.a.O., ders.: Preisgestaltung zwischen Tochtergesellschaften internationaler Konzerne, in: DB, 22. Jg. (1969), S. 1908 f; Koberstein, G.: Konzern . . . , a.a.O., Sp. 33; Winkhaus, E.: a.a.O., S. 83 f.

248 Allerdings gehen Saages Bedenken mehr dahin, daß gewisse Leistungen der Muttergesellschaft schwer zu bewerten sind.

249 Daß dies in der Praxis auch durchaus geschieht, beweist z.B. der Know how-Vertrag zwischen der Volkswagen-AG und der Auto Union GmbH, im Rahmen dessen letztere – jetzt die Audi NSU AG – nicht unerhebliche Beträge an VW abführt (vgl. Der Spiegel, 24. Jg. (16/1970), S. 115 und 24. Jg. (20/1970), S. 84, 86; FAZ, Nrn. 99 vom 29. 4. 1970, S. 16, 143 vom 25. 6. 1970, S. 14, 144 vom 26. 6. 1970, S. 17; vgl. auch Schlotterbeck, R.: Der Normalpreis von Warenlieferungen ausländischer Muttergesellschaften an inländische Tochtergesellschaften, in: BB, 13. Jg. (1958), S. 838–840, 838; Rädler-Raupach: Deutsche Steuern bei Auslandsbeziehungen, München–Berlin 1966, S. 609 ff; Mersmann, W.: Die Ertragsbesteuerung inländischer Betriebsstätten und Tochtergesellschaften ausländischer Kapitalgesellschaften, Heidelberg 1966, S. 166 ff). Allerdings dürfen nur solche Leistungen berechnet werden, welche die Untergesellschaft auch tatsächlich benötigt. So ist z.B. darauf zu achten, daß die abhängige AG nicht mit Zinsen für ein Darlehen belastet wird, für das sie in Wirklichkeit gar keine Verwendung hat; ebenso sind Kosten für Revision und Kontrollen, die allein im Interesse der Obergesellschaft durchgeführt werden, außer Ansatz zu lassen. Wie schwierig hier im Einzelfall die Unterscheidung der „notwendigen“ Leistungen der Obergesellschaft von solchen, die nur als Vorwand für „Gewinnabsaugungen“ dienen, ist, zeigen die steuerrechtlichen Streitfälle über die Angemessenheit von Beratungs- und Regie-Gebühren (vgl. dazu Rasch, H.: Beratungskosten an ausländische Konzernmuttergesellschaften, in: BB, 18. Jg. (1963), S. 1094 f; Felix, G.: Körperschaftssteuerliche Beurteilung sog. „Regiekosten“ international tätiger Konzerne, in: StuW, 41. Jg. (1964), Sp. 19–32; Hohensee-Bellstadt: Die Besteuerung international verflochtener Gesellschaften, Köln, 2. Aufl. 1970, S. 248, 258).

Zentralisierung[250]), passive Konzernwirkungen (verbilligter Rohstoffbezug, Fortfall von Vertriebskosten) und zentrale Dienstleistungen der Konzernspitze (Erfahrungsaustausch, Einkauf[250] etc). Da in diesem Abschnitt die Bewertung des konzerninternen Leistungsaustauschs behandelt wird, sind die aktiven Konzerneffekte einstweilen außer acht zu lassen.

b) Die mangelnde Repräsentanz des Marktpreises

Berechtigte Zweifel an der Repräsentanz des Marktpreises als Wertgröße ergeben sich, wenn der größte Teil der Produkte konzernintern oder von Dritten über langfristige Lieferverträge, deren Konditionen unbekannt bleiben, abgesetzt wird, und auf dem freien Markt – verglichen mit dem Konzernumsatz – nur geringe Spitzen gehandelt werden. Es hätte sich vermutlich ein anderer Marktpreis gebildet, wenn die gesamten Leistungen auf den Markt gelangt wären[251].

Hier sind zwei Fälle zu unterscheiden: Handelt es sich um Leistungen der Obergesellschaft oder von Schwesterfirmen des abhängigen Unternehmens, so besteht die Gefahr, daß die Konzernführung absichtlich nur geringe Mengen an konzernexterne Abnehmer verkaufen läßt, um hohe Preisforderungen zu motivieren[252]. Insbesondere wenn die Untergesellschaft nur einen Teil der Konzernprodukte abnimmt, wird ihr der Nachweis schwerfallen, daß und ggf. in welcher Höhe sie bei Unabhängigkeit Preisminderungen erlangt hätte.

Tritt dagegen die abhängige Gesellschaft als Anbieter auf und erzielt gegenüber ihren Marktpartnern hohe Preise, so wird die Konzernleitung mit der – oft zutreffenden – Behauptung, sie hätte bei Selbständigkeit der Untergesellschaft von dieser günstigere Bedingungen erzwingen können, für Konzernbezüge einen Abschlag vom Marktpreis verlangen. Ob die Höhe des geforderten Rabatts berechtigt ist, wird sich mangels Kenntnis vergleichbarer Verhältnisse nur schwer beurteilen lassen.

c) Korrekturen des Marktpreises bei Unterbeschäftigung

Gegen Berichtigungen des Marktpreises ist auch dann nichts einzuwenden, wenn die abhängige Gesellschaft ihre Kapazitäten wegen der Konzernzugehörigkeit besser auslasten kann als selbständige Unternehmen[253]. Treten bei ihr z. B. infolge konjunk-

250 Zweifelhaft kann sein, ob es sich um aktive oder passive Konzerneffekte handelt. Die Zentralisierung von Funktionen an bestimmten Stellen des Konzerns z.B. stellt zwar unstrittig eine Maßnahme dar, d.h. eine aktive Konzernwirkung, und ist mithin als Ganzes nach den bei der Durchführung vorliegenden Umständen zu bewerten. Liegt die Vornahme der Maßnahme weiter zurück, so sind ihre Auswirkungen als passive Konzerneffekte zu betrachten.

251 Vgl. Schubert, W.: Zur Berichtspflicht . . . , a.a.O., S. 224; Mestmäcker, E.J.: Verwaltung . . . , a.a.O., S. 307; Saage, G.: Die Bewertung . . . , a.a.O., S. 221; Pausenberger, E.: a.a.O., S. 540; Zitzelsberger, S.: a.a.O., S. 103 f.

252 Diese Manipulation der Obergesellschaft wäre eine ausgleichspflichtige Maßnahme. Die Erlangung des Ausgleichs würde aber i.d.R. an den Schwierigkeiten des Nachweises der Vornahme der Maßnahme und ihrer Nachteiligkeit scheitern.

253 So auch Leo, H.-Ch.: Die Einmann-AG . . . , a.a.O., S. 357; Adler-Düring-Schmaltz, 4. Aufl., a.a.O., S. 92 f; Albach, H.: Die Rechtsverhältnisse . . . , a.a.O., S. 205; WP-Handbuch 1968, a.a.O., S. 651 f; Goerdeler, R.: Geschäftsbericht . . . , a.a.O., S. 125.

turellen oder saisonbedingten Absatzrückgangs der gesamten Branche Überkapazitäten auf, so ist für zusätzliche Konzernaufträge – hierbei kann es sich um reine Lohnarbeiten (Prinzip der verlängerten Werkbank)[254] handeln – auch ein solcher Preis als angemessen anzusehen, der nur die variablen Kosten und ausgabewirksamen Fixkosten[255] deckt[256].

Bei preiselastischer Nachfrage ist das selbstverständlich, weil der Konzern bei Vergabe der Aufträge an konzernexterne Produzenten vermutlich entsprechende Konditionen eingeräumt bekäme und andererseits die Untergesellschaft ihren „Markt"-Umsatz nur durch verstärkte Verkaufsbemühungen – etwa durch eine Intensivierung der Werbung oder des Services – oder Preisreduzierungen auszuweiten vermöchte. Ein nur die (Teil-)Kosten deckender Preis ist aber auch dann gerechtfertigt, wenn die Marktpreise trotz schlechten Geschäftsganges nicht sinken, weil sich die Hersteller von einer Preissenkung keine Absatzsteigerung erhoffen können[257]. Der „angemessene" Preis kann somit je nach Beschäftigungslage in dem Intervall zwischen Marktpreis und variablen Kosten liegen.

254 Zu beachten ist jedoch, daß die Konzernaufträge mit anderen Produktionsalternativen um die freien Kapazitäten der unterbeschäftigen Gesellschaft konkurrieren können. So ist z.B. zu prüfen, ob die Gesellschaft mit dem unausgelasteten Maschinenpark bisher fremdbezogene Zubehörteile oder Vorprodukte – vorübergehend oder auf längere Sicht – in eigener Regie herstellen kann. Ist das der Fall, so wäre der dadurch – unter Berücksichtigung der evtl. durch den Übergang zur Eigenproduktion bedingten Zusatzkosten – u.U. erzielbare Fixkostendeckungsbeitrag als Opportunitätskosten in die Kalkulation der Konzernaufträge einzubeziehen.

255 Als absolute Preisuntergrenze hätte man sogar nur die variablen Kosten (Grenzkosten) unter Berücksichtigung der durch den Stillstand des Betriebes vermeidbaren Fixkosten und von Kosten, die durch Weiterproduktion vermieden werden können (Stillegungs- und Anlaufkosten) [vgl. dazu näher Raffée, H.: Kurzfristige Preisuntergrenzen als betriebswirtschaftliches Problem, Köln und Opladen 1961, S. 65 ff und passim] zu betrachten. Wegen der Schwierigkeiten, die sich bei der Kostenspaltung (in fixe und beschäftigungsabhängige Kosten) ergeben, wird man sie allerdings oft nur schätzen können.

256 Eine solche Preisstellung kann u.U. auch bei Vollbeschäftigung gerechtfertigt sein. Wirtschaftlich sinnvoll ist das etwa dann, wenn das abhängige Unternehmen an eine ausländische Konzernvertriebsgesellschaft Erzeugnisse liefert, welche diese zu niedrigeren (Kampf-) Preisen anbieten muß, um in den Auslandsmarkt einzudringen oder einen einmal eroberten Marktanteil zu halten. Selbst wenn die Produktion vorübergehend im Inland zu weit höheren Preisen absetzbar ist, so verzichtet man häufig nicht auf die weniger lukrativen Exportgeschäfte: einmal wegen der Schwierigkeiten und Kosten, verlorene Exportmärkte zurückzugewinnen, zum anderen, weil auch nicht gewinnbringende Exporte in Zeiten schlechter Inlandsbeschäftigung einen Deckungsbeitrag für die Bereitschaftskosten erbringen. Vgl. Danert, G.: a.a.O., S. 162 f; Müller, E.: Die Preisstellung zwischen einem Auslandsunternehmen und der deutschen Tochtergesellschaft oder Betriebsstätte, in: WPg, 9. Jg. (1956), S. 481–489. Im Einzelfall wird es allerdings – insb. für den Wirtschaftsprüfer – schwierig sein zu beurteilen, ob eine solche Preispolitik nicht nur als Vorwand für Gewinnverlagerungen dient. Zu dem Spezialfall, daß verlustbringende Erzeugnisse wegen ihrer Absatz- und Produktionsverbundenheit (Mischkalkulation, Kuppelproduktion) mit gewinnbringenden Produkten auch langfristig im Produktions- bzw. Handelssortiment geführt werden müssen, vgl. Raffée, H.: a.a.O., S. 97, 134 ff; Kilger, W.: Flexible Plankostenrechnung, 3. Aufl. Köln und Opladen 1967, S. 682.

257 Mit preisunelastischen Nachfrageverhältnissen sehen sich nicht selten Hersteller von Vorprodukten oder Teilen konfrontiert, deren Erzeugnisse nur einen geringen Teil des Werts des Endprodukts ausmachen. Ermäßigungen der Vorproduktpreise führen daher nicht zu einer so spürbaren Verbilligung des Endproduktes, daß dessen Absatz zunähme. (Beispiele bei Rasch, H.: Die Wahl zwischen Selbstherstellung und Fremdbezug als Einkaufs- und Investi-

Gleiches muß dann allerdings auch für den umgekehrten Fall gelten, daß die abhängige Gesellschaft Aufträge an die herrschende Gesellschaft oder an Schwesterfirmen vergibt, die unterbeschäftigt sind: Abschläge vom Marktpreis, welche diese Unternehmen ebenfalls hinzunehmen haben, sind der Untergesellschaft gutzuschreiben. Jedoch ist darauf zu achten, daß die abhängige Gesellschaft nicht durch günstigere (ungünstigere), d. h. kostensparende (kostenerhöhende) Produktionsbedingungen der die Aufträge ausführenden Gliedfirmen bevorteilt (benachteiligt) wird. Könnte sie z. B. die weitergereichten Aufträge selbst nur durch Überschreitung des Beschäftigungsoptimums (Kapazitätsausweitung durch intensitätsmäßige Anpassungen oder Überstunden etwa) erledigen, so sind ihre – geschätzten – erhöhten durchschnittlichen Zuwachskosten (Überstundenzuschläge, erhöhter Ausschuß, Nacharbeit etc.) bei der Ermittlung der Preisuntergrenze zugrundezulegen. Neben die Grenzkostenbetrachtungen haben also Grenznutzen- (Opportunitätskosten-)Erwägungen zu treten.

Anders zu bewerten ist der Fall, daß die abhängige Gesellschaft ihre Produktion wegen rückläufiger Konzernnachfrage bei im übrigen guter Auftragslage der Branche drosseln muß. Diese Situation kann insb. dann eintreten, wenn die selbständigen Unternehmen der Branche für Abnehmer verschiedener Wirtschaftszweige produzieren, deren konjunkturelle oder saisonale Entwicklung nicht einheitlich verläuft[258]. Da die Marktkontakte der abhängigen AG infolge der Konzerneingliederung häufig abgerissen sind, wird sie dies zunächst nicht durch gesteigerten Absatz auf dem Markt wettmachen können und somit gegenüber konzernfreien Unternehmen Nachteile erleiden in Form von entgangenem Gewinn. Da es sich hier um einen Fall negativer passiver Konzerneinwirkung handelt[259], hat die Untergesellschaft keinen Anspruch auf Nachteilsausgleich.

d) Korrekturen des Marktpreises wegen geringeren Kostenfalls bei Ausführung von Konzernaufträgen

Der Marktpreis ist weiterhin um jene Kosten zu kürzen, die der abhängigen Unternehmung nur bei Lieferung an Konzernfremde[260] entstehen[261]. So fallen bei konzerninternen Lieferungen Aufwendungen für Absatzorganisation, Werbung, Vertreter-

tionsproblem in der industriellen Unternehmung, Berlin 1968, S. 94; Schneider, D.: Die Lohnerhöhung als Alibi, in: VW, 23. Jg. (42/ 1969), S. 48–51, 49; Cordes, W.: Preispolitik zur Erzielung optimaler Beschäftigung, in: ZfbF, 16. Jg. (1964), S. 145–57, 145).

258 Ein Beispiel dafür wäre die Herstellung von Kunststoffteilen, die in verschiedenen Wirtschaftszweigen Verwendung finden, wie Auto-, Rundfunk-, Spielzeugindustrie etc. (Vgl. dazu Rasch, H., Die Wahl . . . , a.a.O., S. 89 f).

259 Vgl. S. 48 f dieser Arbeit.

260 Bezieht die abhängige Gesellschaft Leistungen von anderen Konzernunternehmen, so sind diese Gesichtspunkte jedoch außer acht zu lassen; es sind vielmehr Marktpreise als maßgeblich anzusehen (Fiktion der Selbständigkeit als Bewertungsmaßstab). Dabei sind Marktpreis und Verrechnungspreis selbstverständlich vergleichbar zu machen; so müßten z.B. unterschiedliche Zahlungsbedingungen oder eine gleichmäßigere Anlieferung von Rohstoffen, die zur Reduzierung der Lagerhaltungskosten führt, berücksichtigt werden. Zu Einzelheiten s. Everling, W.: Interne . . . , a.a.O., S. 451 f.

261 Vgl. Adler-Düring-Schmaltz: 4. Aufl., a.a.O., S. 928; Kern, W.: a.a.O., S. 105; Lehmann, M.R.: Industriekalkulation . . . , a.a.O., S. 209; Schmalenbach, E.: Über Verrechnungspreise . . . , a.a.O., S. 175; Ott, M.: a.a.O., S. 62; Krause, W.: a.a.O., S. 81 ff.

besuche- und provision, für Reisespesen, Verpackung und Verfrachtung nur in geringem Umfang oder gar nicht an. Gleiches gilt für kalkulatorische Wagnisse, die zur Abdeckung von Zahlungseingangsrisiken gebildet werden. Allerdings können diese Absatzkosten bei gleichzeitiger Belieferung konzerninterner und -externer Abnehmer nur in dem Maße außer Ansatz bleiben, wie es gelingt, sie insgesamt zu reduzieren, da andernfalls die Nichtbelastung der Konzernumsätze zu Einbußen bei den Markterfolgen führen würde. Insbesondere eine Senkung der Werbungs- und Absatzorganisationskosten wird nur in beschränktem Umfang möglich sein.

e) Korrekturen des Marktpreises bei langfristigen Verträgen

Besondere Schwierigkeiten treten auf bei der Quantifizierung der Verminderung des Beschaffungs- und/oder des Absatzrisikos[262], die oft das entscheidende Motiv für Vertikalintegrationen bildet[263]. Man könnte versucht sein, die Vorteile[264] als allgemeine Konzernvorteile zu qualifizieren und damit ihre Ausgleichsfähigkeit und Berücksichtigungswürdigkeit zu bestreiten[265]. Dem steht aber entgegen, daß auch selbständige Unternehmen beim Abschluß langfristiger Lieferverträge – welche die gleichen Vorteile vermitteln und daher zum Vergleich heranzuziehen sind – durchaus zu Preiszugeständnissen bereit sein können. So werden solche Lieferanten zu festen, aber niedrigeren als den Marktpreisen abschließen, die dem Risiko der Konjunkturschwankungen ausweichen wollen und sichere Erfolge der unsicheren Chance, hohe Konjunkturgewinne zu erzielen, vorziehen. Auch die Erleichterung der langfristigen Produktions- und Investitionsplanung, die gleichmäßige Kapazitätsauslastung und die Verringerung des Lagerrisikos fördern die Bereitschaft zur Einräumung von Rabatten. Umgekehrt kann die gesicherte Belieferung mit Rohstoffen oder Halberzeugnissen in der benötigten Qualität und Menge es dem Abnehmer wert sein, einem Bezug über Marktpreis zuzustimmen. Zu- oder Abschläge vom Marktpreis sind also unter den genannten Umständen zulässig, nur ist damit noch nicht bestimmt, in welcher Höhe sie gerechtfertigt sind, da vergleichbare Marktbedingungen selten bekannt sein werden. Selbst die Kosteneinsparungen des Produzenten bieten keinen exakten Anhaltspunkt, da sie geschätzt werden müssen.

Zur Feststellung der Angemessenheit der Preise, die bei Abschluß des Vertrages für seine Laufzeit fest vereinbart werden, sind in jedem Falle Schätzungen erforderlich, da erst die zukünftige Marktentwicklung zeigt, ob sich die Erwartungen der Parteien zum Zeitpunkt der Vereinbarung erfüllen. Dies gilt selbst für den Fall, daß als Fest-

262 Vgl. Mestmäcker, E.J.: Verwaltung . . ., a.a.O., S. 308 und Kosiol, E.: Grundfragen der Konzernierung, in: Die Betriebswirtschaft, 31. Jg. (1938), S. 135–159, 159, die die Quantifizierungsmöglichkeit verneinen.

263 Vgl. dazu insb. die differenzierenden Darlegungen von Lenel, O.: a.a.O., S. 145 ff.

264 Das weitere Problem, daß es auch Unternehmer gibt, die die Konjunkturrisiken in der Hoffnung auf hohe Konjunkturgewinne bewußt in Kauf nehmen und die langfristigen Bindungen als Nachteile ansehen, ist hier auszuklammern; der Abschluß eines langfristigen Liefervertrages an sich mit der Alternative, sich nicht an den Konzern zu binden, stellt eine Maßnahme dar und ist später zu behandeln (vgl. S. 106 ff dieser Arbeit).

265 Vgl. S. 50 f dieser Arbeit.

preis die Marktpreise bestimmt werden, die bei Vertragsabschluß gelten. Die Problematik der Bewertung zeigt der bekannte GBAG-Socony-Fall in aller Deutlichkeit:[266]

> 1951 schloß die Gelsenkirchener Bergwerks-AG (GBAG) mit der Socony Mobil Oil Company einen Rohöllieferungsvertrag für die Dauer von 30 Jahren zu einem Festpreis ab, der den damaligen Richtpreisen (posted-price) für Lybien-Öl entsprach. Dieser Vertragsabschluß wurde als ein großartiger Erfolg der GBAG angesehen, da er die Deckung des gesamten Bedarfs der GBAG-Raffinerien sicherstellte. Jedoch verschlechterte sich die wirtschaftliche Lage der GBAG infolge des seit 1951 ständig absinkenen Weltmarktpreises für Öl fortlaufend, so daß der Vorstand schließlich den Verlust der selbständigen Existenz der Gesellschaft befürchtete. Erst 1958 – nochmals dann 1964 und 1966 – gelang es, die Mobil Oil durch Gewährung kostspieliger Gegenleistungen – u. a. wechselte eine wertvolle 18%-Beteiligung an der Aral-AG von der GBAG zur Socony – und nach Intervention einflußreicher Geschäftskreise zur Revision des Vertrages zu bewegen.

Noch schwieriger, da mit noch größeren Unsicherheiten belastet, erweist sich die Bewertung der in der Praxis weit verbreiteten Sukzessivlieferungsverträge[267], etwa in Form von Jahresabrufverträgen. Die Vor- oder Nachteiligkeit derartiger Vereinbarungen, die es dem Bezieher gestatten, Menge und Zeit der Lieferung entsprechend seinem Bedarf kurzfristig zu bestimmen, läßt sich eindeutig erst zum Zeitpunkt der Lieferung anhand der dann bestehenden Marktverhältnisse beurteilen.

Dennoch erfordert das AktG eine prognostizierende Bewertung[268], wenn diese Verträge auch unter selbständigen Unternehmen vorkommen[269]. Die abhängige Gesellschaft muß sich das übernommene Risiko durch entsprechende Vertragsbedingungen vergüten lassen, wobei allerdings die Machtverhältnisse zugrundezulegen sind, die bei

266 Zu Einzelheiten s. Engler, G.-W.: Vor Aktion wird gewarnt, München–Bern–Wien 1967, S. 109 ff; vgl. auch Elmendorff, W.: Diskussionsbeitrag, in: Wirtschaftsprüfung im neuen Aktienrecht, a.a.O., S. 131 f.

267 Von diesen Sukzessivlieferungsverträgen, die eine vertragliche Einheit darstellen, sind sog. Rahmenverträge – also etwa langfristige Lizenz- oder Vertriebsvereinbarungen –, die nur die Grundlagen späterer Rechtsgeschäfte regeln, zu unterscheiden (vgl. dazu insb. Kropff, B.: Der „faktische Konzern“ . . . , a.a.O., S. 2206 f; Adler-Düring-Schmaltz: 4. Aufl., a.a.O., S. 957 f; Stellungnahme NA 6/66, a.a.O., S. 678; wohl auch Hornef, H.: a.a.O., S. 123; a.A. Winkhaus, E.: a.a.O., S. 106 ff, insb. S. 111, der keine Unterscheidung trifft). Da die vertraglichen Einzelheiten erst später entsprechend den dann geltenden Verhältnissen festgelegt werden, sind bei ihnen auch die Ausführungs- (Erfüllungs-) Geschäfte berichts- und bewertungspflichtig. Die Problematik der vorausschauenden Bewertung entfällt mithin.

268 Zur abweichenden Meinung einiger Autoren, die von der Zulässigkeit einer ex post-Bewertung ausgehen, s.S. 160 ff.

269 Sehr instruktiv hierzu sind die Ausführungen des Enquête-Berichts 1964 (vgl. auch Lenel, O.: a.a.O., S. 176 ff). Die Enquête berichtet (a.a.O., S. 164) von Jahresabrufverträgen zwischen Automobilherstellern und ihren Zulieferunternehmen, die den Abnehmern das Recht einräumten, „kurzfristig Zeit und Menge der Monatsabnahmen zu ändern und daß die Zulieferer daher oft gezwungen waren, auf Lager zu arbeiten. Dabei gingen sie ein erhebliches Risiko ein, weil in den Verträgen auch kurzfristige Modelländerungen ausbedungen wurden.“ Auch kamen – dies wird auch für andere Industriezweige festgestellt – unerwartete Einstellungen von Aufträgen vor, oder die Zulieferer übernahmen im Vertrauen auf Anschlußaufträge zunächst Entwicklungsaufträge, jedoch blieben nach erfolgreicher Entwicklungsarbeit die Aufträge aus (a.a.O., S. 746). Ein klagerechtliches Vorgehen gegen solche Praktiken wird oft wegen der Gefahr der Existenzvernichtung nicht in Frage kommen.

ihrer (fiktiven) Selbständigkeit bestünden. Schließlich wäre auch zu prüfen, ob derartige Verträge üblicherweise Preisgleitklauseln enthalten und über welche Vertragsdauer sie geschlossen werden.

f) Korrekturen des Marktpreises wegen geringerer Faktorkosten

Zu berücksichtigen ist ferner, daß die abhängige Gesellschaft bei Fremdleistungsbezug oft allein wegen ihrer Konzernzugehörigkeit Preisvergünstigungen erhält, die ihr bei Selbständigkeit nicht gewährt worden wären[270].

So wird sie beim Bezug von Materialien[271] und Dienstleistungen oder beim Abschluß von Versicherungen in den Genuß von Konzernrabatten gelangen, Kredite zu niedrigeren Zinssätzen aufnehmen[272] oder junge Aktien zu höheren Bezugskursen emittieren können. Ausschlaggebend für die Gewährung solcher Vorteile sind in erster Linie die vom guten Ruf der Obergesellschaft oder von der Gesamtheit aller Konzernglieder[273] abgeleitete größere Kreditwürdigkeit und Marktmacht der abhängigen Gesellschaft, weniger Kosteneinsparungen auf Seiten der Marktpartner[274].

Allerdings wird man die passiven Konzerneffekte nicht immer exakt bestimmen können. Andere Vorteile bei der Beschaffung von Produktionsfaktoren entziehen sich völlig oder doch weitgehend einer Quantifizierung. Dies gilt z. B. für die verbesserte Stellung der Untergesellschaft auf dem Arbeitsmarkt infolge der Konzernattraktivität (höhere Sozialleistungen, größere Sicherheit der Arbeitsplätze, bessere Aufstiegs- und Fortbildungschancen) oder die größere finanzielle Sicherheit, die oft genug den Grund für die „Anlehnung an einen Großen“ darstellt. Solche Vorteile wird man daher als „allgemein Konzernvorteile“ nicht berücksichtigen dürfen.

5. Grenzen der Verwendung vergleichbarer Marktpreise

a) Die Schwierigkeiten der Ermittlung vergleichbarer Marktpreise für zentrale Dienstleistungen

Unerwähnt als kostenmindernder Faktor blieben bisher Dienstleistungen, deren Aus-

270 Ob diese Vorteile bei der Festsetzung der Konzernverrechnungspreise in Ansatz gebracht oder der abhängigen Gesellschaft zusammengefaßt – etwa am Ende des Geschäftsjahres für die bis dahin angefallenen passiven Konzerneffekte – in Rechnung gestellt werden, ist an sich unerheblich. Allein aus Gründen abrechnungstechnischer Vereinfachung wird die zweite Alternative meist vorzuziehen sein.

271 Zu Beispielen aus der Praxis vgl. Lenel, O.: a.a.O., S. 197 ff.

272 Vgl. dazu vor allem Lenel, O.: a.a.O., S. 279 ff, insb. S. 294 ff; Busse v. Colbe, W.: Die Planung der Betriebsgröße, Wiesbaden 1964, S. 119; Mattes, A.: Finanzierungsvorgänge im Konzern, Stuttgart 1966, S. 78 ff; Lenel (S. 283 f. FN 20) erwähnt eine amerikanische Untersuchung, nach der 1955 in den USA kleine Gesellschaften (Geschäftskapital bis $ 50 000) gegenüber Großunternehmen (Geschäftskapital über $ 100 Mio) erheblich höhere Kreditzinsen zu zahlen hatten: im Durchschnitt lautete das Verhältnis 5,5 % zu 3,2 %, bei langfristiger Kapitalaufnahme 7,9 % zu 3,2 %.

273 Denkbar ist hier aber auch der – allerdings seltenere – umgekehrte Fall, daß die Untergesellschaft durch Finanz- oder Liquiditätsschwierigkeiten der Obergesellschaft in Mitleidenschaft gezogen wird. Nachteile infolge dieser Goodwillverluste wären aber nicht ausgleichspflichtig (negative passive Konzerneffekte).

274 Vgl. Lenel, O.: a.a.O., S. 197, 283 ff.

führung die Obergesellschaft oder andere Konzernglieder für die abhängige Unternehmung übernehmen. Für derartige Leistungen liegen i. d. R. keine Marktpreise vor oder ein Vergleich mit Vergütungen, die unter selbständigen Unternehmen üblich sind, ist zumindest sehr erschwert.

Zu erwägen ist allerdings, der Bewertung gewisser Arbeiten – etwa der Steuer- oder Rechtsabteilung – die amtlichen Gebührenordnungen zugrundezulegen.

Ebenso könnte man bei der Durchführung von Unternehmensberatungen (Reorganisation des Betriebes, Umstellung von Lohnsystemen, Zeitstudien etc.), Marktforschungs- und Werbeaufgaben und der Öffentlichkeitsarbeit die Vergütungen zum Vergleich heranziehen, die selbständige, auf diesem Gebiete operierende Unternehmen verlangen. Das käme insb. auch dann in Frage, wenn diese Arbeiten von aus der Muttergesellschaft ausgegliederten, rechtlich verselbständigten oder Funktionsbetrieben – wie etwa konzerneigene Speditionen, Banken, Versicherungen, Energiebetrieben, (Wohnungs-)Bauunternehmen[275]–, die auch mit Konzernfremden im Geschäftsverkehr stehen, wahrgenommen werden.

Nur ist zu bedenken, daß es sich hier z. T. (Bauwesen, Marketing) um Leistungen handeln kann, für die wegen ihrer individuellen Eigenart Marktpreise nicht existieren. Immerhin könnten aber die Preise, die für vergleichbare Fremdaufträge erzielt werden, gewisse Anhaltspunkte abgeben. Aber selbst wenn vergleichbare Preise vorliegen, so ist immer noch zu beachten, daß diese über den Kosten liegen können[276], die der Untergesellschaft bei Eigenerstellung der Leistungen entstünden. Diese Kosten sind vor allem dann als Preisobergrenze zu betrachten, wenn die beherrschte Gesellschaft die genannten Funktionen vor ihrer Konzerneingliederung selbst ausgeübt hat, ihr die dafür anfallenden Aufwendungen also auch bekannt sind[277]. Andere Dienstleistungen des Konzerns – etwa die Absatz- oder Einkaufsorganisation, die Unterhaltung eines gemeinsamen Rechen- oder Ausbildungszentrums, die Schaffung konzerneinheitlicher Firmenzeichen und Marken – sind, zumindest in der konzernspezifischen Form, nicht Gegenstand des üblichen Geschäftsverkehrs zwischen unabhängigen Unternehmen.

Die Beschaffung oder Vermittlung von Krediten durch die Konzernleitung wird man noch am ehesten zu Marktbedingungen – Marktzins, marktübliche Provisionen – bewerten können. Gewährt jedoch umgekehrt die Untergesellschaft anderen Konzernunternehmen Darlehen, so ist der Ansatz von Marktzinsen schon problematisch: sie bilden die Preisuntergrenze, da hier der interne Zinsfuß von Alternativinvestitionen, auf welche die abhängige Gesellschaft verzichten muß, maßgeblich ist.

b) Das Fehlen von Marktpreisen bei der Übertragung immaterieller Anlagewerte

Ein schwieriges und exakt kaum lösbares Problem stellt schließlich die Bewertung von Lizenzen dar, da Marktpreise hierfür i. d. R. nicht zur Verfügung stehen.

275 Zur Praxis vgl. Arbeitskreis Krähe der Schmalenbach-Gesellschaft, a.a.O., S. 75 ff.
276 Es sei denn, daß die Rationalisierungsvorteile infolge der Konzernzentralisierung die zusätzlich anfallenden Zwischengewinne aufwiegen.
277 Diese Gesichtspunkte vernachlässigen z.B. Ott, M.: a.a.O., S. 63, und Rasch, H.: Beratungskosten . . . , a.a.O., S. 1094 vollständig.

Selbst wenn die zu bewertende Lizenz auch an Konzernfremde vergeben wird, so sind die dafür erhobenen Gebühren nur beschränkt als Bewertungsmaßstab zu gebrauchen. Lizenzen können nämlich für verschiedene Lizenznehmer einen recht unterschiedlichen Wert besitzen, „je nach dem, ob die Lizenz zur Erweiterung des bereits bestehenden Produktionsprogramms dienen soll und sich reibungslos in den Produktionsprozeß einpaßt, oder ob besondere Umstellungskosten anfallen, ob die Lizenz auch für Konkurrenzunternehmen von Interesse ist, ob die Lizenz dem Lizenznehmer eine Monopolstellung verschafft, ob die Lizenz als ‚Sperrpatent' dienen soll usw."[278]. Zu berücksichtigen ist ferner, ob und in welchem Umfang der Lizenzgeber neben der Übertragung der Verfahrenslizenz noch zusätzliche Leistungen erbringt, wie etwa „Know how, Vorarbeiten, Pläne, laufende technische Assistenz, Marken, Warenzeichen". Vor allem aber handelt es sich bei Lizenzen – wie im übrigen auch bei anderen immateriellen Anlagewerten, z. B. Syndikatsquoten[279], Kundenkarteien[280] – um Werte, deren Preis sich in hohem Maße nach den jeweiligen, mehr oder weniger unsicheren Erwartungen des Erwerbers bzw. des Veräußerers bemißt. Ob das vereinbarte Entgelt „angemessen" war, läßt sich mit Sicherheit erst im nachhinein beurteilen. Diese Schätzwerte entziehen sich daher wegen ihres weitgehend subjektiven Charakters einer Nachprüfung durch Dritte. Deshalb können auch die Rahmenangaben über erfahrungsgemäß erhobene Umsatzlizenzsätze, die auf Grund von Unternehmensbefragungen in verschiedenen Wirtschaftszweigen ermittelt wurden[281], das zulässige Bewertungsintervall nur vage abgrenzen.

Wenn weiterhin die praxisüblichen Lizenzabgaben mit 1–10 %, von anderer Seite mit „nicht unter 5 %, häufiger über 10 %"[281] angegeben werden, so verdeutlicht das den erheblichen Bewertungsspielraum; zugleich erklärt dies, warum die Vergabe von Lizenzen – vor allem auch in internationalen Konzernen – als eines der beliebtesten Mittel angesehen wird, Gewinne zu verlagern[282].

278 Knoppe, H.: Lizenzverträge und verdeckte Gewinnausschüttung, in: DB, 20. Jg. (1967), S. 1117–1120, 1118.

279 Zur Bewertung von Quoten vgl. insb. Krähe, W.: Quoten und Quotenhandel, in: BFuP, 18. Jg. (1966), S. 669–678.

280 Zu den hierbei auftretenden Bewertungsschwierigkeiten im Rahmen der Unternehmensbewertung s. auch Maus, N.: Unternehmensbewertung als Grundlage unternehmerischer Entscheidungen, in: Betriebswirtschaftliche Information, Entscheidung und Kontrolle, a.a.O., S. 383–399, 385; Käfer K.: Substanz und Ertrag bei der Unternehmensbewertung, ebenda, S. 297–357, 334 ff; Kolbe, K.: Theorie und Praxis des Gesamtwerts und Geschäftswerts der Unternehmung, 3. Aufl. Düsseldorf 1967, S. 85 ff, 196 ff; Viel/Bredt/Renard: Die Bewertung von Unternehmungen und Unternehmungsanteilen, 2. Aufl. Stuttgart 1967, S. 27 ff.

281 Vgl. Knoppe, H.: Lizenzverträge . . ., a.a.O., S. 1117. Auch die Finanzbehörden – außerdem die Zivilgerichte – haben solche Erfahrungssätze aufgestellt. Allerdings bietet die bei der Zentralen Bundesbetriebsprüfungsstelle geführte Lizenzkartei für die Bewertungem im Rahmen der §§ 311 ff keine Hilfe, da sie von Außenstehenden – hier den abhängigen Unternehmen und insb. den Abschlußprüfern – nicht eingesehen werden kann.

282 Vgl. Steueroasen-Bericht, a.a.O., S. 6, 9 f; Mersmann, W.: a.a.O., S. 167; Kunze, K.: Der Begriff der Betriebsstätte und des ständigen Vertreters, Diss. Mannheim 1963, S. 113; Kern, W.: a.a.O., S. 107; Langenegger (a.a.O., S. 58) weist auf die Praxis Schweizer Konzerne hin, für Forschungs- und Entwicklungsarbeiten der Untergesellschaft im allgemeinen Kosten-

c) Das Fehlen von Marktpreisen bei der Überlassung von Nutzungen

Bei der Vermietung und Verpachtung ergeben sich unterschiedliche Probleme, je nach dem, ob (1) einzelne Anlagegegenstände oder (2) das gesamte Unternehmen nutzungsweise überlassen werden.

Was den ersten Fall betrifft, so bereitet es im allgemeinen keine großen Schwierigkeiten, die marktübliche Vergütung für die Nutzung von Büro- oder Lagerräumen anhand der ortsüblichen Mieten (qm-Preis) festzustellen. Weiterhin könnten – dies gilt nicht nur für Immobilien, sondern auch für die Verpachtung von Maschinen, ganzer Betriebsausrüstungen etc. – die Preise von Leasing-Gesellschaften als Vergleichsmaßstab in Betracht gezogen werden. Dabei muß allerdings die Vergleichbarkeit der Leistungen gewährleistet sein. So ist insb. zu prüfen, ob die Konzernverträge eine „echte" Pacht oder bei wirtschaftlicher Betrachtungsweise eher einen Kauf beinhalten, weil sich danach entscheidet, ob die im Rahmen des Operate Leasing (operational lease) oder des Finance Leasing (financial lease)[283] üblichen Bedingungen und Gebühren den geeigneten Maßstab abgeben.

Ein Vergleich mit den marktüblichen Leasing-Entgelten erscheint vor allem dann geboten, wenn die „Angemessenheit" von Pacht- und Mietgebühren konzerneigener Leasing-Gesellschaften, die in letzter Zeit zunehmend an Bedeutung gewinnen[284], zu beurteilen ist. Der Vergleich wird sich oft – trotz der Vielzahl von Leasing-Varianten – ohne weiteres durchführen lassen, da die Bedingungen von Leasing-Verträgen weitgehend bekannt sind. Die Gleichheit konzerninterner und -externer Bedingungen besagt allerdings noch nicht, daß ein Leasing-Vertrag keine Gewinnverlagerungen im Konzern bezweckt. Da Leasing bekanntlich nicht billig ist[285], muß vielmehr vorweg untersucht werden, ob der Konzerngesellschaft nicht günstigere Finanzierungsalternativen zur Verfügung standen.

Dies gilt um so mehr, als insb. das Finance-Leasing seine Attraktivität zu einem großen Teil den steuerlichen Vorteilen des Leasing-Nehmers verdankt und diese durch

beiträge nach der Maßgabe der von den einzelnen Konzerngesellschaften getätigten Umsätze zu erheben, für Spitzenleistungen besonders befähigter Forscherteams aber kostenüberdekkende Lizenzen zu vergeben. Vgl. zu diesem Problem auch Niedner, H.-J.: Lizenz- und „Know-How"-Vergütungen an ausländische Unternehmen, in: AWD, 14. Jg. (1968), S. 429–32; Weissenborn, H. I.: Zur Abgrenzung von Lizenzverträgen gegenüber den sog. „gemischten Verträgen"; in: RGmbH, 56. Jg. (1965), S. 104 f.

283 Zu den verschiedenen Leasing-Arten vgl. z.B. Kolbeck, R.: Leasing als finanzierungs- und investitionstheoretisches Problem, in: ZfbF, 20. Jg. (1968), S. 787–797.

284 Zum Vorkommen des Konzern-Leasing in der Praxis vgl. Meilicke, H.: Jüngste Wechselwirkungen zwischen Steuerrecht und Privatrecht, in: StbJb, 1965/66, Köln 1966, S. 141–173, 162 ff; Havermann, H.: Leasing, Düsseldorf 1965, S. 25 ff; Mattes, H.: a.a.O., S. 75 ff.

285 So enthalten beim Finance-Leasing die Leasing-Raten, die während der – gegenüber der betriebsgewöhnlichen, technischen und wirtschaftlichen Nutzungsdauer oft erheblich kürzeren – Grundmietzeit zu entrichten sind, im allgemeinen folgende Bestandteile: Tilgung der Anschaffungs- und Herstellungskosten, Nebenkosten, Kapitalkosten, Gewinnzuschläge. Daneben hat der Leasing-Nehmer die Aufwendungen für Reparatur, Wartung, Versicherungsgebühren etc. selbst zu tragen. Außerdem verbleibt ihm auf Grund der Unkündbarkeit des Vertrages das Investitionsrisiko.

das kürzlich ergangene BFH-Urteil[286] stark in Frage gestellt worden sind[287]. Stellt sich auf Grund eines Wirtschaftslichkeitsvergleichs heraus, daß das Leasing-Geschäft höhere Kosten verursacht und ergibt auch eine ergänzend durchgeführte Liquiditätsbetrachtung[288] kein günstigeres Bild, so liegt eine berichtspflichtige Maßnahme vor[289].

Im übrigen wird man dort, wo ein Vergleich mit Marktpreisen und -leistungen nicht möglich ist, auf Kostenpreise zurückgreifen müssen.

Anders gearteten Problemen begegnet man dann, wenn die abhängige AG mit der Obergesellschaft einen Betriebspacht- oder -überlassungsvertrag nach § 292 Abs. 1 Nr. 3 abschließt. Hier wird man kaum einmal vergleichbare Marktpreise antreffen. Zwar werden auch selbständige Unternehmen – insb. Handelsgesellschaften – gelegentlich in Umsatzpacht vergeben, dennoch wird sich ein Vergleich mit den dort vereinbarten Vergütungen wegen der strukturellen Besonderheiten der Unternehmen (Produktionsprogramm, Absatzposition, Kostenlage etc.) verbieten.

Dies ist auch der Grund, weshalb im Rahmen des ähnlich gelagerten Problems der steuerlichen Betriebsaufspaltung[290] die Kostenpacht bevorzugt wird. M. E. ist allerdings auch dieses Verfahren zur Anwendung auf Unternehmensverträge nach § 292 ungeeignet, da es zu einer Gewinnaufteilung zwischen Pächter- und Verpächterunternehmen führt, die letzterem nur die Verzinsung und Erhaltung des Substanzwertes zugesteht. Ein solches Vorgehen ließe vor allem unberücksichtigt, daß sich beim Abschluß von Konzernpachtverträgen nicht selbständige Pächter und Verpächter gegenüberstehen, sondern letztlich Mehrheits- und Minderheitsaktionäre. Da unter Aktionären eine Gewinnaufspaltung automatisch im Wege der Dividendenausschüttung erfolgt und vor allem kein Grund ersichtlich ist, der die Bevorzugung der Obergesellschaft motivieren könnte, wäre es nur billig, die Minderheiten weiterhin am Gewinn ihres Unternehmens zu beteiligen.

Weil aber andererseits die Unternehmensverträge die Gefahr in sich bergen, daß die Ertragskraft der Untergesellschaft beeinträchtigt wird[291], führt m. E. nur die Gewäh-

286 Vgl. BFH-Urteil IV R 144/66 v. 26. 1. 1970, abgedruckt in: WPg, 23. Jg. (1970), S. 184–195.

287 Allerdings scheinen Konzerne von diesem Urteil faktisch nicht betroffen zu sein, da sich optionslose Verträge – eine wichtige Voraussetzung für die Anerkennung der Leasing-Verträge als Miet- und Pachtverträge – zwischen Konzerngesellschaften risikolos für beide Seiten vereinbaren lassen.

288 Zu den hier aufzustellenden Investitionskalkülen vgl. Kolbeck, R.: a.a.O., S. 790 ff und die dort aufgeführte Literatur; ferner Albach, H.: Stand und Entwicklungstendenzen der Unternehmensforschung in Deutschland, in: Wissenschaft und Praxis, a.a.O., S. 251–281, 275 ff.

289 Zu den sich hierbei ergebenden Problemen vgl. S. 106 ff.

290 Vgl. Henniger, F.: Verdeckte Gewinnausschüttungen bei Betriebsaufspaltungen, in: RGmbH, 59. Jg. (1968), S. 251–255, 252 f; Knoppe, H.: Pachtzins bei Betriebsaufspaltungen, in: FR, 17. Jg. (1962), S. 80 f; Heuer, G.: Verdeckte Gewinnausschüttungen bei Betriebsverpachtungen, in: RGmbH, 50. Jg. (1959), S. 212–214; ders.: Verdeckte Gewinnausschüttungen bei Miet- und Pachtverhältnissen zwischen Gesellschaft und Gesellschafter, in: DB, 14. Jg. (1961), S. 329 f; Fasold, R.: Unterpreis-Berechnungen bei Betriebsaufspaltungen, in: DB, 14. Jg. (1961), S. 386–389; el: Die Angemessenheit von Pachtentgelten, in: DB, 20. Jg. (1967), S. 969 f; Lange, J.: Verdeckte Gewinnausschüttungen, Herne-Berlin, 2. Aufl. 1969, S. 197 ff.

291 Eindringlich weist Mestmäcker (E.J.: Zur Systematik . . . , a.a.O., S. 148 ff; daneben insb.

rung einer Dividendengarantie, die sich am Ertragswert der abhängigen AG orientiert und einen Minderheitenschutz i. S. des § 304 garantiert[292], zu einem brauchbaren Resultat. Sachgerechter wäre es noch gewesen, der Gesetzgeber hätte den freien Aktionären bei Abschluß eines Vertrages nach § 292 von vornherein die gleichen Rechte – also auch einen Anspruch auf Abfindung – eingeräumt, die sie im Vertragskonzern erhalten.

d) Die Schwierigkeiten der Ermittlung vergleichbarer Marktpreise bei Lieferung materieller Wirtschaftsgüter

Auf Marktpreise kann man im Rahmen des üblichen Güteraustauschs zwischen den Konzernunternehmen dann nicht zurückgreifen, wenn speziell auf die Konzernbedürfnisse zugeschnittene Halbfabrikate, Einzel- oder Spezialanfertigungen oder patentierte Produkte geliefert werden[293].

Aber selbst wenn Marktpreise vorliegen, so sind diese – dies gilt etwa für industrielle Halberzeugnisse – häufig nur schwer greifbar. Da die abhängige Gesellschaft in vielen Fällen jede Marktverbindung verloren hat, kann nicht mehr festgestellt werden, „zu welchen Bedingungen die im zwischengesellschaftlichen Verkehr erbrachten Leistungen vom ‚Markt' bzw. von ‚Dritten' aufgenommen worden wären und wie sich die wirtschaftlichen Verhältnisse der eingegliederten Unternehmung ohne die Konzernverbundenheit entwickelt hätten"[294]. Den Marktpreis durch Hereinholen von Angebotspreisen bei Konkurrenzunternehmen ermitteln zu wollen[295], verspricht wenig Erfolg, da diese derartige Anfragen nicht mehr ernst nehmen werden, sobald sie deren Zweck erkennen[296]. Außerdem wäre es einem tüchtigen Einkäufer oft möglich, die Angebotspreise durch Verhandlungen zu drücken[297].

auch Flume, W.: Die konzernrechtliche Gestaltung im Aktienrecht, in: Zur großen Aktienrechtsreform, Hannover 62, S. 65–77, 72 f) auf die Gefahr der Gesetzesumgehung hin. Betriebspacht- und -überlassungsverträge ermöglichen die Konzernierung in gleicher Weise wie der Vertragskonzern und haben gegenüber diesem den Vorteil, daß sie einen geringeren Kapitaleinsatz (keine Abfindung!) erfordern. Nach Bühler, (O.: Steuerrecht der Gesellschaften und Konzerne, Berlin–Frankfurt, 3. Aufl. 1956, S. 303) haben sie sich „in der Vorkriegszeit als wichtigstes Mittel der Konzerngestaltung erwiesen". Es hat ganz den Anschein, als nehme die Beliebtheit auch heute wieder zu (vgl. Hahn, D.: Aktien- und steuerrechtliche Aspekte zur Wahl der Durchführungsart externer Unternehmensvergrößerung, in: Zur Besteuerung der Unternehmung, a.a.O., S. 369–404; Kuhn, K.: Diskussionsbeitrag, in: ZfbF, 20. Jg. (1968), S. 110–115, 115).
Die Untersuchungen von Lieser/Pleyer/Westermann (a.a.O., S. 3) haben ergeben, daß Betriebspachtverträge mitunter deshalb abgeschlossen wurden, um den Schwierigkeiten bei der Aufstellung von Abhängigkeitsberichten zu entgehen.

292 Zur Problematik vgl. S. 207 ff.
293 Vgl. hierzu auch Schubert, W.: Zur Berichtspflicht . . . , a.a.O., S. 224.
294 Saage, G.: Die Bewertung . . . , a.a.O., S. 222.
295 So ein Vorschlag von Ott, M.: a.a.O., S. 63.
296 So zutreffend Schneider, D.: Die Theorie der Verrechnungspreise . . . , a.a.O., S. 115; Everding, W.: Interne Preisbildung . . . , a.a.O., S. 412.
297 So ergab z.B. eine Erhebung der Schmalenbach-Gesellschaft aus dem Jahre 1956, daß – gemessen am Einstandswert – nur 24 % der Einkäufe der untersuchten Unternehmen zu festen, vom Lieferanten vorgegebenen Preisen abgeschlossen, dagegen 21 % beschränkt und 55 % völlig frei ausgehandelt wurden (Vgl. Arbeitskreis Gubitz-Kuczewski der Schmalenbach-Gesellschaft: Erhebung über die Preissituation des Beschaffungsmarkts vom Standpunkt des Einkäufers, in: ZfhF, 11. Jg. (1959), S. 563–602, 568).

Zu erwägen ist allerdings, ob die abhängige Gesellschaft nicht sogar verpflichtet ist, über die Einholung von Marktangeboten hinaus Aufträge auch tatsächlich – zumindest von Zeit zu Zeit – konzernextern zu vergeben, wenn sich auf andere Weise Marktpreise nicht ermitteln lassen. Dies könnte man daraus schließen, daß sie im Rahmen des § 312 nicht nur alle Vorkehrungen zu treffen hat, um die berichtspflichtigen Vorgänge zu erfassen, sondern auch darlegen muß, ob, und wenn ja in welcher Höhe, vorgenommene Rechtsgeschäfte zu einer Schädigung geführt haben. Ein Urteil darüber ist aber nur möglich, wenn ein Maßstab vorliegt, an dem die „Angemessenheit“ von Leistung und Gegenleistung gemessen werden kann. Zudem entspricht es keineswegs den Gepflogenheiten eines „ordentlichen und gewissenhaften Geschäftsleiters einer selbständigen Unternehmung“, bei der Vergabe von Aufträgen, insb. wenn es sich um umfangreiche Warenlieferungen oder kostspielige Investitionsvorhaben handelt, nur einen Lieferanten zu berücksichtigen; er wird immer versuchen, durch Hereinholen von Vergleichsangeboten die günstigste Bezugsquelle ausfindig zu machen[298]. Dies gilt auch in bezug auf langjährige Geschäftspartner.

M. E. ist eine Pflicht der Untergesellschaft zur Erhebung von Marktpreisen bei Bezug von Konzernleistungen zu bejahen, zumal sie den faktischen Konzern nicht unnötig erschwert. Ganz im Gegenteil liegt eine solche Verpflichtung im Interesse der Konzernleitung, da die Konzerngesellschaften dadurch dem Wettbewerb ausgesetzt werden, was sich auf ihre Wirtschaftlichkeit nur positiv auswirken kann. Auch in der Praxis zeigt sich, daß es selbst unter organschaftlich verbundenen Unternehmen üblich ist, Aufträge extern zu vergeben, allerdings unter Einhaltung einer sog. Meistbegünstigungsklausel; diese besagt, daß Konzernunternehmen den Vorzug erhalten, wenn sie die nachgefragten Waren und Dienstleistungen zu den gleichen Konditionen anbieten wie Konzernfremde[299].

Jedoch ist die Wirkung dieser Verpflichtung der Untergesellschaft beschränkt. Sie betrifft nur deren Bezug von Konzernleistungen. Den gesetzlichen Bestimmungen ist hingegen nicht zu entnehmen, daß sie auch auf Leistungen, welche die abhängige Gesellschaft gegenüber Konzernunternehmen erbringt, anzuwenden ist, da dies Marktbeteiligungen der Untergesellschaft voraussetzt und faktisch auf die Untersagung von Maßnahmen hinausliefe, die den Abbruch von Marktkontakten zur Folge haben (Zentralisierung der Absatzorganisation, Umstellung der Produktion von Markt- auf Konzernbedarf etc.)[300].

Allerdings ist der Abschlußprüfer m. E. verpflichtet, unter Ausübung seines Auskunftsrechts festzustellen, ob die beziehenden Konzerngesellschaften Konkurrenzpreise freiwillig ermitteln, was regelmäßig der Fall sein wird. Dennoch ist das vorgeschlagene Verfahren auf einen Großteil der oben besprochenen Dienstleistungen, immateriellen Anlagewerte und Nutzungsrechte nicht anwendbar, da hierfür Marktpreise oft gar nicht ermittelt werden können.

298 Insofern könnte auch § 93 herangezogen werden.

299 Dies wurde dem Verfasser auf Anfrage bei Konzerngesellschaften bestätigt. Vgl. auch Krämer, H.: Die Finanzpolitik . . . , a.a.O., S. 17 und FN 216.

300 Es bestünde weiterhin die Gefahr, daß die abhängige Gesellschaft von der Konzernleitung veranlaßt würde, geringe Marktumsätze zu niederigen Preisen zu tätigen, um die Berechtigung niedriger Konzernverrechnungspreise nachzuweisen.

6. Zwischenergebnis

Es hat sich gezeigt, daß der Marktpreis, so ideal seine Verwendung zur gewinn-neutralen Verrechnung des konzerninternen Leistungsaustauschs auf den ersten Blick erscheint, keineswegs ein unproblematischer Maßstab (für die Angemessenheit von Leistung und Gegenleistung) ist; der „angemessene“ Preis kann oft nur in einer Bandbreite angegeben werden. Der Marktpreis hat jedoch den Vorzug, einen festen Anhaltspunkt für die Bewertung zu bieten.

Zudem wird sich herausstellen, daß der Bewertungsspielraum bei Kostenpreisen im allgemeinen wesentlich größer ist.

Weiterhin ergab sich, daß für eine Reihe von Leistungen Marktpreise überhaupt nicht existieren[301]. Hierzu sind daher andere Bewertungskriterien zu entwickeln.

C. Die Bewertung der Leistungen bei Fehlen von Marktpreisen

1. Die Bewertung der Leistungen anhand ökonomischer Bewertungsmaßstäbe

Die Marktform der Preisbildung beim konzerninternen Austausch nicht marktgängiger Güter und Dienstleistungen stellt sich als die des bilateralen Monopols dar, da sich die wirtschaftlich abhängige, kraft gesetzlicher Fiktion aber dennoch selbständige Gesellschaft und der Konzern als einziger Anbieter bzw. Nachfrager gegenüberstehen.

Nach Auffassung der herkömmlichen Preistheorie ist der Preis in einer solchen Situation indeterminiert. Mit ihren Mitteln lassen sich lediglich die Grenzen abstecken, innerhalb deren sich der Preisbildungsprozeß vollzieht. Dennoch sind die Erkenntnisse dieser Theorie nicht wertlos, da die Bestimmung der Preisgrenzen auch im Rahmen der übrigen zur Lösung des Verrechnungspreisporblems in Frage kommenden Alternativen notwendig ist: Bei der Fixierung eines eindeutigen Gleichgewichtspreises mit Hilfe der Verhandlungstheorie bildet sie den Ausgangspunkt der Überlegungen; bei der Verrechnung zu Kostenpreisen incl. eines Gewinnaufschlages könnte sie sich als wichtiges Kontrollinstrument erweisen. Es soll daher zunächst versucht werden, die Preisuntergrenze (aus der Sicht des Anbieters der Leistung) und die Preisobergrenze (von der Warte der nachfragenden Konzerngesellschaft) zu bestimmen, um daran anschließend den zwischen diesen Grenzen liegenden gewinn-neutralen Verrechnungspreis abzuleiten.

a) Die Bestimmung der Preisgrenzen der ausgetauschten Leistungen

(1) Die Kosten der angebotenen Leistung als Preisuntergrenze

Es wurde oben[302] dargelegt, daß es für den Unternehmer durchaus sinnvoll sein kann, kurzfristig auch solche Aufträge hereinzunehmen, deren Erlöse eine Fixkostenüberwälzung auf den Abnehmer nicht gestatten. Auf lange Sicht – dieser Fall interessiert

301 Auch Adler-Düring-Schmaltz (4. Aufl., a.a.O., S. 928) stellen fest, in der Mehrzahl der Fälle könne bei Konzernlieferungen der Marktpreis nicht als Bewertungsmaßstab herangezogen werden.

302 Vgl. S. 73 ff.

im folgenden allein[303] – wird der Anbieter jedoch mindestens einen Preis verlangen, der seine Kosten voll deckt. Dies folgt schon daraus, daß die fixen Kosten langfristig abgebaut werden können. Mit Hilfe der Kalkulation sind also die Selbstkosten der erbrachten Güter und Dienstleistungen so exakt wie möglich zu ermitteln, und zwar auf der Grundlage von Wiederbeschaffungs- bzw. Tageswerten[304]. Zu verrechnen sind demnach Einzel-, Sondereinzel- und Gemeinkosten, wobei auch kalkulatorische Wagnisse, Eigenkapitalzinsen und Abschreibungen[305] zu berücksichtigen sind.

Große Schwierigkeiten bereitet hier bekanntlich die Verrechnung der echten Gemeinkosten, da sie den Kostenträgern nicht verursachungsgemäß, sondern nur im Wege der künstlichen, verrechnungstechnischen Proportionalisierung zugerechnet werden können[306]. Gerade diese Kosten spielen aber im Konzern eine bedeutende Rolle: einmal

303 Der Fall, daß aus absatzpolitischen Gründen ein verlustbringender Artikel im Sortiment geführt werden muß, soll vernachlässigt werden.

304 Der Ansatz dieser Preise ist nicht unbestritten, da bei Zugrundelegung des pagatorischen Kostenbegriffs (vgl. dazu Koch, H.: Grundprobleme der Kostenrechnung, Köln und Opladen 1966, S. 9–47) – im Gegensatz zum hier verwendeten wertmäßigen Kostenbegriff – zu Anschaffungspreisen zu bewerten ist.

305 Der Kostencharakter dieser Zusatzkosten ist z.T. umstritten. So rechnet z.B. Fettel (J.: Marktpreis und Kostenpreis, Meisenheim/Glan, 2. Aufl. 1962, S. 94) Unternehmerlohn, Eigenkapitalzinsen und Wagnisvergütungen nicht zu den Kostenelementen; ebenso verneinen die Verfechter des pagatorischen Kostenbegriffs den Kostencharakter der Opportunitätskosten. Nach herrschender Auffassung ist aber nur das allgemeine Unternehmerwagnis als Gewinnbestandteil zu betrachten. (vgl. z.B. Schönfeld, H.–M.: Kostenrechnung, 4. Aufl., Stuttgart 1968, S. 36 ff; Swoboda, P.: Kostenrechnung und Preispolitik, 4. Aufl. Wien 1969, S. 12 ff.) Die kalkulatorischen Zinsen auf das betriebsnotwendige Kapital sind daher grundsätzlich in Höhe der Opportunitätskosten zu verrechnen; über die Höhe der Einzelwagnisse werden i.d.R. Erfahrungswerte vorliegen.
Ansonsten ist man hier, genau wie bei der Ermittlung der kalkulatorischen Abschreibungen (Nutzungsdauer, Wiederbeschaffungspreis) auf Schätzungen angewiesen. Gewisse Anhaltspunkte für die Höhe der anzusetzenden kalkulatorischen Kosten geben die Richtlinien für die Vergabe von öffentlichen Aufträgen (LSP/VPöÄ). Vgl. hierzu im einzelnen: Diederich, H.: Der Kostenpreis bei öffentlichen Aufträgen, Heidelberg 1961, S. 125 ff; Grochla, E.: Die Kalkulation von öffentlichen Aufträgen, Berlin 1954, S. 33 ff; WP-Handbuch 1968, a.a.O., S. 1002–1068 und das dort angegebene umfangreiche Schrifttum.

306 Es ist nicht beabsichtigt, diese Frage in Einzelheiten zu diskutieren, da sie von der einschlägigen Literatur ausführlich behandelt wird. Es sei hier nur angemerkt, daß das Problem der verursachungsgerechten Zurechnung der echten Gemeinkosten heute nach wie vor als unlösbar gilt (vgl. z.B. – mit jeweils weiteren Literaturhinweisen – Meffert, H.: Betriebswirtschaftliche Kosteninformation, Ein Beitrag zur Theorie der Kostenrechnung, Wiesbaden 1968, S. 191 ff; Schwarz, H.: Kostenträgerrechnung und Unternehmungsführung, Berlin-Herne 1969, S. 15 f; Mizogouchi, K.: Direct Costing und Preisbestimmung, in: ZfbF, 21. Jg. (1969), S. 123–130, insb. 126; Swoboda, P.: a.a.O., S. 32 f; Kosiol, G.: Kostenrechnung und Kalkulation, Berlin 1969, S. 72 ff; Schönfeld, H.-M.: a.a.O., S. 14, 26, 137; Schneider, D.: Theoretisches und praktisches Denken in der Unternehmensrechnung, in: Wissenschaft und Praxis, Festschrift zum 20-j. Bestehen des Westdeutschen Verlages, Köln und Opladen 1967, S. 225–243, 236; Engels, W.: Betriebswirtschaftliche Bewertungslehre im Licht der Entscheidungstheorie, Köln und Opladen 1962, S. 162 f).
Daran ändert auch der Versuch, die logische Zurechenbarkeit durch eine Neuinterpretation des Verursachungsprinzips zu begründen, nichts [vgl. dazu Vormbaum, H.: Kalkulationsarten und Kalkulationsverfahren, Stuttgart 1966, S. 13 ff, 15 f und Munzel, G.: Die Berücksichtigung der fixen Kosten in der Kostenträgerrechnung, Diss. Aachen, Wiesbaden 1966, S. 41 ff, insb. S. 51, welche die Zurechenbarkeit mit Hilfe des Finalprinzips zu begründen suchen; ähnlich auch Vodrazka, K.: Die Möglichkeiten der Kostenzurechnung, in: Der Österreichische Betriebswirt, 14. Jg. (1964), S. 11–50, S. 30 ff; dagegen weist Ehrt (R.: Die

bereits bei der innerbetrieblichen Kostenverrechnung der leistenden Konzerngesellschaft: je größer ihr Mechanisierungsgrad, die Zahl und Heterogenität der Erzeugnisgruppen sind und je niedriger ihre Materialintensität ist[307], desto mehr besteht die Gefahr, daß die einzelnen Produkte nicht verursachungsgerecht mit Kosten belastet werden. Dies führt zu Gewinnverlagerungen im Konzern, wenn z. B. die abhängige Gesellschaft auf Erzeugnisarten, die sie an den Konzern liefert, im Vergleich zu jenen, welche sie für den Markt produziert, zu wenig Gemeinkosten verrechnet, oder wenn ihr umgekehrt für Leistungen, die sie von anderen Konzernunternehmen bezieht, zu hohe Kosten in Rechnung gestellt werden.

Daneben ergeben sich die gleichen Gewinnverlagerungsmöglichkeiten[308] vor allem auch bei Konzernumlagen[309], welche die Konzernspitze bei den Gliedgesellschaften für Leistungen zentraler Abteilungen, die Funktionen für den Gesamtkonzern ausüben, erhebt[310].

Zurechenbarkeit von Kosten auf Leistungen auf der Grundlage kausaler und finaler Beziehungen, Stuttgart–Berlin–Köln–Mainz 1967, S. 29 ff) darauf hin, daß auch mittels dieses Prinzips eine volle Kostenzurechnung nicht ohne willkürliche Annahme möglich ist; ablehnend auch u.a.: Koch, H.: Grundprobleme . . . , a.a.O., S. 63 ff, S. 109 ff]. Daher sind die von den Verfechtern einer „Teilkostenrechnung" (stellvertretend sei hier Riebel, P.: Kurzfristige unternehmerische Entscheidungen im Erzeugungsbereich auf der Grundlage des Rechnens mit relativen Einzelkosten und Deckungsbeiträgen, in: NB, 20. Jg. (8/1967), S. 1–23 genannt, der sie in der besonderen Variante der Deckungsbeitragsrechnung vertritt) vorgebrachten Bedenken gegen die traditionelle Vollkostenrechnung berechtigt. Trotzdem ist für Zwecke der Verrechnungspreisbildung im faktischen Konzern – wie übrigens auch für andere Aufgaben, etwa die Preisermittlung bei öffentlichen Aufträgen (vgl. Kilger, W.: Die Verrechnung von Material-, Verwaltungs- und Vertriebsgemeinkosten zur kalkulatorischen Bestimmung von Selbstkostenpreisen für Aufträge mit atypischer Kostenstruktur, in: ZfB, 39. Jg. (1969), S. 475–486, 477) – die Verrechnung der vollen Kosten auf die Erzeugnisse, – und zwar mittels Proportionalisierung der Gemeinkosten, da eine Zurechnung nach dem Kostentragfähigkeitsprinzip mangels Marktpreisen nicht in Betracht kommt, – unumgänglich. Vgl. hierzu auch die letztlich ausgetragene Kontroverse über die Anwendbarkeit des Vollkostenprinzips zwischen Henzel und Lorch als Befürworter einerseits und Männel und Hecker, welche die herkömmliche Vollkostenrechnung auch in modifizierter Form konsequent ablehnen, andererseits; vgl. Henzel, F.: Vollkostenrechnung mit gesonderten Fixkostenbeiträgen, in: ZfB, 37. Jg. (1967), S. 485–502; ders.: ebenda, S. 788–792; ders.: in: ZfB, 38. Jg. (1968), S. 121–125; Lorch, F.: ebenda, S. 208–210; Männel, W.: Kann die Vollkostenrechnung durch den Ausweis „gesonderter Fixkostenbeiträge" gerettet werden? , in: ZfB, 37. Jg. (1967), S. 759–782; Hecker, B.: ebenda, S. 783–788.

307 Henzel, (F.: Die Kostenrechnung, 4. Aufl. Essen 1964, S. 456) weist auf empirische Untersuchungen hin, die für manche Wirtschaftszweige den Anteil der Gemeinkosten an den Verkaufspreisen mit 85 % u. m. ermittelt haben. Vgl. auch Schäfer, E.: Die Unternehmung, 4. Aufl., Köln und Opladen 1961, S. 245 f.

308 So stellt der Enquête-Bericht 1964 (a.a.O., S. 67) fest, daß die Konzernumlagen (Gestionsgebühren) „im Vergleich mit dem Reingewinn eine beachtliche Höhe haben" können.

309 Zu erwähnen sind hier auch die Konzernsteuerumlagen, die allerdings im faktischen Konzern – anders als in Organschaftsverhältnissen mit Ergebnisabführungsvertrag – keine große Rolle spielen, da im wesentlichen nur die Gewerbesteuer bei der Obergesellschaft für den Gesamtkonzern anfällt. Da die abhängige Gesellschaft auf Grund der gesetzlichen Fiktion der Selbständigkeit nicht am Konzerneffekt teilhaben darf, ist sie so mit Steuern zu belasten, als sei sie nicht konzerngebunden; es ist also die sog. Belastungsmethode anzuwenden. (Zum Methodenproblem und zu gegenteiligen Auffassungen s. aber Schubert, W.: Zur Frage der Steuerumlagen auf organschaftlich verbundene Unternehmen, in: Zur Besteuerung der Unternehmung, Festschrift für P. Scherpf zur Vollendung des 65. Geb., hrsg. v. O. Hintner/ H. Linhardt, Berlin 1968, S. 285–316, insb. 298 ff und das dort angegebene Schrifttum).

310 Die gleichen Kostenverteilungsprobleme ergeben sich auch, wenn diese Funktionen von rechtlich verselbständigten Unternehmen für den Gesamtkonzern wahrgenommen werden.

Da die Kosten dieser Leistungen den Fertigungs-, Verwaltungs-, Vertriebs- und Materialgemeinkosten einer Einzelunternehmung entsprechen, treten bei ihnen die gleichen Zurechnungsprobleme auf. Die Schwierigkeiten ihrer Verteilung entstehen schon allein dadurch, daß es i. d. R. an geeigneten, d. h. leistungsentsprechenden Zurechnungsbasen mangelt. Diese wird man allenfalls für Kostenstellen ermitteln können, die gleichartige oder mit Hilfe von Äquivalenzziffern zu vereinheitlichende Routinearbeiten erledigen, weil hier die Zahl der Bearbeitungen als Maßgröße verwendbar ist: etwa die Anzahl der Buchungen, der ausgestellten Rechnungen, der durchgeführten Aufträge und Bestellungen[311]. Für Kostenstellen mit überwiegend heterogener und dispositiver Tätigkeit – z. B. die Steuer-, Patent-, Rechts-, Finanz-, Marktforschungs- und Werbeabteilung oder die Grundlagenforschung und Geschäftsleitung – sind solche Zuschlagsbasen nicht aufzufinden.

Um dennoch dem praktischen Zwang nach Verteilung der dort anfallenden Kosten gerecht zu werden, bleibt nichts anderes übrig, als die Kosten nach Ersatzkriterien zu schlüsseln, mit denen sie nur mehr oder weniger schwach korreliert sind[312]. So wie es in der Einzelunternehmung bei Anwendung des Vollkostenprinzips üblich ist, die Verwaltungs- und Vertriebsgemeinkosten nach den Fertigungs- oder Herstellkosten des Umsatzes und die Materialgemeinkosten nach dem Materialwert zu schlüsseln, so kommen bei Konzernumlagen neben diesen Bezugsgrößen die Umsätze (als Zuschlagsbasen für Werbung, Verkaufsorganisation, Forschung und Entwicklung), die Zahl der Belegschaftsmitglieder bzw. die Lohn- und Gehaltssumme (Sozialeinrichtungen), die Bilanzsumme, das betriebsnotwendige Kapital der einzelnen Konzerngesellschaften u. a. m. in Betracht. Mangels objektiver Kriterien ist somit die Schlüsselung meist nicht ohne eine gewisse Willkür durchführbar. Um wenigstens zu verhindern, daß die Gliedgesellschaften entsprechend ihrer jeweiligen Ertragssituation zur Konzernumlage herangezogen werden[313], kann lediglich darauf geachtet werden, daß die Verteilungsmodi nicht willkürlich gewechselt werden. Zudem ist der verschiedenen Kostenstruktur der Konzernunternehmen (Arbeits-, Kapitalintensität etc.) durch Kombination mehrerer Maßgrößen Rechnung zu tragen. Vor allem aber ist durch eine eingehende Analyse der Kostenverursachung sicherzustellen, daß die Unternehmen nur nach Maß-

311 Abgesehen davon, daß die Verwendung solcher Zuschlagsbasen die Kostenrechnung kompliziert und verteuert, löst sie das Problem der verursachungsgerechten Zurechnung wegen der fehlenden „Identität von Kostenverursachungsmaßstäben und Kalkulationsbemessungsgrößen" (Kilger, W.: Die Verrechnung . . ., a.a.O., 479) nicht.

312 Zu den Möglichkeiten und Problemen der Gemeinkostenschlüsselung im allgemeinen vgl. vor allem Koch, H.: Grundprobleme . . . , S. 63 ff, insb. S. 81 ff; Heinen, E.: Reformbedürftige Zuschlagskalkulation, in: ZfhF, 10. Jg. (1958), S. 1–27; Schwarz, H., a.a.O., S. 20 f; Schönfeld, K.-M.: a.a.O., S. 51 ff, 63 f, 70 f, 139; Vormbaum, H.; a.a.O., S. 46 f, 163 ff, 151 ff, 180 ff; Munzel, G.: a.a.O., S. 107 ff. Zur Konzernpraxis vgl. Mestmäcker, E.J.: Verwaltung . . . , a.a.O., S. 308, 314 f; Arbeitskreis Krähe der Schmalenbach-Gesellschaft, a.a.O., S. 60; Langenegger, E.: a.a.O., S. 58; Krause, W.: a.a.O., S. 58 ff; Meusel, H.: a.a.O., S. 72 ff; Lenel, O.: a.a.O., S. 214 f; Moxter, A.: Offene Fragen . . . , a.a.O., S. 649.

313 Strikt abzulehnen ist die Auffassung von Rasch (H.: Beratungskosten . . . , a.a.O., S. 1095) – er beruft sich auf eine Stellungnahme des BFH, – es sei generell gerechtfertigt, ertragsschwache Konzerngesellschaften zu geringeren Umlagen heranzuziehen. Dies bedeutet nichts anderes, als daß ertragsstarke Gesellschaften unabhängig von ihrer Zentralstellen-Inanspruchnahme belastet werden und einer willkürlichen Kostenzurechnung offen das Wort geredet wird.

gabe der Inanspruchnahme der betreffenden Zentralstellen belastet und anstelle globaler Gemeinkostenverrechnungssätze differenzierte verwendet werden[314]. Dadurch kann zwar vermieden werden, daß eine Konzerngesellschaft z. B. mit Kosten für Werbefeldzüge belastet wird, die für von ihr nicht hergestellte Produkte angefallen sind. I. d. R. vermag man aber die unterschiedliche Beanspruchung der Zentralstellen durch die einzelnen Gliedunternehmen nur zu schätzen, so daß auch hier subjektive Wertungen unvermeidbar sind. Die leistungsentsprechende Kostenbelastung wird man mithin bestenfalls in einem Schätzungsintervall angeben können, wobei die Gefahr besteht, daß die Obergesellschaft jeweils die Grenzwerte wählt, die ihren Interessen entsprechen. Außerdem handelt es sich bei den zentralen Dienstleistungen meist um „Kuppelprodukte", so daß schon aus diesem Grunde, vor allem auch wegen der Problematik der Kostenspaltung[315], eine objektive differenzierte Zurechnung erschwert ist.

Die Höhe der Selbstkosten wird weiterhin davon beeinflußt, nach welchem Kostenrechnungssystem verfahren wird. In Betracht kommt vor allem – jeweils mit Modifikationen – die Anwendung der Ist-, Normal- und Plankostenrechnung[316]. Die Verrechnung zu Istkosten hat den Vorteil, daß diese vergleichsweise leicht zu bestimmen sind. Dem steht aber der große Nachteil gegenüber, daß die Konzernunternehmen „für alle Aufwendungen im Verrechungspreis einen Ersatz erhalten, ganz gleich, ob es vom Standpunkt der Wirtschaftlichkeit aus richtig ist oder nicht, während der Marktpreis nur diejenigen Kosten vergütet, die durch ihn abgegolten werden"[317]. Die Konzerngesellschaften werden also einerseits gegenüber selbständigen Unternehmen begünstigt, zum anderen aber für Kosteneinsparungen durch niedrigere Preise bestraft. Daher empfiehlt es sich, die Verrechnungspreise möglichst auf der Basis von Plankosten, wenigstens jedoch von Normalkosten, zu ermitteln; denn hierbei werden im Preis nur die Kosten vergütet, die bei rationellem Wirtschaften anfallen, genau wie der Markt langfristig nur diese Kosten ersetzt[318]. Daneben bleibt der Anreiz zur Steigerung der Wirtschaftlichkeit erhalten, da Kosteneinsparungen dem Hersteller zugutekommen und Überschreitungen der Voranschläge zu seinen Lasten gehen, soweit er sie zu vertreten hat[319]. Allerdings wird man heterogene Güter und Dienste, wie Spe-

314 Vgl. dazu insb. Kilger, W.: Die Verrechnung . . . , a.a.O., S. 487 ff.

315 Bei der Trennung der variablen von den fixen Kosten lassen sich subjektive Beurteilungen, die dem Kostenrechner bzw. der Konzernleitung einen erheblichen Ermessensspielraum gewähren, bekanntlich nicht ausschalten (vgl. dazu etwa Meffert, H.: a.a.O., S. 185 ff; Schneider, D.: Theoretisches und praktisches Denken . . . , a.a.O., S. 237; Schwarz, H.: Kostenträgerrechnung . . . , a.a.O., S. 16 f; Swoboda, P.: a.a.O., S. 39 ff).

316 Vgl. dazu die in FN 224 genannten Autoren sowie das einschlägige Kostenrechnungsschrifttum.

317 Koberstein, G.: Das Rechnungswesen . . . , a.a.O., S. 75.

318 Allerdings kann dadurch nicht verhindert werden, daß unrentabel arbeitende Unternehmen zu hohe Plan- oder Normalkostenwerte in Ansatz bringen.

319 Auf ähnlichen Überlegungen basieren auch die Richtlinien für die Vergabe von öffentlichen Aufträgen. Die sog. Preistreppenregelung sieht vor, daß bei nicht marktgängigen Leistungen möglichst Selbstkostenfestpreise (Ansatz der voraussichtlichen Verbrauchsmengen zu Beschaffungspreisen am Tag der Angebotserstellung, Preisschwankungen können später nur unter bestimmten Umständen berücksichtigt werden) oder zumindest Selbstkostenrichtpreise (Ansatz von Soll-Verbrauchsmengen, Umwandlung des Selbstkostenrichtpreises in einen

zialanfertigungen, Markenrechte oder Werbeleistungen – zumal wenn sie ein- oder erstmalig erbracht werden – nur zu Istkosten verrechnen können, da bei ihnen „wegen Überwiegens des qualitativen Moments die Vorgabe der jeweiligen Kosten so problematisch ist, daß man von der Festlegung von Soll-Größen Abstand nehmen muß"[320].

Treten nach allem bei der Ermittlung der Selbstkosten generell nicht gerade geringe objektive Schwierigkeiten auf, so ergibt sich bei der Beurteilung von Kostenpreisen, insb. in internationalen Konzernen, ein weiteres Problem, das rein konzernspezifischer Natur ist. Bezieht nämlich das abhängige Unternehmen Güter oder Dienstleistungen von einer ausländischen Muttergesellschaft oder von Schwestergesellschaften, die ihren Sitz im Ausland haben, so kann sie die „Angemessenheit" der geforderten Vergütung – vor allem der Konzernumlagenhöhe – nur – wenn überhaupt – nachprüfen, wenn sie die Kalkulationsunterlagen kennt.

Nun wurde oben[321] bereits darauf hingewiesen, daß der Vorstand der Untergesellschaft überhaupt keine Handhabe hat – also auch gegenüber einer inländischen Obergesellschaft nicht – die Überlassung entsprechender Informationen zu erzwingen[322]. Der Abschlußprüfer besitzt zwar gegenüber den anderen Konzerngesellschaften ein Auskunftsrecht, das ihn auch zur Einsichtnahme in die Kalkulation befugt, nur wird er es gegenüber ausländischen Gesellschaften nicht durchsetzen können[323].

Wie sich der Gesetzgeber unter diesen Umständen eine Prüfung der Verrechnungspreise vorstellt, ist nicht ersichtlich.

Im folgenden soll untersucht werden, ob nicht wenigstens eine Preisobergrenze für die bezogenen Leistungen festgelegt werden kann.

(2) Die Preisobergrenze der angebotenen Leistung aus der Sicht des Nachfragers

Das die Leistung nachfragende Konzernunternehmen wird bei rationalem Verhalten nur einen solchen Preis akzeptieren, der die Kosten der Selbsterstellung nicht übersteigt.

In manchen Fällen ist eine Eigenerstellung nicht möglich, insb. weil es sich um eine Handelsgesellschaft handelt, oder weil gewerbepolizeiliche Auflagen nicht erfüllt oder

Festpreis, sobald die Grundlagen der Kalkulation übersehbar sind, Wertansatz zu dem dann geltenden Tagespreis) vereinbart werden sollen und nur in Ausnahmefällen Selbstkostenerstattungspreise (Ansatz von Ist-Mengen zu Anschaffungspreisen). Zu Einzelheiten s. Diederich, H,: a.a.O., S. 85 ff; Grochla, E.: Die Kalkulation . . . , a.a.O., S. 26 ff; WP-Handbuch 1968, a.a.O., S. 1030 f.

320 Zitzelsberger, S.: a.a.O., S. 11; vgl. auch Schönfeld, H.M.: a.a.O., S. 106. Der Ansatz von Plankosten ist natürlich immer möglich, nur sind die Schätzungen im genannten Falle mit zu großen Unsicherheiten behaftet oder zu kostspielig.

321 Vgl. S. 56.

322 Daß es sich hierbei durchaus nicht nur um ein theoretisches Problem handelt, beweist die Konzernpraxis. So stellt z.B. Felix (G.: a.a.O., S. 27) fest, es müsse als „amts- und gerichtsbekannt gelten, daß viele Konzerne ihren abhängigen Unternehmen derartige Informationen verweigern."

323 Vgl. S. 56.

Mindestmengen, welche die anzuwendenden Produktionsverfahren erfordern, nicht erreicht werden können. Hier bildet der Wiederverkaufspreis des Beziehers, vermindert um die Kosten, die ihm über die Beschaffungsaufwendungen hinaus entstehen – Verteilungskosten (Handlungs- und Manipulationskosten), Weiterverarbeitungskosten – die Preisobergrenze[324], da die nachfragende Gesellschaft bei dieser Preisstellung gewinnlos arbeitet. Bei der Ermittlung der Verteilungs- bzw. Bearbeitungskosten ergeben sich natürlich wiederum die oben dargestellten Kostenzurechnungsprobleme, wenn das Bezieherunternehmen eine Vielzahl heterogener Produkte vertreibt oder herstellt.

Was die erste Alternative betrifft, so ist die Ermittlung der Eigenproduktionskosten dann relativ problemlos, wenn der Nachfrager die betreffenden Leistungen früher in eigener Regie erstellt hat. Dieser Fall wird im Konzern gar nicht so selten sein: zu denken ist hier insb. an Aufgaben aus dem Verwaltungs- Vertriebs- oder Lagerhaltungsbereich, welche die Konzerngesellschaft erst infolge der Konzerneingliederung auf die Obergesellschaft oder andere Konzernunternehmen übertragen hat. Gleiches gilt für Hilfsfunktionen wie Transportwesen, Energieversorgung, Reparatur- und Wartungsdienst sowie für die Produktion von Zubehör- oder Einbauteilen, deren Ausführung aus Rationalisierungsgründen im Konzern zentralisiert bzw. konzentriert worden sind. Hier wird man schon allein deshalb über genaue Kostenunterlagen verfügen, weil anläßlich der Neuverteilung der Konzernaufgaben i. d. R. eingehende Wirtschaftlichkeitsberechnungen angestellt worden sind, so daß man die damals gültigen Daten lediglich auf den neuesten Stand fortzuschreiben hat.

Dabei sind freilich qualitative Unterschiede zwischen den ehemals selbsterstellten und nun vom Konzern erbrachten Leistungen zu berücksichtigen. Solche Leistungsunterschiede können dadurch hervorgerufen werden, daß es sich für den Konzern etwa lohnt, im Rechnungswesen eine elektronische Datenverarbeitungsanlage einzusetzen oder auf anderen Gebieten hochqualifizierte Spezialisten zu beschäftigen, während das betreffende Konzernunternehmen deren Kapazität bzw. Arbeitskraft nicht auslastet und daher nur Allround-Kräfte einsetzen konnte. Das wird in vielen Fällen eine Höherbewertung der Konzernleistungen erfordern: So kann der Einsatz von Marktforschungs-, Werbe- oder Exportspezialisten die Schlagkraft der Absatzorganisation steigern oder der zentrale Einkauf durch die Beschäftigung von Fachkräften für alle Beschaffungsgebiete und -produkte eine bessere Kenntnis der Märkte und eine schnellere und gleichmäßigere Belieferung gewährleisten; weiterhin vermag die Zentralisierung u. U. die Kontrolle und Planung zu verbessern, einen leichteren Zugang zu den Kreditmärkten zu verschaffen und die Teilnahme der Konzerngesellschaft an kostspieligen und risikoreichen, wegen der Gewinnchancen aber dennoch lukrativen oder zur Erhaltung der Konkurrenzfähigkeit sogar lebenswichtigen Forschungs- und Entwicklungsvorhaben zu eröffnen, die ihre eigene Finanzkraft weit überstiegen hätten.

Sicherlich sind auch gegenteilige Wirkungen denkbar: so könnte z. B. die Einkaufsabteilung der Gesellschaft beweglicher operieren und sich Bedarfsverschiebungen

324 Es sind hier also wiederum nicht die Grenzkosten gemeint. Wegen der Langfristigkeit der Betrachtung sind vielmehr auch die anteiligen Fixkosten einzubeziehen.

schneller anpassen. Den genannten Leistungsdivergenzen hat man durch eine Modifizierung der ehemaligen Eigenerstellungskosten als Preisobergrenze Rechnung zu tragen. In welcher Höhe die Preisobergrenze allerdings zu verschieben ist, wird man oft nur schätzen können, da sich eine Reihe von Leistungsmomenten (insb. die qualitative Verbesserung des dispositiven Faktors, die Einhaltung von Lieferterminen, die Beeinflussung der Absatzpreise und Umsätze) einer exakten zahlenmäßigen Quantifizierung entziehen.

Bei Leistungen, die noch nicht selbst erstellt wurden oder sich mit dem Konzernangebot nicht vergleichen lassen, sind umfangreiche Berechnungen der Selbstkosten erforderlich. Da es sich hier um ein langfristiges Wahlproblem handelt, sind die auf lange Sicht „relevanten" Kosten zu ermitteln: neben den durch die Aufnahme der Selbstfertigung zusätzlich entstehenden variablen Aufwendungen müssen also auch solche berücksichtigt werden, die mit dem Aufbau der Betriebsbereitschaft bzw. der Kapazität verbunden sind. Außerdem kommt man hier – im Gegensatz zu kurzfristigen Wahlproblemen – nicht mit einer (statischen) Kostenvergleichsrechnung aus; es ist vielmehr eine (dynamische) Investitionsrechnung auf der Grundlage der zeitlich unterschiedlich entstehenden oder wegfallenden Ein- und Auszahlungen durchzuführen[325]. Dennoch erscheint ein solches Vorgehen nicht von vornherein abwegig, da auch wirtschaftlich selbständige Unternehmen in der vergleichbaren Situation der Wahl zwischen Eigenfertigung oder Fremdbezug entsprechende Ermittlungen anstellen.[326]

An Eigenproduktionskosten sind zunächst die einmaligen Investitionsmittel für die zusätzlich notwendigen Kapazitäten[327] zu errechnen, sodann die voraussichtlichen laufenden Auszahlungen. Die Ermittlung der auszahlungswirksamen variablen Kosten ist dabei nicht unproblematisch, die der Materialkosten insofern nicht, als sich das Unternehmen i. d. R. völlig fremden Beschaffungsmärkten gegenübersieht und sich außerdem der während der Anlaufzeit – infolge höheren Ausschusses, Nacharbeit

325 Vgl. hierzu inbs. Kilger, W.: Entscheidungskriterien zur Wahl zwischen Eigenherstellung und Fremdbezug, in: Das Rechnungswesen als Instrument der Unternehmungsführung, hrsg. von W. Busse v. Colbe, Gütersloh 1969, S. 75–121, 107 ff; Coenenberg, A.G.: Möglichkeiten des Wirtschaftlichkeitsvergleichs zwischen Eigenfertigung und Fremdbezug von Vorratsgütern, in: ZfB, 37. Jg. (1967), S. 268–284, 274 ff; Männel, W.: Die Wahl zwischen Eigenfertigung und Fremdbezug, Berlin-Herne 1968, S. 112 ff, insb. 125 ff.

326 Vgl. Kilger, W.: Entscheidungskriterien . . ., a.a.O.; Schwarz, H.: Kostenträgerrechnung . . ., a.a.O., S. 129 ff; Männel, W.: Grundprobleme der Wahl zwischen Eigenfertigung und Fremdbezug im Industriebetrieb, in: BFuP, 21. Jg. (1969), S. 76–97; ders.: Die Wahl . . ., a.a.O., S. 20 ff; Coenenberg, A.G.: a.a.O., Rasch, H.: Die Wahl . . ., a.a.O.; Everling, W.: Eigenfertigung oder Fremdbezug? , in: DB, 18. Jg. (1965), S. 1489–1493; Krüger, G.: Betriebswirtschaftliche Überlegungen zur Frage Eigenherstellung oder Fremdbezug von Leistungen, in: Gegenwartsprobleme der Unternehmungsführung, Festschrift zum 65. Geb. von W. Hasenack, hrsg. v. H.J. Engeleiter, Berlin-Herne 1966, S. 479–497.

327 Stehen für die beabsichtigte Selbstherstellung freie Kapazitäten zur Verfügung, so sind die Abschreibungsbeträge dennoch in den Investitionskalkül einzubeziehen, da diese Kapazitäten langfristig abbaufähig sind und andererseits für die Eigenproduktion Ersatzinvestitionen fällig werden, die bei Fremdbezug vermeidbar wären. Konkurriert die Eigenfertigung mit anderen Investitionen um die Aufnahme in das Produktionsprogramm, so sind bei der Lösung Verfahren der mathematischen Programmierung einzusetzen (vgl. dazu insb. Kilger, W.: Entscheidungskriterien . . ., a.a.O., S. 81 ff, 107 ff).

etc. – voraussichtlich anfallende Mehrverbrauch nur schwer abschätzen läßt. Gleiches gilt für die Anlern- und Schulungskosten, die genau so wie die Kosten für die Anwerbung neuer Arbeitskräfte, für Wohnraumbeschaffung etc. in die Lohnkosten einzubeziehen sind.

Besondere Schwierigkeiten bereitet die Erfassung der auszahlungswirksamen fixen Kosten; sie werden sich oft anfangs nicht erhöhen. Dennoch sind z. B. für die Kostenstellen der Betriebsleitung, der Terminüberwachung und -planung, der Arbeitsvorbereitung, des Reparaturdienstes ebenso wie für manche Verwaltungsstellen (Steuerabteilung, Revision, Personalverwaltung) zusätzliche Auszahlungen in Ansatz zu bringen, wenn langfristig mit einer Überlastung dieser Stellen gerechnet werden muß[328]. Wegen der Langfristigkeit der Entscheidung und der Unerfahrenheit der Gesellschaft auf dem Gebiet der beabsichtigten Selbstproduktion wird man die Auszahlungen i. d. R. nicht genau kalkulieren, sondern nur Erwartungswerte angeben können. Häufig kann man daher anhand der günstigsten und ungünstigsten Prognose lediglich einen Streubereich abgrenzen, innerhalb dessen die Auszahlungen vermutlich liegen werden.

Fraglich ist, ob der hohe Rechenaufwand bei der Erfassung der Selbstkosten für die beziehende Konzerngesellschaft zumutbar ist. Es ist ja zu berücksichtigen, daß die skizzierten Überlegungen i. d. R. nicht nur für ein Produkt oder eine Leistung anzustellen wären und die anfallenden Mehrkosten u. U. mögliche Gewinnverlagerungen überkompensieren können. M. E. ist die Frage dennoch zu bejahen, wenn sich auf andere Weise – etwa durch Einholung ernsthafter konzernfremder Angebote[329] – die „Angemessenheit" der Konzernverrechnungspreise nicht beurteilen läßt. Zudem reduziert sich der Rechen- und Zeitaufwand dadurch, daß die ermittelten Daten zu späteren Zeitpunkten „nur noch" durch Berücksichtigung der neuesten Entwicklung zu aktualisieren sind. Allerdings werden an das Beurteilungsvermögen des Abschlußprüfers hohe Anforderungen gestellt.

Insbesondere deshalb ist zu erwägen, die vermutlichen Selbstkosten der nachfragenden Konzerngesellschaft durch Zugrundelegung der Kalkulationsunterlagen des Konzernanbieters und unter Beachtung der Kostenabweichungen beider Unternehmen zu bestimmen.[330] Dieses Vorgehen hätte den Vorteil, daß feste Anhaltspunkte gegeben sind. Allerdings wird man auch bei der Feststellung unterschiedlich anfallender Steuern, Wagnisse, Zinsen, Abschreibungsquoten, Personalkosten etc. (entsprechend den verschiedenen lokalen Verhältnissen, dem abwichenden Verschuldungsgrad etc.) nicht ohne subjektive Wertungen auskommen. Gleiches gilt für die Bestimmung der Kostendegressionen, die sich bei der leistenden Konzerngesellschaft infolge der Befriedigung des gegenüber dem Eigenbedarf des Nachfragers größeren Konzernbedarfs und des dadurch ermöglichten Einsatzes rationellerer Maschinen positiv auswirken[331]. Außerdem stünde die Anwendung dieses Verfahrens nur dem

328 Zur Berücksichtigung dieser „creep costs" im einzelnen vgl. Rasch, H.: Die Wahl . . . , a.a.O., S. 79 ff.
329 Vgl. S. 84 ff dieser Arbeit.
330 Dieses Verfahren wird von Moxter (A.: Der Einfluß . . . , a.a.O., S. 159 ff) vorgeschlagen.
331 Dieser Gesichtspunkt wird allerdings bei der Herstellung von Spezialanlagen kaum ins Gewicht fallen.

Abschlußprüfer offen und diesem auch nur insoweit, als es sich um einen inländischen Konzernanbieter handelt[332].

b) Die Ermittlung des gewinn-neutralen Verrechnungspreises

(1) Die Möglichkeiten der Preisermittlung mit Hilfe der Preis- und Verhandlungstheorie

Die Theorie des bilateralen Monopols[333] vermag, wie schon erwähnt, unmittelbar nichts zur Lösung des Verrechnungspreisproblems beizutragen. Sie zeigt lediglich, daß der Leistungsaustausch zwischen Anbieter und Nachfrager mengenmäßig festliegt und der auszuhandelnde Preis irgendwo zwischen Preisober- und -untergrenze – den sog. Ausbeutungspunkten – liegen muß, wenn die Partner eine paretooptimale Lösung anstreben. Maßgeblich für die Preishöhe, auf die sich die Partner einigen, ist deren Verhandlungsstärke, die wiederum von subjektiven und objektiven Faktoren bestimmt wird[334]. Objektiv hängt sie insb. von den finanziellen Reserven der Kontrahenten (Liquidität, Verschuldungsgrad etc.) und den Verlusten bzw. den Alternativen (also etwa der Möglichkeit des Nachfragers, auf Substitutionsprodukte auszuweichen) für den Fall der Nichteinigung ab. Bei unvollkommener Information über die gegnerischen Dispositionsgrundlagen beeinflussen außerdem subjektive, außerökonomische Faktoren die Konzessionsbereitschaft: so vor allem psychologische Momente und das Verhandlungsgeschick (Irrtum, Drohung, Bluff etc.)[335]. Läßt man den Unsicherheitsgesichtspunkt außer acht, so kann die herkömmliche Theorie unter weiteren vereinfachenden Bedingungen[336] den Preis lediglich dann exakt bestimmen, wenn entweder einer der Partner eindeutig überlegen ist oder beide Verhandlungspositionen symmetrisch sind. Aus allgemeinen Überlegungen[337] fällt er im ersten Falle mit dem Ausbeutungspunkt des schwächeren Partners zusammen, im zweiten besteht eine starke Tendenz, daß sich beide auf einen Preis einigen, der in der Mitte zwischen den Preisgrenzen liegt.

Versucht man diese Aussagen auf das Konzernverrechnungspreisproblem zu übertragen, so scheidet die erste Lösung aus, da kein wirtschaftlich selbständiges Unternehmen langfristig auf die Erzielung eines Gewinns verzichten kann. Bliebe also die zweite Lösung zu prüfen, die zu einer gleichmäßigen Aufteilung der durch die Einigung gemeinsam erzielbaren Erfolge führt und von Moxter und – wenn auch mit widersprüchlichen Ergebnissen – von Bergsteiner vertreten wird[338].

Handelt es sich bei der ausgetauschten Konzernleistung z. B. um Halberzeugnisse, die das nachfragende Konzernunternehmen nach Weiterbearbeitung auf dem Markt ver-

332 Vgl. S. 56 dieser Arbeit.

333 Vgl. hierzu etwa Krelle, W.: Preistheorie, Tübingen–Zürich 1961, S. 405–467; Jacob, H,: Preispolitik, Wiesbaden 1963, S. 203–223; Schneider, E.: Einführung in die Wirtschaftstheorie, Bd. 2, 11. Aufl. Tübingen 1967, S. 355–371; Ott, A.E.: Grundzüge der Preistheorie, Göttingen 1968, S. 204–208; Brandt, K.: Preistheorie, Ludwigshafen 1960, S. 102–107.

334 Vgl. Moxter, A.: Der Einfluß . . . , a.a.O., S. 45.

335 Vgl. Krelle, W.: Preistheorie, a.a.O., S. 45.

336 Vgl. Buchner, R.: a.a.O., S. 36.

337 Vgl. Jacob, H.: a.a.O., S. 219 ff.

338 Vgl. Bergsteiner, W.: a.a.O., S. 111 ff; Moxter, A.: Offene Probleme . . ., a.a.O., S. 651 f.

kauft, so ist der gemeinsam erzielbare Gewinn nach Bergsteiner gleich den Erlösen, vermindert um die variablen Kosten, die bei den Konzerngesellschaften entstehen. Es sollen mithin die gemeinsamen Bruttoerlöse (hälftig) geteilt werden mit der Folge, daß der Preis des Halbfabrikats „die variablen Kosten des Anbieters und den halben Bruttogesamtgewinn umfaßt, oder gleich dem Verkaufspreis des Nachfragers, abzüglich der variablen Kosten und abzüglich des halben Bruttogewinns ist“[339].

Dies bedeutet – Bergsteiner übersieht das offensichtlich[340] – nichts anderes, als daß die Grenzkosten der Partner die Preisgrenzen bilden sollen und bewirkt, daß ein Unternehmen mit hohen Fixkosten u. U. Verluste hinnehmen muß. Aus den genannten Gründen kann diese Preisgestaltung keinesfalls, wie Bergsteiner behauptet, als eine Lösung angesehen werden, die auch wirtschaftlich selbständige Unternehmen getroffen hätten, da auf lange Sicht die Preise mindestens die vollen Kosten ersetzen müssen.

Zudem widerspricht sich Bergsteiner selbst, wenn er andererseits fordert[341], es müsse davon ausgegangen werden, daß beide Partner die gleiche Verhandlungsstärke aufweisen. Sein Vorschlag berücksichtigt nämlich implizit das in der unterschiedlichen Kostenstruktur begründete kurzfristige Ungleichgewicht der Verhandlungspositionen: er begünstigt nämlich den Partner, der mit niedrigeren Fixkosten arbeitet, weil diesem bei zwar gleichem Bruttogewinn der größere Nettoerlös zufiele.

Dies ließe sich lediglich für kurzfristige Vereinbarungen oder bei einer einmaligen Verhandlungssituation rechtfertigen: die mit den höheren Fixkosten belastete Gesellschaft wird kurzfristig ceteris paribus stärker an einer Einigung interessiert und daher eher zu Konzessionen bereit sein, da sie im Falle des Scheiterns der Verhandlungen die größeren Verluste davontrüge.

Zu fragen ist also nur noch, ob es gerechtfertigt ist, beiden Konzernunternehmen eine gleiche Verhandlungsstärke zu unterstellen mit der Folge, daß die Nettoerlöse halbiert würden. Moxter begründet dies damit, daß mit der Kenntnis der gegenseitigen Kosten, die hier die Verhandlungsstärke determinierten, die Verhaltensweisen der Partner eindeutig bestimmt seien. Dem ist insoweit zuzustimmen, als die Konzernunternehmen – sieht man einmal von den oben besprochenen Einschränkungen ab – die Kosten der Gegenseite kennen. Insoweit – aber auch nur insoweit – könnte man das Verhandlungsgeschick, das in Verhandlungssituationen bei Unsicherheit eine große Rolle spielt, ausklammern.

Einzuwenden ist jedoch, daß die Verhandlungsstärke nicht nur von der Kostensituation, sondern vor allem auch von den finanziellen Mitteln und den Alternativen bei Nichteinigung bestimmt wird. So ist es in vielen Fällen durchaus realistisch anzunehmen, daß die Obergesellschaft auf Grund ihrer größeren Finanzkraft auch dann gegenüber der abhängigen AG den größeren Teil des gemeinsam erzielten Gewinns

339 Bergsteiner, W.: a.a.O., S. 118.
340 Er stellt nämlich an anderer Stelle (a.a.O., S. 115) fest, langfristig käme nur ein die Vollkosten deckender Preis in Frage. Dies steht in Widerspruch zu der von ihm vorgeschlagenen Lösung, die offensichtlich auch für die langfristige Preisgestaltung gelten soll.
341 Vgl. Bergsteiner, W.: a.a.O., S. 117, 119.

beanspruchen würde, wenn diese selbständig wäre. Bergsteiners Argument, die Symmetrie der Verhandlungspositionen müsse deshalb postuliert werden, weil die Konzernleitung sonst vielfältige Möglichkeiten besitze, die Verhandlungsstärke der Partner durch Abzug oder Zuführung von Kapital willkürlich zu beeinflussen, trifft zumindest für den faktischen Konzern nicht zu: die vom AktG aufgestellte Fiktion der wirtschaftlichen Selbständigkeit der abhängigen AG untersagt gerade solche Manipulationen. Sofern die Konzernspitze andererseits Konzerngesellschaften, die mit der Untergesellschaft in Geschäftsverkehr stehen, finanziell stärkt, ist darin nichts Außergewöhnliches oder Unstatthaftes zu sehen, da ein solches Vorgehen durchaus den Gepflogenheiten der Wirtschaftspraxis unter selbständigen Unternehmen entspricht. Daran zeigt sich vielmehr, wie unrealistisch eine Außerachtlassung einer solchen Möglichkeit ist. Das Gesetz erzwingt diese Betrachtungsweise auch keineswegs, da die Fiktion der Selbständigkeit nicht besagt, daß der abhängigen AG eine gleich starke Verhandlungsposition eingeräumt werden muß; denn hierbei stünde sie sich oft besser, als wenn sie tatsächlich wirtschaftlich souverän wäre[342].

Konnte bisher keine befriedigende Lösung gefunden werden, so bleibt noch zu untersuchen, ob mit Hilfe der neueren Verhandlungstheorien[343] ein gewinn-neutraler Verrechnungspreis bestimmbar ist. Hier sollen nur die sog. Schiedsrichtermodelle betrachtet werden[344]. Nash[345] vertritt in einem ersten einfachen Ansatz die Auffassung, der gemeinsam maximierte Gewinn sei dann „fair" zwischen den Partnern aufgeteilt, wenn er ihnen zu gleichen Teilen zugewiesen wird. Da hierbei wiederum symmetrische Verhandlungspositionen vorausgesetzt werden, gelten die obigen Einwendungen.

In einem erweiterten Modell versucht Nash[346], der Möglichkeit unterschiedlicher Verhandlungsstärke gerecht zu werden. Dies geschieht – auf unser Problem bezogen – dadurch, daß die Preisgrenzen entsprechend den verschieden hohen Einbußen, welche die Parteien bei Verhandlungsabbruch erleiden, verschoben werden; der Preis wird als arithmetisches Mittel der neuen Grenzbeträge festgesetzt. Als Beispiel mag etwa der oben diskutierte Fall dienen, der zu einer Teilung der Bruttoerlöse führte.

342 Im Ergebnis so auch Buchner, R.: a.a.O., S. 38.

343 Vgl. insb. Krelle, W.: Präferenz- und Entscheidungstheorie, Tübingen 1968, S. 371–388; Jaensch, G.: Wert und Preis der ganzen Unternehmung, Köln und Opladen 1966, S. 146–168; Moxter, A.: Der Einfluß ..., a.a.O., S. 40–48 und die dort jeweils angegebene anglo-amerikanische Literatur.

344 Auf die Verhandlungstheorien i.e.S., die den unter wirtschaftlich selbständigen Partnern und bei unvollkommener Information notwendigerweise einzubeziehenden subjektiven Momenten Rechnung tragen (vgl. dazu Krelle, W.:, Präferenz- und Entscheidungstheorie ..., a.a.O., Jaensch, G.: Wert und Preis ..., a.a.O.), soll hier nicht näher eingegangen werden. Einmal deswegen, weil sie bis jetzt noch ungelöste Probleme beinhalten; außerdem erfordert die Beachtung der persönlichkeitsbestimmten Verhandlungsfaktoren (Risikobereitschaft gegenüber der Gefahr der Nichteinigung, Verhandlungsgeschick, lerntheoretische Aspekte etc.) eine Reihe subjektiver Schätzungen, die bei der Bestimmung der Konzernverrechnungspreise den Nachteil haben, daß sie intersubjektiv – d.h. insb. vom Abschlußprüfer – nicht nachgeprüft werden können.

345 Vgl. Nash, J.F.: The Bargaining Problem, in: Ec, Vol. 18 (1950), S. 155–162.

346 Nash, J.F.: Two-Person Cooperative Games, in: Ec, Vol. 21 (1953), S. 128–140. Zu den zahlreichen Abwandlungen des Nash-Modells und zu ihrer Kritik s. Krelle, W.: Präferenz- und Entscheidungstheorie, a.a.O., S. 376 ff.

Diese Methode hat auf den ersten Blick etwas Bestechendes an sich, da sie anscheinend erlaubt, den Preis nach „objektiven" Gesichtspunkten[347] zu bestimmen. Aber abgesehen davon, daß sie – wie im genannten Beispiel – zu Ergebnissen führen kann, die durchaus nicht als gerecht und langfristig akzeptabel anzusehen sind, setzt ihre Anwendung voraus, daß die Verluste, die den Konzernunternehmen bei einer nicht zustandekommenden Einigung entstehen, exakt ermittelt werden können. Kurzfristig mag es dabei genügen, die relativ einfach zu analysierende Kostensituation zu berücksichtigen. Da hier aber auf eine langfristige Betrachtung abzustellen ist, wäre wiederum die unterschiedliche finanzielle Lage der Unternehmen in den Kalkül einzubeziehen. Würde man z.B. auf Grund der „objektiven" finanziellen Verhältnisse zu dem Ergebnis gelangen, daß die liefernde Gesellschaft bei Nicht-Einigung früher oder später in Konkurs geriete, während der Abnehmer seine Verluste durch andere Einnahmequellen kompensieren und mit einer preiswerten Übernahme des Partner-Unternehmens rechnen kann, so wäre der Preis an der Preisuntergrenze des Lieferanten festzulegen. Nur in seltenen Fällen dürfte es möglich sein, zu einer so eindeutigen Aussage zu gelangen. Es müßte nämlich weiterhin die Möglichkeit der Realisierung von Alternativen berücksichtigt werden[348]. Sähe sich der Lieferant im obigen Beispiel tatsächlich mit Preisforderungen konfrontiert, die ihm nicht die Erwirtschaftung von Gewinnen gestatten, so würde er bei voller Handlungsfreiheit alles daran setzen, seine Ertragslage etwa durch Umstellung des Produktionsprogramms auf gewinnbringende Erzeugnisse zu verbessern. Darüber, ob und inwieweit ihm dies gelingen wird, könnte man aber nur ganz vage Vermutungen anstellen. Außerdem führt diese Lösung u.U. zu Ergebnissen, die – wie das oben angegebene Beispiel zeigt – durchaus nicht als gerecht und langfristig akzeptabel angesehen werden können.

Insgesamt gesehen muß man also zu dem Ergebnis gelangen, daß die Preis- und Verhandlungstheorie nicht imstande ist, praktikable Wege zur Ermittlung gewinnneutraler Verrechnungspreise aufzuzeigen.

(2) Die Ableitung des Verrechnungspreises vom Marktpreis des Endproduktes

In der Literatur wird des öfteren empfohlen, die Preise nicht marktgängiger Produkte im Wege eines Subtraktionsverfahrens zu bestimmen. Auszugehen sei dabei von den Markterlösen der Endstufe, die dann entsprechend der „Wertschöpfung" der an der Herstellung des Endproduktes beteiligten Konzernunternehmen aufgeteilt werden sollen. Den Maßstab für die Zurechnung der Gewinne bilden also die Kosten, wobei die Zugrundelegung der vollen Ist-[349] oder der Standardkosten[350] vorgeschlagen wird.

347 Vorausgesetzt, die normative Empfehlung, die Gewinne im Verhältnis 50 : 50 zu teilen, wird von den Parteien als „gerecht" anerkannt und befolgt, was auch keineswegs selbstverständlich ist.

348 Nash (J.F.: Two-Person . . ., a.a.O.,) scheint diese Möglichkeit durch die Prämisse, die Lösung solle von nicht realisierten Alternativen unabhängig sein, auszuklammern.

349 So Raunecker, W.: a.a.O., S. 140 (allerdings nur bei Lieferungen der Tochtergesellschaft an die Mutter); Ott, M.: a.a.O., S. 64, ihm folgend wohl Pausenberger, E.: a.a.O., S. 540.

350 So Zitzelsberger, S.: a.a.O., S. 106, 108.

Folglich würde z.B. in einem mehrstufigen Produktionsprozeß jede der hintereinandergeschalteten Konzerngesellschaften einen relativ (prozentual) gleich hohen Gewinnanteil erhalten. Ein anderer Vorschlag geht dahin, die proportionalen Planherstellungskosten als Gewinnermittlungsbasis zu verwenden[351].

Dieses Verfahren impliziert einen funktionalen Zusammenhang zwischen den Kosten und Preisen eines Produktes, der in Wirklichkeit nicht existiert; denn der Preis eines Erzeugnisses ist bekanntlich nicht gleichzusetzen mit der Summe der einzelnen Kostenarten[352], da er z.B. nicht nur von den Kosten des Produzenten, sondern auch von Nutzenschätzungen der Nachfrager und den Gewinnerwartungen der Anbieter bestimmt wird. Die Zurechnung der Erlöse der Konzernendprodukte auf die Konzerngesellschaften mit Hilfe der Kosten muß letztlich aus den gleichen Gründen scheitern, wie der vergleichbare Versuch, den Erfolg einer Unternehmung funktional zu spalten[353].

(3) Die Bestimmung des Verrechnungspreises durch Aufschlag eines prozentualen Gewinnanteils auf die Selbstkosten

Als letzte Möglichkeit zur Preisbestimmung bei Fehlen von Marktpreisen bietet sich die Verrechnung zu Selbstkosten einschließlich eines „angemessenen" Gewinnaufschlages an. Diese Methode ist nicht minder problematisch als die vorstehend behandelten, da sie ebenfalls unterstellt, daß die Gewinne mit den Kosten entstehen. Vor allem aber zeichnen sich die nach vorherrschender Auffassung[354] im Gewinnaufschlag abzugeltenden Faktoren – das allgemeine Unternehmerwagnis und besondere unternehmerische Leistungen – gerade dadurch aus, daß sie sich einer exakten Quantifizierung entziehen[355].

Dennoch ist m.E. der „Gewinnaufschlagsmethode" gegenüber den anderen Verfahren der Vorzug zu geben, weil für ihre Anwendung gewisse Erfahrungen vorliegen und auch die Abschlußprüfer mit ihr vertraut sind. Da man m.E. das Verrechnungspreisproblem nur pragmatisch zu lösen vermag, könnten nämlich die Preisbildungsvorschriften für öffentliche Aufträge als Orientierungshilfe herangezogen werden.

351 Kilger (W.: Flexible Plankostenrechnung, a.a.O., S. 618 ff) schlägt vor, im Rahmen der Grenzplankostenrechnung auf diesem Wege die Preise der Halbfabrikate zu ermitteln und die Fixkosten anschließend nach dem Kostentragfähigkeitsprinzip – also entsprechend den Deckungsbeiträgen – zu verteilen.

352 So zutreffend Hofmann, G.: a.a.O., S. 54; vgl. auch Kosiol, E.: Kostenrechnung . . ., a.a.O., S. 66 f.

353 Vgl. Schäfer, E.: Die Unternehmung, . . ., a.a.O., S. 307–312; Layer, M.: Die Herstellkosten der Deckungsbeitragsrechnung und ihre Verwendbarkeit in Handelsbilanz und Steuerbilanz für die Bewertung unfertiger und fertiger Erzeugnisse, in: ZfbF, 21. Jg. (1969), S. 131–154, S. 149 f.

354 Zur grundsätzlichen Kritik an den Verfahren, im marktwirtschaftlichen System den Unternehmergewinn auf die Ausübung von Teilaufgaben (Geschäftsführung, Übernahme von Risiken, Kapitalhergabe, außergewöhnliche Leistungen) zurückzuführen, vgl. Gutenberg, E.: Grundlagen der Betriebswirtschaftslehre, Bd. I, Die Produktion, 14. Aufl. Berlin–Heidelberg–New York 1968, S. 5.

355 Vgl. Philipp, F.: Risiko und Risikopolitik, Stuttgart 1967, S. 34 ff, 41 f und die dort angegebene Literatur; Dräger, Ch.: Der angemessene kalkulatorische Gewinn bei öffentlichen Aufträgen, Diss. München 1964, S. 24 ff; Kern, W.: a.a.O., S. 109.

Danach sind als Berechnungsgrundlagen des kalkulatorischen Gewinns das betriebsnotwendige Vermögen und der Selbstkostenumsatz zu verwenden[356]. Nach anderen Vorschlägen ist der Gewinnaufschlag so zu bemessen, daß eine Eigenkapitalverzinsung in Höhe der Kapitalmarktrendite erwirtschaftet wird[357]. Da es diese Verzinsung den Konzernunternehmen lediglich ermöglichen würde, ihre Substanz zu erhalten und an die Aktionäre eine dem landesüblichen Zinsfuß entsprechende oder noch niedrigere Dividende auszuschütten, kommt sie m.E. nur als untere Gewinngrenze in Betracht.

M.E. ist der Gewinnzuschlag (einschl. der kalkulatorischen Zinsen) an der Branchenrendite zu orientieren, die sich annäherungsweise ermitteln läßt[358]. Dagegen ließe sich einwenden, die Gewährung einer branchenüblichen Rendite sei nicht gerechtfertigt, weil die Konzerngesellschaften infolge des Konzernverbundes geringere Risiken zu tragen hätten[359]. Dem ist aber entgegenzuhalten, daß die Obergesellschaft dafür schon auf andere Weise Vergütungen erhält, z.B. durch eine entsprechende Rabattgestaltung bei langfristigen Lieferverträgen. Weiterhin wurde oben gezeigt, daß die Konzernzugehörigkeit das Beschäftigungsrisiko nicht unbedingt mindert, sondern daß die Abhängigkeit der Konzerngesellschaften vom Konzernbedarf zu Nachteilen führen kann, die selbständige Unternehmen der gleichen Branche nicht hinnehmen müssen[360]. Zudem handelt es sich bei diesen Vorteilen einer abhängigen Gesellschaft gerade um diejenigen Konzerneffekte, die wegen ihrer mangelnden Quantifizierbarkeit im faktischen Konzern nicht berücksichtigt werden sollen[361]. Dennoch ist der Branchendurchschnittsgewinn nicht als absoluter Maßstab, sondern nur als Anhaltspunkt für die Gewinnbemessung zu betrachten, da die einzelnen Produkte mit unterschiedlichen Gewinnmargen kalkuliert zu werden pflegen[362]. Der Abschlußprüfer wird

356 Vgl. Diederich, H.: a.a.O., S. 192 ff; Grochla, E.: Die Kalkulation . . ., a.a.O., S. 78 ff; Broschwitz, J.: Der kalkulatorische Gewinn bei öffentlichen Aufträgen, in: DB, 18. Jg. (1965), S. 333–337; Schönfeld, H.-M.: a.a.O., S. 81 ff. Nach Dräger (Ch.: a.a.O., S. 82) ist es heute üblich, eine Verzinsung des Selbstkostenumsatzes in Höhe von 1,5%, des betriebsnotwendigen Vermögens in Höhe von 3,5% zu gewähren, wobei letzterer Prozentsatz entsprechend der jeweiligen Größe des Kapitalumschlagsfaktors variiert wird. Außerdem können Leistungsgewinne vergütet werden. Diese betragen lt. Broschwitz (J.: Bemessungsgrundlagen für den kalkulatorischen Gewinn bei öffentlichen Aufträgen, in: DB, 23. Jg. (1970), S. 261–267, 263) höchstens 1% des Selbstkostenpreises. Bei der Renditeberechnung sind ferner die kalkulatorischen Zinsen auf das betriebsnotwendige Kapital (nach LSP maximal 6,5%) und gewisse nicht vergütete Kosten zu berücksichtigen.

357 So schlägt Dräger (Ch.: a.a.O., S. 91 ff) vor, das gesamte Eigenkapital (Grundkapital und Rücklagen) solle zum Anleihezinsfuß verzinst werden. Da die LSP gestatten, die Kosten zu Wiederbeschaffungs- bzw. Tageswerten anzusetzen, und dadurch die reproduktive Substanzerhaltung schon z. T. gewährleisten, müsse der landesübliche Zins um die in ihm enthaltene Geldentwertungsprämie bereinigt werden. Zusätzlich seien die nach den LSP nicht erstattungsfähigen Aufwendungen (Ertragssteuern, Fremdzinsen, Lastenausgleich) zu ersetzen, nach einer weiteren, von ihm bevorzugten Methode, außerdem die Scheingewinnsteuern. Ähnlich empfiehlt Saage (G.: Die Bewertung . . ., a.a.O., S. 222, 224 f), den Gewinn durch marktmäßige Verzinsung des betriebsnotwendigen Kapitals zu ermitteln; ebenso auch der Arbeitskreis Hardach der Schmalenbach-Gesellschaft (a.a.O., S. 22), jedoch mit der Modifizierung, daß neben dem Marktzins auch besondere Risiken zu berücksichtigen sind.

358 Vgl. Broschwitz, J.: Der kalkulatorische Gewinn . . ., a.a.O., S. 335.

359 So Saage, G.: Die Bewertung . . ., a.a.O., S. 222.

360 Vgl. S. 75.

361 S. S. 50 ff.

362 Darauf weist Dräger (Ch.: a.a.O., S. 37 f, 87 ff) zu Recht hin.

ihn daher vornehmlich dann zu Rate ziehen müssen, wenn die abhängige AG am Jahresende einen für die betreffende Branche unterdurchschnittlichen Gewinn aufweist.

c) Zwischenergebnis

Die Bewertung nicht marktgängiger Konzernleistungen hat sich als äußerst problematisch erwiesen. Mangels geeigneter Bewertungsmaßstäbe blieb nichts anderes übrig, als auf Kostenpreise zurückzugreifen. Dabei stellte sich heraus, daß sowohl die Selbstkosten als auch der Gewinnaufschlag nur im Wege einer pragmatischen Lösung ermittelt werden kann. Der subjektive Ermessensspielraum, insb. bei der Erfassung der Kosten, ist erheblich. Das zeigt die Praxis der Preisfestsetzung bei öffentlichen Aufträgen in aller Deutlichkeit: Betriebsergebnisprüfungen ergaben, daß die Unternehmen in der Zeit der früher geltenden LSÖ trotz der Vergütung von Kostenpreisen beträchtliche Mehrerlöse erzielten, die das gemäß den LSÖ zulässige Maß bei weitem überstiegen und nur z.T. in besonderen Leistungen ihre Rechtfertigung fanden[363]. Diese Erfahrungen lassen es ratsam erscheinen, für nicht marktgängige Konzernleistungen, welche die abhängige Gesellschaft bezieht, zumindest Preisobergrenzen zu bestimmen, um den Bewertungsspielraum nach oben zu begrenzen. Besser wäre es noch, durch die gelegentliche Bearbeitung oder Vergabe konzernexterner Aufträge Marktpreise zu ermitteln. Die Verwendung von Marktpreisen hat sich zwar auch als nicht unproblematisch herausgestellt, im allgemeinen gewährt sie aber, im Vergleich zur Kostenpreisverrechnung, einen wesentlich geringeren Bewertungsspielraum. Wie oben dargestellt wurde, bietet das Gesetz jedoch keine hinreichende Handhabe, ein solches Verfahren zwingend vorzuschreiben.

2. Die vergleichsweise Heranziehung steuerrechtlicher Bewertungsmaßstäbe

Da das deutsche und amerikanische Steuerrecht bei der Ermittlung des steuerpflichtigen Einkommens von Konzerngesellschaften ebenso von der Fiktion der Selbständigkeit der abhängigen Unternehmen ausgeht wie die §§ 311 ff, soll untersucht werden, welche Maßstäbe das Steuerrecht zur Bewertung von Konzernleistungen auf der Grundlage dieser Fiktion entwickelt hat und mit welchem Erfolg sie angewendet werden. Daraus können evtl. Anhaltspunkte für die Konzernrechtsvorschriften gewonnen und Rückschlüsse auf deren Wirksamkeit gezogen werden.

a) Die Bewertung der Konzernleistungen nach den vom Körperschaftsteuerrecht entwickelten Grundsätzen zur verdeckten Gewinnausschüttung

Das deutsche Körperschaftsteuerrecht verfolgt – wenn auch aus anderen Motiven – genau wie die §§ 311 ff das Ziel, den durch verdeckte Gewinnausschüttungen an die herrschende Unternehmung ungeschmälerten Gewinn der einzelnen Konzerngesellschaften[364] zu ermitteln. Es geht dabei von dem Grundsatz aus, daß die „konzern-

363 Vgl. die eindrucksvollen Zahlenbelege bei Diederich, H.: a.a.O., S. 37.

364 Selbst bei Bestehen eines Ergebnisabführungsvertrages wird die Möglichkeit einer vGA nicht ausgeschlossen (s.z.B. Wallis, H.: Fragen des Bilanzsteuerrechts bei Kapitalgesellschaften in

verbundenen Unternehmen bei Geschäften untereinander das Verhältnis von Leistung und Gegenleistung so zu bestimmen (haben), als seien sie wirtschaftlich voneinander unabhängig"[365]. Verschafft daher die abhängige Gesellschaft zu Lasten des Gewinns ihren Gesellschaftern – also dem herrschenden Unternehmen – oder diesen nahestehenden Personen – z.B. den Schwestergesellschaften –[366] mit Rücksicht auf das Gesellschaftsverhältnis Vermögensvorteile, die sie „bei Anwendung der Sorgfaltspflicht eines ordentlichen und gewissenhaften Geschäftsleiters . . . einem Nichtgesellschafter unter sonst gleichen Umständen nicht gewährt"[367] hätte, so liegt nach §§ 6 Abs. 1 Satz 2 KStG, 19 KStDV eine verdeckte Gewinnausschüttung vor, die dem Einkommen zuzurechnen ist[368].

der Rechtsprechung des Bundesfinanzhofs, in: RGmbH, 59. Jg. (1968), S. 87–94, 94; ders.: Das Konzernrecht des Aktiengesetzes 1965 und das Konzernsteuerrecht, in: AG, 12. Jg. (1967), S. 40–46, 44 f; Lange, J.: a.a.O., S. 122 ff; a.A.: Tubach, F.: Verdeckte Gewinnausschüttungen trotz Ergebnisabführungsverträgen? , in: DB, 22. Jg. (1969), S. 322–324; Glade, A.: Die einkommens- und körperschaftsteuerliche Behandlung von verdeckten Zuwendungen zwischen Kapitalgesellschaften und ihren Gesellschaften, in: FR, 21. Jg. (1966), Beilage zu Nr. 1, S. 7 f, 13).

365 Strobl, J. / Zirkel, K.: Zum Problem des „angemessenen" Verrechnungspreises im internationalen Konzern in steuerlicher Sicht, in: AWD, 14. Jg. (1968), S. 463–469, 464; ähnlich Mersmann, W.: Die Ertragsbesteuerung . . ., a.a.O., S. 159.

366 Westerfelhaus / Glade: Verdeckte Gewinnausschüttungen als steuerrechtliches und betriebswirtschaftliches Problem, Düsseldorf 2. Aufl. 1961, S. 319 ff; Niemann, U.: Verdeckte Gewinnausschüttungen bei Konzernunternehmen, in: DB, 22. Jg. (1969), S. 393 f; Glade, A.: Die einkommens- und körperschaftssteuerliche . . . , a.a.O., S. 18; Henninger, F.: Zur innerkonzernlichen Gewinnrealisierung, in: BB, 13. Jg. (1958), S. 832 f; ders.: Verdeckte Gewinnausschüttungen zwischen Schwestergesellschaften, in: RGmbH, 54. Jg. (1963), S. 81–85; Mestmäcker, E. J.: Verwaltung . . . , a.a.O., S. 224 ff; Hahn, D.: Die handels- und steuerrechtliche Zulässigkeit . . . , a.a.O., S. 439 ff; Hahnhäuser, C.-D.: Verdeckte Gewinnausschüttungen an Nichtgesellschafter, Düsseldorf 1965, S. 32 ff; v. Wallis, H.: Besteuerung der Unternehmenszusammenfassungen, Herne-Berlin 4. Aufl. 1970, S. 80 ff.

367 BFH: Urteil I 261/63 v. 16. 3. 1967, BStBl 1967 III, S. 626; vgl. auch BFH; Urteil I 62/61 U v. 22. 4. 1964, BStBl 1964 III, S. 370; BFH: Urteil I R 31/67 v. 19. 3. 1969, BStBl 1969 II, S. 497.

368 Da somit der Grundtatbestand der steuerrechtlichen vGA mit dem des Nachteils nach §§ 311 ff übereinstimmt, sind die Grundsätze des Steuerrechts durchaus geeignet, bei der aktienrechtlichen Bewertung vergleichsweise berücksichtigt zu werden (unzutreffend daher v. Godin-Wilhelmi: a.a.O., S. 1632; Bachelin, H.: a.a.O., S. 45). Daran ändert auch die Tatsache nichts, daß die betriebswirtschaftliche Betrachtung selbstverständlich Vorrang hat (so richtig WP-Handbuch 1968, a.a.O., S. 652; Adler-Düring-Schmaltz: 4. Aufl., a.a.O., S. 925) und sich Unterschiede zwischen der vGA und den §§ 311 ff in Einzelheiten ergeben. So nimmt das Steuerrecht insofern einen strengeren Standpunkt ein, als eine vGA nur ausgleichbar ist, wenn die Partner im vorhinein eindeutige Abmachungen getroffen haben und Leistung und Gegenleistung zeitlich eng miteinander verknüpft sind. Wenn auch der Ausgleich nicht notwendigerweise im gleichen Wirtschaftsjahr erfolgen muß (vgl. Lange, J.: a.a.O., S. 55; BFH: Urteil I 62/61 U vom 22. 11. 1964, a.a.O.; in: Konzernierung und verdeckte Gewinnausschüttung , in: DB, 17. Jg. (1964) S. 788; in: Saldierung und verdeckte Gewinnausschüttung, in: DB, 18. Jg. (1965), S. 1421 f), so sind dennoch Parallelen zu § 300 RegE nicht verkennbar. Nach § 311 können dagegen Nachteile durch jede Art von Vorteilen ausgeglichen werden. Weiterhin braucht nach dem Steuerrecht der Nachteil – im Gegensatz zu § 311 – nicht veranlaßt zu sein; für das Vorliegen einer verdeckten Gewinnausschüttung genügt es, wenn die Untergesellschaft „im Interesse" der Obergesellschaft Nachteile in Kauf nimmt. Andererseits bietet § 311 dem beherrschten Unternehmen einen größeren Schutz: auch die Gewährung von Vorteilen, die dem Vermögen der Untergesellschaft noch nicht unmittelbar zuzurechnen sind, wie z. B. die Nichtweiterverfolgung einer guten Idee zugun-

In welchem Umfang der Gewinn des abhängigen Unternehmens zu korrigieren ist, soll durch einen „objektivierenden" Vergleich (von Leistung und Gegenleistung, H.R.) mit dem „Üblichen, Durchschnittlichen, mit dem Normalfall"[369] oder dem „Branchenüblichen"[370] ermittelt werden. Da mithin auf die Gepflogenheiten des gewöhnlichen Geschäftsverkehrs unter oder mit unabhängigen Dritten abzustellen ist, wird der Marktpreis als idealer Bewertungsmaßstab angesehen[371]. Der Marktpreis soll auch dann Verwendung finden, wenn ein Unternehmen infolge seiner Monopolstellung überhöhte Preise durchsetzen kann[372] oder die Preise sehr gedrückt[373] sind. Allerdings darf grundsätzlich die Individualität des Einzelfalles durch Zu- und Abschläge von den Erfahrungs- oder Marktwerten, also durch Rabatte z.B., berücksichtigt werden[374].

Das Steuerrecht enthält jedoch keine Bestimmungen, die über die generelle Aussage, maßgeblich seien vergleichbare Geschäfte mit oder unter Dritten – also Marktpreise – hinausgingen. Auch die Steuerrechtsprechung, der die Interpretation dieser „Generalklausel" überlassen blieb, hat keine eigenen Bewertungskriterien entwickelt.

Einen kurzen, aber hinreichenden Eindruck davon, wie die Gerichte die hier entstehenden Probleme bewältigen, mag ein BFH-Urteil vermitteln, das Vergütungen der Muttergesellschaft für zentrale Dienstleistungen betraf. Der BFH entschied, daß alle „durch die verwaltende und leitende Tätigkeit entstandenen Betriebsausgaben (der Mutter, d. Verf.) nach irgendeinem Maßstab von den Unternehmen (den Töchtern, d. Verf.) getragen werden müssen .... Ein Gewinnzuschlag von 10 bis 15% des gesamten Verwaltungsaufwandes kann ohne ausführliche Begründung nicht als unangemessen bezeichnet werden"[375].

Dagegen, daß der BFH hier auf Kostenpreise zurückgreift, wird man mangels geeigneterer Verfahren nichts einzuwenden haben. Wohl aber vermißt man ein Eingehen auf die Schlüsselproblematik oder eine Erklärung zum Gewinnsatz.

sten der Obergesellschaft, ist anders als im Steuerrecht ausgleichspflichtig. Zum Verhältnis des § 311 zum steuerrechtlichen Instrument der verdeckten Gewinnausschüttung vgl. insb. Döllerer, G.: Fragen . . . , a.a.O.; ders.: Steuerrechtliche Bewertungen zum neuen Aktienrecht, in DB, 20. Jg. (1967), S. 1261–1263, 1262; Niemann, U.: Probleme . . . , a.a.O., S. 160 ff.

369 Flauger, E.: Verdeckte Gewinnausschüttung und das Problem der Erfaßbarkeit, Diss. Köln 1958, S. 14 f; vgl. auch Lange, J.: a.a.O., S. 34; Döllerer, G.: Fragen . . ., a.a.O., S. 1445 f; Rose, G.: Bemerkenswerte Entwicklungen in der Rechtsprechung des Bundesfinanzhofs zur verdeckte Gewinnausschüttung, in: DB, 21. Jg. (1968), S. 1874–1877, 1876.

370 Vgl. BFH: Urteil I 220/64 vom 1. 2. 1967, BStBL 1967 III, S. 495.

371 Vgl. Flauger, E.: a.a.O., S. 15; Döllerer, G.: Fragen . . . , a.a.O., S. 1445; Fröhlich (E.: Die verdeckte Gewinnausschüttung, München 1968), der (S. 37 ff) das alleinige Abheben der h. M. auf objektive Tatbestände kritisiert, kommt aber auch nur zu dem Ergebnis (S. 93 ff), daß der Steuerpflichtige das Nichtvorliegen einer verdeckten Gewinnausschüttung zu beweisen habe, wenn seine Handlung von den „allgemeinen Lebenserfahrungen" oder vom „üblichen Marktgeschehen" abweiche (Beweislastumkehr).

372 Vgl. RFH: Urteil IA 376/30 vom 12. 5. 1931, RStBL 1930, S. 498.

373 Vgl. Hahnhäuser, C.-D.: a.a.O., S. 11; Flauger, E.: a.a.O., S. 33 ff.

374 BFH: Urteil I 194/59 vom 2. 2. 1960, veröffentlicht in: BB, 15. Jg. (1960), S. 731 f.

375 Ähnlich pauschal verfahren die Schweizer Steuerbehörden, die bei den gleichen Leistungen einen Gewinnzuschlag von mindestens 10% auf die Selbstkosten für „angemessen" halten (vgl. Mersmann, W.: a.a.O., S. 97).

Man wird nach allem bei der Bewältigung der konzernrechtlichen Bewertungsaufgaben vom Steuerrecht und den von ihm entwickelten Grundsätzen keine große Hilfe erwarten dürfen. Aufschlußreich ist dagegen die Vielzahl der abgewickelten und anhängigen Steuerrechtsprozesse, die verdeckte Gewinnausschüttungen zum Inhalt haben. Auf Grund der sachlich übereinstimmenden Bewertungsproblematik läßt diese Tatsache vermuten, daß die §§ 311 ff zu einer „Fülle von Streitigkeiten und gerichtlichen Auseinandersetzungen"[376] führen.

Allerdings setzt das voraus, daß die Abschlußprüfer die Interessen der Minderheitsaktionäre genau so konsequent vertreten wie die Betriebsprüfer die des Fiskus. Auf die Frage, ob und inwieweit man das erwarten kann, wird noch zurückzukommen sein.

b) Die Bewertung der Konzernleistungen nach den Verrechnungspreisrichtlinien der amerikanischen Steuerbehörden

Die 1968 in Kraft getretenen amerikanischen Richtlinien über Konzernverrechnungspreise[377] sind wesentlich detaillierter als die Bestimmungen des deutschen Körperschaftsteuerrechts. Sie gehen in Einzelheiten auf fünf wesentliche, im Konzern vorkommende Transaktionen ein, nämlich Warenverkäufe, Dienstleistungen, Kreditgewährung, Vermietung und Verpachtung materieller Wirtschaftsgüter und Überlassung bzw. Übertragung immaterieller Werte.

Den Kern der Richtlinien[378] bildet der Grundsatz, daß die beteiligten Konzerngesellschaften so zu behandeln sind, als seien sie unabhängige Unternehmen (sog. „arm's-length"-Prinzip). Soweit also Marktpreise oder branchenübliche Entgelte festgestellt werden können, sind diese für die Verrechnung maßgebend. Bei unterschiedlichen Nebenbedingungen sollen Korrekturen vorgenommen werden. Auch wird ein zeitweiliger Verkauf zu Preisen gestattet, die unter den Marktpreisen liegen und evtl. nicht einmal die Kosten decken, wenn sich dies wegen des Konkurrenzdruckes oder

376 Schubert, W.: Zur Berichtspflicht . . ., a.a.O., S. 321.

377 Vgl. Internal Revue Code, § 1. 482–1–2, in: National Archives of the US, Washington, Federal Register, Vol. 33, No. 74 vom 16. 4. 1968, S. 5848–5859, 6290.

378 Vgl. zum folgenden auch: Strobl, J. Zirkel, K.: a.a.O.; B., US Details How Income Must Be Devided By American Firms Theirs Overseas Units, in: The Wall Street Journal v. 16. 4. 1968, S. 7; Killius, J.: US-Richtlinien über Verrechnungspreise in Konzernen, in: FR, 23. Jg. (1968), S. 181–183; Niehus, R.J.: Umlagen zwischen nahestehenden Gesellschaften, in: AWD, 14. Jg. (1968), S. 446 f; Stehle, H.: Konzernverrechnungspreise und Konzernumlagen internationaler Konzerne in steuerlicher Sicht, in: BWM, 12/1970, S. 611–614; vgl. daneben den 1966 veröffentlichten Richtlinienentwurf, der in einigen Punkten wesentlich abgeändert wurde: Internal Revenue Service, § 1.482–1–2, in: National Archives of the US, Federal Register, Vol. 31, No. 148 v. 1./2. 8. 1966, Washington 1966, S. 10394–10406, 10643 und die hierzu erschienenen Besprechungen: Niehus, R.J.: Konzernumlagen bei ausländischen Tochtergesellschaften, in: AWD, 13. Jg. (1967), S. 64–66; Short, R.A.: Der US-Richtlinienentwurf über Konzernverrechnungspreise im Konzern, in: EurStZ, o.J. (1967), S. 543–553; Surrey, S.S.: Treasury's need to corb tax avoidance in foreign busness through use of 482, in: Journal of Taxation, 27. Jg. (1968), S. 75–79; Bergsteiner, W.: a.a.O., S. 128 ff; Walter, O.J.: Verteilung der Konzerngewinne in den USA, in: AWD, 14. Jg. (1968), S. 1–5; Pergament, E.: New 482 regs provide arm's-length rules flexibility in pricing of tangible property, in: Journal of Taxation, 25. Jg. (1966), S. 238–242; Münzer, H.; Brezing, K.: Die geplanten US-Richtlinien über Verrechnungspreise im Konzern, in: EurStZ, o.J. (27/1968), S. 31–38.

wegen der Einführung neuer Produkte als notwendig erweist. Erlaubt ist schließlich auch die Kompensation vor- und nachteiliger Geschäfte, wenn diese die gleiche Einkunftsart betreffen und der Ausgleich innerhalb eines „angemessenen" Zeitraumes erfolgt.

Sieht man einmal von der großzügigen Handhabung der Ausgleichsmöglichkeiten ab, so entspricht die Regelung bis hierher den Grundsätzen des deutschen Steuerrechts. Wesentlich interessanter und einer näheren Betrachtung wert ist daher vor allem der Teil der Richtlinien, der sich mit den Fällen befaßt, in denen keine vergleichbaren Marktpreise bestehen.

Das amerikanische Steuerrecht sieht hierfür bindende Preisermittlungsverfahren vor, von deren Anwendung die Konzerngesellschaften nur dann befreit sind, wenn sie den Nachweis erbringen, daß für ihren speziellen Fall eine andere Methode eindeutig überlegen ist.

Bei der Bewertung von *Waren* sind zwei Verfahren zulässig: Die Wiederverkaufspreismethode (resale price method), nach der vom Verkaufspreis der Vertriebsgesellschaft eine angemessene Verkaufsprovision einschließlich eines Gewinnanteils abzuziehen ist, oder die Kostenaufschlags-Methode (cost-plus-method), bei der den Kosten des Herstellers ein angemessener Rohgewinnaufschlag zugerechnet wird. Welchem Verfahren der Vorrang zu geben ist, hängt davon ab, ob die Gewinnspanne des herstellenden oder des nachfragenden Konzernunternehmens leichter ermittelt werden kann. Die Richtlinien besagen aber nichts über die Höhe der anzuwendenden Gewinnaufschläge für den Fall, daß diese durch Branchenvergleiche nicht feststellbar sind.

Dienstleistungen (Verwaltungsaufgaben, Marketing, Beratung etc.) sind – soweit sie nicht den wesentlichen Bestandteil der Geschäftstätigkeit des leistenden Unternehmens bilden[379]–, zu vollen, nicht zu Grenzkosten zu bewerten. Als Kostenumlageschlüssel werden z.B. die Gesamt-, Herstell- und Lohnkosten, die Zeit- oder Raumbenutzung, der Umsatz und die Bilanzsumme genannt, ohne daß ein bestimmtes Verfahren zwingend vorgeschrieben wäre. Die eingehende Aufzählung verfolgt daher offensichtlich den Zweck, vor der Verwendung willkürlicher oder zu simpler Schlüssel zu warnen. Ein Gewinnaufschlag ist nicht vorgesehen[380].

Gleiches gilt für Forschungs- und Entwicklungsarbeiten, für Patente, Handelsmarken und andere *immaterielle Wirtschaftsgüter*, die auch nur zu Vollkosten zu verrechnen sind; die Grundlage ihrer Verteilung auf die beteiligten Konzernunternehmen bilden die bei diesen jeweils zu erwartenden Vorteile (Rationalisierungsvorteile durch kostensparende Verfahren, Umsätze neu entwickelter Produkte). Bei der Verrech-

379 Es wird nicht näher erläutert, wann dieser Tatbestand erfüllt ist; es ist jedoch offenbar daran gedacht, daß die betreffenden Konzerngesellschaften die Dienstleistungen gewerbsmäßig erbringen, wie etwa eine konzerneigene Werbeagentur. Hier ist dann die Berechnung von gewinnenthaltenden oder Marktpreisen erlaubt.

380 Nach Mestmäcker (E.J.: Die Unternehmenskonzentration im ausländischen Recht, in: Konzentration in der Wirtschaft, Bd. 20/II, a.a.O., S. 989–1043, 1010 f) bestimmt auch der Holding Companies Act, daß bei vertragsmäßiger Abhängigkeit von AGen Dienstleistungen nur zu Kostenpreisen, für die die SEC ein einheitliches Kostenberechnungsverfahren entwickelt hat, abzurechnen sind.

nungspreisfestsetzung ist ferner eine Vielzahl von Faktoren zu berücksichtigen, wie z.B. die Konkurrenzlosigkeit der entwickelten Produkte und Verfahren, Dauer und Grad des Rechtsschutzes unter den jeweiligen Landesgesetzen. Es wird jedoch nicht näher bestimmt, wie die genannten Faktoren zu quantifizieren sind.

Die genauesten Bestimmungen enthalten die Richtlinien hinsichtlich der Vermietung und Verpachtung und der *Darlehensgewährung*. So schreiben sie vor, daß Darlehen zu 5 % zu verzinsen sind. Der vereinbarte Zinssatz wird aber auch anerkannt, wenn er zwischen 4–6% liegt. Zudem kann bei Nachweis anderer berücksichtigungswürdiger Gesichtspunkte ein höherer Satz in Rechnung gestellt werden. Bei Handelsgeschäften braucht die Verrechnung erst sechs Monate nach Verkaufsabschluß einzusetzen, evtl. sogar erst später, wenn branchenüblich längere Zahlungsziele gewährt werden.

Die *Miete und Pacht* für überlassene Wirtschaftsgüter umfaßt drei Bestandteile: die Abschreibungssumme, die sich bei linearer Abschreibung im Überlassungszeitraum ergibt, – mindestens jedoch 20% des Ausgangswertes –, eine 3%ige Verzinsung des um den Schrottwert gekürzten Anschaffungs- oder Herstellwertes und die gesamten Aufwendungen, die dem Vermieter direkt oder indirekt durch das Eigentum und die Unterhaltung des Miet- bzw. Pachtobjekts erwachsen, wie etwa Reparatur- und Erneuerungsaufwendungen, Versicherungsprämien, Grundsteuern. Fremdkapitalzinsen sind dagegen nicht gesondert zu berücksichtigen, dies wohl deshalb, weil sie als Kostenfaktor im Anschaffungspreis enthalten sind.

M.E. sind die US-Richtlinien als Versuch, das Konzernverrechnungspreisproblem pragmatisch zu lösen, grundsätzlich zu akzeptieren. Während das fallweise Vorgehen des deutschen Steuerrechts erhebliche Rechtsunsicherheiten mit sich bringt – die Vorteile elastischen Vorgehens und die Besonderheiten des Einzelfalles würdigen zu können, werden nicht verkannt –, bietet die amerikanische Regelung feste Anhaltspunkte für die Bewertung und engt den Schätzungsrahmen ein. Freilich muß jede Bestrebung, den Unsicherheitsspielraum durch exakte Regeln einschränken zu wollen, notwendigerweise eine größere Starrheit und Schematismus mit sich bringen[381]. Die Richtlinien mildern diesen Nachteil aber in geschickter Weise dadurch, daß sie in einigen Fällen auch vom Gesetz abweichende Vereinbarungen zulassen, sofern bewiesen wird, daß sie dem Einzelfall besser gerecht werden.

Jedoch erweisen sich die amerikanischen Vorschriften keineswegs als Allheilmittel zur Lösung der Verrechnungspreisproblematik. So ergeben sich einmal Bedenken hinsichtlich einzelner Regelungen. Es ist z.B. nicht einzusehen, daß die Vergütungen für Dienstleistungen keine Gewinnbestandteile enthalten dürfen und andererseits selbst dann die Vollkosten decken müssen, wenn freie Kapazitäten vorhanden sind. Auch die Vorschriften über die Ermittlung der Konzernmiete und -pacht sind m.E. zu pauschal geregelt[382]. Die geringe Verzinsung der Anschaffungs- und Herstellkosten wird zwar dadurch ausgeglichen, daß sie auch bei Verringerung des Buchwerts zugebilligt wird. Sachgerechter erscheint es jedoch, im Preis die Abschreibung auf den

381 Vgl. hierzu die zutreffenden Ausführungen von Hahnhäuser, C.D.: a.a.O., S. 87 f.
382 Diese Lösung wird auch von den in FN 282 genannten Autoren bevorzugt.

Wiederbeschaffungs- bzw. Tageswert und eine zumindest marktgerechte Verzinsung des Restbuchwertes zu erstatten. Dadurch würde die Substanzerhaltung gewährleistet und berücksichtigt, daß der Verpächter die Abschreibungsgegenwerte bis zum Ersatzzeitpunkt zinsbringend anlegen kann[383]. Schließlich sind die Richtlinien gerade in den kritischen Punkten unergiebig. So fehlt z. B. jeder Anhaltspunkt, wie Gewinnaufschläge nötigenfalls zu schätzen oder nach welchem Verfahren die Selbstkosten zu ermitteln sind.

c) Grenzen der vergleichsweisen Heranziehung steurrechtlicher Bewertungsmaßstäbe

Der vergleichsweisen Heranziehung steuerrechtlicher Bewertungsmaßstäbe sind vor allem deshalb Grenzen gesetzt, weil das Steuerrecht nur den Gewinn zu ermitteln versucht, den die abhängige Gesellschaft im Rahmen der von der Konzernleitung verfolgten und vorgegebenen Ziele tatsächlich erwirtschaftet hat, und nicht den fiktiven Erfolg, den sie bei Betreiben einer autonomen Unternehmungspolitik erzielt hätte. Der Fiskus sieht seine Interessen als voll gewahrt an, wenn er verhindern kann, daß durch den Ansatz manipulierter Verrechnungspreise Gewinne innerhalb des Konzerns transferiert und unter Ausnutzung des nationalen und internationalen Steuergefälles einer Besteuerung ganz oder zum Teil entzogen werden. Daneben ist er bemüht, tatsächliche Gewinnverlagerungen innerhalb der einzelnen Konzernunternehmen zu unterbinden[384].

Dagegen unterliegen dispositive Maßnahmen, durch welche die Konzernspitze die Erfolgsfähigkeit der Konzernunternehmen beeinflussen kann, nicht seiner wertenden Betrachtung. Die Bewertung dieser Maßnahmen – das werden die folgenden Ausführungen zeigen – stellt aber im Rahmen der aktienrechtlichen Vorschriften zum faktischen Konzern gerade das wichtigste Problem dar.

III. Die Bewertung von Maßnahmen durch den Vorstand der abhängigen Aktiengesellschaft

A. Begriff und Bedeutung der berichtspflichtigen Maßnahmen.

Der Aktiengesetzgeber hat klar erkannt, daß die Interessen der Minderheitsaktionäre im faktischen Konzern nicht allein dadurch wirkungsvoll gewahrt werden können, daß die Konzernlieferungen und -leistungen gewinn-neutral verrechnet werden. Hierdurch werden nur „buchmäßige Gewinnverschiebungen“[385] von der abhängigen Ge-

383 Die Richtlinienregelung beruht offensichtlich auf Vereinfachungserwägungen; darauf deutet jedenfalls die Abänderung des Entwurfs von 1966 – er sah eine 5%ige Verzinsung des Restbuchwertes vor, die Abschreibungsquote wurde auf mindestens 20% des Anschaffungswerts festgesetzt – hin.

384 Vgl. Kern, W.: a.a.O., S. 81 ff; insb. S. 98 f; Hahn, D.: Handels- und steuerrechtliche Zulässigkeit . . ., a.a.O., S. 446 ff; Döllerer, G.: Fragen . . ., a.a.O., S. 1446; Zitzelsberger, S.: a.a.O., S. 71 ff.

385 Moxter, A.: Offene Fragen . . ., a.a.O., S. 644 (im Original z. T. kursiv).

sellschaft zu anderen Unternehmen des Konzerns ausgeschaltet. Die Beschränkung des Minderheitenschutzes auf die Erfassung und Neutralisierung dieser Konzernwirkungen liefe auf die Sicherung lediglich „formal ordnungsmäßiger“[386] Konzernbeziehungen hinaus. Wird nämlich die Obergesellschaft nicht gehindert, nach Belieben und allein ihre Interessen verfolgend in den Kombinationsprozeß der Untergesellschaft einzugreifen, so bliebe die Erfolgshöhe des beherrschten Unternehmens allein der autonomen Planung der Konzernleitung überlassen. Je nach dem, welche Funktionen der abhängigen Gesellschaft im Konzern zugewiesen oder entzogen werden – man denke vor allem an die Übertragung verlustbringender Produktionen oder die Ausgliederung ertragreicher Betätigungsgebiete –, fiele bei ihr ein hoher oder niedriger, im äußersten Fall der Betriebsschließung überhaupt kein Gewinn an[387].

Angesichts der Gefahren, die der Untergesellschaft durch aktive Konzerneffekte i.e.S., wie diese Einwirkungen der Konzernspitze genannt werden sollen, drohen, nehmen sich die gewiß nicht als gering zu veranschlagenden Gewinnverlagerungsmöglichkeiten mittels Unter- oder Überbewertung der Konzernlieferungen und -leistungen fast bescheiden aus. Außerdem birgt die „objektive“ Beurteilung dieser aktiven Konzerneingriffe, – das wird die folgende Untersuchung zeigen –, die bei weitem schwierigsten Bewertungsprobleme im Rahmen des §§ 311 ff in sich. Um so mehr muß es verwundern, daß ihnen im juristischen Schrifttum – von wenigen Ausnahmen abgesehen[388]– so geringe Aufmerksamkeit geschenkt wird.

Bevor wir uns der Bewertungsproblematik zuwenden, erscheint es angebracht, die wichtigsten Fallgruppen von aktiven Konzerneffekten zu behandeln und ihre wesensmäßigen Merkmale zu charakterisieren.

Aus dem Zweck der §§ 311 ff, die Konzerneinflußnahmen lückenlos zu erfassen und zu neutralisieren[389], folgt, daß unter dem Begriff der Maßnahmen alle Handlungen zu subsumieren sind, welche die Obergesellschaft oder die Untergesellschaft – auf Veranlassung der Konzernleitung oder in derem Interesse – vornimmt und die den Tatbestand des Rechtsgeschäfts nicht erfüllen[390]. Es handelt sich hierbei in erster Linie um unternehmerische Dispositionen, die sich nicht unmittelbar im Zeitpunkt ihrer Vornahme oder Unterlassung auf die Vermögens- und Ertragslage der abhängigen Gesellschaft auswirken. Ihre Folgen zeigen sich vielmehr in vollem Umfang erst in einer längeren, meist mehrere Jahre währenden Zeitperiode; nicht selten erstrecken

386 Mestmäcker, E.J.: Zur Systematik . . ., a.a.O., S. 147.
387 Damit soll natürlich in keiner Weise geleugnet werden, daß sich die Konzerneingliederung für die abhängige Gesellschaft umgekehrt auch sehr vorteilhaft auswirken kann (vgl. dazu die Nachweise aus der Konzernpraxis bei Dülfer, E.: Die Aktienunternehmung, Göttingen 1962, S. 209 f; Semler, J.: Diskussionsbeitrag, in: Das Frankfurter Publizitätsgespräch, a.a.O., S. 205–208, 207).
388 Diese Literaturäußerungen sollen aus methodischen Gründen auf den S. 160 ff gesondert gewürdigt werden.
389 Vgl. dazu insb. § 312 Abs. 1 Satz 2.
390 Zum Begriff der Maßnahmen im einzelnen vgl. z.B. Adler-Düring-Schmaltz, 4. Aufl., a.a.O., S. 954 f; WP-Handbuch 1968, a.a.O., S. 649 f; Winkhaus, E.: a.a.O., S. 55; Bachelin, H.: a.a.O., S. 44 mit weiteren Nachweisen.

sie sich sogar bis zu einem jenseits des „ökonomischen Horizonts“[391] liegenden Zeitpunkt. Es seien hier beispielhaft genannt:

(1) absatzpolitische Entscheidungen wie die Aufgabe eines Marktes, die Konzipierung einer neuen Preis- und Werbepolitik, die Erschließung zusätzlicher Absatzwege, das Eindringen in Konkurrenzmärkte, Anstrengungen zur Beibehaltung oder Vergrößerung des Marktanteils, die Nicht-Wahrnehmung von Marktchancen, die Verringerung der Sortimentsbreite,

(2) beschaffungspolitische Entscheidungen wie die Umstellung des Einkaufs auf Konzernprodukte, der Verzicht auf eine eigene Rohstoffbasis, die Unterlassung der Kündigung ungünstig gewordener Lieferverträge,

(3) produktionswirtschaftliche Entscheidungen wie die Ausweitung oder Einschränkung des Produktionsprogramms, die Anwendung neuer Produktionsverfahren, die Abänderung der Produktionsmethoden und -abläufe, die Übertragung von Auftragsbeständen auf Schwesterfirmen, die Umstellung der Produktion von Markt- auf Konzernbedarf,

(4) investitionspolitische Entscheidungen wie etwa der Ausbau oder die Stillegung von Kapazitäten, der Erwerb von Beteiligungen, die Errichtung neuer Zweigwerke, die Unterlassung der Anlagemodernisierung,

(5) finanzpolitische Entscheidungen, z.B. Kapitalerhöhungen, die Festlegung der Ausschüttungs- bzw. Thesaurierungsquote sowie der Abschreibungspolitik, der Verzicht auf eine notwendige Kapitalaufstockung,

(6) Entscheidungen im Bereich der Forschung und Entwicklung wie etwa die Konzentrierung auf ein bestimmtes Forschungsgebiet, die Einstellung eines erfolgversprechenden Entwicklungsvorhabens und

(7) personal- und sozialpolitische Entscheidungen wie das Abstellen von besonders qualifizierten Ingenieuren, Verkaufsleitern oder von sonstigem Führungspersonal[392] an andere Konzernunternehmen, die Einstellung und Entlassung leitender Angestellter, die Lohn- und Tarifpolitik u.a.m.

Unternehmerische Dispositionen dieser Art sind, soweit sie der Berichts- und / oder Ausgleichspflicht nach §§ 311 ff unterliegen[393], sind Ausfluß der Konzerneingliede-

391 Der von Tinbergen (J.: The Notions of Horizon and Expectancy in Dynamic Economics, in: Ec, Vol. 1 (1933), S. 247–264) ins Schrifttum eingeführte Begriff des ökonomischen Horizonts bezeichnet die Zeitgrenze, jenseits der sich über zukünftige Ereignisse keine sinnvollen Prognosen und Erwartungen mehr bilden lassen (vgl. z.B. Wittmann, W.: Unternehmung und unvollkommene Information, Köln und Opladen 1959, S. 137 ff; Gäfgen, G.: Theorie der wirtschaftlichen Entscheidung, 2. Aufl. Tübingen 1968, S. 201 f).

392 Als Beispiel aus der Konzernpraxis sei die von den Kleinaktionären heftig kritisierte und von der Muttergesellschaft veranlaßte Abwanderung des langjährigen Chefkonstrukteurs der NSU (jetzt Audi-NSU-AG) zum VW-Stammwerk genannt (vgl. Der Spiegel, 24. Jg. (20/1970), S. 84, 86).

393 Zu den gesetzlichen Voraussetzungen hierzu s. S. 44 ff. Liegt das Handeln der abhängigen Gesellschaft nur „im Interesse“ des Konzerns, so sind die Maßnahmen gleichwohl genau so zu quantifizieren, wie wenn sie ausgleichspflichtig wären; die Abschlußerklärung des Vorstandes der abhängigen Gesellschaft, das Unternehmen sei durch die Vornahme bzw. Unterlassung einer Maßnahme nicht geschädigt worden, bedarf eines zahlenmäßigen Belegs (vgl.

rung, infolge derer die Untergesellschaft ihre Unternehmenspolitik auf die Konzerninteressen ausrichtet, und somit Mittel zur Erreichung der mit der Konzernierung angestrebten Ziele: Arbeitsteilung unter den Konzerngliedern, Abstimmung von Einkauf und Vertrieb, Liquiditäts- und Beschäftigungsausgleich, Normierung und Typung, oft auch Einschränkung des Wettbewerbs.

Wenn auch den einzelnen Maßnahmen unterschiedliches Gewicht beizumessen ist, so spielen im Rahmen der §§ 311 ff gerade die echten Führungsentscheidungen i.S. der Gutenbergschen Terminologie[394], die für die Untergesellschaft von lebenswichtiger Bedeutung sind und ihre Entwicklung langfristig beeinflussen[395], eine überragende Rolle, da gerade sie es sind, auf welche die Konzernleitung Einfluß nehmen wird.

Als das charakteristische Merkmal der Maßnahmen ist die Zukunftsbezogenheit ihrer Auswirkungen anzusehen. Aus der Tatsache, daß die Wirkung von Maßnahmen zum größten Teil von Faktoren abhängt, welche der Unternehmer nicht zu beeinflussen imstande ist, folgt unmittelbar, daß sie nur unvollkommen vorhersehbar ist. Zwar kann der Unternehmer versuchen, seine Umwelt durch bestimmte Aktionen – etwa Werbemaßnahmen – zu beeinflussen, die Reaktion der Marktteilnehmer bleibt nichtsdestoweniger – mehr oder weniger – ungewiß[396]. Wie die folgenden Untersuchungen zeigen werden, ergeben sich aus der notwendigerweise mehr oder weniger großen Ungewißheit der zu antizipierenden künftigen Entwicklungen die wesentlichen Bewertungsprobleme. Zwar sind wir auch im Rahmen der Bewertung des konzerninternen Leistungsaustauschs auf solche langfristigen Aspekte gestoßen – erinnert sei insb. an die Bewertung immaterieller Wirtschaftsgüter (Übertragung von Lizenzen, Syndikatsquoten etc.), an die Bemessung der Entgelte im Rahmen langfristiger Verträge (Lieferverträge, Betriebsüberlassungen), an die Festlegung der Abschreibungsquoten und die Bestimmung der Preisobergrenzen.

S. 37, 47 ff dieser Arbeit). Maßnahmen dieser Art sind, wenn sie positive Auswirkungen auf die Konzernglieder haben, auch dann zu bewerten, wenn sie von der Obergesellschaft getroffen werden. Man denke etwa an den Aufkauf eines konkurrierenden Unternehmens und dessen anschließende Stillegung, eine Handlung, die als ausgleichsfähiger Konzernvorteil in Rechnung gestellt werden kann (vgl. S. 52 dieser Arbeit).

394 Vgl. Gutenberg, E.: Unternehmensführung, Organisation und Entscheidung, Wiesbaden 1962, S. 59 ff.

395 Dies rechtfertigt es, daß das Problem der Unsicherheit über Zukunftsgrößen bei der Behandlung der Rechtsgeschäfte bisher ausgeklammert bzw. nur angedeutet wurde. Die folgenden Ausführungen gelten also – in den angegebenen Grenzen – auch für den Leistungsaustausch innerhalb des Konzerns.

396 Allerdings sprechen amerikanische Untersuchungen dafür, daß Großkonzerne infolge ihrer Marktmacht durchaus in der Lage sind, wirtschaftliche Prozesse i.S. ihrer Zielsetzungen zu beeinflussen, indem sie etwa autonome Preispolitik betreiben [vgl. dazu insb. Steinmann, H.: Das Großunternehmen im Interessenkonflikt, Stuttgart 1969, S. 108 ff, 157 ff; vgl. auch Mestmäcker, E.J.: Das Verhältnis der Wirtschaftswissenschaft zur Rechtswissenschaft im Aktienrecht, in: Schriften des Vereins für Socialpolitik, NF, Bd., 33, Berlin 1964, S. 103–119, 117 f (zum Problem der administered prices oder des „target princing"); Albach, H.: Die Prognose im Rahmen unternehmerischer Entscheidungen, in: Diagnose und Prognose als wirtschaftswissenschaftliche Methodenprobleme, Schriften des Vereins für Socialpolitik, NF, Bd. 25, Berlin 1962, S. 201–214, 205]. Wenn es den Großunternehmen also gelingen mag, die Umweltfaktoren zu beeinflussen, so trifft dies doch immer nur auf einen Teil der Faktoren zu und ist im übrigen sonstigen Unternehmen verwehrt.

Während aber bei Rechtsgeschäften immerhin in einigen Fällen „objektive" Bewertungsmaßstäbe in Form von Marktpreisen vorliegen und die zukunftsorientierte Bewertung auf die Ermittlung von Kostenpreisen und die Verifizierung von Marktpreisen beschränkt ist, ist sie für die Bestimmung der Vor- oder Nachteiligkeit einer Maßnahme in jedem Falle unumgänglich[395].

Eine weitere Besonderheit der Maßnahmenbewertung ergibt sich aus folgendem: Soweit die oben genannten Maßnahmen die Vernichtung oder Einschränkung der selbständigen Existenz der abhängigen Gesellschaft bewirken, sind nicht nur die tatsächlichen Auswirkungen auf die Vermögens- und Ertragslage zu bewerten; darüber hinaus sind auch – genau wie bei der Übertragung lebenswichtiger Funktionen (Forschung und Entwicklung, Einkauf etc.) auf andere Konzernunternehmen[397]– die Kosten zu ermitteln, die eine Wiedergewinnung der wirtschaftlichen Eigenständigkeit im Falle der Beendigung des Abhängigkeitsverhältnisses voraussichtlich verursacht: also z.B. die Aufwendungen für den Neuaufbau einer Absatzorganisation oder eines marktgängigen Sortiments.

B. Das Verfahren zur Bestimmung des Nachteils einer Maßnahme

Maßstab für die Vor- oder Nachteiligkeit einer ausgleichs- und / oder berichtspflichtigen bzw. -fähigen Maßnahme ist, wie oben dargelegt wurde, das Handeln eines „ordentlichen und gewissenhaften Geschäftsleiters einer unabhängigen Gesellschaft". Der Vorstand einer abhängigen Gesellschaft hat sich also zu fragen, ob er die betreffende Maßnahme bei wirtschaftlicher Selbständigkeit seiner Unternehmung auch getroffen oder unterlassen hätte bzw. welche Gegenleistung ihm eine vorteilhafte Maßnahme der Obergesellschaft wert gewesen wäre.

Um dies beurteilen zu können, hat er in einem ersten Schritt[398] festzustellen, ob, und wenn ja, welche Handlungsalternative ihm – unter Berücksichtigung der seine Handlungsmöglichkeiten bestimmenden bzw. begrenzenden Daten und Ziele – zu Gebote gestanden hätte. Stellt sich in diesem Suchprozeß[399] heraus, daß mehrere Alternativen in den Entscheidungskalkül einbezogen[400] worden wären, so ist in einem zweiten Schritt diejenige Handlungsalternative auszuwählen, die als optimal i.S. der bei Selbständigkeit verfolgten Zielsetzung der Untergesellschaft angesehen worden wäre. Dies setzt voraus, daß die Konsequenzen der einzelnen möglichen Aktionen bestimmt werden[401]. Handelt es sich bei den Konsequenzen um Zahlungsströme

397 Es handelt sich hierbei also auch um berichts- und ausgleichspflichtige Maßnahmen.
398 In der folgenden Darstellung werden die einzelnen Bewertungsschritte aus methodischen Gründen i.S. einer chronologischen Abfolge beschrieben. In der Praxis bestehen zwischen den einzelnen Stufen vielfach Querverbindungen und Rückkoppelungen.
399 Dieser Suchprozeß erübrigt sich, wenn die Untergesellschaft ein bestimmtes Vorhaben auf Veranlassung der Obergesellschaft unterläßt, gleichfalls bei Maßnahmen, welche die selbständige Existenzfähigkeit gefährden.
400 Die alternative Maßnahme kann auch in einem Nicht-Tätigwerden bestehen.
401 Auf der Tagung des DIfB (vgl. DIfB, a.a.O., S. 126) wurde die Auffassung vertreten, eine Quantifizierung der Auswirkungen einer Maßnahme sei nicht in jedem Falle erforderlich. Nehme die Untergesellschaft z.B. mit einem anderen Konzernunternehmen einen Austausch

– diese interessieren hier in erster Linie, da vor allem die Erfolgswirksamkeit der Maßnahmen festzustellen ist[402]–, so sind sie auf den Zeitpunkt der Vornahme oder Unterlassung der Maßnahme abzuzinsen. Das Auswahlkriterium bildet also die Höhe der Kapitalwerte[403]. In einem letzten Schritt hat der Vorstand schließlich die Konsequenzen der tatsächlich getroffenen oder unterlassenen Maßnahme zu quantifizieren und denen der fiktiven Maßnahme gegenüberzustellen[404]. Eine Differenz zwischen beiden Resultaten (Kapitalwerten) zeigt die Höhe des Vor- oder Nachteils der tatsächlichen Handlung an.

Wie die einzelnen Schritte zu realisieren sind und welche Schwierigkeiten dabei auftreten, gilt es jetzt zu analysieren.

des Programms vor, so sei „keine Bezifferung erforderlich", wenn sich beide Parteien darüber einig sind, „daß der Wert der Produkte in etwa einander entspricht". In der Praxis ist diese Ansicht anscheinend weit verbreitet: vgl. dazu Lieser / Pleyer / Westermann; a.a.O., S. 3. Dieser Meinung kann keineswegs gefolgt werden, da globale Überschlagsrechnungen detaillierte Wirtschaftlichkeitsrechnungen niemals ersetzen können. Sie kommt der Auffassung gleich, die Bewertungsprobleme dadurch zu lösen, daß man sie ausklammert. Ferner erfordert § 313, daß dem Wirtschaftsprüfer auf Verlangen detaillierte Auskünfte gegeben werden. (Wie hier auch z.B. Geßler, E.: Probleme . . ., a.a.O., S. 1730, wenn er feststellt: „Es muß . . . bei . . . jeder Maßnahme der Nachteil bzw. der Vorteil festgestellt werden, d.h. vermögensmäßig bewertet werden".)

402 Diese Feststellung schließt nicht aus, auch nicht monetäre Faktoren zu berücksichtigen: werden z.B. für zwei Investitionsobjekte gleich hohe Kapitalwerte ermittelt, so geben solche Faktoren wie Lärmbelästigung, Formschönheit, soziale Rücksichtnahme etc. den Ausschlag bei der Auswahl. Sie werden zweckmäßigerweise außerhalb der Wirtschaftlichkeitsrechnung erfaßt. Von diesen Faktoren sind jene Faktoren strikt zu trennen, die zwar die Größe der Zahlungsströme beeinflussen, sich aber nur schwer quantifizieren lassen: etwa die Flexibilität der Anlagen (Mehrzweckverwendbarkeit, Umstellbarkeit), die Präzision der Maschinen etc. Ihre ertrags- und kostenmäßigen Auswirkungen sind in jedem Fall in den Wirtschaftlichkeitskalkül einzubeziehen [Vgl. dazu und zu den dabei (im Rahmen der Investitionsrechnung) zu bewältigenden Problemen z.B. Schneider, E.: Wirtschaftlichkeitsrechnung, 6. Aufl. Tübingen und Zürich 1966, S. 128 ff; Frischmuth, G.: Daten als Grundlage für Investitionsentscheidungen, Berlin 1969, S. 128 ff.].

403 Die Schwierigkeiten, die bei der Ermittlung der Zukunftserfolge der Maßnahmen auftreten, ergeben sich in analoger Weise auch bei der Bestimmung des Kalkulationszinsfußes, da es sich hierbei ebenfalls um eine Zukunftsgröße handelt. Zu den zu diesem Problem in der Literatur unterbreiteten Lösungsvorschlägen sei auf die Darstellung bei Frischmuth, G.: a.a.O., S. 78 ff verwiesen.

404 Die Schritte zwei und drei wird man i.d.R. dergestalt zusammenfassen, daß man die Konsequenzen sämtlicher relevanter Handlungsalternativen einschl. derjenigen der tatsächlichen Maßnahme quantifiziert. Dominiert die tatsächlich getroffene Maßnahme der Untergesellschaft die fiktiven Handlungsalternativen, d.h. liefert die erstere für alle in Frage kommenden Datenkonstellationen kein schlechteres Resultat und für mindestens eine Datenkonstellation ein besseres als die letztgenannten (zum Begriff der Dominanz vgl. Schneeweiß, H.: Entscheidungskriterien bei Risiko, Berlin–Heidelberg–New York 1967, S. 38 ff. Krelle, W.: Präferenz- und Entscheidungstheorie, a.a.O., S. 327 f), so ist der Bewertungsprozeß abzubrechen, da die Nicht-Nachteiligkeit der vorgenommenen Maßnahme erwiesen ist und andererseits die Höhe ihrer Vorteilhaftigkeit nicht interessiert. Geht ihre Vornahme auf eine Veranlassung der Obergesellschaft zurück, so hat diese keineswegs Anspruch auf eine entsprechende Gegenleistung, sie kann sich allenfalls durch Beratungsgebühren entlohnen lassen. Etwas anderes gilt nur für den Fall, daß die für die Untergesellschaft vorteilhafte Maßnahme von der Obergesellschaft selbst getroffen wird: hier ist die Höhe des Vorteils zu beziffern.

C. Die Bestimmung der Handlungsalternativen zur vorgenommenen oder unterlassenen Maßnahme

1. Die Bedeutung der Zielsetzung der abhängigen Aktiengesellschaft für die Bestimmung der Handlungsalternativen

Unternehmerische Entscheidungen und der ihnen vorangehende Suchprozeß zur Ermittlung der günstigsten Handlungsalternative werden maßgeblich beeinflußt von den Zielen, welche eine Unternehmensleitung verfolgt. Neuere Untersuchungen haben gezeigt, daß die Zielfunktion einer Unternehmung recht unterschiedliche Gestalt annehmen kann und keineswegs die Maximierung des Gewinns zum Inhalt haben muß[405]. Da selbst innerhalb einer einzelnen Unternehmung verschiedene Ziele miteinander konkurrieren können[406], sind Zielkonflikte und daraus resultierende unterschiedliche Auffassungen über die als optimal anzusehende Aktion bzw. über die Suchrichtung, die zu ihrer Auffindung einzuschlagen ist, im Konzern erst recht nicht ausgeschlossen. So kann sich z.B. die Aufnahme der Produktion eines neuen Fabrikats im Rahmen der unternehmungspolitischen Konzeption des Konzerns als notwendig erweisen, weil etwa die Abrundung des Sortiments zur Aufrechterhaltung des Marktanteils des Gesamtkonzerns erforderlich erscheint[407]. Die Untergesellschaft hätte aber bei Unabhängigkeit vielleicht ihren Gewinn zu maximieren versucht und in Verfolgung dieses Zieles eine andere Strategie gewählt, indem sie z.B. den Absatz der vorhandenen Produkte forciert oder freie Kapazitäten mit einem für sie erfolgversprechenderen Erzeugnis ausgelastet hätte.

Andererseits bietet eine Maßnahme, die mit dem Ziel der Gewinnmaximierung kompatibel ist, keine Gewähr dafür, daß die Untergesellschaft diese auch bei Selbständigkeit getroffen hätte. So kann der Obergesellschaft beispielsweise sehr daran gelegen sein, daß das abhängige Unternehmen sein kurzfristiges Gewinnmaximum zu erreichen sucht und anschließend hohe Dividenden ausschüttet, weil sie unbedingt flüssige Mittel zur Tilgung drückender Schulden oder zur Durchführung von ihr bevorzugter

405 Vgl. dazu insb. Heinen, E.: Das Zielsystem der Unternehmung, Wiesbaden 1966, S. 59 ff; ders.: Die Zielfunktion der Unternehmung, in: Zur Theorie der Unternehmung, Festschrift für E. Gutenberg zum 65. Geb., Wiesbaden 1962, S. 9–71; Schneider, D.: Unternehmensziele und Unternehmungsrechnung, in: Das Rechnungswesen als Instrument der Unternehmungsführung, a.a.O., S. 11–23, 14 ff; Engels, W.: Betriebswirtschaftliche . . . , a.a.O., S. 45 ff, insb. S. 53 ff; Gümbel, R.: Die Bedeutung der Gewinnmaximierung als betriebswirtschaftliche Zielsetzung, in: BFuP, 16. Jg. (1964) S. 71–81; Busse v. Colbe W.: Entwicklungstendenzen in der Theorie der Unternehmung, in: ZfB, 34. Jg. (1964), S. 615–627, 617 ff; Borch, K.-H.: Wirtschaftliches Verhalten bei Unsicherheit, Wien–München 1969, S. 254 ff; Gäfgen, G.: a.a.O., S. 111 ff; Jacob, H.: Preispolitik . . . , a.a.O., S. 17 ff und die dort genannte Literatur.

406 Vgl. Busse v. Colbe, W.: Entwicklungstendenzen . . . , a.a.O., S. 620; Bidlingsmaier, J.: Unternehmerische Zielkonflikte . . . , a.a.O., S. 164 f; Hax, H.: Die Koordination von Entscheidungen, Köln–Berlin–Bonn–München 1965, S. 54 ff; Gutenberg, E.: Unternehmensführung . . . , a.a.O., S. 68 ff.

407 Bekanntlich kann auch die Aufrechterhaltung/Aufnahme wenig rentabler Produktionen Vorteile bringen, wenn die Opportunitätskosten durch die zusätzlichen Gewinne bei anderen Erzeugnissen (Kopplungsgeschäfte) überkompensiert werden (vgl. dazu insb. Lenel, O.: a.a.O., S. 205 ff, 210 ff).

Investitionsvorhaben benötigt. Sie wird daher z.B. darauf dringen, daß die Untergesellschaft unter rücksichtsloser Ausnutzung bestehender Marktengen die Preise erhöht, während diese es vorgezogen hätte, eine gemäßigte Preispolitik zu betreiben, um ihre langfristigen Gewinnchancen nicht zu beeinträchtigen und ihre Marktanteile auszuweiten oder ihren Umsatz zu maximieren. Die Durchsetzung der Konzerninteressen kann zur Folge haben, daß neue Konkurrenten angelockt werden oder sich die Abnehmer auf Substitutionsprodukte umstellen. Außerdem muß die Untergesellschaft u.U. auf die Ausnutzung von Abschreibungsmöglichkeiten verzichten. Die genannten Motive können die Konzernleitung auch veranlassen, der Untergesellschaft eine zur Wahrnehmung von Marktchancen oder zur Modernisierung ihrer Anlagen dringend gebotene Kapitalerhöhung zu untersagen. Die Ursache für ein solches Verhalten kann aber auch sein, daß das herrschende Unternehmen zur Aufnahme der jungen Aktien nicht in der Lage ist und daher um den Verlust seiner Kapitalmehrheit und somit seines Einflusses fürchten muß.

Zielkonflikte können u.U. auch politisch begründet sein, wie der bekannte „Fruehauf-Fall" in Frankreich zeigt:[408]

> Auf Veranlassung der amerikanischen Muttergesellschaft stornierte die französische Firma Fruehauf einen Vertrag über umfangreiche Lieferungen in die Volksrepublik China; die Nichterfüllung des Vertrages – sie unterblieb schließlich auf gerichtlichen Antrag französischer Minderheitsaktionäre – hätte voraussichtlich zum Ruin der Gesellschaft und zur Entlassung von 600 Arbeitnehmern geführt. Die Intervention der Konzernspitze kam auf Druck amerikanischer Behörden wegen der US-Embargobestimmungen zustande.

Die Ausführungen sollten zweierlei verdeutlicht haben: einmal, daß auf Grund der oftmals unterschiedlichen Interessenlage der Konzerngesellschaften die Gefahr von Zielkonflikten selbst dann gegeben ist, wenn die Konzernleitung keine Schädigungsabsichten hegt. Sie beweisen somit eindringlich die Notwendigkeit der Rekonstruktion der fiktiven Zielkonzeption der Untergesellschaft. Dies soll allerdings nicht heißen, daß die vor der Konzerneingliederung verfolgten Ziele als relevant anzusehen sind. Es ist vielmehr dabei zu berücksichtigen, daß die Zielvorstellungen im Zeitablauf nicht konstant zu sein brauchen, insb. weil neue Entscheidungsträger an die Unternehmensspitze getreten sein können oder sich die Umweltbedingungen geändert haben[409]. Andererseits dürfte sich aber auch gezeigt haben, daß es eine allgemein gültige, für selbständige Unternehmen „spezifische" Zielsetzung nicht gibt.

Da eine Unternehmung in verschiedenen Unternehmensbereichen unterschiedliche Ziele verfolgen kann, wäre es ferner verfehlt, aus dem Verhalten auf einem Sektor

408 Vgl. hierzu Brachvogel, G.: Aktiengesellschaft und Gesellschaftsgruppe im französischen Recht, Stuttgart 1971, S. 123 f. Daß solche Gegensätze nicht nur in internationalen Konzernen auftreten können, zeigte sich z.B. in der HV der Hochtief-AG, Essen, in der die Verwaltung heftig wegen der Beteiligung der Gesellschaft am Cabora-Bassa-Staudamm-Projekt angegriffen wurde (vgl. FAZ, Nr. 165 v. 12. 7. 1971, S. 14). Vgl. zu diesem Problemkreis ferner o.V.: Moral kontra Profit? , in WW, 25. Jg. (33/1971), S. 10–15.

409 Vgl. Rühli, E.: Grundzüge einer betriebswirtschaftlichen Entscheidungslehre, in: Beiträge zur Lehre von der Unternehmung, Festschrift für K. Käfer, hrsg. von O. Angehrn und H.P. Künzi, Stuttgart 1968, S. 271–295, 284.

zwingende Schlußfolgerungen für andere Sparten zu ziehen. So wäre z.B. die Praktizierung der Politik der niedrigen Preise für Produkte, deren Hauptabnehmer der Konzern ist, lediglich als Indiz für eine nachteilige Maßnahme zu werten, wenn die momentan günstige Marktsituation eine Preisheraufsetzung zuließe und die Preise für andere, zum größten Teil auf dem Markt abgesetzte Produkte, angehoben werden. Auch der Versuch, die Zielsetzung der Untergesellschaft aus „objektiven" Gegebenheiten – etwa der Marktposition – unter Zuhilfenahme der Betriebswirtschaftstheorie ableiten zu wollen, verspricht im Augenblick noch wenig Erfolg. „Über die Bedingungen, wann das eine und wann das andere Ziel gewählt wird, sagt die Theorie .... noch nichts aus."[410]

Die Bedeutung dieses Tatbestandes für die Wirksamkeit der §§ 311 ff liegt klar auf der Hand: Sie nimmt dem Vorstand der abhängigen Gesellschaft die Möglichkeit, der Konzernleitung die Nachteiligkeit einer bestimmten Unternehmenskonzeption für seine Gesellschaft exakt nachzuweisen. Rechtlich ist er zwar dazu nicht verpflichtet, die Maßnahmenbewertung hat allein nach seinen eigenen Bewertungskriterien zu erfolgen, faktisch jedoch schwächt – wie noch zu zeigen sein wird – jedes Fehlen von objektiven, allgemein gültigen Kriterien tendenziell seine Position und Widerstandskraft gegenüber der Obergesellschaft.

2. Der Informations- und Suchprozeß zur Auffindung der Handlungsalternativen

Ist es schon unmöglich, eine Zielsetzung eindeutig zu bestimmen, die der gesetzlichen Fiktion der Selbständigkeit der Untergesellschaft entspricht, so gilt dies erst recht im Hinblick auf die „fiktiven" Maßnahmen; denn selbst wenn das Zielkonzept determiniert wäre[411], so bliebe ja die Frage der Mittelwahl zu seiner Durchsetzung noch völlig offen[412]. So könnten z.B. zur Vergrößerung des Marktanteils die Werbung intensiviert, die Preise gesenkt, neue Vertriebsmethoden eingeführt oder die Produktqualität verbessert werden.

Selbst wenn die Untergesellschaft zur Unterlassung einer als vorteilhaft angesehenen Maßnahme veranlaßt wird, ist der Maßstab, an dem die Höhe des Nachteils zu messen ist, nicht immer vorgegeben. Wenn er auch i.d.R. mit der unterlassenen Maßnahme selbst identisch ist, so sind durchaus abweichende Fälle denkbar. Wird etwa die Untergesellschaft gegen ihren Willen gehindert, die erzielten Jahresüberschüsse in

410 Busse v. Colbe, W.: Entwicklungstendenzen . . . , a.a.O., S. 620.

411 Gleiches gilt für den Fall, daß die Unternehmensziele von Unter- und Obergesellschaft übereinstimmen.

412 Daher hat die Zielanalyse im Rahmen der Maßnahmenbewertung durch den Vorstand nur geringe praktische Bedeutung. Anderes gilt dagegen für die Prüfung des Abhängigkeitsberichts durch den Wirtschaftsprüfer: zwar könnte auch der Wirtschaftsprüfer bei eindeutig determinierter Zielfunktion nicht die Vornahme einer bestimmten Maßnahme im Hinblick auf ihre Notwendigkeit ableiten. Bei Vorliegen eines Zielkonflikts wäre er aber immerhin imstande nachzuweisen, daß der Vorstand bei Selbständigkeit bestimmte Maßnahmen nicht getroffen hätte. Dies hätte insb. Bedeutung für den Fall, daß der Vorstand vorgibt, im Interesse, aber nicht auf Veranlassung der Obergesellschaft zu handeln.

vollem Umfang zu thesaurieren[413], und ist es ihr dadurch verwehrt, die Produktion eines erfolgreichen Erzeugnisses auszudehnen, so ist nicht ohne weiteres ein Nachteil in Höhe des Gewinnentgangs anzunehmen. Zuvor müßte geprüft werden, ob die Gesellschaft nicht auch bei Selbständigkeit gezwungen gewesen wäre, einen großen Teil der Gewinne auszuschütten, weil sie sonst z.B. keine Neuemission auf dem Aktienmarkt untergebracht hätte und ihren Kapitalbedarf anderweitig nicht decken konnte (Schütt-aus-hol-zurück-Politik). Ebenso wäre die Weiterführung der Produktion eines bestimmten Erzeugnisses nicht die einzige Alternative zur Einstellung derselben. Die Untergesellschaft hätte bei wirtschaftlicher Selbständigkeit vielleicht die Herstellung gedrosselt und sich innerhalb eines längeren Zeitraums auf andere Produkte umgestellt.

Da somit die der tatsächlich vorgenommenen oder unterlassenen Maßnahme gegenüberzustellende Handlungsalternative in den meisten Fällen nicht vorgegeben ist, kommt dem Suchprozeß zu ihrer Entdeckung entscheidende Bedeutung zu: übersieht der Vorstand der abhängigen AG die optimale, d.h. den höchsten Zielerfüllungsgrad versprechende Entscheidungsalternative, so geht das eindeutig zu Lasten des Erfolgs seiner Unternehmung. Ihre Auffindung setzt – streng genommen – die Kenntnis aller relevanten Handlungsalternativen voraus. Diese hängt wiederum entscheidend von der Güte des Informationssystems der Unternehmung ab: es muß gewährleisten, daß alle entscheidungsrelevanten Daten erfaßt werden[414]. Dabei kommen Daten der verschiedensten Art in Betracht: sie können ökonomischer oder außerökonomischer Natur, innerbetrieblich oder betriebsextern bedingt sein:

Wird die abhängige AG von der Obergesellschaft z.B. veranlaßt, ein neues Produkt ins Sortiment zu nehmen, so hat sich die zur Bewertung dieser absatzpolitischen „Maßnahme“ erforderliche Informationsbeschaffung auf folgende Faktoren zu erstrecken:

(1) die Parameter des Absatzerfolges, d.h. die Ein- und Auszahlungen beeinflussenden Daten (etwa: Größe, Richtung und Struktur des Bedarfs, die regionale Verteilung, die Präferenzen und die Kaufkraft der Bedarfsträger; Marktstellung, Kooperationsbereitschaft, Vertriebs- und Werbemethoden der Konkurrenten, Substitutionskonkurrenz; gesamtwirtschaftliche Größen wie die Steuer-, Sozial-, Zoll-, Währungs- und Außenhandelspolitik des Staates, das Sozialprodukt, die Gewerkschaftspolitik; die Rechtsordnung; technologische Entwicklungen; die voraussichtlichen Aufwendungen für den Ausbau der Absatzorganisation, für Werbung, Kapazitätserweiterungen, für die Anwerbung zusätzlicher Arbeitskräfte, für die Umorganisation der Produktionsprozesse, für die laufenden Betriebskosten etc.),

413 Natürlich unter Beachtung der gesetzlichen Beschränkungen (§ 254). Es sei unterstellt, daß der Vorstand lt. Satzung ermächtigt ist, mehr als 50 % der Gewinne einzubehalten. (vgl. zu den dazu bestehenden rechtlichen Möglichkeiten BGH, Urteil II ZR 53/69 v. 1. 3. 1971, in AG, 16. JG. (1971), S. 153–56). Vgl. ferner S. 41 f.

414 Zur Informationsgewinnung s. insb. Wittmann, W.: Unternehmung . . ., a.a.O., S. 79 ff; Albach, H.: Entscheidungsprozeß und Informationsfluß einer Unternehmungsorganisation, in: Organisation, Bd. 1, hrsg. von E. Schnaufer und K. Agthe, Berlin und Baden-Baden, o.J. (1961), S. 355–402, 360 ff. Ansonsten sei auf die Marktforschungsliteratur verwiesen (vgl. etwa Schäfer, E.: Grundlagen der Marktforschung, 4. Aufl. Köln und Opladen 1966, S. 67 ff).

(2) die Größen, die den Kalkulationszinsfuß beeinflussen[415], da die Zahlungsströme auf den Bewertungszeitpunkt diskontiert werden müssen,

(3) die innerbetrieblichen Daten, die den Handlungsspielraum einengen können (insb. Beschränkungen der Produktionskapazitäten und der verfügbaren Geldmittel).

Es bedarf keiner Begründung, daß die Unternehmensleitung um so eher die richtige Entscheidung trifft und überhaupt erkennt, je höher das Informationsniveau der Unternehmung ist. Wenn auch die Anforderungen an Genauigkeit und Sicherheit der Informationen von der individuellen Risikoneigung der Unternehmer mit geprägt werden[416], so wird jeder Unternehmung an einer umfassenden Information gelegen sein.

In welchem Umfang und mit welcher Intensität die Datenbeschaffung betrieben werden soll, ist aber auch nach wirtschaftlichen Gesichtspunkten zu entscheiden; Informationsbemühungen sind nur so lange als wirtschaftlich anzusehen, als die durch sie ermöglichten zusätzlichen Erträge der Unternehmung die entsprechenden Kosten überdecken. Die Schwierigkeit besteht nun darin, daß die Kosten des Informations- und Suchprozesses recht genau abgeschätzt werden können, sich die Erträge jedoch einer numerischen Quantifizierung weitgehend entziehen[417]. Genau so, wie es bislang an einem operationalen Kriterium mangelt, das angäbe, in welchem Ausmaß Informationen zu sammeln sind, fehlt es noch an einer Theorie über die systematische Suche und Erkennung aller Handlungsalternativen. „Bei der Suche stößt man gleichsam in das Unbekannte vor, da man zwar vermutet, daß es noch andere Handlungsalternativen gibt, dies aber nicht sicher weiß. Selbst wenn die Suche erfolgreich war (d.h. neue Handlungsalternativen aufgedeckt wurden), bleibt noch immer ungewiß, ob diese neuen Alternativen tatsächlich bereits die besten sind oder ob gerade die besten noch immer unentdeckt geblieben sind“[418]. Besonders „radikale, inopportune und zukunftsweisende Aktionen unterliegen der Gefahr, nicht als mögliche Alternativen erkannt zu werden“[419].

Es spricht im übrigen manches dafür, daß die Unternehmer den Suchprozeß aus Zeit-

415 Vgl. hierzu Frischmuth, G.: a.a.O., S. 78 ff.

416 Vgl. Loitlsberger, E.: Zum Informationsbegriff und zur Frage der Auswahlkriterien von Informationsprozessen, in: Empirische Betriebswirtschaftslehre, Festschrift für L.L. Illetschko, hrsg. von E. Loitlsberger, Wiesbaden 1963, S. 115–135, 134; Wittmann, W.: Ungewißheit und Planung, in: ZfhF, 10. Jg. (1958), S. 499–510, 506.

417 Vgl. Loitsberger, E.: Zum Informationsbegriff . . ., a.a.O., S. 127 ff; Wittmann, W.: Ungewißheit . . ., a.a.O., S. 503; Gäfgen, G.: a.a.O., S. 129. Zum Verhältnis von Kosten, Nutzen und Gewißheit der Informationen zueinander vgl. auch Albach, H.: Die Prognose . . ., a.a.O., S. 208 ff; ders.: Entwicklungsprozeß . . ., a.a.O., S. 364 ff; Rühli, E.: a.a.O., S. 287; Engels, W.: Betriebswirtschaftliche . . ., a.a.O., S. 83 ff; Bössmann, E.: Die Vorteile der Entscheidungstheorie für die unternehmerische Praxis, in: ZfgSt, Bd. 124 (1968), S. 233–248, 239 f.

418 Loitlsberger, E.: Zum Informationsbegriff . . ., a.a.O., S. 129; vgl. auch Schneider, D.: Unternehmensziele, a.a.O., S. 17; Kosiol, E.: Zur Problematik der Planung in der Unternehmung, in: ZfB, 37. Jg. (1967), S. 77–96, 89; Sieber, E.H.: Der Simulation gehört die Zukunft, in: VW, 23. Jg. (14/1969), S. 44–48, 46.

419 Menges, G.: Entscheidungen unter Risiko und Ungewißheit, in: Menges/Schneeweiß/Hax/Poensgen, Entscheidung und Information, Frankfurt und Berlin 1968, S. 9–35, 31.

und Kostengründen abbrechen, sobald sie eine Handlungsalternative gefunden haben, die ihrem „Zufriedenheitsniveau" – etwa ein bestimmter Mindestgewinn – genügt[420]. Das Anspruchsniveau ist dabei subjektbezogen und kann deshalb von Unternehmung zu Unternehmung variieren.

3. Die Erwartensbildung hinsichtlich der Bewertungsparameter

Auf Grund einer ersten Sichtung und Analyse der ermittelten Daten und einer daran anschließenden vorläufigen Zusammenstellung der entdeckten Handlungsalternativen wird sich u. U. schon herausstellen, daß bestimmte, objektiv mögliche Aktionen nicht realisiert werden können, weil es an den erforderlichen betriebstechnischen, absatzwirtschaftlichen und finanziellen Mitteln zu ihrer Durchführung mangelt. Aus der Beschränktheit der finanziellen Mittel kann sich z.B. die Notwendigkeit ergeben, bestimmte Projekte – etwa die Einführung oder Entwicklung neuer Produkte – aus den weiteren Überlegungen auszuschließen, obwohl ihre langfristigen Absatz- und Gewinnchancen als hervorragend anzusehen sind. Da die abhängige AG die Mittel zugrundezulegen hat, die ihr bei Selbständigkeit zur Verfügung stünden, gilt es insb., Projekte aus dem Entscheidungskalkül auszuscheiden, die nur infolge der i.d.R. größeren Finanzkraft des Konzerns realisierbar erscheinen. Freilich besteht dabei die Gefahr, daß erfolgversprechende Vorhaben unberücksichtigt bleiben, die bei Unabhängigkeit der AG doch hätten verwirklicht werden können.

Im Anschluß an die Informationsgewinnung und die Vorauswahl sind die ermittelten Daten auszuwerten, um zu einer fundierten Erwartensbildung hinsichtlich der Konsequenzen der entdeckten Aktionsmöglichkeiten zu gelangen. Es gilt daher zunächst, die zukünftige Entwicklung der Aktionsparameter und der auf sie einwirkenden Einflußgrößen zu prognostizieren. Dabei kann man sich einer Reihe von Prognoseverfahren[421] bedienen. Wenn sich auch deren Anwendung bei der Maßnahmenbewertung als nützlich erweisen dürfte, so wird man von ihnen nicht erwarten können, sichere

420 Vgl. Simon, H.A.: Theories of Decision-Making, in: Economics and Behavioral Science, in: The American Economic Review, Vol. 49 (1959), S. 254–283, 263 ff; Sauermann, H./ Selten, R.: Anspruchsanpassungstheorie der Unternehmung, in: ZfgSt, 118. Jg. (1962), S. 77/97; dies braucht – worauf z.B. Schneider (D.: Unternehmensziele . . . , a.a.O., S. 18) und Moxter (A.: Präferenzstruktur und Aktivitätsfunktion des Unternehmens, in: ZfbF, 16. Jg. (1964) S. 6–35, 27) hinweisen – jedoch nicht zu bedeuten, daß die Unternehmer – wie die obigen Autoren annehmen – nicht den höchstmöglichen Gewinn zu erreichen suchen.

421 Angesichts des umfangreichen Schrifttums, das auf diesem Gebiete existiert, erübrigt sich eine eingehende Darstellung dieser Verfahren. Es sei hierzu verwiesen etwa auf Gerfin, H.: Langfristige Wirtschaftsprognose, Tübingen–Zürich 1964; Rothschild, K.W.: Wirtschaftsprognose, Methoden und Probleme, Berlin–Heidelberg–New York 1969; Albach, H.: Die Prognose, a.a.O.; Wittmann, W.: Unternehmung . . . , a.a.O., S. 92 ff; Schlembach, H.: Die Bewertung von Aktien, München 1968, S. 141 ff; Schmid, O.: Zur Verwendung quantitativer Prognosemodelle, in: Die Unternehmung, 23. Jg. (1969), S. 176–200; Wild, J.: Unternehmerische Entscheidungen, Prognosen und Wahrscheinlichkeit, in: ZfB, 39. Jg. (1969), 2. Erg.-H., S. 60–89; Brockhoff, K.: Probleme und Methoden technologischer Vorhersagen, ebenda, S. 1–24; Jaensch, G.: Wert und Preis . . . , a.a.O., S. 44 ff; Menges, G.: Ökonomische Prognosen, Köln und Opladen 1967; Schäfer, E.: Grundlagen . . . , a.a.O., S. 411 ff und die dort jeweils angegebene Literatur.

Voraussicht über die Auswirkungen der prospektiven Maßnahmen zu erlangen. Sie sind darüber hinaus nicht unproblematisch.

So hat sich z.B. die Treffsicherheit der Prognosen, die auf der Grundlage von Testverfahren und Befragungen gewonnen wurden[422], bislang als gering erwiesen[423].

Die Verfahren der direkten Extrapolation[424] berücksichtigen nicht die langfristig stets gegebene Möglichkeit sprunghafter Veränderungen der Datenreihenentwicklung. Da die Maßnahmenbewertung i.d.R. langfristige Prognosen erfordert, sind sie daher mit Vorsicht zu verwenden.

Die Regressionsmethoden[425] „stellen letztlich nur eine Verlagerung, nicht aber eine Lösung des Projektionsproblems dar"[426], da die Qualität der Prognose der zu schätzenden Unternehmensvariablen nun entscheidend von der Güte der Projektion der erklärenden Variablen abhängt.

Die Prognosen auf der Basis objektiver Wahrscheinlichkeiten[427] schließlich sind allenfalls bei der Prognostizierung von Teilaspekten einer Maßnahme sinnvoll anzuwenden, da sie das Vorliegen einer größeren Zahl von Beobachtungsfällen voraussetzen. Diese Bedingung ist bei „echten Führungsentscheidungen", denen – wie oben dargelegt – im Rahmen der Maßnahmenbewertung die größte Bedeutung zukommt, nicht gegeben.

In den zuletzt genannten Fällen besteht jedoch gerade wegen der weitreichenden Konsequenzen für den Maßnahmenbewerter eine praktische Notwendigkeit, zu Wahrscheinlichkeitsschätzungen über den Eintritt der verschiedenen für möglich gehaltenen Datenkonstellationen und Ergebnisse zu gelangen. Dazu wird er auch meist in der Lage sein, zumindest wird er i.d.R. sagen können, daß er den Eintritt eines bestimmten Ereignisses für wahrscheinlicher hält als den eines anderen; darüber hinaus wird er seine Vorstellungen häufig näher präzisieren könen, etwa derart, daß er den Eintritt einer Datenkonstellation für „fast sicher, sehr wahrscheinlich, ziemlich wahrscheinlich, durchaus denkbar, ziemlich unwahrscheinlich, sehr unwahrscheinlich (oder) fast unmöglich"[428] hält und diesen verbalen Wahrscheinlichkeitsurteilen jeweils Wahrscheinlichkeitsziffern zuordnet, die einen bestimmten Wahrscheinlichkeitsbereich abdecken. Die Prognose der Unternehmung könnte etwa wie folgt lauten:

422 Vgl. Albach, H.: Die Prognose . . . , a.a.O., S. 204 f; Gutenberg, E.: Grundlagen der Betriebswirtschaftslehre, Bd. II: Der Absatz, 11. Aufl. Berlin–Heidelberg–New York 1968, S. 92 ff; Rothschild, K.W.: a.a.O., S. 83 ff.

423 Vgl. Albach, H.: Die Prognose . . . , a.a.O., S. 205.

424 Vgl. dazu Rothschild, K.W.: a.a.O., S. 20 ff; Gerfin, H.: a.a.O., S. 30 ff; Schmid, O.: a.a.O., S. 180 ff.

425 Vgl. Rothschild, K.W.: a.a.O., S. 96 ff; Gerfin, H.: a.a.O., S. 41 ff; Schmid, O.: a.a.O., S. 187 ff; Jaensch, G.: Wert . . . , a.a.O., S. 45 f; Albach, H.: Die Prognose . . . , a.a.O., S. 203 f. vgl.auch Kreyszig, E.: Statistische Methoden und ihre Anwendung, 2. Aufl. Göttingen 1967, S. 261 ff.

426 Albach, H.: Die Prognose, a.a.O., S. 204.

427 Vgl. Wild, J.: Entscheidungen, a.a.O., S. 74 ff; Jaensch, G.: Wert . . . , a.a.O., S. 47 ff.

428 Krelle, W.: Preistheorie, a.a.O., S. 611; vgl. auch ders.: Präferenz- und Entscheidungstheorie, a.a.O., S. 198; ähnlich auch Jacob, H.: Zum Problem der Unsicherheit bei Investitionsentscheidungen, in: ZfB, 37. Jg. (1967), S. 153–187, 155.

„Die letzten Bedarfsanalysen zeigen, daß für die nächsten fünf Jahre noch nicht mit einer Marktsättigung hinsichtlich des Produktes X zu rechnen ist. Auch halten wir es auf Grund der intensiven Konkurrenzbeobachtung für recht wahrscheinlich, daß wir unseren bisherigen Marktanteil halten können. Wir rechnen daher mit 70–90%iger Wahrscheinlichkeit mit einer durchschnittlichen jährlichen Absatzmenge von 10.000–12.000 Stück, was bei einer für möglich erachteten Variationsbreite der Preise von 240,– DM bis 270,– DM einen Gewinn von von 1,2 bis 1,6 Mio DM entspräche. Sollte es jedoch der Konkurrenz gelingen, das neue Verfahren, von dem die Rede ist, früher als erwartet bis zur Produktionsreife zu entwickeln, was wir aber für recht unwahrscheinlich halten, so müßten wir wohl Absatzeinbußen hinnehmen, zumindest aber den Service und die Werbung intensivieren. In diesem Falle, an dessen Eintritt wir aber nur mit einer Wahrscheinlichkeit von 10–30% glauben, rechnen wir mit einem durchschnittlichen Gewinn von 800.000 bis 1 Mio DM".

Diese subjektiven Wahrscheinlichkeitsurteile[429] unterscheiden sich von den experimentell gewonnenen Wahrscheinlichkeitswerten durch ihre geringere Exaktheit[430]. Sie sollen den „Grad der Glaubwürdigkeit" oder „Gewißheit"[431] messen, mit dem der Entscheidungsträger den Eintritt zukünftiger Ereignisse erwartet. „Datenkenntnis, Vorstellungs- und Denkvermögen, Erfahrung und seelische Verfassung"[432] des Unternehmers sind die maßgeblichen Größen, die ihrer Ermittlung zugrundeliegen.

Es ist so gut wie nie möglich, jeder der entdeckten Entscheidungsalternativen ein eindeutiges Ergebnis zuzuordnen[433]. Da – je nach Eintritt der für möglich gehaltenen Datenkonstellation – verschiedene Ein- und Auszahlungsüberschüsse und -zinssätze

429 Zum Begriff der subjektiven Wahrscheinlichkeit s. im einzelnen Krelle, W.: Präferenz- und Entscheidungstheorie, a.a.O., S. 196 ff; Borch, K.H.: a.a.O., S. 307 ff; Wild, J.: Unternehmerische Entscheidungen . . . , a.a.O., S. 84 ff; Gäfgen, G.: a.a.O., S. 332 ff; Bühlmann, H./Loeffel, H./Nievergelt, E.: a.a.O., S. 55. In der Literatur wird – insb. von Shackle und Niehans – bestritten, daß es sinnvoll sei, bei Entscheidungen über Alternativen, die innerhalb des Entscheidungsfeldes des Entscheidenden sehr selten oder nie vorkommen, subjektive Wahrscheinlichkeiten zu berücksichtigen. Wir schließen uns jedoch der Ansicht von Wittmann (W.: Unternehmung . . . , a.a.O., S. 121), Busse v. Colbe (W.: Die Planung . . . , a.a.O., S. 227 f), Krelle (W.: Präferenz und Entscheidungstheorie, a.a.O., S. 198), Gäfgen (G.: a.a.O., S. 335) u.a. an, daß zwischen objektiven und subjektiven Wahrscheinlichkeiten nur ein gradueller, nicht wesensmäßiger Unterschied besteht.

430 Man wird hier also – wie auch Krelle (W.: Präferenz- und Entscheidungstheorie, a.a.O., S. 198) betont – keinen allzu großen Genauigkeitsgrad der subjektiven Wahrscheinlichkeitsurteile erwarten dürfen. In der Schwierigkeit, die Wahrscheinlichkeiten zu quantifizieren, liegt überhaupt eines der Hauptprobleme des Rechnens mit subjektiven Wahrscheinlichkeiten begründet. Vgl. dazu etwa Gäfgen, G.: a.a.O., S. 335 ff; Krelle, W.: a.a.O., S. 204 f; Wild, J.: Unternehmerische Entscheidungen . . . , a.a.O., S. 86 f; Moxter, A.: Bilanzierung und unsichere Erwartungen, in ZfhF, 14. Jg. (1962), S. 607–32, 616; Gutenberg, E.: Bd. II, a.a.O., S. 76; Bühlmann, H./Loeffel, H./Nievergelt, E.: Einführung in die Theorie und Praxis der Entscheidung bei Unsicherheit, Berlin–Heidelberg–New York 1967, S. 55.

431 Krelle, W.: Präferenz- und Entscheidungstheorie, a.a.O., S. 120.

432 Busse v. Colbe, W.: Die Planung der Betriebsgröße, Wiesbaden 1964, S. 229; ähnlich Philipp, F.: Risiko . . . , a.a.O., S. 58.

433 In diesem Sinne stellt auch Rothschild (K.W.: a.a.O., S. 166) fest, daß exakte Vorhersagen unmöglich sind und es daher ehrlicher ist, mit Intervall- statt mit Punktprognosen zu arbeiten. Menges (G.: Ökonomische Prognosen . . . , a.a.O., S. 15) betrachtet letztere als unwissenschaftliche Prophezeiungen.

und daher auch unterschiedliche Konsequenzen[434] erwartet werden, kann bestenfalls ein Schätzungsintervall angegeben werden, innerhalb dessen die Ergebnisse liegen. Dies ist obendrein i.d.R. nur subjektiv bestimmbar, weil objektive Kriterien fehlen[435]. Dies heißt jedoch nicht, daß der Streubereich der erwarteten Resultate willkürlich festgelegt wird. Vielmehr wird man ihn auf Grund einer eingehenden Risikoanalyse[436] abzugrenzen suchen.

Können – wie bisher angenommen – den Ergebnissen der verschiedenen Aktionen Eintrittswahrscheinlichkeiten objektiver oder subjektiver Art zugeordnet werden, so spricht man von Risikoentscheidungen[437]. Nun gibt es aber auch Situationen, in denen selbst die subjektive Wahrscheinlichkeitsverteilung für den Eintritt der Ergebnisse unbekannt ist. Der Unternehmer kann lediglich sagen, daß er mehrere Datenkonstellationen für möglich hält, nicht aber, daß eine von ihnen wahrscheinlicher ist als eine andere. Es handelt sich hier um Entscheidungen unter Ungewißheit i.e.S.[437].

Die vorangehenden Ausführungen haben gezeigt, daß die Maßnahmen i.S. der §§ 311 ff nicht eindeutig (im objektiven Sinne) zu quantifizieren sind. Es muß immer damit gerechnet werden, daß die prognostizierte Entwicklung von der tatsächlichen – in positivem oder negativem Sinne – abweicht. Selbst bei intensivsten Markterfor-

434 Dabei brauchen die Konsequenzen einer Strategie selbst bezüglich einer der alternativ möglichen Umweltsituationen nicht eindeutig bekannt zu sein; sie lassen sich i.d.R. nur in Form einer stochastischen Funktion angeben.

435 Manche Autoren vertreten sogar die Auffassung, eine Prognose der spezifischen Ein- und Auszahlungen der einzelnen künftigen Perioden sei allenfalls sehr begrenzt möglich. So meint z.B. Koch (H.: Probleme . . ., a.a.O., S. 770 ff), das Rechnen mit periodenspezifischen Größen sei nur bei mittelfristigen Rechnungen – maximal 6–8 Jahre – sinnvoll. Bei sehr langfristig wirkenden Maßnahmen bleibe nichts anderes übrig, als mit repräsentativen Werten (gemeint sind wohl die „häufigsten Werte") zu rechnen, und zwar in Form von jährlich gleich hohen Ein- und Auszahlungs- oder gar Einnahme- oder Ausgabeüberschüssen. Dieses Verfahren ist – wie Koch selbst zugibt – notwendigerweise ungenau und kann auch theoretisch nicht befriedigen.
Dagegen beurteilen andere Autoren die Prognosemöglichkeiten positiver. So ist Rühli der Meinung, es sei immer möglich, subjektive Eintrittwahrscheinlichkeiten festzulegen (vgl. Rühli, E.: a.a.O., S. 280; ähnlich auch Schneider, D.: Investition und Finanzierung, Köln und Opladen 1970, S. 68). Das Rechnen mit subjektiven Wahrscheinlichkeiten hat zumindest den Vorteil, daß die Ungewißheitsproblematik eingehend analysiert wird, anstatt sie zu ignorieren. Um eine Auseinandersetzung mit den langfristigen Wirkungen kommt man in keinem Fall herum. Schließlich werden zwar die Erwartungen i.d.R. mit zunehmender Entfernung der zu prognostizierenden Daten vom Bewertungszeitpunkt unsicherer. Die damit verbundene Zunahme der Gefahr der Fehleinschätzung wird jedoch in gewissem Umfange durch die Diskontierung der Zahlungsreihen kompensiert, da sich hierdurch Fehlprognosen für spätere Perioden weniger gravierend auswirken als solche für die ersten, dem Bewertungszeitpunkt folgenden Jahre.

436 Vgl. dazu z.B. Koch, H.: Probleme . . ., a.a.O., S. 774 ff; zur Risikoanalyse mittels Simulation vgl. Heckmann, N./Plein, W.: Investition und Risiko, in: ZfbF, 20. Jg. (1968) S. 760–785, insb. 798 f; Mirani, A./Schmidt, H.: Investitionsrechnung bei unsicheren Erwartungen, in: Das Rechnungswesen als Instrument der Unternehmensführung, hrsg. von W. Busse v. Colbe, Gütersloh 1969, S. 120–136.

437 Wir folgen hier bei der Unterscheidung von Entscheidungen unter Risiko und solchen unter Unsicherheit Schneeweiß, H., a.a.O., S. 2, 12; Heinen, E.: Die Zielfunktion . . ., a.a.O., S. 176. Andere Einteilungen bei Gutenberg, E.: Unternehmensführung . . ., a.a.O., S. 78 f; Albach, H.: Wirtschaftlichkeitsrechnung bei unsicheren Erwartungen, Köln und Opladen 1959, S. 3 f.

schungen, besten Sachkenntnissen und sorgfältigster Informationsaufbereitung und -auswertung ist die Ungewißheit lediglich reduzierbar. „Die Unsicherheit ... ist sozusagen ein konstitutives Element der ganzen Wirtschaft ... und kann gar nicht eliminiert werden“[438].

D. Die Nachteilsbestimmung

1. Die generelle Problematik: die optimale Handlungsalternative als Bewertungsmaßstab

Es stellt sich nun die Aufgabe, unter den Aktionsmöglichkeiten, die als Alternativen zur vorgenommenen oder unterlassenen Maßnahme entdeckt wurden, die optimale herauszufinden. Sie erfordert zunächst die Ermittlung der zulässigen Strategien. Auszuscheiden sind mithin diejenigen Handlungsalternativen, deren Durchführung an der Begrenztheit der Mittel der abhängigen Gesellschaft scheitert; weiterhin die dominierten. Beide Ausleseverfahren können zur Folge haben, daß sich eine Fortführung des Bewertungsprozesses wegen erwiesener Nicht-Nachteiligkeit der durchgeführten (unterlassenen) Maßnahme erübrigt[439]. Es bedarf keiner besonderen Begründung, daß die Interessen der Untergesellschaft nur dann voll gewahrt sind, wenn ihr Vorstand sein subjektives Bewertungsermessen i.S. der gesetzlich postulierten Fiktion der Selbständigkeit ausübt, da die Bestimmung der zulässigen Alternativen primär nach subjektiven Kriterien (subjektive Bewertung der Konsequenzen, subjektive Bewertung des fiktiven Unternehmenspotentials) erfolgt.

Es liegt nahe, bei der Auswahl der optimalen Handlungsalternative aus den verbleibenden Strategien auf die bekannten Entscheidungskriterien zurückzugreifen. Im folgenden soll daher auf einige wichtige Grundgedanken dieser Kriterien[440] eingegangen werden. Dies erscheint vor allem auch deshalb angezeigt, weil sie besonders geeignet sind, die Problematik der Maßnahmenbewertung zu verdeutlichen.

a) Die Auswahl der optimalen Handlungsalternative bei Vorliegen von Wahrscheinlichkeitsvorstellungen

Es sei zunächst davon ausgegangen, daß die Unternehmensleitung über den Eintritt

438 Krelle, W.: Unsicherheit und Risiko in der Preisbildung, in: ZfgSt, Bd. 113 (1957), S. 632–677, 632.

439 Vgl. S. 110 ff.

440 Da die Entscheidungskriterien Gegenstand zahlreicher zusammenfassender Abhandlungen sind, erübrigt sich im Rahmen dieser Arbeit eine eingehende Darstellung und Kritik. Hierzu und zum folgenden sei hingeweisen auf Wittmann, W.: Unternehmung ..., a.a.O., S. 38 ff; Albach, H.: Wirtschaftslichkeitsrechnung ..., a.a.O., S. 73 ff, 119 ff; Busse v. Colbe W.: Die Planung ..., a.a.O., S. 221 ff; Heinen, E.: Das Zielsystem ..., a.a.O., S. 159 ff; Hax, H.: Die Koordination ..., a.a.O., S. 36 ff; Krelle, W.: Präferenz- und Entscheidungstheorie, a.a.O., S. 185 ff; Gutenberg, E.: Unternehmungsführung ..., a.a.O., S. 79 ff; Gäfgen, G.: a.a.O., S. 325 ff, insb. S. 379 ff; Schneeweiß, H.: a.a.O.; Menges, G.: Kriterien optimaler Entscheidungen unter Ungewißheit, in: Statistische Hefte, Bd. 178 (4/1965), S. 151–171; Philipp, F.: Risiko ..., a.a.O., S. 53 ff; Borch, H.: a.a.O., S. 125 ff; Schneider, D.: Investition ..., a.a.O., S. 63 ff; Haas, Ch.: Unsicherheit und Risiko in der Preisbildung, Köln–Berlin–Bonn–München 1965, S. 83 ff. Dort werden auch die Originalarbeiten zitiert, in denen die Entscheidungskriterien entwickelt wurden.

der Ergebnisse der verschiedenen Handlungsalternativen Wahrscheinlichkeitsvorstellungen besitzt. Dabei sollen zur Wahrung der Übersichtlichkeit einige vereinfachende Annahmen getroffen werden, welche die Aussagekraft der folgenden Ausführungen jedoch nicht schmälern. So sei unterstellt, daß es sich bei den – je nach Eintritt einer der als möglich erachteten Umweltsituationen – unterschiedlichen Ergebnissen einer Handlungsalternative um auf den Bewertungszeitpunkt diskontierte Größen, Kapitalwerte, handelt. Das setzt voraus, daß die in den aufeinanderfolgenden Perioden erwarteten Datenkonstellationen – deren Zahl für jede entferntere Periode i.d.R. zunimmt –, z.B. auf einige wenige repräsentative Umweltsituationen verdichtet werden[441], ferner, daß die zu repräsentativen Wahrscheinlichkeitsverteilungen zusammengefaßten Ein- und Auszahlungsüberschüsse der verschiedenen Perioden abgezinst worden sind[442].

(1) Ein Beispiel

Weiterhin soll den Ausführungen durchgängig folgendes Beispiel zugrundeliegen, das sich aber mühelos auch auf andere Fälle übertragen läßt: das abhängige Unternehmen sei von der Obergesellschaft veranlaßt worden, die Herstellung des Produktes 0 einzustellen (Handlungsalternative H_0) und dafür die Produktion des Erzeugnisses 1 aufzunehmen (H_1). Der Suchprozeß habe ergeben, daß sich alternativ die Fertigung der Erzeugnisse 2 und 3 anbietet (H_2 und H_3). Ein ausgleichspflichtiger Nachteil i.S. des § 311 liegt also immer dann vor, wenn für H_0, H_2 oder H_3 bessere Resultate erwartet werden als für H_1. Die Erfolgserwartung der vier Projekte basiere auf jeweils vier als möglich erachteten repräsentativen Datenkonstellationen:

D_1, einer optimistischen Einschätzung der Zukunftsaussichten (z.B. längeres Anhalten der Hochkonjunktur und / oder Ansteigen der Massenkaufkraft und / oder Verteidigung der Absatzposition als Marktführer),

D_2, einer zurückhaltenden Prognose (z.B. gesamtwirtschaftliche Stagnation und / oder Aufkommen von Wettbewerbern und / oder Gewinnschmälerung infolge starken Kostenanstiegs),

D_3, einer pessimistischen Prognose (z.B. Rezession und / oder Konkurrenz durch Substitutionsprodukte und / oder Verschiebung der Bedarfsstruktur) und schließlich

D_4, einer sehr pessimistischen Zukunftserwartung (z.B. Depression und / oder staatliche Einflüsse und / oder ruinöser Wettbewerb infolge von Dumpingimporten).

Ordnet man diesen Datenkonstellationen bezüglich der einzelnen Handlungsalternativen Eintrittswahrscheinlichkeiten p_i der Größe $0 < p_i < 1$ zu, so ergebe die Erwartensstruktur folgendes Bild:

441 Zu den verschiedenen Techniken der Zusammenfassung mehrerer Wahrscheinlichkeitsverteilungen vgl. z.B. Schneider, D.: Investition . . . , a.a.O., S. 80 ff.

442 Werden in den einzelnen Perioden mehrere Zinssätze für möglich gehalten, so rechnet man meist vereinfachend mit einem durchschnittlichen (repräsentativen) Zinsfuß.

Tabelle 1

H_i \ D_j	D_1	D_2	D_3	D_4
	p_1	p_2	p_3	p_4
H	0,1	0,5	0,2	0,2
H_o	0,4	0,2	0,1	0,3
H_2	0,5	0,3	0,1	0,1
H_3	0,1	0,2	0,3	0,4

Stellt man schließlich die Datenkonstellationen und die bei ihrem Eintritt jeweils erwarteten Erfolge (Kapitalwerte C, gemessen in DM 1.000) den Handlungsalternativen gegenüber, so ergebe sich folgende Kapitalwertmatrix:

Tabelle 2

H_i \ cij \ D_j	D_1	D_2	D_3	D_4
	C_1	C_2	C_3	C_4
H_o	5.000	4.000	500	−1.500
H_1	6.000	3.500	0	−4.000
H_2	4.600	2.500	900	−1.600
H_3	2.200	1.500	1.200	1.000

(2) Entscheidungskriterien für die Auswahl der optimalen Handlungsalternative

In der Praxis zeigt sich häufig, daß die Unternehmer in Risikosituationen ihre Entscheidungen an der Datenkonstellation ausrichten, der sie die *größte Eintrittswahrscheinlichkeit* beimessen[443]. Die subjektive Wahrscheinlichkeitsverteilung wird also auf den wahrscheinlichsten Wert reduziert. Da in unserem Beispielfall der wahrscheinlichste (p_1 = 0,4) Kapitalwert der aufgenommenen Produktion 6 Mio DM beträgt, und H_2 als beste der alternativen Entscheidungsmöglichkeiten lediglich einen solchen von 4,6 Mio DM aufweist, zöge bei Anwendung dieses Entscheidungskriteriums der Konzerneingriff keine Ausgleichspflicht nach sich.

Kritisch einzuwenden gegen dieses Verfahren ist vor allem, daß durch die Konzentration auf zwei Datenkonstellationen wertvolle verfügbare Informationen unberücksichtigt bleiben. Dies erscheint nur dann – wenn überhaupt – sinnvoll, wenn einer Datenkonstellation ein überragender Grad an Glaubwürdigkeit – etwa 0,8 oder 0,9 – zugeordnet wird. In unserem Falle wäre es bezüglich H_1 höchst riskant, D_4 außer acht zu lassen, da sich die Wahrscheinlichkeitsgrade von D_4 und D_1 nur geringfügig,

443 Vgl. Gutenberg, E.: Unternehmensführung . . . , a.a.O., S. 84; Bössmann, E.: a.a.O., S. 245 f; Wittmann, W.: Ungewißheit, a.a.O., S. 507.

ihre Konsequenzen aber erheblich unterscheiden. Es wird daher oft vorgeschlagen[444], Sicherheitsvorkehrungen für den Fall zu treffen, daß eine „sekundär" für möglich gehaltene Datenkonstellation einträte und den Gewinn unter eine bestimmte – subjektiv definierte – Mindesterfolgsgröße absinken ließe.

Da solche Sicherheitsmaßnahmen – etwa das Halten von Finanz- oder Kapazitätsreserven, die Verwendung elastischer, aber weniger rationeller Produktionsverfahren – Kosten verursachen, wären in unserem Falle die Kapitalwerte zumindest zu kürzen[445]. In welcher Höhe dies zu geschehen hat, richtet sich nach der Risikopräferenz des Entscheidungsträgers und den von Alternative zu Alternative meist unterschiedlich hohen Aufwendungen für die Umstellung des Produktionsapparats und sonstiger Einrichtungen bei Eintritt der sekundären Umweltsituation.

Bei Anwendung des *Kriteriums der mathematischen Erwartung* und unter Zugrundelegung der Tabellen 1 und 2 ergibt sich folgende Erwartenswertmatrix:

Tabelle 3

D_j / H_i	D_1 p	D_2 p	D_3 p	D_4 p	ΣC_{ij}
H_0	500	2.000	100	– 300	2.300
H_1	2.400	700	0	–1.200	1.900
H_2	2.300	750	90	– 160	2.980
H_3	220	300	360	400	1.280

Da der mathematische Erwartungswert der von der Konzernleitung veranlaßten Maßnahme H_1 1,9 Mio DM beträgt, derjenige der optimalen alternativen Maßnahme H_2 aber 2,98 Mio DM, hat die Obergesellschaft einen Ausgleich in Höhe von 1,08 Mio DM zu leisten.

Gegen die Anwendung des Kriteriums der mathematischen Erwartung wird – abgesehen von der grundsätzlichen Kritik an der Verwendung subjektiver Wahrscheinlichkeitsziffern bei einmaligen Entscheidungen[446]– im wesentlichen der Einwand er-

444 Vgl. dazu insb. Koch, H.: Die Diskussion um die Ungewißheitstheorie, in: ZfhF, 12. Jg. (1960), S. 49–75; ders.: Über eine allgemeine Theorie des Handels, in: Zur Theorie der Unternehmung, a.a.O., S. 367–423, 423 ff.

445 Eine in derPraxis weit verbreitete Methode besteht darin, über die Korrektur der wahrscheinlichsten Werte um sog. Sicherheitsäquivalente (sie haben nur die Bezeichnung mit dem in FN 452 definierten Begriff gemein) die unsicheren Daten in sichere zu verwandeln. So setzt man z.B. die Einzahlungen (Auszahlungen) bewußt zu niedrig (zu hoch) an, verkürzt die voraussichtliche Nutzungsdauer der Anlagen oder erhöht den Kalkulationszinsfuß um Risikozuschläge. Abgesehen davon, daß es sich bei den Zu- und Abschlägen oft um recht grobe Werte handelt, verschleiert diese Methode nur das Unsicherheitsproblem, statt es zu lösen; dadurch daß die Korrektur zur ungünstigen Seite hin erfolgt, wird eine bestimmte Risikopräferenz des Entscheidenden vorausgesetzt, die der tatsächlichen nicht entsprechen muß. Außerdem unterstellt man Datenkostellationen, die gar nicht erwartet werden. Zur Kritik vgl. z.B. Busse v. Colbe, W.: Die Planung . . . , a.a.O., S. 232; Wittmann, W.: Ungewißheit . . . , a.a.O., S. 507; Albach, H.: Wirtschaftlichkeitsrechnung, a.a.O., S. 81.

446 S. FN 429.

hoben, es berücksichtige die individuelle Risikoneigung des Entscheidungsträgers nicht und setze implizite eine lineare Nutzenfunktion voraus. Die generelle Unterstellung eines solchen Verhaltens wäre nur dann gerechtfertigt, wenn sich die Entscheidungen oftmals wiederholen – hier würden sich Chancen und Risiken nach dem Gesetz der großen Zahl auf die Dauer ausgleichen – und der Entscheidungsträger weder risikoscheu noch -freudig ist. Diese Annahme ist aber insb. dann unrealistisch, wenn der Eintritt einer ungünstigen Datenkonstellation zum Ruin des Unternehmens führen würde. Die Praxis zeigt darüber hinaus, daß die Unternehmer oftmals zugunsten höherer Sicherheit auf einen Teil der Gewinnchancen verzichten[447].

Es ist also zu fordern, daß der Erwartungswert nicht zur alleinigen Entscheidungsgrundlage erhoben, sondern auch das mit der Verwirklichung einer Handlungsalternative verbundene Risiko berücksichtigt wird. Als Risikomaße bieten sich dabei verschiedene Größen an[448]. Verwendet man z.B. ein einfaches, u.a. von Krelle[449] vorgeschlagenes Streuungsmaß, die mittlere absolute Abweichung der Einzelwerte vom Erwartenswert, so erhält man in unserem Beispiel folgende Abweichungswerte: für H_0 2,24 Mio DM, für H_1 3,92 Mio DM, für H_2 1,62 Mio DM und schließlich für H_3 0,272 Mio DM. Sie bestätigen in diesem Falle die Vorteilhaftigkeit von H_2 gegenüber H_1.

Allerdings ist uns mit der Feststellung der Risikohöhe noch nicht viel gedient. Ihre Kenntnis erlaubt lediglich die allgemeine Aussage, daß bei rationalem Handeln die Streuung den Ausschlag gibt, wenn zwei Handlungsalternativen mit gleichem Erwartungswert zur Auswahl stehen[450]. Damit ist noch nichts darüber gesagt, wie hoch der Entscheidungsträger das Risiko bewertet. Von dieser Bewertung hängt es aber allein ab, in welchem Ausmaß die Erwartenswerte zu korrigieren sind. Je nach Art der Risikopräferenz des Vorstands der abhängigen Gesellschaft können sich somit die Höhe des ausgleichspflichtigen Nachteils und die Auswahl der optimalen Handlungsalternative erheblich verändern. Das sei anhand einer einfachen, von Krelle[451] entwickelten Streuungspräferenzfunktion (Φ) $(\mu, \sigma) = \mu + a \cdot \sigma$ verdeutlicht, in der μ die Höhe des Erwartenswertes, σ die mittlere absolute Abweichung von diesem Wert und a einen Risikogewichtungsfaktor darstellen. Unter der Annahme, der Vorstand der abhängigen Gesellschaft zeichne sich durch einen mittleren Grad von Risikoscheu aus, erhält man etwa für H_0 folgende Streuungspräferenzfunktion: $\Phi\ (\mu, \sigma) = \mu + a \cdot \sigma$ mit $\mu = 2{,}3$ Mio DM, $a = -\frac{1}{4}$ und $\sigma = 2{,}24$ Mio DM, also $\Phi\ (\mu, \sigma) = 2{,}3$ Mio DM $- \frac{1}{4} \cdot 2{,}24$ Mio DM $= 1{,}74$ Mio DM.

447 Zur Risikoaversion in der Praxis vgl. insb. Schneeweiß, H.: a.a.O., S. 54 f; Arbeitskreis Hax der Schmalenbach-Gesellschaft: Wesen und Arten unternehmerischer Entscheidungen, in: ZfbF, 16. Jg. (1964), S. 685–715, 701 ff; Borch, K.H.: a.a.O., S. 118 ff.

448 Vgl. dazu Gäfgen, G.: a.a.O., S. 372 ff; Schneeweiß, H.: a.a.O., S. 55 ff; Heinen, E.: Das Zielsystem . . . , a.a.O., S. 169 ff.

449 Vgl. Krelle, W.: Präferenz- und Entscheidungstheorie . . . , a.a.O., S. 148 ff.

450 Bei gleicher Streuung gibt entsprechend die Höhe der Erwartenswerte den Ausschlag.

451 Vgl. Krelle, W.: Präferenz- und Entscheidungstheorie, a.a.O., S. 148 ff. Krelle (W.: a.a.O., S. 159) räumt selbst ein, daß diese Entscheidungsregel nur dann allgemein als vernünftig akzeptiert werden kann, „wenn das Streubild der zu vergleichenden Chancenbündel symmetrisch und nicht zu verschieden ist", es sich also z.B. um Normalverteilungen handelt.

Da die entsprechenden Werte – sie stellen jeweils nichts anderes als Sicherheitsäquivalente[452] der Wahrscheinlichkeitsverteilungen dar – für H_1, H_2 und H_3 0,92, 2,575 und 1,212 Mio DM lauten, ist der ausgleichspflichtige Nachteil weit höher, nämlich mit 1,655 Mio DM (2,575 Mio DM – 0,92 Mio DM) zu beziffern. Außerdem ist nun selbst H_3 der im Konzerninteresse vorgenommenen Maßnahme H_1 vorzuziehen.

Das weitaus schwierigste Problem besteht nun darin, die Risikobereitschaft des Entscheidungsträgers – in der obigen Streuungspräferenzfunktion durch die Größe des Faktors a gekennzeichnet – zu messen. Krelle[453] bedient sich dazu eines sog. „Risiken- und Chancenpräferenzfeldes". Es gibt an, in welchem Maße der Entscheidende niedrigere, aber wahrscheinlichere Gewinne höheren, jedoch weniger wahrscheinlichen vorzieht und wie hoch für ihn die Gewinerwartung sein muß, um einen möglichen Verlust auszugleichen. Zur Konstruktion eines solchen Feldes ist es erforderlich, Indifferenzkurven festzulegen, die jeweils die Chancen bzw. Risiken kennzeichnen, die als gleich empfunden werden. Die sog. einfachen Chancen bzw. Risiken – d.s. diejenigen der zuerst festzulegenden Indifferenzbeziehungen – sind durch Befragung zu ermitteln, indem dem Entscheidungsträger z.B. verschiedene Wahrscheinlichkeitsverteilungen zur Auswahl vorgelegt werden[454].

Wenden wir uns abschließend der sehr wichtigen Frage zu, von welchen Faktoren die Risikobereitschaft eines Unternehmens geprägt wird. Zu nennen sind hier zunächst die sachlichen Bestimmungsgründe: die betriebswirtschaftliche und betriebstechnische Lage der Unternehmung, also ihre absatz-, beschaffungs- und finanzwirtschaftliche Position sowie ihre entwicklungs- bzw. fertigungstechnische und rentabilitätsmäßige Situation[455]. So wird z.B. eine sehr liquide Gesellschaft eher dazu neigen, riskante, dafür aber auch große Gewinnchancen verheißende Projekte zu realisieren als eine Unternehmung, deren Finanzlage angespannt ist.

452 Als Sicherheitsäquivalente bezeichnet man ein sicheres Ergebnis, das zu einer Wahrscheinlichkeitsverteilung indifferent ist und daher als deren Preis angesehen werden kann. Vgl. Schneeweiß, H.: a.a.O., S. 42 f und passim; Borch, K.H.: a.a.O., S. 40, 46; Krelle, W.: Präferenz- und Entscheidungstheorie, a.a.O., S. 144, 155.

453 Vgl. Krelle, W.: Preistheorie, a.a.O., S. 94 ff; zur Nutzenmessung vgl. ferner: ders.: Präferenz- und Entscheidungstheorie, a.a.O., S. 78 ff, 169 f; Gäfgen, G.: a.a.O., S. 140 ff; Schneeweiß, H.: a.a.O., S. 67 ff; Borch, K.H.: a.a.O., S. 102 ff; Bühlmann, H. / Loeffel, H. / Nievergelt, E., a.a.O., S. 38 ff.

454 Zur Möglichkeit, auf diese oder andere Weise den Verlauf der Nutzenfunktion exakt bestimmen zu können, skeptisch z.B. Moxter, A.: Präferenzstruktur . . ., a.a.O., S. 10; Jakob, H.: Zum Problem der Unsicherheit . . ., a.a.O., S. 173.

455 Vgl. Gutenberg, E.: Unternehmensführung . . ., a.a.O., S. 89; ders.: Bd. II, a.a.O., S. 60; Wittmann, W.: Ungewißheit . . ., a.a.O., S. 505. Schneider (D.: Investition . . ., a.a.O., S. 84 f) nennt im einzelnen folgende Faktoren:
(1) betriebswirtschaftliche Bedingungen (Betriebsgröße, Produktionsprogramm, Kostenstruktur der Produktionsverfahren),
(2) Art der Finanzierung,
(3) Entscheidungsorganisation und Abhängigkeit des Entscheidenden von übergeordneten Instanzen,
(4) Elastizitätsstreben (Sicherheitsbestände, Verbesserung des Produktionsprogramms, Beziehungen zu mehreren konkurrierenden Lieferanten, Einsatz von Mehrzweckmaschinen statt kostengünstiger Einzweckaggregate).

Dieser Gesichtspunkt ist für unser Problem insofern von großer Bedeutung, als der Konzern als Ganzes i.d.R. über größere finanzielle Mittel und Reserven verfügt als die Untergesellschaft, und vor allem Verluste einer Konzerngesellschaft mit den Gewinnen anderer Konzernbereiche zu kompensieren vermag. Daraus können erhebliche Unterschiede in der Einstellung zum Risiko resultieren.

Es liegt daher die Vermutung nahe, daß die Konzernleitung manche risikoreiche Maßnahme durchsetzt, welche der Vorstand der abhängigen Gesellschaft bei Konzernunabhängigkeit nicht durchzuführen bereit gewesen wäre, weil er der Gefährdung der wirtschaftlichen Existenz seines Unternehmens im Falle des Fehlschlagens der Maßnahme höheres Gewicht beigemessen hätte als den Gewinnchancen, und seien diese auch noch so hoch. Führt er die Maßnahme dennoch durch, so braucht der Untergesellschaft daraus gleichwohl kein Nachteil zu erwachsen; ihre Interessen sind so lange gewahrt, wie der Vorstand ein den Interessen seiner Gesellschaft adäquates Risikoverhalten zur Grundlage der Maßnahmenbewertung erhebt und sich hohe Risiken durch entsprechend hohe Abschläge vom Erwartenswert vergüten läßt.

Allerdings ist zu berücksichtigen, daß die Risikobereitschaft nicht allein von der „objektiven" wirtschaftlichen Lage einer Unternehmung bestimmt wird, somit auch ein allgemeingültiges, aus den objektiven Gegebenheiten der Untergesellschaft ableitbares Risikoverhalten gar nicht definiert werden kann. Weit mehr noch als von den sachlichen Faktoren hängen Risikofreude und -aversion von der persönlichen Einstellung des Entscheidungsträgers und seinen Eigenschaften ab. Die Bereitschaft zur Risikoübernahme kann daher selbst in völlig übereinstimmenden Situationen von Unternehmung zu Unternehmung sehr verschieden sein. Sie ist „gewissermaßen vorgegeben"[456], d.h. genau so ursprünglich wie die Wahl der unternehmerischen Zielsetzung und daher letztlich nicht rational begründbar[457]. Krelle drückt den Sachverhalt treffend wie folgt aus:

> „Das Verhalten zum Risiko ... ist ein nicht weiter ableitbarer *Grundentscheid* jeder Person. Bei diesem Grundentscheid gibt es kein Ausweichen in Regeln, kein Verstecken hinter Formeln und Rechnungen. Der Risikoentscheid ist etwas, was die ganze Persönlichkeit des Handelnden erfordert. Eine Elektronenrechenmaschine kann viel, nur nicht den Grundentschluß über das Risikoverhalten abnehmen. Auf der anderen Seite ist ein solcher Entschluß aber auch nicht einfach willkürlich – außer bei Spielernaturen, die sich um das Risiko nicht kümmern. Man hat sich in die Lage *nach* Eintritt des unsicheren Ereignisses zu versetzen. Ist es ungünstig, so soll man auch dann noch sagen können: der Versuch war es wert gewesen. Ist es günstig, so soll man sich auch nachher keine Vorwürfe machen müssen, daß man mit ein wenig mehr Wagemut ein entscheidend besseres Ergebnis hätte erreichen können. Es ist der Glaube an den guten Stern auf der einen, die Vorsicht und die Furcht vor dem Scheitern auf der anderen Seite, die das Risikoverhalten bestimmen. ... Läuft alles gut ab, so ist der betreffende der große Mann, schlägt es fehl, so verdammt jeder den Spieler, der mit zu hohem Einsatz gespielt und alles verloren hat. Glück zu haben, ist eine persönliche Eigenschaft. Deshalb kann auch niemandem der Entscheid über sein Risikoverhalten abgenom-

456 Gutenberg, E.: Unternehmensführung ..., a.a.O., S. 87.
457 Vgl. Busse v. Colbe, W.: Die Planung ..., a.a.O., S. 247; Heinen, E.: Das Zielsystem ..., a.a.O., S. 186.

men werden. Es kann auch niemand raten – außer solche Allgemeinplätze wie: die äußersten Extreme zu meiden und im Zweifelsfall den vorsichtigeren Entschluß zu fassen"[458].

b) Die Auswahl der optimalen Handlungsalternative bei Fehlen von Wahrscheinlichkeitsvorstellungen

Bei der Darstellung der Entscheidungen unter Ungewißheit wollen wir wiederum vereinfachend davon ausgehen, daß die Konsequenzen der Entscheidungsalternativen bei Eintritt einer bestimmten Datenkonstellation bekannt sind. Da außerdem das obige Beispiel zugrundegelegt werden soll, werden die Konsequenzen durch die Ergebnismatrix der Tabelle 2 wiedergegeben. Im übrigen sollen aus der Vielzahl der Entscheidungsregeln, deren Anwendung in Ungewißheitssituationen empfohlen wird, lediglich das Laplace-, das Minimax-, das Maximax- und das Hurwicz-Kriterium herausgegriffen werden.

Bei Anwendung der *Laplace-Regel* ergeben sich für die einzelnen Handlungsalternativen folgende Werte in Mio DM: 2,0; 1,375; 1,6; 1,475. Der Nachteil von H_1 beliefe sich also auf 0,625 Mio DM (2,0–1,375).

Gegen dieses Kriterium wird vor allem eingewendet, es mache einen großen Unterschied, ob man wisse, daß alle Datenkonstellationen gleich wahrscheinlich sind, oder ob man über die Eintrittswahrscheinlichkeiten nichts wisse, da der Ungewißheitsgrad im letzten Fall bedeutend größer sei[459]. Es würden künstlich unbekannte Wahrscheinlichkeiten in bekannte verwandelt. Eine Entscheidung auf der Grundlage dieses Prinzips erscheint daher wenig empfehlenswert.

Folgt der Maßnahmenbewerter der Empfehlung der *Minimax-Regel*, so wäre H_3 als optimale Aktion zu ergreifen. Der Nachteil infolge der Durchführung von H_1 wäre mit 5,0 Mio DM zu veranschlagen.

Gegen dieses Kriterium wird kritisch eingewendet, daß es einen „geradezu pathologischen Pessimismus"[460] des Entscheidungsträgers unterstellt, da es vorschreibt, der Entscheidung nur die jeweils schlechtest-mögliche Entwicklung zugrundezulegen und evtl. hohe Gewinnchancen und die u.U. unterschiedlichen positiven Prognoseabweichungen der einzelnen Handlungsalternativen völlig zu vernachlässigen[461]. Die Minimax-Regel kann daher nicht als allgemeingültiges Entscheidungskriterium angesehen und nur in Situationen akzeptiert werden, in denen triftige Gründe eine betont vorsichtige und pessimistische Zukunftseinschätzung nahelegen.

Während das Minimax-Kriterium eine Entscheidung auf einer übertrieben pessimistischen Zukunftseinschätzung aufgebaut, verfällt die *Maximax-Regel* in das diametral entgegengesetzte Extrem: sie empfiehlt, nur die maximalen Ergebnisse der Alterna-

458 Krelle, W.: Präferenz- und Entscheidungstheorie, a.a.O., S. 168 f; vgl. insb. auch Wittmann, W.: Ungewißheit . . ., a.a.O., S. 502, 506.
459 Vgl. Krelle, W.: Präferenz- und Entscheidungstheorie, a.a.O., S. 190.
460 Vgl. Krelle, W.: Präferenz- und Entscheidungstheorie, a.a.O., S. 185.
461 Zu weiterer Kritik vgl. Busse v. Colbe, W.: Die Planung . . ., a.a.O., S. 254 f; Heinen, E.: Das Zielsystem . . ., a.a.O., S. 179 f.

tiven zu berücksichtigen und darauf diejenige Strategie zu verfolgen, die diese maximalen Werte maximiert. Genau wie bei den zuvor behandelten Kriterien ist zweifelhaft, ob das von der Maximax-Regel postulierte Verhalten der unternehmerischen Entscheidungspraxis entspricht.

Nach dem *Hurwicz-Kriterium* sollen sowohl das günstigste als auch das ungünstigste Ergebnis einer Handlungsalternative zur Entscheidung herangezogen werden. Unterstellen wir vereinfachend, der Pessimismusparameter λ, mit dem beide Extremwerte zu gewichten sind, betrage in unserem Beispielfall für alle Alternativen einheitlich 0,25 – der Unternehmer schätzt die Zukunftaussichten also optimistisch ein –, so erhalten wir den Wert von H_0 z.B. wie folgt:

$\lambda \cdot (-1{,}5 \text{ Mio DM}) + (1 - \lambda)\, 5{,}0 \text{ Mio DM} = 3{,}375 \text{ Mio DM}$.

Da die analog ermittelten Werte für H_1, H_2 und H_3 3,5, 3,05 bzw. 2,05 Mio DM heißen, H_1 also die optimale Strategie darstellt, entfällt eine Nachteilsausgleichspflicht.

Wenn auch die Hurwicz-Regel – insb. wegen der letztlich willkürlichen Beschränkung der zu berücksichtigenden Ergebnisse auf zwei Werte – nicht zu überzeugen vermag[462], so bringt sie doch eines ganz klar zum Ausdruck: auch bei Entscheidungen unter Unsicherheit hängt die Auswahl der optimalen Entscheidungsalternative maßgeblich von der subjektiven Risikobereitschaft des Entscheidungsträgers ab. Da das Ungewißheitsverhalten nicht normierbar ist[463], kann auch die Höhe des Pessimismusindex nicht allgemeingültig bestimmt werden[464]. Es zeigt sich also, daß der Möglichkeit, unter unsicheren Erwartungen rationale Entscheidungen zu fällen, letztlich Grenzen gesetzt sind, weil das Risikoempfinden nie unbeeinflußt von irrationalen Momenten ist[465].

2. Spezielle Probleme bei der Nachteilsermittlung

Die bisherigen Bewertungsschwierigkeiten resultierten z.T. daraus, daß die Maßnahmen, welche die abhängige AG bei Selbständigkeit verwirklicht hätte, nicht ohne weiteres vorgegeben sind. Zu besprechen sind jetzt noch Maßnahmen, bei denen diese Schwierigkeiten zwar nicht auftauchen, die aber dennoch nicht geringere Probleme zu lösen aufgeben.

a) Zurechnungsprobleme

Zu nennen sind hier zunächst Investitionen (bzw. Desinvestitionen) in immaterielle Wirtschaftsgüter, etwa Investitionen für den Ausbau der Forschung und Entwicklung, für die Aus- und Fortbildung der Mitarbeiter, für Werbe- und Marktforschungszwecke

462 Zur weiteren Kritik an der Hurwicz-Regel vgl. z.B. Krelle, W.: Präferenz- und Entscheidungstheorie, a.a.O., S. 186; Busse v. Colbe, W.: Die Planung . . ., a.a.O., S. 256; Gäfgen, G.: a.a.O., S. 388 f.

463 Vgl. Krelle, W.: Unsicherheit . . ., a.a.O., S. 664.

464 Vgl. zu diesem Problem insb. Dinkelbach, W.: Sensitivitätsanalyse . . ., a.a.O., S. 165 ff.

465 Manche Autoren kommen deshalb zu dem Ergebnis, daß das Problem, rationale Entscheidungen unter vollkommener Unsicherheit zu treffen, nicht lösbar ist. Vgl. zu diesem Problem Albach, H.: Wirtschaftlichkeitsrechnung . . ., a.a.O., S. 172 ff; Engels, W.: Betriebswirtschaftliche . . ., a.a.O., S. 53; Menges, G.: Entscheidungen . . ., a.a.O., S. 18.

oder für die Verbesserung des Informations- und Rechnungswesens. Die Problematik besteht nun darin, daß man die Kosten für solche Projekte i.d.R. noch relativ sicher bestimmen kann. Auch wird man sagen können, daß sich diese Investitionen langfristig positiv auf den Unternehmenserfolg auswirken werden und darüber hinaus – man denke etwa an die in manchen Industriezweigen lebenswichtige Grundlagenforschung – zur Erhaltung des Unternehmens unerläßlich sind. Nur gibt es bis jetzt keine verläßliche Methode, die Erfolgsbeiträge solcher Maßnahmen zu bestimmen. Gesetzt den Fall, die abhängige AG werde gegen ihren Willen daran gehindert, eines der genannten Vorhaben zu verwirklichen, so kann man hier über den Nachteil – den vermutlich langfristigen Gewinnentgang – allenfalls sehr vage Schätzungen anstellen.

Ähnliche Schwierigkeiten der Nachteilsermittlung treten bei (unterlassenen) Maßnahmen auf, die nicht unmittelbar produktiven Zwecken dienen: etwa bei der Errichtung eines Verwaltungshochhauses oder beim Ausbau von Sozialeinrichtungen. Daß sich z.B. die Verbesserung sozialer Einrichtungen – Wohnungsbau, Ferienwerke, Altersfürsorge etc. – ertragssteigernd auswirken kann (Verbesserung des Betriebsklimas, erleichterte Anwerbung von Arbeitskräften, Steigerung der Produktivität), steht außer Zweifel; die Frage ist nur wieder, in welchem Umfang sie zum Unternehmenserfolg beiträgt.

Diese Schwierigkeiten sind aber nicht nur auf unterlassene Maßnahmen beschränkt. Nehmen wir zunächst den Fall, daß die abhängige AG gegen ihren Willen zum Aufkauf eines Konkurrenten veranlaßt wird. Die Konzernspitze begründet diese „Weisung" mit dem Argument, diese Maßnahme sei notwendig, um einen drohenden Preisverfall auf dem betreffenden Markt aufzuhalten. Sie wirke sich zudem höchst positiv für die Untergesellschaft aus, da die Wettbewerbseinschränkung die Durchsetzung höherer Marktpreise gestatte. Diese Behauptung wird sich später kaum eindeutig verifizieren oder falsifizieren lassen, da tatsächlich eintretende Erlösverbesserungen und Preisanhebungen auch durch andere Faktoren verursacht sein können, deren Einfluß i.d.R. nicht isolierbar ist. Bleibt umgekehrt die erhoffte Wirkung aus, so wird sich die Obergesellschaft z.B. auf Konjunkturabschwächungen oder Bedarfsveränderungen berufen und behaupten, bei Unterlassung des Beteiligungserwerbs wären die Erlöse noch mehr geschrumpft.

Der Fall kann sich zudem noch dadurch komplizieren, daß das betreffende Konkurrenzunternehmen auf Märkten, die die abhängige AG nicht beliefert, mit anderen Konzernunternehmen in scharfem Wettbewerb steht. Wie soll man hier bestimmen, ob die Maßnahme letztlich überwiegend im Interesse des Konzerns oder der abhängigen AG erfolgt? Zu bedenken wäre, daß die letztere bei Unabhängigkeit die gleichen Wettbewerbsvorteile u.U. durch eine Koalition mit Unternehmen ihrer Branche erzielt hätte.

Mit gleichgelagerten Problemen wird man schließlich auch bei personalpolitischen Entscheidungen konfrontiert. In der Literatur wird zu Recht auf die überragende Bedeutung eines schlagkräftigen Managements als Wertschöpfungsfaktor hingewiesen[466]. Die Schwierigkeiten, die Nachteile zu quantifizieren, die der Unterge-

466 Käfer (K.: Substanz . . ., a.a.O., S. 335) berichtet von Fällen, in denen der Unternehmens-

sellschaft dadurch entstehen, daß erfolgreiche Vorstandsmitglieder oder ideenreiche Forschungsleiter[467] von der Konzernzentrale abgezogen werden, liegen auf der Hand.

Nun wird man auch in den genannten Fällen die entgangenen oder bewirkten Erfolgsbeiträge im Wege der Schätzung feststellen können[468]. Was die Sache nur sehr erschwert, ist die Tatsache, daß der Obergesellschaft die Nachteiligkeit ihrer Einflußnahme nicht eindeutig nachgewiesen und auch ex post die Höhe des Nachteils nicht genau bestimmt werden kann[469]. Das liegt daran, daß es sich hier um Zurechnungsprobleme handelt, die bis jetzt als unlösbar gelten[470]. Es gibt zwar einige interessante Lösungsvorschläge[471], sie erweisen sich aber m.E. für Zwecke der §§ 311 ff als unpraktikabel:

Erwähnenswert ist vor allem der Vorschlag von Brede[471a], der zwar nicht zu einer echten Lösung des Quantifizierungsproblems, aber doch zu einer Umgehung desselben führt. Brede geht von dem Axiom aus, daß der Erfolgsbeitrag einer in ihren Wirkungen bezüglich des Unternehmensziels schwer quantifizierbaren Handlungsalternative seiner Einschätzung durch ein mehrköpfiges Sachverständigengremium entspricht. Zweck des Verfahrens ist es, aus den subjektiven Schätzungen der Einzelnen quasi-objektive Beurteilungen abzuleiten. Vereinfachend dargestellt geht Brede wie folgt vor:

(1) Hochqualifizierte Fachleute werden nach ihrem Urteil über die zu bewertende Maßnahme befragt. Die Messung der Erfolgsbeiträge erfolgt mittels Methoden der psychometrischen Schwellenwertermittlung.

(2) Die individuellen Wertschätzungen der Experten werden gesammelt und auf statistisch einwandfreie Weise zu einem Kollektivurteil zusammengefaßt. Dadurch soll erreicht werden, daß Willkür und Zufälligkeiten der Einzelurteile ausgeschaltet werden und in das zusammengefaßte Urteil mehr Informationen eingehen.

Unterstellt wird, daß das neutrale, zufallsfreie Urteil das „richtige" darstellt. Es ist um so zuverlässiger, je größer die Anzahl der Experten ist.

Obwohl dieses Verfahren nicht gerade billig ist –, Brede selbst hält die Befragung von 15 Experten wohl für erforderlich –, erscheint es mir für bestimmte Entscheidungen,

wechsel eines erfolgreichen Managers bei der früher von ihm geleiteten Firma Kurssenkungen, bei der neuen Kurssteigerungen zur Folge hatte. Vgl. auch Zimmerer, C.: Über die Mobilisierbarkeit gewerblicher Unternehmungen, in ZfB, 37. Jg. (1967), S. 471–75, 475.

467 Zur Praxis vgl. FN 392.

468 Zu weitgehend daher Rasch, H.: 4. Aufl., a.a.O., S. 172 und Luchterhandt, H.F.: Leitungsmacht . . ., a.a.O., S. 32, die die Quantifizierbarkeit bestimmter Maßnahmen generell leugnen.

469 Die dadurch bewirkte Ausweitung des Ermessensspielraums der Obergesellschaft – die Bewertung wird praktisch unkontrollierbar – hat nicht nur eine tendenzielle Schwächung des Vorstandes der abhängigen AG zur Folge (vgl. S. 136), sie erschwert – darauf sei hier schon hingewiesen – vor allem auch die Aufgabe des Wirtschaftsprüfers.

470 Vgl. dazu insb. Brede, H.: Die wirtschaftliche Beurteilung von Verwaltungsentscheidungen in der Unternehmung, Köln und Opladen 1968, S. 59 ff.

471 Vgl. dazu Brede, H.: a.a.O., S. 62 ff.

471a Ebenda, S. 77 ff.

z.B. die Einführung einer Datenverarbeitungsanlage durchaus diskutabel. Für unsere Zwecke bringt es aber nur geringe Fortschritte. Da es sich hier in den gerade entscheidenden Fällen um Führungsentscheidungen handelt, müßte man schon Führungskräfte der Branche befragen, da die Unternehmensleitung die Urteile ihr unterstellter Mitarbeiter – ganz abgesehen von deren mangelnder Unabhängigkeit – kaum als kompetenter als das eigene Urteil akzeptieren dürfte. Wen sollte man dann aber als Gutachter gewinnen? Manager von Konkurrenzfirmen wohl kaum, man müßte ihnen ja genaueste (und geheimste) Informationen über die verfügbaren Handlungsalternativen zur Verfügung stellen. Auch eine WP-Gesellschaft wird – aus noch zu erörternden Gründen – wohl kaum für die Gutachtertätigkeit in Frage kommen, ganz abgesehen einmal von den Zeit- und Kostenfaktoren[472].

b) Die Nachteilsermittlung bei völliger Umstrukturierung der abhängigen Aktiengesellschaft

Besondere Schwierigkeiten treten auch bei der Bewertung von Maßnahmen auf, welche die selbständige Existenz der abhängigen AG gefährden bzw. vernichten[473]. Bei der Ermittlung des Nachteils, welcher dieser über die unmittelbaren vermögensmäßigen Schäden[474] hinaus entsteht, könnte man zunächst davon ausgehen, es seien die Reproduktionskosten zu berechnen, die etwa zum Wiederaufbau einer wirkungsgleichen Forschungs-, Ausbildungs- oder Marketingorganisation oder zur Umstellung der Produktion auf marktgängige Erzeugnisse erforderlich sind. Wird also z.B. die Absatzorganisation der Untergesellschaft aufgelöst, weil der Absatz nunmehr über das konzerneigene Vertriebsnetz abgewickelt wird, so bedeutete dies, daß die um die Liquidationserlöse gekürzten Kosten zur Wiederherstellung der Organisation festzustellen wären[475].

Gewisse Anhaltspunkte – mehr aber auch nicht – könnten dabei die in der Vergangenheit erbrachten Aufwendungen (für die Erstellung von Anlagen, für Personalausbildung und -anwerbung, Werbung etc.) abgeben. Jedoch würde die Ermittlung der Reproduktionskosten zu wenig sinnvollen Resultaten führen, wie sich insb. an dem Beispiel zeigt, daß das Produktionsprogramm der abhängigen AG auf den spezifischen Konzernbedarf ausgerichtet wird. Im Falle der Beendigung der Abhängigkeit wäre es oft geradezu absurd, den alten Zustand wiederherzustellen: in der Zwischenzeit können z.B. neue Wettbewerber auf dem einstigen Markt der abhängigen AG aufgetreten sein; der Markt kann u.U. überbesetzt sein, der Bedarf hat sich u.U. völlig gewandelt etc. Die Untergesellschaft hätte sich bei Selbständigkeit wahrscheinlich den geänderten Umweltverhältnissen angepaßt und sich evtl. ganz neuen Absatzgebieten oder Produktionsverfahren zugewandt.

472 Vgl. S. 141 ff dieser Arbeit.
473 Vgl. S. 41 ff dieser Arbeit.
474 Diese sind bei Vornahme der Maßnahme zu bewerten.
475 Es wurde schon darauf hingewiesen, daß die nunmehr wegfallenden Kosten für den Unterhalt der Absatzorganisation – mit gewissen Einschränkungen – als Preisobergrenze für die vom Konzern erbrachten Absatzleistungen zu betrachten sind. (vgl. S. 91 ff).

Nun wird m.E. ein solches Vorgehen bei der Ermittlung des speziellen Nachteils auch gar nicht verlangt, dies schon deshalb nicht, weil der Nachteilsausgleich i.S. des § 311 nicht gleichzusetzen ist mit Schadensersatz i.S. von Naturalrestitution. Es kann unter diesen Umständen nur darauf ankommen, die Kosten zu ermitteln, die zur Wiedergewinnung bzw. Erhaltung der gleichen Erfolgsfähigkeit der Untergesellschaft erforderlich sind. Allerdings ist damit noch nicht das Problem gelöst, das sich daraus ergibt, daß der Zeitpunkt der Auflösung des Abhängigkeitsverhältnisses i.d.R. völlig ungewiß ist, zum Zeitpunkt der Vornahme der obengenannten Maßnahme also noch gar nicht – auch nicht annäherungsweise – gesagt werden kann, welche Kosten dereinst einmal entstehen werden.

M.E. erzwingt aber der im Rahmen der §§ 311 ff maßgebliche Grundsatz der ex ante-Bewertung auch gar keine Lösung in der dargelegten Weise. Stellt man sich nämlich auf den Standpunkt, das zwangsweise Ausscheiden der Untergesellschaft aus dem Konzernverbund sei selbst noch eine ausgleichspflichtige Maßnahme, sie sei die letzte, die noch während des ursprünglichen Abhängigkeitsverhältnisses getroffen wird, so wäre der daraus resultierende Nachteil erst zu diesem Zeitpunkt zu bestimmen. Dadurch wird auch der Zweck der §§ 311 ff, die Minderheitsaktionäre vor vermögensmäßigen Nachteilen zu bewahren, völlig[476] erreicht[477]. Gegen diese Auffassung spricht auf den ersten Blick der Wortlaut des § 311 Abs. 1, der eine Ausgleichspflicht nur für Maßnahmen statuiert, die auf Veranlassung der Obergesellschaft *getroffen* (bzw. unterlassen) wurden, insoweit also ein „Aktivwerden" der abhängigen AG voraussetzt. Aber selbst wenn man berücksichtigt, daß die Untergesellschaft die Auflösung des Konzernverhältnisses häufig nur passiv zu dulden hat, so ist m.E. der Unterschied zwischen dem zwangsweisen Ausscheiden der abhängigen AG und anderen von der Konzernleitung initiierten Maßnahmen nur gradueller, nicht grundsätzlicher Natur: auch bei letzteren ist die abhängige AG oft nicht als selbständig Handelnde beteiligt, sondern nur als Ausführungsorgan, das die Pläne der Konzernleitung gutzuheißen und deren Weisungen und Entscheidungen passiv hinzunehmen hat[478].

Im übrigen blieben bei Ablehnung der hier vorgeschlagenen Lösung nur folgende Alternativen: entweder man versucht die möglicherweise aus dem Ausscheiden resultierenden Schädigungen – gegen den Wortlaut des Gesetzes – durch eine ex post-Bewertung zu erfassen[479] oder man resigniert vor den Unzulänglichkeiten des Gesetzes und gibt die abhängige AG den nachteiligen Einflußnahmen des Konzern-

476 Von den sonstigen Unzulänglichkeiten des Gesetzes einmal abgesehen.

477 Von dieser Verpflichtung der Obergesellschaft, Nachteile infolge des von ihr initiierten Ausscheidens der abhängigen AG zu begleichen, bliebe der Anspruch der Untergesellschaft auf Ausgleich von Nachteilen (vermögensmäßiger Art), die durch strukturverändernde Maßnahmen unmittelbar während des Konzernverbundes entstanden, unberührt. Dieser Anspruch ist selbstverständlich zum Zeitpunkt der Durchführung der Maßnahme – also etwa der Übertragung der Absatzorganisation auf die Obergesellschaft – zu bewerten, wobei der Ausgleich auch in der in FN 475 beschriebenen Art erfolgen kann.

478 Strittig könnte ferner sein, ob in dem Falle, daß das Ausscheiden während des Geschäftsjahres erfolgt, noch ein Abhängigkeitsbericht zu erstellen ist. Selbst wenn man dieses wie Adler–Düring–Schmaltz (4. Aufl., a.a.O., S. 947 f) verneint, bliebe die Berechtigung des Ausgleichsanspruchs davon unberührt.

479 Vgl. hierzu S. 160 ff dieser Arbeit.

aktionärs schutzlos preis, was wiederum dem vom Gesetzgeber beabsichtigten Schutzzweck der §§ 311 ff zuwiderliefe.

Der Obergesellschaft bleibt natürlich auch in dem hier besprochenen Fall – wie bei jeder nachteiligen Maßnahme – das Recht unbenommen, die Art des Ausgleichs festzulegen. Denkbar wären verschiedene Möglichkeiten: will die Obergesellschaft sämtliche Kontakte zu ihrer bisherigen Tochtergesellschaft abbrechen, so wären nun z.B. die Kosten für den Wiederaufbau einer eigenen Absatzorganisation zu ermitteln. Dabei ergeben sich allerdings nicht geringe Schwierigkeiten, vor allem bei der Schätzung der voraussichtlichen Anlauf- und Ingangsetzungskosten: über die Kosten, die zur Anwerbung und Ausbildung des Personals, zum Aufbau eines Kundenstammes, zur Anknüpfung von Beziehungen zu Lieferanten, Banken, Staatsbehörden etc. erforderlich sind, insb. auch über die dazu benötigte Zeit, wird man nur grobe Schätzwerte angeben können, die mit einem großen Maß an Unsicherheit behaftet sind[480]. Gleiches gilt für die Umstellung der Erzeugung auf marktfähige Produkte[481], wenn der Konzern an einer weiteren Belieferung nicht interessiert ist. Es käme aber auch die Möglichkeit in Betracht, daß der Konzern die Nachteile durch langfristige Liefer-, Abnahme- und Lizenzverträge ausgleicht. Eine letzte – wohl die praktisch relevanteste – Ausgleichsregelung bestünde darin, daß bei einem Wechsel der Beteiligung zu einem neuen Konzernaktionär der nunmehr von diesem abhängigen AG ein Ausgleich des durch den Wechsel u.U. entstehenden Nachteils zugesichert wird. Die Frage der Ausgleichsregelung ist dann im Wege der Verhandlung zwischen Erwerber und Veräußerer der Beteiligung zu klären.

E. Zwischenergebnis

Die vorangehenden Ausführungen haben gezeigt, daß der mehrere Stufen umfassende Prozeß der Ermittlung der Vor- oder Nachteiligkeit berichts- und / oder ausgleichspflichtiger Maßnahmen eine Reihe von Problemen aufwirft, für deren Lösung Patentrezepte nicht existieren; was die Informationsgewinnung und die Auffindung der optimalen, als Bewertungsmaßstab für die tatsächlich vorgenommenen oder unterlassenen Maßnahmen fungierenden Handlungsalternative betrifft, so läßt sich lediglich feststellen, daß eine umfangreiche und intensive Datenbeschaffung die notwendige Voraussetzung für eine sachgerechte Maßnahmenbewertung darstellt.

Da es aber an einem operationalen Kriterium zur Bewertung der optimalen Informations- und Suchpolitik fehlt, ist die Gefahr, daß die optimale Handlungsalternative übersehen wird, nicht auszuschließen. Dies bedeutet, daß zur Bestimmung der Vor- oder Nachteiligkeit der im Konzerninteresse durchgeführten oder unterlassenen Maßnahme u.U. eine ungünstigere Alternative als Bewertungsmaßstab herangezogen wird

480 Diese Unsicherheit bildet bekanntlich oft einen maßgeblichen Grund dafür, daß expandierende Unternehmen das externe Wachstum (Erwerb bestehender Firmen) dem internen Wachstum (Neuerrichtung von Zweigwerken) vorziehen.

481 Der Wert der neuen Produktion, d.h. deren diskontierte Erfolge, muß dem Wert der alten entsprechen; Wertunterschiede können aber auch z.B. durch Geld ausgeglichen werden.

mit der Folge, daß eine Ausgleichspflicht verneint oder in zu geringer Höhe angenommen und der eindeutige Nachweis für die „Richtigkeit" einer anderen Bewertung nicht erbracht werden kann.

Ferner wurde gezeigt, daß die Problematik der Maßnahmenbewertung hauptsächlich daraus resultiert, daß die wichtigsten der von den §§ 311 ff erfaßten Maßnahmen prospektiven Charakter haben und über die Höhe ihrer Konsequenzen i.d.R. bestenfalls subjektive Wahrscheinlichkeitsvorstellungen bestehen. Selbst wenn die letztere Annahme zutrifft, so erweist sich doch die Messung der subjektiven Wahrscheinlichkeitsgrade und die Ableitung einer eindeutigen Nutzenfunktion des Entscheidungsträgers als problematisch bzw. unmöglich. Unabhängig aber davon, ob Wahrscheinlichkeitsurteile hinsichtlich der zukünftigen Entwicklung angegeben werden können oder nicht, zeigt sich, daß es an einem allgemeinverbindlichen Kriterium für die Bewertung der Entscheidungsalternativen und für die Auswahl der optimalen unter ihnen mangelt. Dies ist auch gar nicht verwunderlich, weil alle Risikopräferenz-, Nutzen- und Zielfunktionen auf subjektiven, an die Person des Entscheidenden gebundenen Umweltbeurteilungen und Wertvorstellungen beruhen.

Wenn auch diejenigen Entscheidungskriterien, die ein bestimmtes optimistisches oder pessimistisches Ungewißheitsverhalten normieren, nicht als allgemeingültig akzeptiert werden könnnen, so sind selbst sie nicht von vornherein als unzulässig auszuschließen: eine „optimistische Einstellung kann sich ex post als ebenso vernünftig erweisen wie eine pessimistische"[482].

Daher müßte, selbst wenn es ein rational zwingendes Ungewißheitsverhalten gäbe, immer damit gerechnet werden, daß die ex post-Werte von den ex ante-Erwartungen abweichen[483].

Für unser Problem folgt daraus, daß das vom Gesetzgeber postulierte Verhaltens- und Bewertungskriterium – das Handeln und Beurteilen eines ordentlichen und gewissenhaften Geschäftsleiters einer unabhängigen Gesellschaft – nicht operational ist, weil damit keine auch nur annähernd eindeutige Norm vorgegeben wird. Je nach Zukunftseinschätzung und Risikopräferenz des Maßnahmen-Bewerters können die Maßnahmen außerordentlich unterschiedlich bewertet werden. In dem oben angegebenen Beispiel reicht die Beurteilung z.B. von der Feststellung, die im Konzerninteresse vorgenommene Maßnahme sei nicht nachteilig, bis zu dem Ergebnis, sie verursache einen Nachteil in Höhe von 1,655 Mio DM (bei Bestehen von Wahrscheinlichkeitsvorstellungen) bzw. 5,0 Mio DM (bei Ungewißheit i.e.S.). Die Differenz zwischen günstigster und ungünstigster Bewertung beträgt sogar 3,055 bzw. 6,0 Mio DM[484].

482 Albach, H.: Das optimale Investitionsbudget bei Unsicherheit, in: ZfbF, 37. Jg. (1967), S. 503–518, 503. Daher geht auch die Ansicht Enßlins (G.: a.a.O., S. 1191) fehl, es sei „eine vorsichtige Schätzung" vorzunehmen.

483 Vgl. Busse v. Colbe, W.: Die Planung ..., a.a.O., S. 265.

484 Unter der Annahme von Wahrscheinlichkeitsvorstellungen ergibt sich ein günstigster Wert für die Konzernmaßnahme in Höhe von + 1,4 Mio DM (bei Verwendung der wahrscheinlichsten Werte), ein ungünstigster von – 1,655 Mio DM (bei Anwendung der Krelle-Lösung). Die entsprechenden Werte für den Fall des Fehlens von Wahrscheinlichkeitsvorstellungen lauten + 1,0 Mio DM (bei Anwendung des Maximax-Prinzips) und – 5,0 Mio DM (bei Anwendung des Minimax-Prinzips).

Das Fehlen objektiver Maßstäbe zur Bewertung der Maßnahmen muß der abhängigen Gesellschaft nicht zum Schaden gereichen. Solange sich ihr Vorstand bei der Bewertung so verhält, als leite er das Unternehmen völlig eigenverantwortlich und z.B. bei pessimistischer Einschätzung der Zukunftsaussichten veranlaßter Maßnahmen entsprechend niedrige Gewinne – oder hohe Verlusterwartenswerte – ansetzt, – sei es daß er der Berechnung eine ungünstige Datenkonstellation zugrundelegt, sei es, daß er hohe Kosten für die Bereitstellung von Vermögensreserven (Bar- oder Kreditreserven) in Rechnung stellt u.a.m. –, so lange braucht die Ungewißheit der Zukunft und das damit verbundene Risiko nicht zu Lasten der Untergesellschaft zu gehen; sie hat dann sogar die Chance, „kostenlos" Vorteile zu vereinnahmen, da die Entwicklung auch günstiger als erwartet verlaufen kann. Auch steht außer Zweifel, daß es zu allen Zeiten – auch vor Inkrafttreten des jetzigen AktG – starke Unternehmerpersönlichkeiten gegeben hat, die es als Vorstandsmitglieder abhängiger Gesellschaften verstanden haben, die Interessen ihres Unternehmens wirkungsvoll zu vertreten[485]. Genau so wäre es verfehlt, der Konzernleitung in jedem Falle Schädigungsabsichten zu unterstellen.

Aus der Tatsache, daß Bewertungen, die unter unsicheren Erwartungen erfolgen, sehr stark von persönlichen Momenten beeinflußt werden, ist aber andererseits zu folgern, daß die Bewertungen von Ober- und Untergesellschaft nicht selten divergieren. Kongruente Zukunftseinschätzungen und Risikopräferenzen der Vorstandsmitglieder beider Unternehmen werden doch eher die Ausnahme bilden, zumal auch „objektive" Gesichtspunkte (unterschiedliche Finanzreserven etc.) dafür sprechen, daß die Konzernleitung manche von ihr veranlaßte Maßnahmen optimistischer einschätzt als die abhängige Gesellschaft.

Nun hieße es, die wirtschaftlichen Realitäten völlig verkenen, wollte man die daraus i.V. mit der persönlichen Abhängigkeit des Vorstands der Untergesellschaft resultierenden Gefahren negieren[486]. Der Vorstand wird sich ceteris paribus seiner Position um so sicherer fühlen und um so eher auf eine Wiederwahl rechnen können, je willfähriger er sich gegenüber der Obergesellschaft verhält. Läßt er sich dagegen auf Kontroversen mit der Konzernleitung ein, so muß er gewärtigen, daß diese kurz über lang Möglichkeiten – sprich „wichtige Gründe" (§ 84)[487] – findet, um ihn mittels ihrer Hauptversammlungs- bzw. Aufsichtsratsmajorität aus dem Amte zu entfernen[488]. Der Gesetzgeber hat diese Gefahr auch klar erkannt; davon zeugt die Vor-

485 Vgl. dazu Enquête-Ausschuß 1928, S. 361 f sowie Enquête-Bericht 1930, S. 82.

486 So stellt Schäffer, der damals für den RefE zuständige Justizminister, fest: „Ich möchte den Vorstand einer abhängigen Gesellschaft sehen, der nicht in jedem Falle in seinem Rechenschaftsbericht behauptet, daß die von ihm vorgenommenen Geschäfte zu angemessenen Bedingungen getätigt worden sind. Ich halte einerseits nichts von einer Selbstbezichtigung. Auf der anderen Seite glaube ich nicht, daß der Druck der Prokuristen und Abteilungsleiter, die auch um die Geschäfte wissen, die Stellung des Vorstandes der abhängigen Gesellschaft gegenüber dem herrschenden Unternehmen so stärken wird, daß er sich unangemessenen Geschäften widersetzen kann. Es käme also entscheidend darauf an, ob die Erklärung des Vorstandes nachgeprüft werden kann" (Schäffer, F.: Selbstfinanzierung . . ., a.a.O., S. 63).

487 Vgl. auch §§ 87 Abs. 3 Satz 4, 101, 119 Ziff. 1.

488 So auch schon mit Nachdruck Brodmann, E.: Die Sanierung unseres Aktienwesens, Berlin–Leipzig 1931, S. 40.

schrift des § 313, deren Hauptzweck wohl in der Absicht zu erblicken ist, dem Vorstand der Untergesellschaft den Rücken zu stärken. Ob diese Absicht erfüllt werden kann, wird die folgende Untersuchung zu zeigen haben.

IV. Die Prüfung des Abhängigkeitsberichts

Der Abschlußprüfer hat in Erfüllung seines gesetzlichen Auftrags, den Abhängigkeitsbericht des Vorstandes der Untergesellschaft zu prüfen, grundsätzlich die gleichen Probleme zu lösen wie der Vorstand selbst. Eine besondere Behandlung der Prüfung ist aber dennoch geboten, weil der Prüfer mit einigen zusätzlichen Problemen konfrontiert wird. Zudem hat der Gesetzgeber an die Aufgaben von Vorstand und Prüfer unterschiedliche Anforderungen gestellt. Schließlich ist auch der Frage nachzugehen, inwieweit der Wirtschaftsprüfer von seiner bisherigen Tätigkeit und der Stärke seiner Position her zur Erfüllung der ihm zugewiesenen Aufgabe geeignet ist.

A. Die Prüfung des Leistungsaustauschs

1. Der Prüfungsauftrag

Der Gesetzgeber begründet die Praktikabilität der Prüfung der Rechtsgeschäfte nach § 313 vor allem damit, daß der Wirtschaftsprüfer überhaupt keine neue Aufgabe übernehme: er sei auch schon nach dem AktG 1937 verpflichtet gewesen, „zu kontrollieren, ob Geschäfte der Gesellschaft mit dem herrschenden Unternehmen gegen das Verbot der Einlagenrückgewähr und der verdeckten Gewinnausschüttung (§§ 52–54 AktG 1937) verstoßen“[489]. Abgesehen davon, daß damit noch kein Beweis für die Durchführbarkeit der Prüfung erbracht ist, scheint sich eine solche Auffassung in der Praxis wegen der mangelnden ausdrücklichen gesetzlichen Normierung der Prüfung und auf Grund der kontroversen Literaturmeinungen keineswegs durchgesetzt zu haben[490].

Zutreffender dagegen ist der Verweis der RegB auf die Preis- und Kalkulationsprüfungen bei öffentlichen Aufträgen; hier handelt es sich in der Tat um ein Gebiet, das dem Wirtschaftsprüfer vertraut ist[491]. Nur sollte angesichts der oben dargelegten Problematik[492] von vornherein und unmißverständlich zum Ausdruck gebracht werden,

489 RegB zu § 313, a.a.O., S. 414.
490 Vgl. S. 17 f, insb. FN 19 dieser Arbeit.
491 Vgl. z.B. WP-Handbuch 1968, a.a.O., S. 1002 ff; Meier, A.: Kostenprüfung, Köln und Opladen 1959, S. 112 ff.
492 Vgl. S. 85 ff, 100 dieser Arbeit.

daß die dort und sonstwo[493] gewonnenen Erfahrungen des Prüfers eine „objektive" Bewertung der Konzernleistungen nicht garantieren[494].

Allerdings scheint sich auch der Gesetzgeber dieser Tatsache bewußt gewesen zu sein, da nicht geprüft werden soll, ob eine gewinnverlagerungsneutrale Verrechnung erfolgte, sondern nur, ob die Leistung der abhängigen Gesellschaft „nicht unangemessen hoch war" (§ 313 Abs. 1 Ziff. 2). Damit wollte er den Wirtschaftsprüfern den „notwendigen Bewertungsspielraum" zugestehen und klarstellen, daß sie „geringfügige Abweichungen von dem nach ihrer Ansicht angemessenen Preis nicht zu beachten brauchen". Jedoch heiße dies andererseits nicht, daß nur „ein auffälliges Mißverhältnis von Leistung und Gegenleistung zu beanstanden sei"[495]. Untersuchen wir also nun, inwieweit der Wirtschaftsprüfer dem Prüfungsauftrag gerecht werden kann.

2. Die Durchführung des Prüfungsauftrages

Die Preisprüfung ist in jenen Fällen unproblematisch, in denen die Untergesellschaft die konzernintern umgesetzten Waren und Dienstleistungen unter gleichen Bedingungen auch an Konzernexterne liefert bzw. von diesen bezieht, also vergleichbare Marktpreise vorliegen. Anhand von Rechnungs- und Buchungsunterlagen, Preislisten, Katalogen, Prospekten etc. wird sich ohne weiteres feststellen lassen, ob die vereinbarten Entgelte den Marktbedingungen entsprechen.

Problematisch ist die Prüfung aber in allen Fällen – und diese dürften überwiegen –, in denen vergleichbare Marktpreise fehlen oder die Marktbedingungen – Preise, Rabatte, Skonti etc. – wegen mangelnder Markttransparenz nur schwer feststellbar sind. Was die dabei auftretende allgemeine Problematik der Ermittlung geeigneter Bewertungsmaßstäbe und der Beurteilung der Frage, ob und ggf. in welcher Höhe Marktpreiskorrekturen gerechtfertigt sind, betrifft, so stimmen die Aufgaben von Wirtschaftsprüfer und Untergesellschaft überein; insoweit kann also auf die obigen Ausführungen[496] verwiesen werden.

493 Hingewiesen sei insb. auf die sehr zurückhaltende Beurteilung wirksamer Preisprüfungen bei öffentlichen Aufträgen durch Diederich (H.: a.a.O., S. 200 ff). Er stellt fest, „daß die Preisprüfungen kein Allheilmittel sind. Es wäre wirklichkeitsfremd, zu glauben, daß die Preisprüfer alle Betrugsversuche und alle Irrtümer in den Kostenermittlungen aufdecken und den modifizierten Kostenpreis unbedingt zuverlässig feststellen können. Der Preisprüfer, der seine Aufgabe in jeder Beziehung befriedigend lösen wollte, müßte gleichzeitig ein ausgezeichneter Unternehmer, ein hervorragender Techniker und ein erstklassiger Betriebswirt sein, und obendrein den zu prüfenden Betrieb wie den gesamten Wirtschaftszweig genau kennen. Außerdem müßte er bei jeder einzelnen Prüfung über reichliche Zeit verfügen. Nur dann wäre er in der Lage, den Aufbau des Betriebes, die gewählten Fertigungsmethoden, die Arbeitsleistungen sowie den Werteverzehr vollkommen zu durchleuchten und zu beurteilen. Daß alle die genannten Voraussetzungen bei einem Prüferstab oder gar bei einem einzelnen Prüfer einmal erfüllt sind, ist kaum anzunehmen" (S. 204).

494 Die RegB könnte aber indirekt den gegenteiligen Eindruck vermitteln, wenn sie (a.a.O., S. 414) feststellt, die Bewertung der Maßnahmen werfe im Vergleich zur Rechtsgeschäftsbewertung „besondere Schwierigkeiten auf, weil kein objektiver Vergleich mit einer Gegenleistung möglich ist". V. Godin-Wilhelmi (a.a.O., S. 1631) verkennen die Schwierigkeiten völlig, wenn sie sowohl für Rechtsgeschäfte als auch für Maßnahmen eine objektive Bewertung fordern und offensichtlich für möglich halten.

495 Vgl. RegB zu § 313, a.a.O., S. 414.

496 Vgl. S. 64 ff dieser Arbeit.

Die Aufgabe des Wirtschaftsprüfers kompliziert sich aber noch dadurch, daß sein Urteil notwendigerweise z.T. auf Informationen der abhängigen Gesellschaft basiert bzw. durch deren Bewertung präjudiziert wird. Ob z. B. das beherrschte Unternehmen in einer bestimmten Konjunkturlage Preisanhebungen gegenüber den Konzernpartnern hätte durchsetzen oder bei scharfer Verhandlungsführung Preisermäßigungen erlangen können, ob die kalkulatorischen Gewinnaufschläge branchenüblich sind, ob die Wettbewerssituation auf den Auslandsmärkten tatsächlich – wie behauptet – so niedrige Preise bei Verkäufen an ausländische Schwestergesellschaften erfordert, diese und andere Fragen mehr wird der Wirtschaftsprüfer aus eigener Sachkenntnis und Erfahrung nicht mit Sicherheit beantworten können. Das erscheint aber gar nicht einmal so entscheidend, da immerhin die Auswertung von Wirtschaftsinformationsdiensten, Fachzeitschriften, Verbandspublikationen, amtlichen Statistiken etc. einige Anhaltspunkte vermittelt.

Größeres Gewicht ist aber einem anderen Umstand beizumessen, der allerdings im Rahmen der Maßnahmenbewertung eine noch viel wichtigere Rolle spielt: die Preise immaterieller Wirtschaftsgüter (Lizenzen etc.), die Entgelte im Rahmen langfristiger Liefer- oder Know-how-Verträge, einige Elemente der Kostenpreise (Abschreibungsquoten, Verteilung der – anderen – Gemeinkosten!) entziehen sich weitgehend einer objektiven Bewertung[497]. Sie werden maßgeblich bestimmt durch subjektbezogenene Erwägungen und Zukunftserwartungen, die wiederum einer Nachprüfung durch Dritte prinzipiell nicht zugänglich sind[498]. Hier lassen sich allenfalls Schätzungsintervalle abstecken.

Der oben[499] dargestellte Versuch, die Preisgrenzen aus den Selbstkosten von Konzernanbieter und -nachfrager abzuleiten, hat zudem gezeigt, daß selbst die Grenzen dieses Bewertungsbereichs nicht exakt bestimmbar sind. Allerdings ist zu beachten, daß der Wirtschaftsprüfer auf Grund seines – jedoch nur gegenüber inländischen Konzernunternehmen durchsetzbaren[500] – Auskunftsrechts auch Einblick in die Kalkulationsunterlagen der mit dem abhängigen Unternehmen in Geschäftsverkehr stehenden Konzerngesellschaften verlangen kann. Diese Unterlagen ermöglichen dem Wirtschaftsprüfer u.U. eine exaktere Festlegung der Preisobergrenze für konzernintern bezogene Waren und Dienste, da sie Aufschlüsse darüber geben, welche Kosten der Untergesellschaft bei Eigenerstellung entstünden. Ihre Prüfung ist daher zumindest dann zu erwägen, wenn hohe Verdachtsmomente dafür sprechen, daß die verrechneten Preise erheblich von den gewinn-neutralen abweichen. Gleichwohl brächte ein solches Vorgehen nur beschränkte Vorteile. Selbst wenn man davon absieht, daß die

497 Dies verkennt z.B. Winkhaus (E.: a.a.O., S. 86) völlig, wenn er fordert, subjektive Wertschätzungen seien auszuschließen.
498 Vgl. S. 146 ff dieser Arbeit.
499 Vgl. S. 85 ff dieser Arbeit.
500 Zu den vergleichbaren Schwierigkeiten des Fiskus vgl. den Steueroasenbericht (a.a.O., S. 6 f, 11), der auf die Notwendigkeit, andererseits aber fehlende Möglichkeit der deutschen Steuerbehörden hinweist, ihre Ermittlungen bezüglich evtl. verdeckter Gewinnausschüttungen von deutschen Gesellschaften auf ausländische „Basisgesellschaften“ auszudehnen, um den wahren Gehalt der nur dem Anschein nach „normalen“ Geschäftstätigkeit aufdecken zu können.

Eigenproduktionskosten der Konzernunternehmen u.U. stark divergieren und die Ermittlung der Zu- und Abschläge ggf. umfangreiche und zeitraubende Berechnungen erfordert[501], so ist zu berücksichtigen, daß der Wirtschaftsprüfer seine zusätzlichen Informationen nur beschränkt verwerten kann, wenn sie der Untergesellschaft nicht zugänglich waren. Gesetzt den Fall, der Prüfer käme auf Grund der geprüften und vergleichbar gemachten Kalkulationen der leistenden Konzerngesellschaft zu dem Ergebnis, das vereinbarte Entgelt überschreite die Preisobergrenze, so berechtigte ihn dies nicht zur Testatseinschränkung, wenn die auf eigenen Untersuchungen beruhenden Berechnungen der Untergesellschaft ein anderes Bild ergäben.

Erst im darauf folgenden Jahr hätte die abhängige Gesellschaft die genaueren – dann aber evtl. schon wieder überholten – Informationen zu berücksichtigen. Immerhin könnte man sich von der Überprüfung des – relativ konstanten – Mengengerüstes der Kosten eine gewisse Präventivwirkung in der Weise erhoffen, daß die liefernden Konzerngesellschaften von all zu hohen Forderungen absehen.

Wie hat man nach dem Gesagten die Möglichkeiten und Gefahren von Gewinnverlagerungen zu beurteilen? In der Literatur werden sie z.T. als gering erachtet. So wird die Auffassung vertreten, man dürfe die „Bedeutung des Ermessensbereichs . . . nicht überschätzen“[502]. Trotz der Schwierigkeiten würden sich „in der Praxis Wege für ein brauchbares Vorgehen finden lassen“[503]. Einen „absoluten Wertausgleich“ zwischen Leistung und Gegenleistung könne es zwar nur selten geben, das sei aber gar nicht entscheidend[504]. Nicht auf „kleinliche Abgrenzungen“ komme es an, vielmehr stehe im Mittelpunkt „das Bestreben, ins Gewicht fallende Gewinnverschiebungen zu erfassen“[505].

Dem kann insoweit durchaus zugestimmt werden, als es eine „letzte Gerechtigkeit“ bei der Verrechnung des konzerninternen Leistungsaustauschs angesichts des unlösbaren Problems der objektiven Bewertung nicht geben kann[506], und schon viel für den Minderheitenschutz gewonnen wäre, wenn erhebliche Bereicherungen des Konzernaktionärs unterbunden werden könnten. Nur scheinen mir die Äußerungen die Problematik zu sehr zu bagatellisieren.

501 Immerhin erleichtern ihm die Berechnungen der Untergesellschaft seine Aufgabe.
502 Moxter, A.: Offene Probleme . . ., a.a.O., S. 650.
503 Adler–Düring–Schmaltz: 4. Aufl., a.a.O., S. 929; ähnlich auch Philipp, F.: Die Prüfung des Berichts des Vorstandes über die Beziehungen zu verbundenen Unternehmen nach dem Aktiengesetz 1965, in: Hamburger Jahrbuch für Wirtschafts- und Gesellschaftspolitik, 11. Jg. (1966), S. 155–166, 162; DJT 1967, S. 41, 67; Kropff, B.: Diskussionsbeitrag, in: Wirtschaftsprüfung im neuen Aktienrecht, a.a.O., S. 127–130, 129 f; ders.: Das Konzernrecht . . ., a.a.O., S. 1289; Schmidt, W.: Neueste Entwicklung der Aktienrechtsreform in der konzernrechtlichen Regelung, in: AG, 5. Jg. (1960), S. 29-32, 31.
504 Geßler, E.: Der Schutz . . ., a.a.O., S. 266 f; Semler, J.: Die Aufgaben . . ., a.a.O., S. 70; ders.: Das Recht . . ., a.a.O., S. 555; wohl auch Heigl, A.: Der aktienrechtliche . . ., a.a.O., S. 29.
505 Harder, U.: Pflichtprüfung . . ., a.a.O., S. 86 (FN 38).
506 Die Auffassungen von Mestmäcker (E.J.: Verwaltung . . ., a.a.O., S. 316) und Großfeld (B.: a.a.O., S. 213), es liege an dem fehlenden Anreiz, daß die Probleme des Konzernrechnungswesens – hier der Verrechnungspreisbildung – noch nicht zufriedenstellend gelöst seien, erscheinen entschieden zu optimistisch.

Zunächst: liegt der vereinbarte Preis – bzw. die Wertansätze – innerhalb des oben angegebenen Schätzungsintervalls, so wird der Wirtschaftsprüfer keine Einwendungen erheben dürfen und angesichts des ihm gesetzlich zugesicherten Spielraums auch gar keine Veranlassung dazu sehen. Das bedeutet, daß die Konzernleitung unbedenklich den Grenzwert wählen kann, der ihren Interessen entspricht. Nur bei willkürlichem Wechsel der Bewertungsmethode hätte sie, wenn überhaupt, mit Beanstandungen des Wirtschaftsprüfers zu rechnen. Der Umfang möglicher Gewinnmanipulationen hängt daher entscheidend davon ab, wie groß der Streubereich äußerstenfalls vertretbarer Wertansätze ist. Wenn darüber auch keine generelle Aussage getroffen werden kann, so lassen z.B. die vagen Angaben der Fachliteratur über die Höhe zulässiger und üblicher Umsatzlizenzsätze[507] doch vermuten, daß der Spielraum nicht so eng ist, wie die genannten Autoren und der Gesetzgeber offensichtlich annehmen[508]. Andererseits können bei regem Leistungsaustausch auch schon kleine Bewertungsdifferenzen erheblich ins Gewicht fallen[509]. Nicht zuletzt aus den gerade genannten Gründen wurde oben[510] die Verwendung der „Gewinnaufschlagsmethode" vorgeschlagen, die den Minderheitsaktionären wenigstens einen Mindestgewinn garantiert.

B. Die Prüfung der Maßnahmen

1. Der Prüfungsauftrag

Der Gesetzgeber begründet die Durchführbarkeit der Maßnahmenprüfung mit dem Hinweis auf vergleichbare Prüfungen, die seit langem teils nach dem AktG, teils außerhalb des aktienrechtlichen Geltungsbereichs unter Mitwirkung von Wirtschaftsprüfern stattfinden: die aktienrechtliche Sonderprüfung (§ 142 ff), die Prüfung der Wirtschaftsbetriebe der öffentlichen Hand und der Genossenschaften[511].

Was ist von dieser Schlußfolgerung zu halten? Sie ist nur dann zu akzeptieren, wenn die miteinander verglichenen Prüfungen vergleichbar sind. Fragen wir daher zunächst, ob sie hinsichtlich ihres Prüfungsgegenstandes übereinstimmen.

Die RegB stellt wohl zu Recht fest, den zum Vergleich herangezogenen Prüfungen sei

507 Vgl. S. 80.

508 Skeptisch u.a. auch Meier, A.: Der Abhängigkeitsbericht . . ., a.a.O., S. 90; Buchner, R.: a.a.O., S. 36 ff; Albach, H.: Die Rechtsverhältnisse . . ., a.a.O., S. 205; Dülfer, E.: a.a.O., S. 218; Schubert, W.: Zur Berichtspflicht . . ., a.a.O., insb. S. 224, 231 ff; Mestmäcker, E.J.: Verwaltung . . ., a.a.O., S. 304 ff, insb. S. 310; Enquête-Bericht 1964, S. 69. Erinnert sei auch noch einmal an die betrüblichen Erfahrungen mit LSÖ-Kostenpreisen.

509 Dies bestätigt die oben vertretene Auffassung, daß der Wirtschaftsprüfer bei der Überprüfung der getätigten Rechtsgeschäfte auch die Gesamt-Gewinnsituation der abhängigen Unternehmung zu berücksichtigen hat (vgl. S. 99 f).

510 Vgl. S. 98 ff dieser Arbeit.

511 Vgl. RegB zu § 313, a.a.O., S. 413 f; vgl. auch Geßler, E.: Diskussionsbeitrag, in: Unternehmer und Wirtschaftsprüfer . . ., a.a.O., S. 84; Kropff, B.: Diskussionsbeitrag, in: Wirtschaftsprüfung . . ., a.a.O., S. 129. Kropff (B.: Das Konzernrecht . . ., a.a.O., S. 1289) führt ergänzend an, diese Prüfungen seien seit Jahrzehnten von Wirtschaftsprüfern befriedigend durchgeführt worden.

die Aufgabe gemeinsam, die Geschäftsführung[512] zu prüfen. Folgt man der Auffassung von Saage, die Geschäftsführung erstrecke sich auf „alle innerhalb des Prüfungszeitraums geplanten und verwirklichten Maßnahmen der Leitung“, die wiederum „auf Richtigkeit und Zweckmäßigkeit, also auf Zulässigkeit und Erfolgswirksamkeit, zu untersuchen“ seien, ferner dürften auch „offenbar zum Nachteil der Unternehmung unterlassene Maßnahmen . . . nicht unerörtert bleiben . . .“[513], so ist in der Tat zumindest zu konstatieren, daß die Prüfung nach § 313 nicht weiter reicht als bisher schon durchgeführte Prüfungen.

Einzuwenden ist jedoch, daß die Bedingungen, unter denen die genannten Prüfungen jeweils stattfinden, unterschiedlich sind. Das gilt zumindest für die Sonder- und Genossenschaftsprüfung. So steht zur Durchführung der Sonderprüfung mehr Zeit zur Verfügung, da sie – im Gegensatz zur Prüfung des Abhängigkeitsberichtes[514] – nicht Teil der Jahresabschlußprüfung ist. Zudem wird sie regelmäßig oder zumindest sinnvollerweise[515] von einem Prüfer vorgenommen, der nicht zugleich Abschlußprüfer der zu prüfenden Gesellschaft ist.

512 Am eindeutigsten trifft dies für die Genossenschaftsprüfung zu, da § 53 Abs. 1 GenG ausdrücklich eine Geschäftsführungsprüfung statuiert. Nach herrschender, wenn auch nicht ganz unbestrittener Meinung ist nicht nur die formelle Ordnungsmäßigkeit der Geschäftsführung zu prüfen (Erfüllung gesetzlicher und satzungsmäßiger Pflichten, Anberaumung und Protokollierung von AR- und Vorstandssitzungen, Berichterstattung des Vorstandes an der AR, Erlaß von Geschäftsordnungen etc.), sondern auch die materielle: Prüfung der Maßnahmen der Leitung auf Richtigkeit und Zweckmäßigkeit hin (vgl. Saage, G.: Die Prüfung der Geschäftsführung, Stuttgart 1965, S. 51 ff; Potthoff, E.: Prüfung . . ., a.a.O., S. 566, 570 ff; ders.: Die Möglichkeiten der Geschäftsführungsprüfung, in: WPg, 19. Jg. (1966), S. 586–591, 587 f; Schmidt, F.: a.a.O., S. 23.).
Die verschiedenen Richtlinien und Verordnungen über die Prüfungspflicht der Wirtschaftsbetriebe der öffentlichen Hand beinhalten unmittelbar nur die Pflicht zur „Prüfung der wirtschaftlichen Verhältnisse“; diese ist nach Saage (G.: Die Prüfung . . ., a.a.O., S. 77) „eine reine Sachanalyse, die die Entwicklung der Finanz-, Vermögens- und Ertragslage im Prüfungszeitraum sowie die Ursachen dieser Entwicklung zum Gegenstand hat und die auf die Vorbereitung unternehmerischer Entscheidungen, nicht aber auf eine Kritik an den im Prüfungszeitraum getroffenen Maßnahmen der Geschäftsführung abzielt“. Sie ist nicht – wie die RegB wohl annimmt – mit der weiter reichenden Geschäftsführungsprüfung gleichzusetzen. Jedoch schließen einige allgemeine Vertragsbedingungen der Länder für Werkverträge zwischen Gemeindeprüfungsämtern und Wirtschaftsprüfern auch die Pflicht zur Beurteilung der Geschäftsführung ein (vgl. dazu Saage, G.: Die Prüfung . . ., a.a.O., S. 59 ff; Potthoff, E.: Die Möglichkeiten . . ., a.a.O., S. 587).
Gegenstand der Sonderprüfung sind einzelne, klar umrissene Geschäftsvorfälle (Unternehmungsverträge, Kapitalbeschaffung- und -herabsetzung, Fehldispositionen des Vorstandes, gesellschaftsschädigende Transaktionen der Großaktionäre etc.) (vgl. z.B. Saage, G.: Die Prüfung . . ., a.a.O., S. 13 ff; Adler–Düring–Schmaltz: 3. Aufl., a.a.O., S. 547 ff.).

513 Saage, G.: Die Überwachung der Geschäftsführung, in: Gegenwartsfragen der Unternehmungsführung, Festschrift für W. Hasenack zum 65. Geb., Herne–Berlin 1966, S. 289–300, 296.

514 Welch große Bedeutung dem Zeitmoment im Rahmen der Prüfung des Abhängigkeitsberichts zukommt, verdeutlicht die Lieser / Pleyer / Westermann-Untersuchung (a.a.O., S. 3): die befragten Konzerngesellschaften meinten, bei „der Prüfung aller . . . Vorgänge spiele das Zufallsmoment eine ungebührlich große Rolle. Es komme darauf an, ob der Prüfer viel Zeit habe oder nicht, ob er großzügig oder kleinlich sei. Denn alle Einzelheiten könnten nicht geprüft werden. In Zweifelsfällen fragt man vorher beim Wirtschaftsprüfer an. Seine Zustimmung zu erhalten, bereite wegen des Mangels an Zeit für detaillierte Prüfungen meist keine Schwierigkeiten.“

515 Völlig zu Recht stellt Saage fest, daß die Regelung, der HV grundsätzlich die Auswahl des

Auch zur Genossenschaftsprüfung[515a] bestehen entscheidende Unterschiede: diese zeichnet sich durch ihren besonderen Charakter als „Beratungsprüfung“ aus, als „eine Maßnahme zur Förderung der Genossenschaften“[516]; sie kann u.U. auch außerhalb der gesetzlichen Abschlußprüfung unangemeldet als Überrraschungsprüfung erfolgen.

Hervorzuheben ist vor allem, daß die Prüfer nicht von der Genossenschaft, sondern von den Genossenschaftsverbänden bestellt werden. Darin liegt zugleich die im Vergleich zum AG-Prüfer ungleich stärkere Position der Prüfungsverbände[517] begründet: ihnen stehen „Vergleichszahlen und Kennziffern zur Verfügung . . ., die sie durch Auswertung der Prüfungsergebnisse bei allen ihnen angeschlossenen Genossenschaften gewinnen, die vielleicht sogar das Zahlenmaterial gleicher Aufgabenstellung aus dem ganzen Bundesgebiet umfassen, sei es über den Spitzenverband, sei es, weil der Verband sich über das Bundesgebiet erstreckt. Dem Wirtschaftsprüfer oder der Wirtschaftsprüfergesellschaft kann ein derartiges Vergleichsmaterial in aller Regel nicht zur Verfügung stehen . . .“[518].

Es wird noch zu untersuchen sein, ob die genannten Gesichtspunkte so gravierend sind, daß sie die Maßnahmenprüfung des § 313 ernsthaft in Frage stellen. Sie erklären aber noch in keiner Weise die weitgehend ablehnende Haltung, auf welche die Einführung des Abhängigkeitsberichts gestoßen ist, da diese überwiegend mit anderen Gründen motiviert wird. Hauptsächlich wird nämlich eingewendet[519], insb. von Seiten der betroffenen Wirtschaftsprüfer selbst[520], es fehle an geeigneten Bewertungsmaßstäben, um die Vor- und Nachteile einer Maßnahme zu messen.

Prüfers zu überlassen und die gerichtliche Bestellung nur dann vorzusehen, wenn eine Minderheit (10 % des Grundkapitals oder 2,0 Mio DM nominal, § 142, Abs. 4) dies verlangt, den Besonderheiten einer Sonderprüfung nicht gerecht wird. Zur „Wahrung der absoluten Neutralität und Unabhängigkeit“ sei eine gerichtliche Bestellung in jedem Falle unabdingbar (vgl. Saage, G.: Die Prüfung . . ., a.a.O., S. 18 f).

515a Vgl. dazu Saage, G.: Die Prüfung . . ., a.a.O., S. 51 ff, daneben auch Henzler, R.: Ergebnisfeststellung und Ergebnisvergleich bei Genossenschaften, in: Vorträge und Aufsätze des Instituts für Genossenschaftswesen der Universität Münster, H.12, Karlsruhe 1966, S. 9–20; Schmidt, F.: Besonderheiten der Prüfung im Genossenschaftswesen, ihre Aufgabenstellung und Technik, ebenda, S. 21–36.

516 Schmidt, F.: a.a.O., S. 22.

517 Interessanterweise hält auch Geßler, der als einer der „Väter“ des neuen AktG am entschiedendsten für eine Einführung des Abhängigkeitsberichts eingetreten ist (vgl. Geßler, E.: Der Schutz . . ., a.a.O., S. 264 ff; ders.: Diskussionsbeitrag, in: Unternehmer und Wirtschaftsprüfer. . . a.a.O. S. 82, 84, zuletzt ders.: Faktische Konzerne?, a.a.O.) eine Prüfung der AG-Geschäftsführung durch freie Wirtschaftsprüfer im Gegensatz zur genossenschaftlichen Verbandsprüfung für nicht praktikabel (vgl. Geßler, E.: Rez. zu Wiethölter, R.: Interessen und Organisation der Aktiengesellschaft im amerikanischen und deutschen Recht, Karlsruhe 1961, in: BB, 16. Jg. (1961), S. 1135 f).

518 Schmidt, F.: a.a.O., S. 34; vgl. auch Westrick (P.: Abschlußprüfung und Abschlußprüfer nach geltendem und zukünftigem Aktienrecht, Diss. Frankfurt 1962, S. 47), der auf die starke Spezialisierung der Prüfungsverbände hinweist.

519 Vgl. Schäffer, F.: Selbstfinanzierung . . ., a.a.O., S. 63; Rautmann, H.G.: a.a.O., S. 195 f; Fischer, C.E.: Halbe Maßnahmen im neuen Konzernrecht, in: Die Zeit, Nr. 2 vom 9.1.1959, S. 11; ders.: Unternehmens-Konzentration . . ., a.a.O., S. 54; Rasch, H.: Gewinnabführungs- und Weisungsverträge . . ., a.a.O., S. 170; Dreger, K.M.: Probleme des Gläubigerschutzes im Konzern, Diss. Mannheim 1966, S. 137; Kropff, B.: Der außenstehende Aktionär . . ., a.a.O., S. 678; Mestmäcker, E.J.: Verwaltung . . ., a.a.O., S. 304 ff.

520 Vgl. Karoli, R.: Die Stellung des Abschlußprüfers nach dem künftigen Aktienrecht, in: WPg,

Dieses Argument ist insofern unbefriedigend, als das Maßstabsproblem auch im Rahmen der genannten Geschäftsführungsprüfungen zu lösen ist. Das hieße doch, daß diese genau so wenig durchführbar wären, was aber – soweit ersichtlich – in dieser Form nirgends behauptet wird. Der (scheinbare) Widerspruch löst sich dadurch auf, daß eine Geschäftsführungsprüfung allenfalls für begrenzt durchführbar gehalten wird, und zwar generell, insb. aber dann, wenn sie im Rahmen der aktienrechtlichen Jahresabschlußprüfung vorgenommen werden soll. So wird geltend gemacht, sie dürfe zu keiner Einmischung in unternehmerischen Fragen führen. Der Wirtschaftsprüfer habe keine unternehmerischen Entscheidungen zu treffen oder zu kritisieren[521] und dürfe nicht zum Schiedsrichter in Fragen der Geschäftsführung ernannt werden[522]. Die Überwachung der Geschäftsführung in kaufmännischen Dingen sei nicht seine Aufgabe, sondern die des Aufsichtsrates[523]. Eine W^rtung einzelner unternehmerischer Handlungen überfordere ihn sachlich und führe überdies zu einem unerträglichen Verhältnis zur Verwaltung[524]. Es könne nur eine „Beurteilung nach gesunden Prinzipien"[525] erfolgen. Konkreter stellt Saage fest: „Nur das objektiv Wahrnehmbare, das an allgemeingültigen Maßstäben meßbar ist, ist prüfbar. Dazu gehören aber nicht die inneren Eigenschaften und Qualitäten des Menschen, sondern nur ihr konkretes Handeln, und auch das nur . . . in verhältnismäßig engen Grenzen"[526]. Soweit nicht grundsätzliche Bedenken gegen die Geschäftsführungsprüfung erhoben werden, handelt es sich hier also um die gleichen Einwände, die auch gegen § 313 vorgebracht werden.

Der Gesetzgeber verkennt die Schwierigkeiten der Maßnahmenprüfung nach § 313

17. Jg. (1964), S. 394–399, 396; Schwarz, M.: Die Rechnungslegung der Aktiengesellschaft unter neuen Aspekten, in: Entwicklungstendenzen des Handels- und Steuerrechts, Düsseldorf 1964, S. 30–45, 41; Meier, A.: Der Abhängigkeitsbericht . . ., a.a.O., S. 89 ff; vgl. auch Forster, K.H.: Neue Pflichten des Abschlußprüfers nach dem Aktiengesetz 1965, in: WPg, 18. Jg. (1965), S. 585–605, 604 f; Goerdeler, R.: Geschäftsbericht . . ., a.a.O., S. 126 und die Hinweise bei Schäffer, F.: Selbstfinanzierung . . ., a.a.O., S. 63; Marburger Aussprache zur Aktienrechtsreform, Marburg 1959, S. 81; Mertens, P.: Konzentration, Konzernprobleme und Aktienrechtsreform, in: Nürnbergger Abhandlungen zu den Wirtschafts- und Sozialwissenschaften, H. 10, Berlin 1959, S. 147–162, 157; Kropff, B,: Das Konzernrecht . . ., a.a.O., S. 1288.

521 Vgl. Adler, H.: Der Prüfungsbericht des Abschlußprüfers nach dem RegE des Aktiengesetzes, in: AG, 5. Jg. (1960), S. 207–211, 209; Adler–Düring-Schmaltz: 3. Aufl., a.a.O., S. 543; vgl. auch Dober, W.: Die Prüfung der Geschäftsführung der Genossenschaft durch die Kontrollstelle nach OR 906, in: Der Schweizer Treuhänder, Bd. 37 (1963), S. 113–116, 116.

522 Vgl. Girgensohn, W.: a.a.O., S. 30.

523 Spitzenverbände 1960, S. 44; Semler, J.: Die Aufgaben . . ., a.a.O., S. 70 f.

524 Vgl. Linhardt, H.: Zur Reform des Aktienrechts, in : Die Aussprache 8. Jg. (1958), S. 331–336, 334.

525 Kutzenberger, G.: Mitbestimmung der Aktionäre, Berlin 1964, S. 140. Inkonsequenterweise lehnt er die Bewertung einzelner unternehmerischer Maßnahmen ab (S. 140) und bejaht gleichwohl uneingeschränkt den Abhängigkeitsbericht (S. 156).

526 Saage, G.: Die Prüfung . . ., a.a.O., S. 74; ähnlich bemerkt Schneider (K.: Die Rechtsstellung der genossenschaftlichen Prüfungsverbände, in: WPg, 13. Jg. (1960) S. 449–457, 449): „Prüfen kann nur bedeuten, festgestellte Sachverhalte mit gegebenen und anerkannten Normen oder Maßstäben zu vergleichen und danach zu beurteilen. Wo solche Normen fehlen . . . oder wo feste Maßstäbe aufhören, da kann der vorgefundene Sachverhalt nur beschrieben werden, aber ein Urteil verbietet sich".

keineswegs[527]. Er meint sie aber dadurch umgehen zu können, daß er den Abschlußprüfer – wie im Rahmen der Rechtsgeschäftsprüfung – lediglich zur Abgabe eines Negativtestats verpflichtet. Der Prüfer hat nicht zu bestätigen, daß der Vorstand des abhängigen Unternehmens Vor- und Nachteile aus veranlaßten Maßnahmen zutreffend quantifiziert hat, er muß „nur prüfen, ob keine Umstände für eine wesentlich andere Beurteilung als die durch den Vorstand sprechen" (§ 313, Abs. 1 Ziff. 3). Der RegB[528] zufolge soll damit zugleich klargestellt werden, daß der Abschlußprüfer die unternehmerischen Entscheidungen nicht auf ihre Zweckmäßigkeit hin zu überprüfen hat. Er soll lediglich feststellen, ob die Vorstandsbewertung vertretbar ist; dabei soll er aber nicht sein Ermessen an die Stelle des Vorstandsermessens setzen[529]. In diesen Ausführungen wird das Bemühen des Gesetzgebers sichtbar, § 313 vom Odium der weitgehend als unpraktikabel abgelehnten weit gefaßten Geschäftsführungsprüfung zu befreien. Er hat die Kritiker gleichwohl nur z.T.[530] von der Durchführbarkeit des § 313 überzeugt[531].

M. E. reicht der Prüfungsauftrag bei näherer Betrachtung weiter, als es zunächst den Anschein hat[532]. Der Wirtschaftsprüfer hat nämlich die Bewertung der vorgenommenen bzw. unterlassenen Maßnahme durch den Vorstand der abhängigen Gesellschaft unter drei Aspekten zu prüfen[533].

(1) ob sie „alle wesentlichen Gesichtspunkte" berücksichtigt,
(2) ob sie schlüssig begründet ist und schließlich
(3) ob sie „bei vernünftiger kaufmännischer Betrachtung" vertretbar erscheint.

527 Vgl. RegB zu § 313, a.a.O., S. 414; Geßler, E.: Der Schutz . . ., a.a.O., S. 267 f; ders.: Diskussionsbeitrag, in: Unternehmer und Wirtschaftsprüfer . . ., a.a.O., S. 83.

528 Vgl. RegB zu § 313, a.a.O., S. 414 f.

529 Eine ganz ähnliche Argumentation findet sich schon bei Filbinger (H.: a.a.O., S. 89 f), der meint, die Zweckmäßigkeit einer Maßnahme sei eine Frage des wirtschaftlichen Ermessens des Kaufmanns und daher der gesetzlichen Nachprüfung entzogen. Bei der Beurteilung, ob der Vorstand den Ermessensrahmen eingehalten habe, handele es sich dagegen um eine Rechtsfrage, die von ordentlichen Gerichten entschieden werden könne.

530 Zustimmend Schupp, R.: Das Recht des faktischen Konzerns in der Sicht der großen Aktienrechtsreform, in: BFuP, 12. Jg. (1960), S. 545–550, 547, der allerdings später (vgl. ders.: Probleme . . ., a.a.O., S. 35) eine kritischere Haltung einnimmt; DJT 1967, S. 41, 67; wohl auch Adler–Düring–Schmaltz: 4. Aufl., a.a.O., S. 929 ff und DIfB, a.a.O., S. 126; Kutzenberger, G.: a. a. O., v. Godin-Wilhelmi: a.a.O., S. 1649; Hornef, H.: a.a.O., S. 124; Brachvogel, G.: Leitungsmacht . . ., a.a.O., S. 102; Lenel, O.: a.a.O., S. 368 f; erst kürzlich die Regelung wieder verteidigend Geßler, E.: Faktische Konzerne?, a.a.O., insb. S. 172 ff. Bezeichnend ist, daß es die Befürworter der gesetzlichen Regelung meistens bei so allgemeinen Wendungen wie „der Wirtschaftsprüfer ist nicht überfordert", „in der Praxis werden sich schon Wege finden", bewenden lassen. Der Sache nach vor allem Semler, J. jr.: Das Recht . . ., a.a.O., S. 554 ff und ders.: Die Aufgaben . . ., a.a.O., S. 70.

531 Das zeigen die Äußerungen der in FN 508 Genannten in aller Deutlichkeit. Selbst in der 3. Lesung des AktG wurden noch Zweifel geäußert, ob der Wirtschaftsprüfer nicht überfordert würde (vgl. die Ausführungen der Abgeordneten Aschoff und Seidl, in: Verhandlungen des DBT, 4. Wahlperiode, 187. Sitzung vom 25.5. 1965, Stenographische Berichte, Bd.59, Bonn 1965, S. 9411 bzw. 9413). Allerdings geht man i.d.R. auf die Sachproblematik nicht oder nur sehr global ein.

532 Ob die Prüfung nach § 313 als Geschäftsführungsprüfung bezeichnet wird (s. Gessler, J.H.: a.a.O., S. 357; auch v. Godin–Wilhelmi: a.a.O., S. 1652 sind der Meinung, sie lasse sich nicht ganz vermeiden) oder nicht, erscheint angesichts der oben dargelegten verschiedenen Auffassungen über die Reichweite einer solchen Prüfung unerheblich.

533 Vgl. RegB zu § 313, a.a.O., S. 415.

Dabei soll es lediglich unbeachtlich sein, wenn das eigene Urteil des Wirtschaftsprüfers von dieser Bewertung „in Schattierungen" abweicht. Der Wirtschaftsprüfer wird also eindeutig verpflichtet, die Vorstandsentscheidung selbst zu bewerten. Erlassen wird ihm lediglich eine Kritik an der Entscheidung an sich und die Bemängelung unwesentlicher Bewertungsdifferenzen.

Ob damit tatsächlich die Schwierigkeiten der Maßnahmenprüfung beseitigt sind, ist nun zu untersuchen.

2. Die Durchführung des Prüfungsauftrages

Der Wirtschaftsprüfer kann seiner Aufgabe nur gerecht werden, wenn er den gesamten Entscheidungsprozeß, der zur Vornahme bzw. Unterlassung der zu prüfenden Maßnahme geführt hat, nachvollzieht. Er hat sich zunächst darüber Klarheit zu verschaffen, ob das Verhalten der Untergesellschaft der unternehmungspolitischen Konzeption entspricht, die diese als konzernfreies Unternehmen verfolgt hätte. Die Schwierigkeiten, die sich für den Wirtschaftsprüfer ergeben, liegen auf der Hand: da es nicht nur eine und für unabhängige Unternehmen spezifische oder gar allgemeingültige verbindliche Zielsetzung gibt[534], könnte der Prüfer allenfalls Vermutungen über das fiktive Handeln der Untergesellschaft anstellen. Selbst wenn die unternehmerische Konzeption in der Zeit vor der Konzerneingliederung schriftlich fixiert worden wäre – eine Annahme, die keineswegs selbstverständlich ist[535] –, und der Wirtschaftsprüfer davon Kenntnis hätte, so ließe dies keine eindeutigen Schlußfolgerungen zu, da die Ziel- und Nutzenvorstellungen im Zeitablauf keinesfalls konstant zu sein brauchen. Wenn aber das frühere Verhalten der Untergesellschaft und das jetzige der unabhängigen Gesellschaften der gleichen Branche nur vage Anhaltspunkte vermitteln, so muß sich der Wirtschaftsprüfer notgedrungen weitgehend auf die Aussagen des Vorstandes verlassen.

Der Gesetzgeber erläutert nicht näher, was er unter „wesentlichen Umständen" bzw. „Gesichtspunkten" versteht, deren Berücksichtigung nachzuprüfen ist. Man wird aber wohl annehmen müssen, daß es ihm in erster Linie darum geht, feststellen zu lassen, ob der Vorstand alle für die Entscheidung bedeutsamen Informationen beschafft und für seine Beurteilung ausgewertet hat.

Wenden wir uns zunächst der Informationsbeschaffung zu. Hier kann nur gemeint sein, daß sich die Nachprüfung auf die subjektiv erlangbaren Informationen erstreckt, nicht auf die objektiv, d.h. überhaupt möglichen[536]. Der Wirtschaftsprüfer soll also

534 Vgl. S. 112 ff dieser Arbeit.

535 So weist Potthoff (E.: Die Möglichkeiten . . ., a.a.O., S. 590) darauf hin, daß in deutschen Unternehmen schriftlich formulierte Unternehmensziele selten vorliegen. Moxter (A.: Präferenzstruktur . . ., a.a.O., S. 8) macht geltend, der Unternehmer sei oft überfordert, sollte er exakte Angaben über die eigene Zielstruktur machen.

536 Anlaß zu Meinungsverschiedenheiten könnte § 313 Abs. 1 sein, wo es heißt: der Wirtschaftsprüfer habe „nach den Umständen, die . . . bekannt waren", zu urteilen. Auf Grund des Wortlauts des § 312 Abs. 3 (der Vorstand hat nach den „Umständen, die ihm . . . bekannt waren" zu urteilen) und der Tatsache, daß im Rahmen der §§ 311 ff generell das Urteil eines „ordentlichen und gewissenhaften Geschäftsleiters einer unabhängigen Gesellschaft" als Bewertungsmaßstab gilt, wird eine Beanstandung durch den Wirtschaftsprüfer

beurteilen, ob sämtliche Informationen, die sinnvollerweise hätten beschafft werden sollen und können, bei der Entscheidung zur Verfügung standen. Fragen wir also, inwieweit diese Aufgabe überhaupt durchführbar ist und ob der Wirtschaftsprüfer sie erfüllen kann.

Zunächst ergeben sich schon grundsätzliche Bedenken. Es wurde oben[537] darauf hingewiesen, daß der Vorstand selbst wegen des Fehlens einer Theorie über das systematische Sammeln von Handlungsalternativen und Informationen und eines Kriteriums, das die Vollständigkeit der Informationen anzeigt, keine Gewißheit darüber hat, daß er alle zur Beurteilung einer Maßnahme bedeutsamen Daten in seinen Entscheidungskalkül einbezogen hat. Genau so wenig gibt es bislang eine „systematische Möglichkeit, die Vollständigkeit von Informationssammlungen zu beurteilen"[538]. Daher ist der Prüfer gar nicht imstande zu sagen, ob der Vorstand alle „wesentlichen Gesichtspunkte" berücksichtigt hat. Insofern ist auch der Behauptung Saages, es ließen sich „alle Entscheidungen von Gewicht daraufhin untersuchen, ob sie fachgerecht vorbereitet und mit der erforderlichen Sorgfalt getroffen wurden"[539], einige Skepsis entgegenzubringen.

Immerhin, so könnte man einwenden, sei die Intensität der Informationsbeschaffung als gewisses Indiz für die Sorgfalt zu werten, mit der der Vorstand die Entscheidung getroffen habe. Weiterhin könnte vorgebracht werden, es komme nicht so sehr auf die Nachprüfung der Vollständigkeit der Datensammlung an als vielmehr vor allem darauf festzustellen, ob der Vorstand nach den Informationen, über die der Wirtschaftsprüfer selbst verfügt, seiner Bewertung falsche Annahmen über die zukünftigen kosten- und ertragsmäßigen Auswirkungen einer Maßnahme zugrundegelegt hat. Faßt man den Prüfungsauftrag nach § 313 derart auf[540], so wird man zugeben müssen, daß diese Aufgabe umfassende und intime eigene Kenntnisse des Wirtschaftsprüfers über entscheidungsrelevante inner- und außerbetriebliche Daten voraussetzt. Denn wie sollte dieser sonst z.B. herausfinden, daß der Vorstand die Ertragschancen eines bestimmten Produktes viel zu optimistisch einschätzt, weil das Käufer- und Konkurrenzverhalten die Annahmen rückläufiger Nachfrage und Gewinne nahelegt?

Bliebe also zu fragen, ob der Wirtschaftsprüfer diese Bedingung erfüllt. Die RegB bejaht die Frage mit dem Hinweis auf die „allgemeine Sachkunde" des Prüfers und seine „besondere Vertrautheit mit den Verhältnissen der Gesellschaft"[541]. Dem wird

nur in Frage kommen, wenn der Vorstand seine Informationsmöglichkeiten nicht voll ausgenutzt hat. Diese können z.B. durch fehlende finanzielle Mittel begrenzt sein. Stellt der Wirtschaftsprüfer z.B. fest, daß die Konkurrenz über bessere Informationen verfügte infolge intensiverer Datenbeschaffung, so ist dies nicht unbedingt als Indiz für die mangelnde Sorgfalt des Vorstandes zu werten. Auch dürfte der Wirtschaftsprüfer dieses Wissen nicht ohne weiteres seiner eigenen Beurteilung zugrundelegen.

537 Vgl. S. 114 ff dieser Arbeit.

538 Brede, H.: a.a.O., S. 124.

539 Saage, G.: Die Prüfung . . ., a.a.O., S. 208.

540 Dafür spricht insb. der Wortlaut der RegB (vgl. RegB. zu § 313, a.a.O., S. 414). Dort heißt es, die Wirtschaftsprüfer hätten zu prüfen, ob ihnen bekannte Umstände für eine wesentlich andere Beurteilung als die durch den Vorstand sprechen.

541 Vgl. RegB zu § 313, a.a.O., S. 415.

jedoch zu Recht entgegengehalten, insb. von Seiten der Wirtschaftsprüfer selbst[542], den Abschlußprüfern fehle es oft an der notwendigen Markterfahrung und Branchenkenntnis[543], weil ihre Mandanten vielfach verschiedenen Wirtschaftszweigen angehören. Zudem bilde die Jahresabschlußprüfung den Schwerpunkt der Tätigkeit derjenigen Wirtschaftsprüfer, die jetzt den Abhängigkeitsbericht zu prüfen hätten[544]; diese sei wiederum auf die Feststellung der Ordnungs- und Gesetzmäßigkeit des Abschlusses gerichtet und mehr formeller Art; sie erfordere im wesentlichen eine rückschauend-feststellende Betrachtungsweise, jedoch keine Stellungnahme zu Geschäftsmaßnahmen, deren Auswirkungen zum großen Teil in der Zukunft liegen[545].

Der Wirtschaftsprüfer ist von seiner bisherigen Tätigkeit her für die ihm zugewiesene Aufgabe also keineswegs so prädestiniert, wie es die RegB hinstellt. Sicherlich sind ihm Informationen aus Fachzeitschriften, Branchenberichten, Gutachten und Prognosen von Konjunkturforschungsinstituten etc. zugänglich. Was die notwendige Kenntnis der gesamtwirtschaftlichen Daten und Projektionen anbelangt, so wird sich der Prüfer auch bestimmt das notwendige Wissen aneignen können. Ansonsten beziehen sich die Informationen der genannten Quellen i.d.R. auf Durchschnittswerte. Sie sind daher für die Bewertung einer bestimmten Maßnahme einer einzelnen Unternehmung nur bedingt verwendbar. Freilich stehen dem Wirtschaftsprüfer auch die speziellen Informationsunterlagen der Unter- und – wenn auch mit Einschränkungen – der Obergesellschaft zur Verfügung. Nur hat er keine Gewähr dafür, daß dieses Material nicht manipuliert wurde.

Was wird man bis hierher von einer Prüfung nach § 313 erwarten können? Nicht viel mehr, als daß der Prüfer offensichtlich willkürliche und unbegründete Annahmen[546] über zu erwartende Datenkonstellationen aufdeckt. Nun könnte man einwenden, damit sei doch schon einiges erreicht, immerhin könnten auf diese Weise extreme Schädigungen der Untergesellschaft unterbunden werden. Dem wäre jedoch nur dann zuzustimmen, wenn sich Unternehmensleitungen, die dem Konzern Sondervorteile verschaffen wollen, solch relativ durchsichtiger Mittel bedienen müßten. Dies hängt vor allem davon ab, inwieweit der Prozeß der Informationsaufbereitung und Erwartungsbildung einer Nachprüfung durch Dritte zugänglich ist. Diese Frage, die für die Wirksamkeit der §§ 311 ff von größter Wichtigkeit ist, hat uns daher nun zu beschäftigen.

542 Vgl. Neubert, H.: Minderheitenschutz durch Abschlußprüfer, in: DB, 11. Jg. (1958), S. 703–705, 703; Adler, H.: Der Prüfungsbericht . . ., a.a.O., S. 209; vgl. auch Saage, G.: Die Prüfung . . ., a.a.O., S. 208.

543 In Deutschland hat sich der „Branchenwirtschaftsprüfer" trotz einiger Bestrebungen in dieser Hinsicht bis jetzt nicht durchgesetzt (vgl. dazu Hinter, O.: Das Verhältnis von Wirtschaftsprüfung und Betriebsführung, in: Probleme der Betriebsführung, Festschrift zum 60. Geb. von OR. Schnutenhaus, hrsg. von C.W. Meyer, Berlin 1959, S. 277–293, 291).

544 Heigl (A.: Der aktienrechtliche Prüfungsauftrag . . ., a.a.O., S. 30 f) stellt zu Recht fest, die Prüfung nach § 313 stelle für den AG-Prüfer eine neue Aufgabe dar.

545 Vgl. Wollert, H.: a.a.O., S. 25; Neubert, H.: a.a.O., S. 703.

546 Etwa derart: alle konjunkturpolitischen Daten und Prognosen deuten darauf hin, daß eine bestehende Hochkonjunktur fortdauert, die Untergesellschaft geht aber in ihren Berechnungen davon aus, daß in den nächsten zwei Jahren wirtschaftliche Depression herrscht.

Wenn die RegB zu dem Ergebnis gelangt, der Wirtschaftsprüfer könne nachprüfen, ob die Bewertung der Maßnahmen durch den Vorstand „vertretbar“ und „schlüssig begründet“ ist, wenn ferner andere Autoren in gleichem Sinne betonen, es könne festgestellt werden, ob der Vorstand „im Rahmen vernünftiger kaufmännischer Überlegung“ und „pflichtgemäßen kaufmännischen Ermessens“ gehandelt habe[547], und ob die Entscheidung „aus dem Rahmen des Zulässigen herausfiel, also eine Fehlentscheidung war“[548], so scheint hinter solchen Äußerungen die Vorstellung zu stehen, es gebe eine allgemeingültige Norm, die anzeigt, wann der Vorstand aus den verfügbaren Informationen falsche, seine Sorgfaltspflicht verletzende Schlußfolgerungen gezogen hat. Nun hätte man gern eine exakte Definition dieser Norm erfahren. Es fragt sich nämlich, ob es hier ein solches Kriterium überhaupt geben kann. Es wurde oben nachgewiesen, daß über die Zukunftsauswirkungen der hier zur Debatte stehenden Maßnahmen kein sicheres, sondern nur ein wahrscheinliches Wissen existiert. Der Unternehmer kann – gestützt auf die vorliegenden Informationen, seine Erfahrung, seinen Sachverstand, sein Denkvermögen – aber auch beeinflußt von psychologischen Faktoren – dem Eintritt zukünftiger Ereignisse allenfalls subjektive Glaubwürdigkeitsgrade beimessen. Aus der Persönlichkeitsbezogenheit der Zukunftseinschätzung folgt unmittelbar, daß verschiedene Personen aus dem gleichen Informationsmaterial und das gleiche Bewertungsobjekt betreffend sehr unterschiedliche Schlußfolgerungen ziehen können und i.d.R. auch ziehen werden, da eine Übereinstimmung schon als Zufall angesehen werden muß.

Das Entscheidende ist nun, daß es kein objektives Kriterium gibt, das eine Aussage darüber zuließe, welche Person das richtigere Wahrscheinlichkeitsurteil abgegeben hat, m.a.W.: subjektive Erwartungen sind intersubjektiv nicht nachprüfbar[549]. Sie „stellen keine Erkenntnisse, sondern persönliche Meinungen dar. Ihre Entstehung ist mit logischen Mitteln nicht rational nachkonstruierbar; hat eine bestimmte Person einen bestimmten Glauben, so müssen wir ihn hinnehmen, ob er nun der wirklichen Wahrscheinlichkeit der Prognose nahekommt oder nicht“[550].

Wie kann der Wirtschaftsprüfer unter diesen Umständen nachprüfen, ob die Beurteilung des Vorstandes vertretbar ist? Er kann natürlich der Prognose des Vorstandes eine eigene entgegensetzen. Nur würde diese auch wiederum nur auf subjektiver Überzeugung basieren und könnte daher keinen höheren Grad von Allgemeingültigkeit oder Richtigkeit beanspruchen. Es könnte sogar eher das Gegenteil angenommen werden, da der Prüfer i.d.R. nicht die nötige Markterfahrung und das vielzitierte Fingerspitzengefühl besitzt, um kompetentere Urteile abgeben zu können. Das heißt

547 Semler, J. jr.: Die Aufgaben . . ., a.a.O., S. 70; zustimmend Geßler, E.: Diskussionsbeitrag, in: Unternehmer . . ., a.a.O., S. 83.
548 V. Godin-Wilhelmi: a.a.O., S. 1652.
549 Vgl. Busse v. Colbe, W.: Prognosepublizität von Aktiengesellschaften, in: Beiträge zur Lehre von der Unternehmung, a.a.O., S. 91–118, 113; Moxter, A.: Der Einfluß . . ., a.a.O., S. 208 f. Moxter (A.: Präferenzstruktur . . ., a.a.O., S. 25) stellt fest, „solche ‚Meinungen‘ (intuitiv gewonnene subjektive Wahrscheinlichkeitsurteile, d. Verf.) entziehen sich ihrer Natur entsprechend völlig der Überprüfung durch Dritte; über die Höhe der so zustandegekommenen Überzeugungsgrade läßt sich kaum diskutieren“.
550 Wild, J.: Unternehmerische Entscheidungen . . ., a.a.O., S. 87.

aber andererseits nicht, daß er jedes, also auch ein völlig willkürliches Wahrscheinlichkeitsurteil akzeptieren müßte. Er kann immerhin nachprüfen, ob die geäußerte Zukunftserwartung konsistent und kohärent in Bezug auf andere Wahrscheinlichkeitsangaben ist, d.h. den Regeln der Logik und den Axiomen des Wahrscheinlichkeitskalküls genügt[551]. Das bedeutet jedoch im Ergebnis nicht viel, da jede Prognose des Vorstandes, die in sich widerspruchsfrei ist, hingenommen werden muß. Es lassen sich lediglich die „Grenzen einer allenfalls denkbaren Schätzung" abstecken, aber diese reichen so weit, „wie der Bereich echter Unsicherheit"[552]. Welches Ausmaß das Unsicherheitsintervall und damit der Bewertungsspielraum, innerhalb dessen jede Nachprüfung unmöglich ist, annehmen kann, wurde bereits oben gezeigt[553].

Nun kann man freilich einwenden, der Vorstand der Untergesellschaft unterliege dadurch einer gewissen Kontrolle, daß er nicht permanent Prognosen abgeben könne, die sich ex post für sein Unternehmen jeweils ungünstiger erweisen als ex ante angenommen. Stelle der Wirtschaftsprüfer dies zu wiederholten Malen fest, so werde er einschreiten, zumindest aber sehr detaillierte und plausible Begründungen für die Abweichungen verlangen. Auch gehe von der Möglichkeit, daß der Wirtschaftsprüfer so reagiere, eine gewisse Präventivwirkung aus.

Dagegen ist aber einzuwenden, daß Fehlschätzungen bei Großinvestitionen und weitreichenden Umstruktuierungen im Konzern – Spezialisierung, Arbeitsteilung, Betriebsstillegung etc. – auf lange Sicht irreparable, nachteilige Schädigungen der abhängigen Gesellschaft verursachen. Außerdem – darauf ist noch zurückzukommen – besteht für den Vorstand immer die Möglichkeit, sich unliebsamer, hartnäckiger Wirtschaftsprüfer durch deren Abwahl zu entledigen.

In der Behauptung der oben zitierten Autoren, die Entscheidung des Vorstandes sei auf ihre schlüssige Begründung und kaufmännische Vernünftigkeit und Vertretbarkeit hin nachprüfbar, scheint sich die Forderung nach rationalem, willkürfreiem Handeln und Bewerten zu artikulieren. Dieser Forderung kann nur zugestimmt werden. Nur ist die Entscheidung des Vorstandes genau so wie dessen Zukunftseinschätzung lediglich auf ihre subjektive Rationalität hin überprüfbar. Der Wirtschaftsprüfer könnte also nur durch Befragen des Vorstandes dessen Risikopräferenz ermitteln und an-

551 Vgl. Wild, J.: Unternehmerische Entscheidungen . . ., a.a.O., S. 86. Zu den Rationalitätskriterien, deren Allgemeingültigkeit von jedermann anerkannt werden sollte, die praktisch aber z.T. eine Frage der Übereinkunft sind, im einzelnen vgl. insb. Schneeweiß, H.: a.a.O., S. 32 ff, insb. 77 ff; Borch, K.H.: a.a.O., S. 102 ff; Krelle, W.: Präferenz- und Entscheidungstheorie, a.a.O., S. 125 ff; Schneider, D.: Investition und Finanzierung . . ., a.a.O., S. 90 ff. Neben dem schon erwähnten Dominanzprinzip (vgl. FN 384) ist insb. das ordinale Prinzip zu nennen, das die unbeschränkte Vergleichbarkeit aller Wahrscheinlichkeitsverteilungen und eine durchgängige (transitive) Rangordnung zwischen mehreren gleich wahrscheinlichen Ereignissen fordert. Beide Kriterien verlangen im Grunde nur widerspruchsfreies Handeln. Als plausible, wenn auch nicht zwingend rationale Verhaltensnormen werden im allgemeinen außerdem das Stetigkeits- und das Unabhängigkeitsaxiom anerkannt. Das Stetigkeitsprinzip besagt, daß jede Wahrscheinlichkeitsverteilung ein Sicherheitsäquivalent besitzt (FN 439); das Unabhängigkeitsaxiom fordert, daß das Sicherheitsäquivalent und die ihm entsprechende Wahrscheinlichkeitsverteilung jederzeit gegeneinander austauschbar (substituierbar) sind.

552 Moxter, A.: Bilanzierung . . ., a.a.O., S. 629.

553 Vgl. S. 123 ff dieser Arbeit.

schließend prüfen, ob die Vornahme oder Unterlassung der Maßnahme nicht in Widerspruch zu der geäußerten Risikoneigung steht[554]. Der Entscheid über das Risikoverhalten selbst ist aber motivationsbedingt[555], rational nicht begründbar und daher jeder Nachprüfung durch Dritte[556] entzogen[557]. Das heißt nichts anderes, als daß je nach der persönlichen Einstellung des Unternehmers[558], die vom äußersten Wagemut bis zur höchsten Vorsichtigkeit reichen kann, den Entscheidungen unter mehrwertigen Erwartungen die unterschiedlichsten Entscheidungskriterien und Datenkonstellationen zugrundegelegt und die verschiedensten Dispositionen getroffen werden können, ohne daß man zu beweisen vermöchte, die Wahl einer dieser Handlungsalternativen basiere auf nicht rationalem Verhalten[559].

Wie steht es angesichts dieses Sachverhalts um die Möglichkeiten des Abschlußprüfers, festzustellen, „ob keine Umstände für eine wesentlich andere Beurteilung als die durch den Vorstand sprechen"? Das soll abschließend anhand eines Beispiels demonstriert werden. Zuvor vergegenwärtige man sich die Tatsache, daß „Erfolge bedeutender Unternehmer ... nicht selten gerade darauf (beruhen), daß sie Strategien ergreifen und Datenkonstellationen berücksichtigen, an die ihre Konkurrenten nicht gedacht haben"[560]. Auf diesem Hintergrund wollen wir zwei Fälle betrachten.

554 Zu beachten ist allerdings, daß das Risikoverhalten nicht bezüglich aller Dispositionen gleich ist. Es wird i.d.R. unterschiedlich sein bei kleineren Maßnahmen und bei solchen, die die Existenz der Unternehmung u.U. gefährden.

555 Zu optimistisch Steinmann (H.: a.a.O., S. 287), der behauptet, das Argument, unternehmerische Entscheidungen seien der Prüfung entzogen, soweit sie im Irrationalen wurzeln, verliere durch den zunehmenden Einsatz von Operations-Research-Methoden und den dadurch ausgelösten Zwang zur Rationalität an Bedeutung.

556 Die Tatsache, daß das AktG keine konkreten Grundsätze für das bei Unternehmensentscheidungen und deren Prüfung maßgebliche Risikoverhalten aufstellt, zeigt zweierlei: einerseits sind der Geschäftsführungsprüfung und der Anwendung von Haftungsnormen – abgesehen von Deliktsfällen und grober Mißwirtschaft – enge Grenzen gesetzt.
Dies heißt andererseits nicht, daß der Vorstand jeder Kontrolle entzogen ist, nur liegt diese vorwiegend auf einem anderen Gebiet: den Aktionären steht es frei, ihn wegen mangelnden Fortunes zu entlassen.

557 Vgl. Busse v. Colbe, W.: Entwicklungstendenzen ..., a.a.O., S. 623; Jacob, H.: Zum Problem ..., a.a.O., S. 172; Bössmann, E.: a.a.O., S. 235; Heinen, E.: Das Zielsystem ..., a.a.O., S. 186; Saage, G.: Die Prüfung ..., a.a.O., S. 83 ff; vgl. auch S. 134 ff dieser Arbeit.

558 Es wurde oben bereits darauf hingewiesen, daß das Risikoverhalten nicht nur von den persönlichen Eigenschaften und der seelischen Verfassung des Unternehmers bestimmt wird, sondern in stärkerem Maße auch von der wirtschaftlichen Lage der Unternehmung (vgl. S. 126 f). Nur erlauben auch diese objektiven Gesichtspunkte keine eindeutigen Schlußfolgerungen i.S. einer Feststellung einer rationalen Risikopräferenz. Wenn man davon ausgeht, daß risikoscheues Verhalten in der Praxis weit verbreitet ist (FN 447), zumindest der „Spielertyp" nicht den Normalfall eines Unternehmers darstellt, so wird man allenfalls solche Maßnahmen als mit nicht rationalem Handeln vereinbar ansehen, die – bei zwar hohen Gewinnchancen – zu einer Existenzgefährdung des Unternehmens führen können. Schneider (D.: Investition und Finanzierung ..., a.a.O., S. 100 ff) führt daher z.B. – unter einschränkenden Bedingungen – das Prinzip der Beschränkung der Risikonutzenfunktion (Beschränkung nach oben und unten) als Rationalitätskriterium zusätzlich zu den in FN 551 genannten vier Rationalitätskriterien des Berneulli-Prinzips ein). Allerdings – und das ist in unserem Falle das Mißliche –, als allgemeingültiges Kriterium wird man eine solche Regel nicht akzeptieren können. Zudem ist natürlich auch hier der Unternehmer bei der Bestimmung des „Existenzminimums" autonom.

559 Vgl. S. 127 f dieser Arbeit.

560 Busse v. Colbe, W.: Die Planung ..., a.a.O., S. 224.

Nehmen wir zunächst einmal an, die Untergesellschaft stelle neben einem Hauptprodukt zwei Nebenerzeugnisse her. Im Zuge einer Programmbereinigung innerhalb des Konzerns werde sie von der Konzernleitung veranlaßt, die Produktion der Nebenerzeugnisse – diese werde auf andere Konzerngesellschaften verlagert – einzustellen und die freiwerdenden finanziellen Mittel für den Ausbau der Hauptproduktkapazitäten zu verwenden. Die Konkurrenz beschreite dagegen wenig später einen anderen Weg: sie drosselt gerade die Produktion dieses Erzeugnisses und dringt in ganz neue Produktmärkte ein, die mit den traditionellen Märkten und dem bisherigen Leistungsprogramm der Branche nichts gemein haben. Die Zukunftsaussichten dieser neuen Produkte seien sehr gut; sie werfen voraussichtlich eine wesentlich höhere Rendite ab als die traditionellen Erzeugnisse. Die Folge ist, daß die von der Untergesellschaft getroffene Maßnahme wesentlich ungünstiger zu beurteilen ist. Man wird sagen, die Aufgabe des Wirtschaftsprüfers sei in diesem Falle problemlos; ergebe sich auf Grund der Planungsunterlagen der Gesellschaft, daß sie vor der Erweiterungsinvestition ebenfalls nach neuen Märkten Ausschau gehalten hat, jedoch mit dem Ergebnis, es gebe keine profitablere Investitionsmöglichkeit, weil sie die von der Konkurrenz verwirklichten Projekte übersehen hat, so dürfte der Wirtschaftsprüfer die Bewertung des Vorstandes, die auf Grund der neuen Umstände zu positiv war, nicht beanstanden.

Wie aber, wenn die Konkurrenzmaßnahmen sozusagen „in der Luft" lagen und die abhängige Gesellschaft diese nur deshalb nicht ergriffen hat, weil schon eine Schwesterfirma in dem neuen Markt zu operieren beabsichtigt? Hatte der Wirtschaftsprüfer von diesem Sachverhalt Kenntnis und weichen die alternativen Bewertungen wesentlich voneinander ab, so müßte er zweifellos das Testat einschränken. Man wird zugeben müssen, daß der Wirtschaftsprüfer, um solche Tatbestände durchschauen zu können, über eine Menge Branchenkenntnisse und Markterfahrung verfügen müßte. Ob er sie von seiner bisherigen Tätigkeit als Abschlußprüfer her besitzt, muß füglich bezweifelt werden.

Variieren wir nun das Beispiel. Die Untergesellschaft nehme jetzt auf Veranlassung der Obergesellschaft die Produktion eines neuen Erzeugnisses auf, weil sie die Absatzchancen sehr günstig beurteilt. Sie erklärt daher im Abhängigkeitsbericht, es seien ihr durch diese Maßnahme keine Nachteile entstanden, da sie diese auch bei Unabhängigkeit vorgenommen hätte. In der Branche werde gleichfalls die Durchführung einer solchen Maßnahme diskutiert. Die Konkurrenten schrecken aber davor zurück, weil sie eine Änderung des Käuferverhaltens, die erst den Erfolg des Vorhabens garantiert, für völlig unwahrscheinlich halten. Dem Wirtschaftsprüfer seien diese Gegenargumente zu Ohren gekommen. Wie soll er sich in einem solchen Fall verhalten, wenn er selbst die Meinung der Branche teilt und – im Gegensatz zum Vorstand – den Eintritt einer anderen Datenkonstellation für sehr viel wahrscheinlicher hält und infolgedessen zu einer wesentlich negativeren Bewertung gelangt? Hier liegen doch zweifelsfrei die für eine wesentlich andere Beurteilung sprechenden Umstände vor, die den Prüfer zur Einschränkung oder Versagung des Testats zwingen. Die Konsequenzen wären sehr weitreichend: jedem einzelnen Aktionär stünde das Recht zu, die gerichtliche Einsetzung eines Sonderprüfers zu verlangen (§ 315). Der Wirtschaftsprüfer wird zu berücksichtigen haben – besonders in weniger extrem gelagerten

Fällen als dem hier behandelten –, daß in dem der HV bekanntzugebenden Bericht des Sonderprüfers ggf. Tatsachen zur Sprache kommen werden, deren Veröffentlichung der abhängigen Gesellschaft und dem Konzern insgesamt großen Schaden zufügen können[561].

Schränkt der Prüfer andererseits den Bestätigungsvermerk nicht ein, so setzt er sich der Gefahr aus, daß ihm später Fehlentscheidungen, die auf Grund der getroffenen Maßnahmen eintreten, angelastet werden. Es ist deshalb nicht verwunderlich, daß die Wirtschaftsprüfer befürchten, „leicht in das zwischen Risiko und Chance liegende Spannungsfeld kaufmännischer Geschäftsführung"[562] zu geraten. Das Unternehmen muß jeden Tag mit diesem Problem „gut oder schlecht – aber doch irgendwie"[563] fertig werden. Der Wirtschaftsprüfer ist damit aber überfordert, zumal nicht ausgeschlossen werden kann – das obige Beispiel zeigt dies –, daß er quasi anstelle des Vorstandes Unternehmenspolitik betreiben muß[564], vorausgesetzt allerdings, er nähme den Prüfungsauftrag ernst. Auf die Frage, wie gut die Aussichten stehen, daß § 313 streng gehandhabt wird, wird gleich noch einzugehen sein.

C. Die Problematik der Unabhängigkeit des Wirtschaftsprüfers

1. Die Vereinbarkeit von Prüfung und Beratung

Vor der Erörterung der dafür bedeutsamen Frage, inwieweit die Unabhängigkeit des Wirtschaftsprüfers gewährleistet ist, soll noch kurz auf das damit eng zusammenhängende Problem der Verbindung von Prüfung und Beratung eingegangen werden.

Bisher wurde davon ausgegangen, die Aufgabe des Wirtschaftsprüfers beschränke sich auf die Durchführung der gesetzlichen Pflichtprüfung. Nun sind aber seit einiger Zeit Tendenzen festzustellen, daß die Wirtschaftsprüfer ihr Betätigungsfeld immer mehr auf den unternehmensberatenden Sektor ausdehnen[565]. Diese Tätigkeit umfaßt nicht nur aus der Abschlußprüfung resultierende Beratungsaufgaben (Reorganisation des Rechnungswesens, Einführung einer Datenverarbeitungsanlage etc.), sie reicht wesentlich weiter (insb. Organisationsberatungen[566], daneben aber auch Beratungen bezüglich Standortfragen, Kapazitätserweiterungen, Gestaltung des Produktionsprozesses

561 Vgl. Obermüller, W./Werner, W./Winden, K.: Sonderprüfung nach dem Aktiengesetz 1965, in: DB, 20. Jg. (1967), S. 1119–1124, 1121.
562 Wollert, H.: a.a.O., S. 25; zustimmend Potthoff, E.: Die Möglichkeiten . . ., a.a.O., S. 586; ähnlich auch Elmendorff, W.: Diskussionsbeitrag, in: Wirtschaftsprüfung . . ., a.a.O., S. 131 f.
563 Wittmann, W.: Ungewißheit . . ., a.a.O., S. 501.
564 Die Feststellung Aschoffs (a.a.O.), „der Wirtschaftsprüfer (könnte) in bezug auf seine Entscheidungsbefugnis etwas überfordert sein", scheint mir eher untertrieben zu sein.
565 Vgl. dazu etwa Minz, W.: Zum 23. Jahrgang der Wirtschaftsprüfung, in: WPg, 23. Jg. (1970) S. 1; IDW (Hrsg.): Unternehmensführung und Unternehmensbewertung, Bericht über die Fachtagung des IDW v. 22.–24.1.1969, Düsseldorf 1969; WP-Handbuch 1968, a.a.O., S. 1069. Seit Jahren schon führt die WPg im Untertitel die Bezeichnung „Der Berater der Wirtschaft".
566 Vgl. WP-Handbuch 1968, a.a.O., S. 1069 ff.

etc.[567]). Sie umschließt also – wenigstens z.T. – auch solche Maßnahmen, deren Prüfung sich im Rahmen des § 313 als so problematisch erweist.

Aus der Kopplung von Prüfungs- und Beratungstätigkeit könnte man sich zunächst eine wesentliche Verbesserung der Praktikabilität des § 313 erhoffen: sie hat zweifellos zur Folge, daß der Wirtschaftsprüfer erheblich enger mit den betriebs- und branchenindividuellen Eigenarten vertraut ist[568].

Nähme der Wirtschaftsprüfer überdies am Prozeß der Entscheidungsvorbereitung und -bildung teil, so wäre er weit eher in der Lage zu beurteilen, ob die Untergesellschaft die erforderlichen Anstrengungen bei der Datenbeschaffung unternommen und die notwendige Sorgfalt bei der Informationsaufbereitung hat walten lassen. Auch könnte er sich so am ehesten ein Bild von der wahren Zielsetzung des Konzerns machen. Freilich, in der Entscheidung selber wäre der Vorstand weiterhin autonom – diese kann ihm auch kein Berater abnehmen –, der Bewertungsspielraum bliebe mithin bestehen. Nur könnte der Wirtschaftsprüfer viel besser beurteilen, ob die Willensbildung des Vorstandes von der Konzernleitung beeinflußt wurde oder nicht. Und damit wäre ja der Zweck der §§ 311 ff weitgehend erreicht.

Außerdem entfiele ein weiteres, schwerwiegendes Argument gegen die Durchführbarkeit des § 313: da sich die Unternehmensberatung meist über das ganze Geschäftsjahr erstreckt, müßte die Prüfung nach § 313 nicht unter dem Zeitdruck erfolgen, wie dies jetzt der Fall ist[569]. Die Beratung könnte sozusagen als antizipierte Prüfung angesehen werden. Die Bestimmung von Preisobergrenzen, die Prüfung langfristiger Liefer- oder Know-how-Verträge, die Beurteilung weitreichender Maßnahmen dürfte sich angesichts der Kompliziertheit der Materie bei sorgfältiger Erfüllung des Prüfungsauftrages – und nur dann erzielt der Abhängigkeitsbericht die erhoffte Wirkung – oft als so langwierig erweisen, daß bezweifelt werden muß, ob diese Aufgaben in der im Rahmen der Jahresabschlußprüfung verfügbaren Zeit zu lösen sind[570].

Angesichts dieser positiven Aspekte ist also ernsthaft zu erörtern, ob durch eine Verbindung von Beratung und Prüfung die Effektivität des § 313 wesentlich verbessert wird. Natürlich könnte – und dies ist nach der derzeitigen Lage als erster Einwand zu werten – eine solche Wirkung nur dann erwartet werden, wenn der Wirtschaftsprüfer weit mehr als bisher üblich in den Entscheidungsprozeß der Untergesellschaft einbezogen wäre. Um dies zu gewährleisten, bedürfte es einer Legitimation auf gesetzlicher, nicht freiwilliger Basis mit der Folge, daß die Kontrollbefugnis des Wirtschaftsprüfers erheblich erweitert würde. Auf Grund der negativen Literaturäußerun-

567 Vgl. Minz, G.: Wirtschaftsprüfung und Unternehmensberatung, in: WPg, 21. Jg. (1968), S. 123–127. 125.

568 So zu Recht Philipp, F.: Die Prüfung . . ., a.a.O., S. 165.

569 Dieses Problem wird insb. von den Wirtschaftsprüfern hervorgehoben: vgl. Meier, A.: Der Abhängigkeitsbericht . . ., a.a.O., S. 91; Schwarz, M.: a.a.O., S. 41; Potthoff, E.: Die Möglichkeiten . . ., a.a.O., S. 90; Saage, G.: Die Prüfung . . ., a.a.O., S. 11 f; vgl. auch Kropff, B.: Diskussionsbeitrag, a.a.O., S. 129; Steinmann, H.: a.a.O., S. 287 f.

570 Daran ändert auch die Tatsache nichts, daß sich der Wirtschaftsprüfer nach allgemeiner Ansicht (vgl. RegB zu § 313, a.a.O., S. 414; ferner z.B. Rasner, H.: a.a.O., S. 1046; Goerdeler, R.: Geschäftsbericht . . ., a.a.O., S. 986) auf Stichproben beschränken kann.

gen zu Vorschlägen, eine Geschäftsführungsprüfung auch für Aktiengesellschaften einzuführen[571], wäre damit zu rechnen, daß eine solche Regelung auf den allerstärksten Widerstand der Wirtschaft[572] stoßen würde. Sie wäre m.E. nur im Rahmen einer Reform des gesamten Unternehmens- und Prüfungsrechts[573] zu verwirklichen. Zudem fragt sich, ob eine solche Regelung nicht berechtigte Zweifel an der Objektivität und Unbefangenheit des Wirtschaftsprüfers hervorrufen müßte – und, soweit der Prüfer schon jetzt die Unternehmensleitung bei Maßnahmen berät, die einer Prüfung nach § 313 unterliegen, auch tatsächlich hervorrufen muß. Setzt sich der Wirtschaftsprüfer nicht dadurch, daß er am Zustandekommen des zu beurteilenden Prüfungsgegenstandes mitgewirkt hat, der „Prozeßabhängigkeit" aus[574]? Ist er nicht letztlich gezwungen, ein Urteil in „eigener Sache"[575] abzugeben[576] und träte damit nicht genau die Situation ein, die der Gesetzgeber verhindern wollte, als er sich aus naheliegenden Gründen nicht mit der Überprüfung des Abhängigkeitsberichts durch den AR zufrieden gab[577]?

Es ist zuzugeben, daß es i.S. einer strikten Trennung von Geschäftsführung, Prüfung und Aufsicht (Gewaltenteilungsprinzip)[577] und einer über alle Zweifel erhabenen Erfüllung der Wirtschaftsprüfer-Aufgabe, „Garant der Publizität"[578] und der Einhaltung der sonstigen aktienrechtlichen Vorschriften zu sein, d.h. letztlich aus organisationstheoretischen und optischen Gründen, zweckdienlich erscheint, wenn sich der Wirtschaftsprüfer jeder Teilnahme am Entscheidungsprozeß enthält.

Dennoch sind m.E. die vorgebrachten Argumente nicht entscheidend. Solange die Beratung die Grenzen einhält, die ihr von der Sache her gesetzt sind – sie kann und darf nicht zu einer Verlagerung der Entscheidungsbefugnis vom Unternehmer auf den Berater führen und muß sich immer auf die Entscheidungsvorbereitung beschränken – so wäre die Beratung als vorgezogene Prüfung zu betrachten. Sie würde diese insoweit nicht dubios, sondern überflüssig machen[579]. Von der Sache her ist nicht

571 Vgl. dazu Saage, G.: Die Prüfung . . ., a.a.O., S. 205 ff.
572 Vgl. Spitzenverbände 1960, S. 44.
573 Vgl. dazu etwa die Vorschläge von Steinmann, H.: a.a.O., S. 200 ff, 279 ff.
574 Vgl. v. Wysocki, K.: Grundlagen des betriebswirtschaftlichen Prüfungswesens, Berlin–Frankfurt 1967, S. 116.
575 RegB zu § 313, a.a.O., S. 413.
576 In diesem Sinne stellt Linhardt (H.: Wirtschaftsberatung und Wirtschaftsprüfung, in: Betriebswirtschaftliche Umschau, 31. Jg. (1961), S. 97–110, 106 f) fest: „In gleicher Sache kann man nicht Prüfer und Berater sein. Wer da prüft, wo er berät, prüft sich selbst und kann schlecht in der Prüfung beanstanden, was er in der Beratung gutgeheißen hat. Was der Prüfer in dieser Kombination von Prüfung und Beratung noch beanstanden könnte, wäre lediglich die Befolgung seiner Ratschläge, die Bewertung der Durchführung, nicht aber die Ratschläge selbst". Heigl (A.: Der aktienrechtliche Prüfungsauftrag . . ., a.a.O., S. 29) spricht von der Gefahr einer „Prüfung im eigenen Rate".
577 Vgl. Saage, G.: Die Überwachung . . ., a.a.O., S. 297.
578 So Geßler, E.: Die Wirtschaftsprüfer als Garanten aktienrechtlicher Publizität, in: WPg, 9. Jg. (1956), S. 463–465.
579 So kann auch der Auffassung Saages (G.: Die Prüfung . . ., a.a.O., S. 102 f; gleichfalls Jäckel, G.: Die Unabhängigkeit der Abschlußprüfer bei der Pflichtprüfung von Aktiengesellschaften der „öffentlichen Hand", Hamburg 1960, S. 77), eine beratende Tätigkeit bei der Aufstellung des Jahresabschlusses sei unschädlich, zugestimmt werden. Eine solche Dienstleistung wird von den Firmen heute einfach verlangt. Dies gilt auch für die Aufstellung des

einzusehen, warum der Prüfer vor Erstellung des Jahresabschlusses zu einem anderen Ergebnis kommen sollte als nachher. Die entscheidende Problematik liegt m.E. auf einem anderen Gebiet begründet: in der Gefahr der „Kundenabhängigkeit" des Wirtschaftsprüfers. Nur wenn die wirtschaftliche Unabhängigkeit der Wirtschaftsprüfer von den Auftraggebern eindeutig bejaht werden könnte, könnte der Idee einer Synthese von Prüfung und Beratung nähergetreten werden. Andernfalls würde die Prüfung zur Farce[580].

Wenden wir uns nun also der Frage zu, ob nach derzeitiger Regelung die Unabhängigkeit der Wirtschaftsprüfer in einem für die Zwecke der §§ 311 ff hinreichenden Maße gewährleistet ist.

2. Das Problem der Kundenabhängigkeit des Wirtschaftsprüfers

Stellt man das Problem der Kundenabhängigkeit des Konzernprüfers zur Debatte, so drängt sich natürlich sofort die Frage auf, welche Bedeutung der Tatsache zukommt, daß der Wirtschaftsprüfer mit den Stimmen des Mehrheitsaktionärs (auf Vorschlag der Verwaltung i.d.R.) gewählt wird: eine Kontrolle, bei der der zu Kontrollierende faktisch seinen Prüfer selbst aussuchen und abwählen kann, würde nur dann keine Zweifel an ihrer Wirksamkeit hervorrufen, wenn der Prüfer materiell unabhängig wäre, – eine Abwahl also finanziell verkraften könnte – und die geprüfte Unternehmung ihm den Prüfungsauftrag nicht ohne weiteres, insb. nicht aus zweifelhaften Gründen, entziehen dürfte, ohne Mißliebigkeiten in Kauf nehmen zu müssen. Saage[581] spricht indirekt den letzten Gesichtspunkt an, wenn er behauptet, eine Abwahl des Wirtschaftsprüfers komme nur selten in Betracht, da sie nicht „lautlos" genug vollzogen werden könne. Dem wäre beizupflichten, wenn das AktG u.a. eine dem englischen Recht analoge[582] Regelung enthielte, welche die Verwaltung verpflichtete, den Prüferwechsel als Punkt der Tagesordnung der HV anzukündigen und zu begründen und dem Wirtschaftsprüfer die Möglichkeit einräumt, vor der HV dazu Stellung zu nehmen[583].

Albach[584] meint, nach seinen Erfahrungen habe die Verweigerung oder Einschränkung eines Testats noch keinem Wirtschaftsprüfer geschadet; er erhalte für jeden so verlorenen Auftrag mehrere neue Aufträge. Es ist aber zu bezweifeln, ob dies so

Abhängigkeitsberichts: „In Zweifelsfällen fragt man vorher beim Wirtschaftsprüfer an" (Lieser / Pleyer / Westermann, a.a.O., S. 3). Nimmt diese Tätigkeit allerdings großen Umfang an, so gelten die auf S. 155 ff dargestellten Bedenken.

580 Dies gilt im übrigen auch für die Beratung; der Wert einer externen Unternehmensberatung liegt ja gerade darin, daß die Berater als unabhängige Autoritäten anerkannt werden.

581 Vgl. Saage, G.: Die Prüfung . . ., a.a.O., S. 212.

582 Sec. 160 Companies Act. Eine analoge Regelung wurde auch von den deutschen Wirtschaftsprüfern gefordert (vgl. Schwarz, M.: a.a.O., S. 44; vgl. auch die positive Stellungnahme dazu von Geßler, E.: ebenda, S. 47; ferner Karoli, R.: a.a.O., S. 399).

583 Wird die Bestellung des Wirtschaftsprüfers vor der Vorlage des Prüfungsberichts widerrufen, so hat der Wirtschaftsprüfer nach § 163 Abs. 5 zwar auch ein Recht auf Stellungnahme vor der HV, er ist aber weiterhin an seine Schweigepflicht gebunden; außerdem kann er im Gegensatz zum englischen Recht jederzeit abberufen werden.

584 Vgl. Albach, H.: Den Auslegungsspielraum einengen, in: VW, 23. Jg. (16/1969), S. 42, 47, hier S.42.

generell zutrifft: es gibt bekanntlich Fälle, in denen Wirtschaftsprüfer in größte wirtschaftliche Schwierigkeiten gerieten, wenn sie ihren Hauptklienten verlören[585]. Ob sie jeweils schnell genug neue und gleichwertige Aufträge hereinholen können, erscheint mehr als fraglich, vor allem angesichts der wachsenden Unternehmenskonzentration[586], auf die Albach selbst hinweist.

Nun betonen die Wirtschaftsprüfer immer wieder, das AktG garantiere zusammen mit der Berufsordnung ihre Objektivität und Unabhängigkeit in hinreichendem Maße. Zudem zeige die langjährige Praxis, daß sich der Beruf bewährt habe[587]. Letzteres wird generell von keiner Seite bestritten. Auch sind nur wenige Fälle bekannt geworden, in denen Wirtschaftsprüfern Verschulden nachgewiesen wurde. Diese wenigen Fälle sind aber angesichts der Tatsache, daß dem Outsider der Blick hinter die Kulissen verwehrt ist[588], nicht ganz unbedeutend. Sie betrafen einmal Bilanzen, die trotz Verstoßes gegen zwingende Gliederungsvorschriften uneingeschränkt testiert wurden[589]. Besonders interessant ist ein anderer Fall, in dem ein Wirtschaftsprüfer Verstöße feststellte und vom Hauptaktionär daraufhin abberufen wurde und sein Nachfolger – anscheinend – zu einem günstigeren Resultat gelangte[590]. Wenn dieser Fall auch nicht ganz geklärt ist, so zeigt er doch eine entscheidende Schwäche der Berufsrichtlinien: im Gegensatz zu Vorschriften in anderen Ländern[591] verpflichten sie die Wirtschaftsprüfer nicht eindeutig genug, bei der Auftragsübernahme sich bei ihren Vorgängern darüber Gewißheit zu verschaffen, daß der Auftraggeber mit deren

585 Zu denken ist insb. an kleinere Wirtschaftsprüfer-Societäten und Einzelprüfer. Vgl. dazu auch Meilicke, H.: Das Minderheitenproblem im Aktienrecht, in: Dynamische Betriebsführung, Berlin 1959, S. 204–220, 219.

586 So ist z.B. die Zahl der AGen von 1957 bis 1967 um 412 auf 2351 gefallen (vgl. Tz: Immer weniger Aktiengesellschaften, in: W, 16. Jg. (1968), S. 203). In neuerer Zeit scheint diese Tendenz eher zuzunehmen: Am 31.12. 1970 wurden nur noch 2304 AGen, davon 25 KGaA, registriert (vgl. Hansen, H.: Die Aktiengesellschaften im Jahr 1970, in AG, 16. Jg. (1971), S. 148 f). Die rückläufige Zahl der AGen ist vor allem eine Folge der Zunahme von Umwandlungen und Fusionen: So wurden von Anfang 1968 bis Herbst 1969 mindestens 32 Umtausch- und Abfindungsangebote sowie über 100 Beteiligungsübertragungen mit einem geschätzten Gesamtvolumen von 10 Mrd. DM registriert, an denen börsennotierte AGen beteiligt waren. (Vgl. Dresdner Bank [Hrsg.]: Aktienreport, o.O., 1969, S. 5).
Zur Zunahme von Fusionen vgl. auch Kruk, M.: Konzentration und kein Ende, in: FAZ, Nr. 300 v. 29.12. 1969, S. 15; Bar.: Die Konzentrationswelle rollt weiter, in FAZ, Nr. 38 v. 9.2. 1971, S. 14 (1968: 65 Fusionsfälle, 1969 schon 168 und 1970 gar 305); kpk: Die Unternehmenszusammenschlüsse häufen sich, in FAZ, Nr. 272 v. 24.11. 1969, S. 13, 15 und Huffschmid, J.: Die Politik des Kapitals. Konzentration und Wirtschaftspolitik in der Bundesrepublik, 3. Aufl. Frankfurt 1970, insb. S. 54 ff. Allerdings ist von dem künftigen GmbH-Gesetz eine Erweiterung der Wirtschaftsprüfer-Tätigkeit zu erwarten (vgl. §§ 138, 141 des RefE).

587 Vgl. z.B. Potthoff, E.: Kein absolutes Maß, in: VW, 23. Jg. (16/1969), S. 47; Minz, G.: a.a.O., S. 126; Karoli, R.: a.a.O., S. 396 ff; Adler, H. / Müller, H.-P.: Zur Stellung des Abschlußprüfers im künftigen Recht, in: AG, 9. Jg. (1964), S. 154–157, insb. 155.

588 Vgl. Geßler, E.: Die Wirtschaftsprüfer . . ., a.a.O., S. 465.

589 Nachweise bei Zimmerer, C.: Die Organe der AG und die Stellung des Wirtschaftsprüfers, in: NB, 19. Jg. (2/1966), S. 44–49, 48; Kicherer, H.-P.: Kummer mit der Unabhängigkeit, in: VW, 23. Jg. (16/1969), S. 38–42; kritisch auch Geßler, E.: Diskussionsbeitrag, in: Entwicklungstendenzen . . ., a.a.O., S. 47.

590 Gemeint ist der Fall Boswau & Knauer; vgl. dazu Zimmerer (a.a.O., S. 48) und Kicherer (a.a.O., S. 41) mit Quellennachweisen.

591 Etwa die französische Regelung (vgl. dazu v. Wysocki, K.: Grundlagen . . ., a.a.O., S. 126).

Abwahl nur die Umgehung gesetzlicher oder berufsrechtlicher Grundsätze bezweckte. Außerdem sind der Auskunftseinholung allein durch die Verschwiegenheitspflicht des Wirtschaftsprüfers Grenzen gesetzt[592]. Hinzu kommt, daß angesichts der guten Wirtschaftslage und der großzügigen Bewertungsvorschriften in der Vergangenheit die eigentliche Bewährungsprobe der Wirtschaftsprüfer noch aussteht[593].

Sicher hat es auch bisher schon sachliche Differenzen zwischen Prüfer und Verwaltung gegeben. Die Gefahr der Frontstellungen wird aber durch die verschärften Vorschriften des neuen Aktienrechts erheblich verstärkt[594]. Das gilt in besonderem Maße für die §§ 311 ff: da keine eindeutigen Normen existieren, an denen die Gesetzeskonformität des Istzustandes gemessen werden kann, und der Gesetzgeber es versäumte, Anhaltspunkte für eine Einschränkung des Ermessensspielraums zu geben, können Konfliktsfälle gar nicht ausbleiben, wenn der Wirtschaftsprüfer seinen Prüfungsauftrag streng auffaßt. Erinnert sei in diesem Zusammenhang noch einmal an die zahlreichen gerichtlichen Auseinandersetzungen im Rahmen der – wesentlich weniger problematischen, weil im wesentlichen nur die Rechtsgeschäfte betreffenden – steuerlichen verdeckten Gewinnausschüttungen. Andererseits wäre das Fehlen analoger aktienrechtlicher Streitfälle als Indiz für eine lasche Handhabung der §§ 311 ff zu bewerten. Man wird die Zukunftsentwicklung abwarten müssen; bis jetzt sind jedenfalls keine solchen Fälle bekannt geworden[595]. Die Gefahr, daß die §§ 311 ff nicht greifen, wird dadurch verstärkt, daß der Wirtschaftsprüfer den § 313 relativ risikolos „großzügig" handhaben kann: mangels objektiver Maßstäbe könnte er sich immer auf den – ihm ausdrücklich zugestandenen – Bewertungsspielraum berufen. Es käme aber gerade darauf an, daß er gegen eine fortwährende einseitige Ausnutzung dieses Spielraums durch die Ober- und/oder Untergesellschaft einschreitet. Ein Versagen wäre ihm gleichwohl schwer nachzuweisen[596].

592 Wysocki (a.a.O.), weist darauf hin, daß der Hinweis der Richtlinien auf die Verpflichtung zur Kollegialität, ferner das Werbungsverbot nicht ausreichen. A.A. Adler, H.: Diskussionsbeitrag, in: ZfhF, 2. Jg. (1950), S. 309.

593 So zu Recht Kicherer, H.P.: a.a.O., S. 41.

594 So auch Adler, H./Müller, H.-P.: a.a.O., S. 154 selbst: vgl. ferner Kropff, B.: Das Konzernrecht . . ., a.a.O., S. 1289; Westrick (P.: a.a.O., S. 80) meint, „die Zeiten einer dauernden Übereinstimmung zwischen AG und Prüfer werden nach Inkrafttreten des Regierungsentwurfs der Geschichte des Aktienrechts angehören"; Jäckel (G.: a.a.O., S. 18) stellt fest, die eigentliche Bewährungsprobe der Wirtschaftsprüfer stehe noch aus. vgl. auch DJT, a.a.O., S. 67; Fischer, C.E.: Unternehmens-Konzentration . . ., a.a.O., S. 54.

595 Beunruhigend ist in diesem Zusammenhang auch das Ergebnis, zu dem Lieser / Pleyer / Westermann im Rahmen ihrer Konzernbefragung gelangen. Sie stellen fest, „daß die vorherige Absprache mit dem Prüfer über die Beurteilung bestimmter riskanter Maßnahmen ebenso verbreitet wie die argwöhnische und eindringliche Prüfung des konzerninternen Geschäftsverkehrs selten ist." (Lieser / Pleyer / Westermann: a.a.O., S. 8 f).

596 Höchst interessant ist in diesem Zusammenhang, daß Kropff, der sich zuletzt als starker Befürworter des Abhängigkeitsberichts erwiesen hat, diesen in einer früheren Äußerung aus ähnlichen Gründen ablehnte: „Der Wirtschaftsprüfer würde . . . zu einer Prüfung der Geschäftsführung gezwungen. Da diese Prüfung stark Ermessenssache wäre, würde sein Testat die außenstehenden Aktionäre wohl nur dann ausreichend sichern, wenn ihnen der Prüfungsbericht offengelegt würde"; diese „Offenlegung könnte aber Geschäftsgeheimnisse gefährden" (Kropff, B.: Der außenstehende Aktionär . . ., a.a.O., S. 678). In den USA wird im übrigen einer solchen „Gefährdung" kein so großes Gewicht beigemessen; dort müssen in dem jedermann zugänglichen Abschlußbericht der berichtspflichtigen Gesellschaft die „Interessen" von Großaktionären (u.a.) an Geschäften des Unternehmens aufgeführt

Angesichts dieses Sachverhalts und der Tatsache, daß der Wirtschaftsprüfer nur bei Wohlwollen des Großaktionärs auf eine Wiederwahl hoffen kann, erscheint die institutionelle Sicherung der Unabhängigkeit des Wirtschaftsprüfers als unzureichend[597]. Bei allem Vertrauen in die persönliche Integrität des Prüfers – der Wirtschaftsprüfer müßte, wie Rasch es ausdrückt, schon ein „Heiliger“ (sein), wenn er nicht in Versuchung geriete[598].

Es kann daher auch nicht eine Verbindung von Prüfung und Beratung[599] im oben dargestellten Sinne befürwortet werden, solange die Stellung des Wirtschaftsprüfers nicht erheblich verstärkt ist[600]. Die Höhe der Beratungshonorare, die diejenige der Prüfungsgebühren nicht selten übersteigt, und die Gefahr des Verlustes lukrativer Aufträge werden dazu sicher nicht beitragen.

Nicht ohne Grund hält man in anderen Ländern[601] beide Tätigkeiten bei nur „relativer“ Unabhängigkeit des Prüfers für unvereinbar. Bezeichnend ist ferner, daß die Befürworter einer Geschäftsführungsprüfung[602] die derzeitige relative Unabhängigkeit bei der Einführung einer solchen Prüfung für unzureichend halten; schließlich verdankt auch die genossenschaftliche Geschäftsführungsprüfung ihre gute Noten[603]

werden. Dabei sind die Art der Beziehungen, der Geschäftswert und der Wert des Großaktionärsinteresses anzugeben. (Vgl. Semler, J. jr.: Der Einfluß der Securities and Exchange Commission auf Rechnungslegung und Prüfung rechtlich selbständiger Gesellschaften in den Vereinigten Staaten von Nordamerika, in: WPg, 13. Jg. (1960), S. 317–322, 345–352, 377–382, hier 320). Ähnlich auch die Regelung des neuen französischen Aktienrechts (vgl. Maul, K.-H.: a.a.O., S. 215 und Brachvogel, G.: Aktiengesellschaft . . ., a.a.O., S. 76 ff, 126 ff), die aber ansonsten den deutschen Vorschriften unterlegen ist.

597 So auch Westrick, P.: a.a.O.; Kicherer, H.-P.: a.a.O.; Meilicke, H.: Das Minderheitenproblem . . ., a.a.O., v. Wysocki, K.: Kontrolle durch Kollegen, in: VW, 23. Jg. (1969). S. 47 f, 48; Linhardt, H.: Zur Reform . . ., a.a.O., S. 334; Großfeld, B.: a.a.O., S. 218 f; Moxter, A.: Offene Probleme . . ., a.a.O., S. 652; ders.: Bilanzierung . . ., a.a.O., S. 621; Fischer, C.E.: Die Reform des Aktiengesetzes, in: AcP, Bd. 154 (1955), S. 181–242, 233 ff.

598 Rasch, H.: Deutsches Konzernrecht, 4. Aufl., a.a.O., S. 168 f. Rasch hat in diesem Zusammenhang wiederholt auf die unzureichende wirtschaftliche Unabhängigkeit des Wirtschaftsprüfers hingewiesen. Vgl. Rasch, H.: Gewinnabführungs- und Weisungsverträge . . ., a.a.O., S. 170; ders.: Richtige und falsche Weg der Aktienrechtsreform, Karlsruhe 1960, S. 46.

599 Westrick (P.: a.a.O., S. 72) gibt seinen Bedenken plastisch wie folgt Ausdruck: „. . . wie kann eine objektive, im Interesse der Öffentlichkeit liegende Fremdprüfung gewährleistet sein, wenn die mit der Prüfung betraute Institution u.U. ein geradezu existentielles Interesse daran hat, sich mit der zu prüfenden Gesellschaft in möglichst gutem Einvernehmen zu befinden . . . . Es wäre lebensfremd, wollte man leugnen, daß der alte Satz ‚wes Brot ich eß des Lied ich sing' ausgerechnet im Verhältnis Wirtschaftsprüfer-Aktiengesellschaft keine Gültigkeit beanspruchen sollte . . ”.

600 Eine solche Stärkung könnte ja auch nur im Interesse der Wirtschaftsprüfer selbst liegen. Deshalb ist ihre weitgehend ablehnende Haltung gegenüber Reformvorschlägen nicht ganz verständlich. Potthoff (E.: Kein absolutes Maß, a.a.O.) z.B. macht es sich m.E. zu leicht, wenn er feststellt, es sei Sache der zweifelnden Outsider, den Gegenbeweis (der Abhängigkeit der Wirtschaftsprüfer) anzutreten. Solange die Unabhängigkeit von Outsidern – und darunter befinden sich immerhin einige prominente Rechtsvertreter – immer wieder angezweifelt wird, – sei dies nun berechtigt oder nicht –, erscheint die Situation mißlich.

601 So z.B. in den USA (vgl. dazu insb. Loss, L.: Der Schutz der Kapitalgeber, in: ZHR, 120 Jg. (1967), S. 197–255, 234 f; ferner auch Semler, J.jr.: Der Einfluß . . ., a.a.O., S. 77 ff; unzutreffend Hintner, O.: Das Verhältnis . . ., a.a.O., S. 284.

602 So insb. Saage, G.: Die Prüfung . . ., a.a.O., S. 212; Steinmann, H.: a.a.O., S. 285.

603 Damit soll nicht behauptet werden, die Verbandsprüfung sei ganz unproblematisch.

neben der Spezialisierung der Verbände – und der dadurch gewährleisteten intimen Branchenkenntnisse – und der ausreichend verfügbaren Prüfungszeit hauptsächlich der starken Stellung der Prüfer.

V. Möglichkeiten zur Beseitigung der Bewertungs- und Prüfungsschwierigkeiten im Wege der Gesetzesauslegung

Es bedarf wohl keiner besonderen Feststellung, daß das Urteil über die Praktikabilität und Schutzwirkung der §§ 311 ff nach den bisherigen Ausführungen negativ ausfallen würde. Es könnte dem Gesetzgeber nur empfohlen werden, eine Gesetzesrevision so schnell wie möglich durchzuführen; für diese Arbeit käme dies zugleich der Aufforderung gleich, Verbesserungsmöglichkeiten aufzuzeigen. Ein endgültiges Resümee in diesem Sinne kann jedoch noch nicht gezogen werden, bevor nicht verschiedene, von der h.M. abweichende Literaturäußerungen[604] gewürdigt worden sind. Einige Autoren, deren Ausgangsbasis ebenfalls eine die Problematik der §§ 311 ff betonende Beurteilung bildet, versuchen, der Schwierigkeiten im Wege der Gesetzesauslegung Herr zu werden.

Uns soll im folgenden primär die Gesetzeskonformität dieser Auffassungen interessieren; auf die Frage, inwieweit es sinnvoll wäre, – im Falle der Nichtvereinbarkeit der Äußerungen mit den derzeitigen Bestimmungen – die §§ 311 ff de lege ferenda i.S. der nun zu behandelnden Vorschläge abzuändern, wird in Kapitel 4 nochmals ausführlich eingegangen.

A. Schutz der abhängigen Aktiengesellschaft durch ex post-Bewertung und Prüfung der ex ante nicht oder schwer quantifizierbaren neutralisierungspflichtigen Konzernwirkungen

Es wurde in dieser Arbeit gezeigt, daß die Quantifizierung der langfristig wirkenden Konzerneingriffe – also der von der Konzernleitung veranlaßten langfristigen Rechtsgeschäfte und Maßnahmen – die Problematik der §§ 311 ff schlechthin beinhaltet. Deshalb ist es nicht verwunderlich, daß einige Autoren, die sich dieses Problems voll bewußt geworden sind, nach Lösungen gesucht haben, welche die Effizienz der §§ 311 ff erhöhen könnten.

Ganz im Gegenteil muß es erstaunen, daß der überwiegende Teil der Literatur dieser Frage so wenig Beachtung geschenkt hat.

Wenden wir uns also zunächst den langfristigen Verträgen zu.

1. Die Befürwortung der ex post-Bewertung langfristiger Verträge in der Literatur und Prüfung ihrer Vereinbarkeit mit den Bestimmungen der §§ 311 ff

604 Vgl. die Hinweise auf den Seiten 44, 65, 77 dieser Arbeit.

Die Maßgeblichkeit der ex post-Bewertung langfristiger Verträge wird in der Literatur in drei Varianten vorgetragen:

(1) die erste Auffassung geht dahin, im Abhängigkeitsbericht könne[605] oder müsse[606] nicht nur über den Abschluß solcher Verträge (Verpflichtungsgeschäft) berichtet werden, sondern auch über deren Abwicklung in späteren Jahren (Erfüllungsgeschäfte). Dies sei zumindest zweckmäßig, da nur so sicherzustellen sei, daß die Abwicklung auch tatsächlich vertragsgemäß erfolge. Entfiele eine spätere Berichtspflicht, so sei insb. bei einem Prüferwechsel die Einhaltung der Vereinbarungen nicht gewährleistet, da der Wirtschaftsprüfer nicht die Vollständigkeit des Berichts – etwa anhand des Buchwerks – zu prüfen habe[607].

(2) Weiter reichende Forderungen werden von einer anderen Gruppe von Autoren erhoben, die meinen, in einigen Fällen[608], insb. bei bestimmten Sukzessivlieferungsverträgen[609] sei eine ex post-Bewertung in der Weise vorzunehmen, daß die Vor- und Nachteile Jahr für Jahr abgerechnet würden. Dies gelte vor allem dann, wenn die weitere Vertragsentwicklung „von gar nicht abzuschätzenden Umständen oder sogar von der Entscheidung des anderen Vertragsteils" abhänge. Das besondere Rechtsverhältnis des faktischen Konzerns verpflichte die Konzernpartner, „für eine klare und nachprüfbare Ausgestaltung der Konzernbeziehungen zu sorgen"[610]. Das AktG wolle der abhängigen Gesellschaft nicht das Risiko aufbürden, „das in der gänzlich unkalkulierbaren zukünftigen Entwicklung eines sehr langfristigen Vertrages zusätzlich noch zu dem normalen Geschäftsrisiko verborgen liegen kann"[611].

(3) Am weitesten geht die Auffassung Rasners, langfristige Verträge seien immer ex post zu bewerten, weil nur so beurteilt werden könne, ob sie nachteilig seien[612].

Unstreitig machen die unter (1) vorgebrachten Argumente auf eine nicht zu unterschätzende Gefahr aufmerksam. Jedoch läßt sich aus dem Gesetz keine zwingende Pflicht zur laufenden Berichterstattung ableiten[613]. Zudem wird die Gefahr dadurch vermindert, daß der Vorstand der Untergesellschaft zur erneuten Berichterstattung verpflichtet ist, wenn die Vertragsentwicklung nicht vereinbarungsgemäß verläuft. Dringt der Vorstand nämlich nicht auf eine entsprechende Vertragserfüllung oder verzichtet er auf die Geltendmachung einer verwirkten Vertragsstrafe oder einer Ver-

605 So Stellungnahme NA 6/66, a.a.O., S. 678; Adler-Düring-Schmaltz: 4. Aufl., a.a.O., S. 958.
606 So Rasner, H.: a.a.O., S. 1041; Goerdeler, R.: Diskussionsbeitrag, a.a.O., S. 126.
607 Vgl. Goerdeler, R.: Diskussionsbeitrag, a.a.O., S. 126.
608 Vgl. ebenda, S. 125.
609 So Kropff, B.: Der faktische Konzern . . ., a.a.O., S. 2206 f; Luchterhandt, H.F.: Leitungsmacht . . ., a.a.O., S. 25 ff; Geßler, J.H.: a.a.O., S. 353; wohl auch Schreib, (P.: Abhängigkeitsbericht (§ 312 AktG) II, a.a.O.), der zwar einerseits nur von der Berichtsmöglichkeit spricht, dennoch aber wohl mehr eine zwingende Verpflichtung zur ex post-Bewertung und -Berichterstattung ableiten will. Zu den im Ansatz gleichen Auffassungen von Baumbach-Hueck und v. Godin-Wilhelmi s. S. 161 f.
610 Kropff, B.: Der faktische Konzern . . ., a.a.O., S. 2206.
611 Luchterhandt, H.F.: Leitungsmacht . . ., a.a.O., S. 27.
612 Vgl. Rasner, H.: a.a.O., S. 1044, 1046. Ihm folgend Kellmann, Ch.: a.a.O., S. 1514.
613 Vgl. S. 64 f dieser Arbeit und die in FN 605 genannten Autoren.

tragskündigung bzw. -revision im Falle des Wegfallens bzw. der Änderung der Geschäftsgrundlage, so liegt unzweifelhaft eine berichtspflichtige unterlassene Maßnahme vor[614]. Freilich gilt dies nicht in jedem Falle, da die u.U. negativen Auswirkungen[615] es geraten erscheinen lassen können, von einer Vertragskündigung oder -revision Abstand zu nehmen und ein Vertrag, der sich bisher negativ entwickelt hat, unter Berücksichtigung der Zukunftsaussichten dennoch positiv beurteilt werden kann. Insgesamt gesehen wäre m.E. die unter (1) vorgeschlagene Lösung vorzuziehen, schon allein um den Vorstand an seine Pflichten zu erinnern, vor allem aber wegen der mehr auf Zufall beruhenden Möglichkeit der Wirtschaftsprüfer, unterlassene Maßnahmen aufzudecken[616]. Der Wirtschaftsprüfer sollte – verpflichtet dazu ist er nicht – sich zumindest durch Stichproben von einer vertragsmäßigen Abwicklung überzeugen.

Die unter (2) und (3) geäußerten Bedenken können nur bekräftigt werden. Jedoch läßt sich m.E. eine solche Forderung beim besten Willen nicht aus dem Gesetz herleiten. Außerdem kommen solche Verträge auch unter konzernfreien Unternehmen vor[617]. Wenn Kropff (zusätzlich) geltend macht, „nicht alle zwischen unabhängigen Unternehmen vorkommenden Geschäfte (seien) auch im Rahmen eines Beherrschungsverhältnisses erlaubt“[618], so sehe ich nicht, wie diese Meinung mit der unbestrittenen, gesetzlich postulierten Fiktion der Unabhängigkeit der Untergesellschaft in Einklang zu bringen ist. Vor allem muß es erstaunen, daß Kropff die Bewertungsschwierigkeiten nur im Zusammenhang mit langfristigen Rechtsgeschäften erwähnt, sie offensichtlich bezüglich der Maßnahmen, in deren Rahmen sie regelmäßig eine mindestens gleich bedeutsame Rolle spielen, gering einschätzt.

Die Auffassung Luchterhandts schließlich ist m.E. als reine Spekulation zu werten; sie findet jedenfalls im Gesetz keine Stütze.

2. Die Befürwortung der ex post-Bewertung von Maßnahmen in der Literatur und Prüfung ihrer Vereinbarkeit mit den Bestimmungen der §§ 311 ff

Auch der Grundsatz der ex post-Bewertung von Maßnahmen wird im Schrifttum mit unterschiedlichen Argumenten belegt und in verschiedenem Umfange als maßgeblich erachtet.

(1) v. Godin-Wilhelmi vertreten die Auffassung, bei Maßnahmen, deren Vor- oder Nachteiligkeit im Zeitpunkt ihrer Vornahme oder Unterlassung nicht erkennbar sei, solle ein Rechtsanspruch eingeräumt werden, dessen Geltendmachung durch den Eintritt des Nachteils bedingt sei. Auf diese Weise könnte „ein riskantes Geschäft, zu dem ein abhängiges Unternehmen veranlaßt wird, von vornherein

614 Vgl. Rasch, H.: 1. Aufl. a.a.O., S. 181; Hornef, H.: a.a.O., S. 123; Geßler, E.: Die Rechtsverhältnisse . . ., a.a.O., S. 202; Mathern, F.: a.a.O., S. 382 f; Spitzenverbände 1960, a.a.O., S. 106; Adler-Düring-Schmaltz: 4. Aufl., a.a.O., S. 958.

615 Erinnert sei hier an den auf S. 77 geschilderten GBAG-Socony-Fall.

616 Vgl. S. 60 dieser Arbeit.

617 Man denke nur an die in FN 269 berichteten Fälle; man hätte sicherlich die größten Schwierigkeiten, in den genannten Fällen eine konzernmäßige Abhängigkeit nachzuweisen, die allein auf wirtschaftlichen Gegebenheiten beruht.

618 Kropff, B.: Der faktische Konzern . . ., a.a.O., S. 2207.

dadurch abgedeckt werden . . ., daß das spezielle Risiko von dem herrschenden Unternehmen übernommen wird“[619]. Diesen Worten ist nur eine Empfehlung zu einer derartigen Ausgleichsregelung zu entnehmen, gleichwohl deuten andere Äußerungen[620] darauf hin, daß die Verfasser aus dem Gesetz eine zwingende Vorschrift im genannten Sinne ableiten wollen.

(2) Unzweideutig stellen sich Baumbach-Hueck auf den letzten Standpunkt, da sie feststellen: „Der Begriff des Nachteils ist objektiv zu bestimmen . . . . Dabei sind auch Vorgänge und Entwicklungen zu berücksichtigen, die das herrschende Unternehmen zur Zeit der Einflußnahme nicht vorhergesehen hat. Nach § 311 übernimmt das herrschende Unternehmen das volle Risiko für die durch seinen Einfluß veranlaßte Maßnahmen[621].

(3) Auch Rasch scheint im Ergebnis die gleiche Lösung zu befürworten, wenn er meint: „Die Vorteile und Nachteile von Maßnahmen können erst dann beurteilt werden, wenn sie quantifizierbar sind. Bis dahin wird sich der Bericht mit einer Erwähnung der Maßnahmen begnügen müssen“[622].

(4) Bachelin behauptet, die Maßgeblichkeit der ex post-Bewertung bezüglich des Spezialfalles, daß sich ausgleichspflichtige Nachteile im Berichtsjahr schon ausgewirkt haben und sich eine als Ausgleich zugesagte vorteilhafte Maßnahme negativer als prognostiziert entwickelt, somit also den Nachteil nicht mehr schadensproportional abdeckt: Die Obergesellschaft verursache zwar die ursprüngliche Schädigung –, die Pflicht zur Anpassung des Rechtsanspruchs folge aber zwingend aus dem Zweck der §§ 311 ff, einen vollen Ausgleich sicherzustellen.

(5) Auch Koppensteiner[623] tritt für eine beschränkte ex post-Bewertung von Maßnahmen ein: bei Maßnahmen, durch welche die selbständige Existenzfähigkeit der Untergesellschaft in Frage gestellt oder vernichtet werde[624], habe der Ausgleich in der Weise zu erfolgen, daß die Konzernleitung sich verpflichte, der beherrschenden Gesellschaft bei Auflösung des Abhängigkeitsverhältnisses die zur Wiedergewinnung der Selbständigkeit erforderlichen Mittel (Personal, Know how etc.) zur Verfügung zu stellen. Dies folge aus zweierlei Gründen: die Obergesellschaft dürfe nur Einfluß nehmen, wenn sie die dadurch entstehenden Nachteile ausgleiche. Da der Nachteil hier in dem Risiko (der Auflösung des Verbundes) bestehe, müsse die Konzernleitung dieses Risiko voll in Kauf nehmen. Außerdem sei

619 v. Godin-Wilhelmi: a.a.O., S. 1635.

620 Auf S. 1631 heben sie nämlich auf die objektive Bestimmung des Nachteils ab. Dieser werde nicht dadurch beseitigt, daß nachgewiesen werden kann, „daß der Vorstand einer nicht abhängigen Gesellschaft das Rechtsgeschäft oder die Maßnahme vorgenommen bzw. leztere unterlassen hätte”.

621 Vgl. Baumbach-Hueck: a.a.O., S. 922 f. Auf der Tagung der DIfB wurde im Ergebnis diese Meinung – wenn auch nicht unbestritten – gleichfalls vertreten (vgl. DIfB: a.a.O., S. 127 f); ebenso Rasner, H.: a.a.O., S. 1046.

622 Rasch, H.: 4. Aufl., a.a.O., S. 171 f.

623 Lt. Auskunft von Herrn PD Dr. Koppensteiner wird diese Ansicht im konzernrechtlichen Teil des Kölner-Kommentars zum Aktiengesetz, Köln–Bonn–Berlin–München, der voraussichtlich 1971/72 erscheint, vertreten. Der Verf. konnte Einblick in das Manuskript des Kommentars der §§ 311 ff (Stand: Ende 1968) nehmen.

624 Vgl. S. 46 ff.

der Vorstand der Untergesellschaft nur bei Erfüllung dieser Bedingung befugt, der Veranlassung folge zu leisten, wolle er nicht mit seinen Sorgfaltspflichten in Konflikt geraten.

(6) Ferner will Luchterhandt die ex post-Beurteilung nur begrenzt zulassen. Er beschränkt sie auf Maßnahmen, die mit sehr großem Risiko behaftet sind. Er geht zunächst von der Feststellung aus, das Recht des faktischen Konzerns bürde der abhängigen Gesellschaft das „volle kaufmännische Risiko“ auf, genauer gesagt „das Risiko des ungünstigen Ausgangs von auf Weisung des herrschenden Unternehmens getroffenen Geschäftsführungsmaßnahmen“, was notwendigerweise zu Lasten der Minderheitsaktionäre gehe[625]. Das folge daraus, daß einerseits die Sorgfalt eines ordentlichen gewissenhaften Geschäftsleiters nach § 93 nicht notwendig gewagte Geschäfte ausschließe, andererseits die Obergesellschaft nur in den Grenzen des § 317 Abs. 2 – der inhaltlich mit § 93 übereinstimme – hafte[626]. Somit müsse die Obergesellschaft auch nicht für schädigende Einflußnahmen aufkommen, „wenn die nachteiligen Folgen zwar voraussehbar waren, ein sorgfältiger Geschäftsleiter aber mit ihrem Eintritt nicht zu rechnen brauchte“[627]. Sodann differenziert er wie folgt: „Sind Maßnahmen so geartet, daß der Erfolg sich bei aller Sorgfalt nicht bestimmen läßt, so muß darauf abgestellt werden, ob auch ein sorgfältiger Geschäftsleiter einer unabhängigen AG die Maßnahme bei Minderung seiner Haftung aus § 93 treffen könnte“[628]. Dies kann – wenn ich Luchterhandt richtig verstehe – dann bejaht werden, wenn es sich um ein „kaufmännisch vertretbares Risiko“[629] handelt. Sei das Risiko nach diesem Maßstab zu hoch, ein Nachteil aber noch nicht vorausberechenbar, so müsse „das herrschende Unternehmen als Ausgleich das Risiko übernehmen“, also etwa „eine Erfolgshaftung durch Rechtsanspruch gewähren“[630].

(7) Am weitesten geht schließlich Kellmann[631]: § 317 Abs. 2 wolle die Haftung der Obergesellschaft nur insoweit ausschließen, als der Grund für die aus Maßnahmen resultierenden Schäden „in den allgemeinen Risiken zu suchen (ist), die mit jeder Beteiligung am wirtschaftlichen Wettbewerb verbunden sind (konzern-neutrale Geschäfte)“[632]. Daraus dürfe aber nicht der Schluß gezogen werden, daß eine ex ante-Bewertung generell maßgeblich sei, denn damit werde „nicht nur das Risiko konzern-neutraler, sondern aller Rechtsgeschäfte, deren Auswirkungen nicht sofort zu übersehen sind, der abhängigen Gesellschaft aufgebürdet“[633]. Wegen des „Unsicherheitsrisikos“, mit dem alle wirtschaftlichen Dispositionen i.d.R. behaftet seien, könne es „im Bereich der ‚riskanten‘ Geschäfte nicht auf die Vorhersehbarkeit von Nachteilen ankommen. Das würde dazu führen, daß in jenem weiten Bereich der Geschäfte und Maßnahmen, deren im Endergebnis vielleicht negativer Ausgang nicht vorhersehbar war, das Risiko von der abhängigen

625 Vgl. Luchterhandt, H.F.: Leitungsmacht . . ., a.a.O., S. 13, ähnlich S. 21.
626 Vgl. ebenda, S. 13, 20.
627 Vgl. Luchterhandt, H.F.: Leitungsmacht . . ., a.a.O., S. 20.
628 Vgl. ebenda, S. 33.
629 Vgl. ebenda, S. 46.
630 Vgl. ebenda, S. 33 f.
631 Vgl. Kellmann, Ch.: a.a.O., S. 1514 ff.
632 Ebenda, S. 1514.

Gesellschaft getragen werden müßte, während das herrschende Unternehmen nur für vorhersehbare Nachteile . . . einzustehen hätte. Von einer ‚Risiko'-Verteilung könnte in einem solchen Fall offenbar nicht die Rede sein, denn das ‚Risiko', d.h. die Gefahr eines unvorhergesehenen Fehlschlages trägt in jedem Fall die abhängige Gesellschaft. Das herschende Unternehmen könnte folglich das eigene Unternehmerrisiko ungehindert auf die abhängige Gesellschaft abwälzen, indem es diese zu den entsprechenden Rechtsgeschäften und Maßnahmen veranlaßt"[633].

Anknüpfungspunkt für § 317 sei die Veranlassung der Obergesellschaft; er sei „nur Ausfluß des Grundsatzes, daß derjenige, der die Vorteile eines Verhaltens oder einer Situation in Anspruch nimmt, auch die damit typischerweise verbundenen Risiken in Kauf nehmen muß"[633]. Die durch § 317 Abs. 2 angestrebte Risikoverteilung erzwinge „die ex nunc Beurteilung, da die Risiken ex tunc schon per definitionem nicht abzuschätzen wären"[634].

Bei konzernorientierten Rechtsgeschäften und Maßnahmen, d.h. bei solchen, welche die Untergesellschaft bei Unabhängigkeit nicht vorgenommen hätte, habe die Obergesellschaft das volle Risiko zu tragen. Je stärker letztere ihren Einfluß ausübe, um so eher werde „ein ‚Einspannen' der abhängigen Gesellschaft in eine fremde Geschäftspolitik anzunehmen und daher das Risiko vorhersehbarer und nicht vorhersehbarer Fehlschläge dem herrschenden Unternehmen zuzurechnen sein. Zweifel gehen nach der in § 317 Abs. 2 zum Ausdruck gekommenen Beweislastregelung zu Lasten des herrschenden Unternehmens"[633].

ritisch ist zu all diesen Auslegungsversionen anzumerken, daß sie gegen den Geseteswortlaut verstoßen und im Widerspruch zu der vom Gesetzgeber vorgestellten usgleichsregelung stehen[635]. Da die genannten Autoren dies im Grundsatz auch ugeben[636], sind sie offensichtlich der Meinung, daß andere Gesichtspunkte den Vorang haben. Prüfen wir also, ob die vorgebrachten Argumente eine Uminterpretation er §§ 311 ff zulassen.

ie unter *(1) und (2)* Genannten widerlegen sich selbst mit der Feststellung, die von nen vorgeschlagene Regelung berühre die Haftung nach § 317 Abs. 2 nicht. Folgte ian dennoch ihrer Ansicht, so erhielte man das widersinnige Ergebnis, daß die Oberesellschaft zwar zum Ausgleich nach § 311 verpflichtet wäre, jedoch im Falle der usgleichsverweigerung nicht nach § 317 haftbar gemacht werden könnte[637].

asch läßt nicht erkennen, worauf er seine vom eindeutigen Wortlaut des § 312 – bs. 1 statuiert eine Berichtspflicht über die „im vergangenen Geschäftsjahr" vorgeommenen oder unterlassenen Maßnahmen – abweichende Ansicht stützen will. enn er meint, die Maßnahmen seien nicht quantifizierbar, so stimmt dies in dieser llgemeinheit nicht (eine Schätzung ist immer möglich); außerdem ist er insofern

3 Ebenda, S. 1514.

4 Ebenda, im Original z.T. gesperrt gedruckt.

5 Vgl. S. 64 f.

6 Vgl. v. Godin-Wilhelmi: a.a.O., S. 1644; Baumbach-Hueck; 13. Aufl., a.a.O., S. 927; Bachelin, H.: a.a.O., S. 54 f; Rasch, H.: 4. Aufl., a.a.O., S. 171; Luchterhandt, H.F.: Leitungsmacht . . ., a.a.O., S. 15 ff.

7 Vgl. insb. die zutreffende Kritik von Werner, W.: Zum Erscheinen . . ., a.a.O., S. 185; ders.: Der erste . . ., a.a.O., S. 125 f.

inkonsequent, als er einerseits „personelle Maßnahmen“ für „niemals“ quantifizierbar hält[638], somit doch wohl eine Berichtspflicht auch niemals in Frage käme, und andererseits offensichtlich vor den Konsequenzen zurückschreckt, die nur in dem Verbot solcher Maßnahmen oder in der Feststellung der Nichtpraktikabilität des Gesetzes[639] liegen können.

Bachelin ist zuzubilligen, daß die Problematik seines Spezialfalles letztlich auf die unklare gesetzliche Regelung des bilanziellen Ausgleichs von Nachteilen zurückgeht. Jedoch führt sein Vorschlag dazu, daß „immer wieder, wenn sich neue Umstände herausstellen, ‚nach-ausgeglichen‘ werden (muß), um jeder Gesellschaft den neuesten Vor- und Nachteil zuzurechnen“[640], eine Regelung, die Geßler allgemein als nicht gesetzeskonform zu Recht ablehnt. Zudem wurde gezeigt[641], daß sich eine zufriedenstellende Lösung des Bachelin-Problems auch im Rahmen des geltenden Rechts finden läßt, zumal dem Risiko der negativen Abweichung die Chance der positiven Entwicklung gegenübersteht.

Folgt man der oben angegebenen Begründung[642], so gelangt man bei dem von *Koppensteiner* behandelten Fall zu einem ähnlichen Resultat, ohne den Grundsatz der ex ante-Bewertung aufgeben zu müssen. M.E. hat die oben aufgeführte Lösung zudem den Vorteil, daß genau die Nachteile bewertet und ausgeglichen werden, – von dem Schätzrisiko, das aber durchgängig im Rahmen der §§ 311 ff auftritt, einmal abgesehen – die durch die Beendigung der Abhängigkeit entstehen. Freilich wird dadurch nicht das Risiko beseitigt, daß die abhängige AG im Falle der Konzerninsolvenz ihren Anspruch nicht realisieren kann. Dies gilt aber auch für die Koppensteiner-Lösung und wurde vom Gesetzgeber offensichtlich in Kauf genommen[643].

Luchterhandts Annahme, die §§ 311 ff verlagerten das Risiko automatisch einseitig auf die abhängige Gesellschaft, ist irrig. Er scheint von der Vorstellung auszugehen eine von der Konzernleitung veranlaßte Maßnahme, die neben Gewinnchancen auch das Risiko der nachteiligen Entwicklung in sich berge, müsse von der Untergesellschaft positiv, das Risiko negierend bewertet werden[644]. Das trifft aber keineswegs zu

638 Vgl. Rasch, H.: a.a.O., S. 172.

639 Allerdings gibt Rasch insgesamt zu erkennen, daß er in diese Richtung tendiert.

640 Geßler, E.: Faktische Konzerne?, a.a.O., S. 174, der sich allerdings hier nicht gegen Bachelin wendet.

641 Vgl. dazu S. 52 ff dieser Arbeit.

642 Vgl. S. 132 f dieser Arbeit.

643 Vgl. S. 52 ff dieser Arbeit.

644 Anders läßt sich auch seine unterschiedliche Beurteilung hinsichtlich des geltenden Recht und des § 300 RegE (vgl. Luchterhandt, H.F.: a.a.O., S. 22) nicht erklären. Während e zugibt, daß nach der Regelung des § 300 RegE (vgl. S. 49 f dieser Arbeit) die Untergesellschaft auch die Chance unerwarteter positiver Entwicklungen habe, negiert er dies bezüglich der §§ 311 ff. Diese Auffassung beruht vermutlich auf folgender Vorstellung: Da § 300 RegE einen engen zeitlichen und sachlichen Zusammenhang zwischen vor- und nachteiligen Maßnahmen vorschrieb, mußte sofort bei Vornahme der nachteiligen Maßnahme eine entsprechend vorteilhafte bestimmt werden. Beide waren also zum gleichen Zeitpunkt zu bewerten, die Chance und Risiken hielten sich daher die Waage. Zumindest mußte die Untergesellschaft von einem einmal zugestandenen Rechtsanspruch später nicht mehr abrücken, auch wenn die nachteilige Maßnahme wider Erwarten positive Auswirkungen hatte. Im Rahmen der §§ 311 ff dagegen kann eine nachteilige Maßnahme mit Vorteilen

Wird die Untergesellschaft – um ein Beispiel Luchterhandts aufzugreifen[645] – zu einer sehr riskanten Maßnahme veranlaßt, so gibt es nur zwei Möglichkeiten: entweder sie hätte diese auch bei Selbständigkeit getroffen, dann liegt kein Nachteil, aber auch keine Risikoüberwalzung vor; oder sie hätte die Maßnahme bei fehlendem Konzerneinfluß unterlassen – etwa weil sie diese für zu riskant hält –, dann besteht ein Nachteil. Wieso sollte der Gesellschaft dadurch aber „notwendigerweise" ein Schaden entstehen, wie Luchterhandt behauptet? Etwa dadurch, daß der Erfolg oder Mißerfolg der Maßnahme trotz sorgfältiger Prognose nicht eindeutig bestimmbar ist, sondern nur – wie bei jeder der hier behandelten Unternehmensentscheidungen – geschätzt werden kann? Angenommen, die Konzernleitung bewerte die Maßnahme positiv, – sie erwarte etwa einen kapitalisierten Gewinn aus der Aktion in Höhe von 3 Mio DM, da sie mit dem Eintritt einer günstigen Datenkonstellation rechnet –, die Untergesellschaft halte aber eine ungünstige Entwicklung für sehr wahrscheinlich und erwarte deshalb einen Verlust, sagen wir von 1 Mio DM. In diesem Falle muß sich der Vorstand der abhängigen Gesellschaft diesen Verlust ersetzen lassen, u.U. zuzüglich eines Gewinns, den er bei alternativer Verwendung der nunmehr gebundenen Finanzmittel zu erwirtschaften hoffte[646]. Damit erweist sich zugleich Luchterhandts Argument, eine ex post-Bewertung sei zwingend geboten, als nicht stichhaltig. Außerdem bleibt Luchterhandt die Antwort auf die Frage schuldig, wie man ein „kaufmännisch vertretbares Risiko" von einem nicht vertretbaren unterscheidet, was allerdings angesichts der oben[647] dargestellten Schwierigkeiten, den Ermessensspielraum des Vorstandes einzuengen, nicht weiter verwunderlich ist.

Die an der Auffassung von Luchterhandt geäußerte Kritik trifft die Argumentation von *Kellmann* in vollem Umfange. Die Ausführungen Kellmanns sind umso unverständlicher, als er einerseits – genau wie Luchterhandt – davon ausgeht, die ex ante-Bewertung führe zu einer einseitigen Risikoverteilung zu Lasten der abhängigen AG und andererseits[648] – zutreffend – auf die Möglichkeit negativer *und positiver* Abweichungen von der Prognose zukünftiger Auswirkungen der Maßnahmen hinweist. Die These Kellmanns, die Maßnahmen seien im Rahmen der §§ 311 ff ex post zu bewerten, ist daher abzulehnen.

jeder Art – Reflexwirkungen einmal ausgenommen – aufgerechnet werden. Die Vorteile müssen also – so Luchterhandt (er spricht von einem aufgeschobenen Ausgleich) – nicht sofort festgelegt werden. Das stimmt zweifellos, da der Rechtsanspruch auf Ausgleich bis zum Jahresende gewährt werden kann (§ 311 Abs. 2); nur ist die Schlußfolgerung Luchterhandts nicht verständlich. Die Bewertung der Maßnahmen – seien sie positiver Art – hat – darüber kann doch gar kein Zweifel bestehen – sofort bei ihrer Vornahme bzw. Unterlassung zu erfolgen. Damit ist der Effekt der gleiche wie bei § 300 RegE.

645 Vgl. Luchterhandt, H.F.: Leitungsmacht . . ., a.a.O., S. 33.

646 Eine ganz andere Frage, auf die Luchterhandt aber in diesem Zusammenhang gar nicht eingeht, ist es dann, ob sich der Vorstand auch tatsächlich so verhält und die faktische Machtlage im Konzern nicht dazu führt, daß sich der Vorstand die Sicht der Konzernleitung zu eigen macht. Vgl. dazu S. 136 ff dieser Arbeit.

647 Vgl. S. 121 ff, insb. 146 ff dieser Arbeit.

648 Vgl. Kellmann, Ch.: a.a.O., S. 1516.

B. *Schutz der abhängigen Aktiengesellschaft durch Beschränkung der Konzernleitungsmacht*

Es wurde oben[649] bereits ausgeführt, daß Mestmäcker[650] implicite zu dem Ergebnis gelangt, die Konzernleitung dürfe die abhängige AG nicht zu Maßnahmen veranlassen, welche diese bei wirtschaftlicher Selbständigkeit nicht von sich aus vorgenommen hätte und deren Auswirkungen ex ante nicht quantifizierbar bzw. ex post nicht vom Konzernerfolg isolierbar sind[651]. Gleichfalls meint Rehbinder – der im übrigen im Gegensatz zu Mestmäcker die Zulässigkeit der einheitlichen Konzernleitungsmacht nicht in Frage stellt –, daß „Einzelmaßnahmen der Konzernleitung mangels Ausgleichsfähigkeit auch unzulässig sein können"[652].

Mestmäckers Auffassung führt in letzter Konsequenz zu einer Unterbindung jeglichen Einflusses der Konzernleitung auf den Entscheidungsprozeß der Untergesellschaft, zumindest aber bezüglich der echten Führungsentscheidungen.

Dadurch würde zweifellos die Praktikabilität der §§ 311 ff wesentlich erhöht, da sich gezeigt hat, daß die größten Schwierigkeiten im Rahmen der Maßnahmenbewertung auftreten. Nur ist eine solche Regelung nicht mit den Absichten des Gesetzgebers zu vereinbaren[649]. Rehbinder läßt leider nicht erkennen, welche Maßnahmen er im Auge hat und wie ein operationales Kriterium gefunden werden kann, das erlaubt, ausgleichsfähige Konzerneingriffe von nicht ausgleichsfähigen zu trennen.

C. *Schutz der abhängigen Aktiengesellschaft durch Sicherung des bei Selbständigkeit erreichbaren Erfolgswertes*

Albach[653] entwickelt zur Bewertung der Rechtsgeschäfte und Maßnahmen, für die keine objektiven Vergleichskriterien existieren, eine „indirekte Mathode". Danach liegt eine Schädigung der abhängigen AG durch den Konzern vor, wenn ihr Ertragswert unter Berücksichtigung der Konzerneingriffe kleiner ist als der unter Ausschluß der Konzerneinwirkungen ermittelte. Die Höhe der Ausgleichszahlung, welche die Obergesellschaft in diesem Falle zu zahlen verpflichtet ist, ergibt sich aus der Differenz der beiden – Jahr für Jahr neu zu berechnenden – Ertragswerte.

Diese Methode läßt sich nicht mit dem Wortlaut des Gesetzes vereinbaren, der auf die

649 Vgl. S. 36 ff dieser Arbeit.
650 Vgl. Mestmäcker, E.J.: Zur Systematik . . ., a.a.O., S. 139 ff, insb. 146 f.
651 Mestmäcker spricht zwar (a.a.O., S. 147) in erster Linie von Maßnahmen, die zu einer Umstruktuierung der abhängigen AG infolge der Konzerneingliederung führen (Verzicht auf eine eigene Rohstoffbasis, Spezialisierung in Produktion und Vertrieb, Arbeitsteilung im Konzern); da er aber auch z.B. Investitionen und Modernisierungen erwähnt, wird man annehmen dürfen, daß er Maßnahmen generell anspricht.
652 Rehbinder, E.: a.a.O., S. 236, FN 224.
653 Vgl. Albach, H.: Die Rechtsverhältnisse . . ., a.a.O., S. 205 f.

Bewertung jedes einzelnen Rechtsgeschäfts und jeder Maßnahme abstellt[654] und ist daher zu Recht[655] auf allgemeine Ablehnung[656] in der Literatur gestoßen[657].

VI. Indirekte Schutzwirkung der §§ 311 ff durch Anreiz zur Begründung von Vertragskonzernverhältnissen?

Im Mittelpunkt der bisherigen Erörterungen stand die Frage, ob die §§ 311 ff ihren Zweck, etwaige, durch die Konzernzugehörigkeit verursachte Beeinträchtigungen des Erfolgs bzw. der Erfolgsfähigkeit der abhängigen AG zu neutralisieren, erfüllen können.

Zu prüfen bleibt nun noch, ob die §§ 311 ff eine indirekte Schutzwirkung in der Weise ausüben, daß sie die Konzernleitungen verstärkt veranlassen, Vertragskonzerne (§§ 291, 319 f)[658] zu gründen[659] und damit die Minderheitsaktionäre in den Genuß der Rechte aus den §§ 304 f gelangen lassen[660].

Einige Autoren haben vor oder kurz nach Einführung des neuen Aktiengesetzes eine solche Entwicklung prognostiziert: es sei zu befürchten, daß die §§ 311 ff zu einer Konzentrationsintensivierung führen würden[661]. Es werde eine „Flucht in den Vertragskonzern" einsetzen[662], die Berichtspflicht wirke dahin, „daß sie den Abschluß eines Beherrschungsvertrages, Gewinnabführungsvertrages oder die Eingliederung ... zweckmäßiger und damit ratsamer erscheinen läßt als die Ausübung faktischer Kon-

654 Vgl. § 312 Abs. 1 und 3, § 313 Abs. 1 Ziff. 3 und S. 57 f dieser Arbeit.

655 Der Einwand von Geßler (E.: Stellungnahme zu Albach, in: NB, 19. Jg. (1966), S. 207; ihm folgend Winkhaus, E.: a.a.O., S. 89; Schreib, P.: Abhängigkeitsbericht I, in: W, 15. Jg. (1967), S. 240), bei Anwendung der „indirekten Methode" könne die herrschende Gesellschaft die abhängige AG unbehelligt schädigen, solange sie nur deren Ertragswert unangetastet lasse, geht dagegen fehl. Er beruht auf der irrigen Annahme, Albach wolle den Ertragswert der abhängigen AG unter Ausschluß der Konzerneffekte nur einmalig ermitteln und dann jährlich feststellen, ob sich dieser verschlechtert habe infolge Konzerneinwirkungen.

656 Vgl. Mestmäcker, E.J.: Zur Systematik ..., a.a.O., S. 144 f; Rasch, H.: 4. Aufl., a.a.O., S. 172; Adler-Düring-Schmaltz, 4. Aufl., a.a.O., S. 929; Heigl, A.: a.a.O., S. 28; Schubert, W.: Zur Berichtspflicht ..., a.a.O., S. 229 f; Luchterhandt, H.F.: Leitungsmacht ..., a.a.O., S. 23; Bachelin, H.: a.a.O., S. 45 f.

657 Zur ökonomischen Problematik dieses Vorschlags s. S. 178 f.

658 Auf die zunehmende Verbreitung von Betriebspacht- und -überlassungsverträgen und die sich daraus für die Minderheitsaktionäre ergebenden Gefahren wurde bereits früher hingewiesen, vgl. S. 82 f dieser Arbeit

659 Die Frage, ob der Gesetzgeber eine solche Wirkung der §§ 311 ff angestrebt hat, muß auf Grund der oben durchgeführten Analyse (vgl. S. 36 ff) letztlich verneint werden; im Gegensatz zu den §§ 311 ff verfolgte aber die RefE-Konzeption diese Absicht, vgl. dazu S. 179 ff, insb. FN 706.

660 Wie weit der Minderheitenschutz im Vertragskonzern reicht, soll hier noch nicht erörtert werden. Vgl. dazu S. 191 ff.

661 So Seidl; a.a.O., S. 9413.

662 Vgl. z.B. Duden, K.: Über den Minderheitenschutz im deutschen Konzernrecht, in Minderheitenschutz bei Kapitalgesellschaften, Karlsruhe 1967, S. 73–79, 76; Möhring, P.: a.a.O., S. 9.

zerngewalt"[663]. In den Fällen, „in denen ein Abhängigkeitsbericht, gleich aus welchen Gründen, sachgerecht weder aufgestellt noch anstandslos vom Abschlußprüfer testiert werden kann", verbleibe „nur der Weg zu einem von der Berichtspflicht entbindenden Tatbestand"[664].

Nun scheint die Praxis die Ansicht dieser Autoren zu bestätigen: die Durchsicht des Bundesanzeigers ergibt nämlich, daß seit 1966 eine Reihe von konzernrechtlichen Unternehmensverträgen abgeschlossen worden sind. Ob jedoch diese Tatsache primär auf die §§ 311 ff zurückgeht, ist m.E. – trotz der meist nicht eindeutig eruierbaren Motive für die Vertragsabschlüsse – zweifelhaft.

Zwar können es auch intensive innerkonzernliche Geschäftsbeziehungen und damit verbundene hohe Aufwendungen für die organisatorisch-technische Erfassung der berichtspflichtigen Vorgänge ratsam erscheinen lassen, einen Vertragskonzern zu gründen[665]. Indes zeigt eine Analyse der in der Praxis vorgefundenen Fälle, daß Beherrschungs- und Gewinnabführungsverträge meistens nur dann abgeschlossen wurden, wenn schon starke Mehrheitsbeteiligungen bestanden, die Verpflichtungen nach §§ 304 f also weniger ins Gewicht fallen[666]. Bedeutsamer als die §§ 311 ff dürften für den Vertragsabschluß steuerliche Gesichtspunkte (Organschaft!)[667] und das insb. bei

663 Schubert, W.: Zur Berichtspflicht . . ., a.a.O., S. 234; ihm folgend Scherpf, P.: a.a.O., S. 374 f.

664 Scherpf, P.: a.a.O., S. 375.

665 Vgl. dazu fr.: Nordstern Allgemeine und Leben schließen Beherrschungsvertrag, in W, 14. Jg. (1966), S. 37; Erklärung des Vorstandes der Deutschen Erdöl AG in der außerordentlichen Hauptversammlung vom 16.12.1966, in W, 15. Jg. (1967), Beilage Nr. 1, Reden und Berichte „Männer der Wirtschaft"; Abtmeyer, H.: Bericht in der HV der Standard Electric Lorenz AG vom 14.9.1966, in W, 14. Jg. (1966), Beilage Nr. 11, Reden und Berichte „Männer der Wirtschaft" und in Der Spiegel, 20. Jg. (32/1966), S. 29; ferner Lieser/Pleyer/Westermann: a.a.O., S. 2.

666 So verfügte die Nordstern Allgemeine Versicherungs-AG, Köln/Berlin bereits über 90,25 % der Kapitalanteile der Nordstern Lebensversicherungs-AG, Köln/Berlin, die Girmes Werke AG, Oedt/Krefeld über jeweils 100 % an der Johs. Girmes & Co AG Oedt/Krefeld, der Grefrath Velour AG/Grefrath und der Niedick AG/Lobberich, die International Standard Electric Corporation/New York/N.Y. (USA) über 93,36 % der Standard Electric Lorenz AG/Stuttgart, die Iduna Vereinigte Lebensversicherungs-AG für Handwerk, Handel und Gewerbe/Hamburg über 96,6 % der Iduna Allgemeine Versicherungs AG/Berlin, die Allgemeine Elektrizitätsgesellschaft/Berlin über 100 % der Olympia Werke AG/Wilhelmshaven, die Deutsche Texaco Ltd., Dover/Del. (USA) über 91,4 % der Deutschen Erdöl AG/Hamburg, die Dortmund Hörder Hütten-Union AG/Dortmund über 91 % der Hüttenwerke Siegerland AG/Siegen, die Deere & Company, Moline/Ill. (USA) über 97 % der John Deere-Lanz AG/Mannheim [die Zahlenangaben basieren auf Mitteilungen im Bundesanzeiger: vgl. BAnz Nr. 87 v. 7.5.1966, S. 11; Nr. 103 v. 3.6.1966, S. 10; Nr. 91 v. 13.5.1966, S. 8; Nr. 209 v. 8.11.1966, S. 11; Nr. 72 v. 11.4.1968, S. 15; Nr. 85 v. 9.5.1967, S. 11; ferner in Commerzbank AG (Hrsg.): Wer gehört zu wem? o.O. 6. Aufl. 1964, 7. Aufl. 1967 und in Zeitungen: vgl. W, 14. Jg. (1966), S. 37; W, 15. Jg. (1967), Beilage Nr. 1; W, 14. Jg. (1966), Beilage Nr. 11; FAZ, Nr. 256 v. 3.11.1966, S. 14; Der Spiegel, 20. Jg. (32/1966), S. 29; vgl. außerdem Plum, G., a.a.O. und Niemann, Ch.: a.a.O., S. 40 ff, insb. S. 46 ff].

667 So äußerte z.B. der Vorstandsvorsitzende der Nordstern Allgemeine Versicherungs-AG, Köln–Berlin: „Entscheidender Grund für den Abschluß des Beherrschungsvertrages ist die Erhaltung der steuerlichen Organschaft" (zit. nach Scherpf, P.: a.a.O., S. 375). Auch nach Meinung der von Lieser/Pleyer/Westermann befragten Konzernpraktiker finden die Unter-

ausländischen Muttergesellschaften oft stark ausgeprägte Bestreben sein, keinen Zweifel an der Gesetzmäßigkeit ihrer Geschäftspraktiken aufkommen zu lassen. Eher als die §§ 311 ff dürften auch die Vorteile, die an den Besitz einer qualifizierten Mehrheit geknüpft sind (Ausschaltung von Sperrminoritäten, Steuervorteile) zu einer Aufstockung von Beteiligungen führen. Hierfür und für den Abschluß von Unternehmensverträgen gemäß §§ 291, 319 f dürften die §§ 311 ff angesichts der sonstigen Vorteile des faktischen Konzerns – geringerer Kapitaleinsatz: kleinere Beteiligungsquote, keine Verpflichtungen entsprechend den §§ 304 f; u.U. geringere Risikoübernahme: §§ 302, 324! – allein nur einen geringen Anreiz ausüben[668]; dies um so mehr, als die Konzernleitungen wegen der mangelnden intersubjektiven Nachprüfbarkeit der Bewertung einer Reihe von Rechtsgeschäften, insb. aber der Maßnahmen, einer Prüfung des Abhängigkeitsberichts durch Wirtschaftsprüfer und Gerichte gelassen entgegensehen können.

M.E. ist den §§ 311 ff aus den angeführten Gründen eine indirekte Schutzwirkung weitgehend abzusprechen.

VII. Zusammenfassung

Abschließend sollen die Möglichkeiten der Bewertung und Prüfung der ausgleichspflichtigen Konzernwirkungen zusammengefaßt und auf diesem Hintergrund die Praktikabilität und Effizienz der §§ 311 ff beurteilt werden:

(1) Die gewinn-neutrale Bewertung der berichts- und ausgleichspflichtigen Rechtsgeschäfte und Maßnahmen durch den Vorstand der abhängigen AG bereitet z.T. unlösbare Schwierigkeiten:

- Soweit für Güter und Dienstleistungen Marktpreise existieren, bieten diese bei der Bewertung einen festen Anhaltspunkt, mehr aber auch nicht. Das vom Gesetzgeber postulierte Kriterium der fiktiven Unabhängigkeit der Untergesellschaft erweist sich als vollends unergiebig, wenn Marktpreise – wie häufig – fehlen. Da auch das Steuerrecht, welches mit einer ähnlichen Fiktion arbeitet, hier keine Bewertungsmaßstäbe zu bieten vermag, genau so wenig wie die Preis- und Verhandlungstheorie, kommt nur eine Verrechnung zu Kostenpreisen einschließlich eines Gewinnaufschlags in Betracht im Wege einer pragmatischen Lösung. Hilfsweise können Preisgrenzen ermittelt werden, um den Ermessensspielraum einzuengen.
- Einer Verwirklichung der gesetzlichen Vorschriften stellt sich vor allem das wegen der viel weitreichenderen Konsequenzen bedeutsamere Problem der Quantifizierung der von der Konzernleitung veranlaßten Maßnahme entgegen. Es resultiert aus den Schwierigkeiten, die kosten- und ertragsmäßigen Auswir-

nehmensverträge „überwiegend oder sogar ausschließlich aus steuerlichen und nicht aus gesellschafts- und konzernrechtlichen Erwägungen Verwendung ..." (Lieser/Pleyer/Westermann: a.a.O., S. 3).

668 Skeptisch auch Dülfer, E.: a.a.O., S. 219.

kungen einer Maßnahme zuverlässig zu prognostizieren und unternehmerische Entscheidungen zu normieren und intersubjektiv nachzuprüfen.

- Es ist zu vermuten, daß die herrschende Gesellschaft diesen Sachverhalt ausnutzt. Sie wird geneigt sein, die – auch schon im Rahmen der Rechtsgeschäftsbewertung – zu ermittelnden Schätz- und Erwartungswerte entsprechend ihrer Interessenlage festzulegen, dergestalt, daß sie negative Auswirkungen einer von ihr veranlaßten Maßnahme unterbewertet und positive Folgen zu hoch veranschlagt.
- Es besteht die Gefahr, daß sich der Vorstand der abhängigen AG infolge seiner persönlichen wirtschaftlichen Abhängigkeit solchen Bewertungen der Konzernleitung nicht nachdrücklich genug widersetzt. Das Gesetz auferlegt ihm die Pflichten einer unabhängigen Geschäftsleitung, ohne an seiner faktisch abhängigen Stellung etwas zu ändern.

(2) Der Abschlußprüfer, der durch die Überprüfung des Abhängigkeitsberichts den Minderheitenschutz garantieren und die Stellung des Vorstandes der abhängigen AG stärken soll, ist überfordert und keineswegs für die ihm übertragene Aufgabe so prädestiniert, wie der Gesetzgeber unterstellt.

- Soweit auf analoge Prüfungstätigkeiten hingewiesen wird (Geschäftsführungs- und Preisprüfung), verkennt man, daß diese unter nicht vergleichbaren Bedingungen stattfinden und auch nicht die Wirkungen haben, welche für einen wirksameren Minderheitenschutz erforderlich wären.
- Es erscheint zweifelhaft, ob organisatorische Einrichtungen getroffen werden können, die eine zwangsläufige Erfassung aller berichtspflichtigen Maßnahmen ermöglichen. Da für die Prüfung nach § 313 nur relativ wenig Zeit zur Verfügung steht, ist auch kaum damit zu rechnen, daß der Wirtschaftsprüfer zufällig auf verschwiegene berichtspflichtige Tatbestände stößt.
- Zur Prüfung der Frage, ob der Vorstand der Untergesellschaft bei der Maßnahmenbewertung „alle wesentlichen Umstände" berücksichtigt hat, bedarf es intimer Branchenkenntnisse und auch einiger Markterfahrung, über die der Wirtschaftsprüfer, zumindest von seiner bisherigen Tätigkeit als Abschlußprüfer her, nicht verfügt.
- Die Prüfung der „Vertretbarkeit" der Vorstandbeurteilung muß daran scheitern, daß es an einem dazu erforderlichen objektiven Bewertungskriterium mangelt. Die Bewertungen sind subjekt- und zukunftsbezogen und einer Nachprüfung durch Dritte prinzipiell nicht zugänglich. Es kann allenfalls nachgeprüft werden, ob die Bewertungsangaben widerspruchsfrei sind in bezug auf andere Wahrscheinlichkeitsurteile und die geäußerte Risikoeignung des Vorstandes. Damit vermag der Bewertungsspielraum nicht nennenswert eingeengt zu werden. Er kann sich über den gesamten, u.U. außerordentlich weitreichenden Unsicherheitsbereich erstrecken.
- Die Wirksamkeit der Prüfung nach § 313 ist nicht nur wegen der sachlichen Probleme äußerst fraglich, sondern auch deshalb, weil es der Gesetzgeber versäumt hat, die Position des Prüfers zu stärken i.S. der erforderlichen zweifelsfreien wirtschaftlichen Unabhängigkeit.

(3) Die Schwierigkeiten der Verwirklichung der Gesetzesvorschriften resultieren letzt-

lich aus der Unlösbarkeit der Aufgabe, aus dem Gesamterfolg des Konzerns den Erfolg der abhängigen AG herauszuspalten[669]. Da die aktiven und passiven Auswirkungen der Konzernverbundenheit – seien sie positiver oder negativer Art – nicht eliminiert werden können, ist der Versuch, den Erfolg der Konzernglieder zu ermitteln, den diese bei Unabhängigkeit erzielt hätten, zum Scheitern verurteilt[670].

(4) Die Praktikabilität und Effizienz der §§ 311 ff muß insoweit verneint werden. Sie ändern nichts an dem vor der Einführung des neuen Aktiengesetzes geltenden Rechtszustand, daß die Interessen des Konzerns gegenüber denen der Minderheitsaktionäre privilegiert sind: die Leitungsmacht der Konzernverwaltungen wird faktisch nicht beschnitten, der vom Gesetzgeber angestrebte Minderheitenschutz nicht gewährleistet. Auch eine indirekte Schutzwirkung der §§ 311 ff in der Weise, daß die Konzernleitungen durch die Bestimmungen veranlaßt werden, in den Vertragskonzern (§§ 291, 319 f) auszuweichen, wird nur in beschränktem Umfange eintreten. In die gleiche Richtung wirkt auch die verfehlte Regelung der Betriebspacht- und -überlassungsverträge nach § 292. Im Ergebnis begünstigen die §§ 311 ff die Konzentration, und zwar ohne Ansehung ihrer volkswirtschaftlichen Erwünschtheit[671].

Es steht daher zu befürchten, daß die Kluft zwischen Rechtsschein und Rechtswirklichkeit, die durch die Reformierung des Konzernrechts gerade beseitigt werden sollte, weiter bestehen bleibt[672]. Für die mangelnde Effizienz der §§ 311 ff spricht vor allem, daß bis jetzt – trotz der bestehenden objektiven Interessenkonflikte und Bewertungsprobleme – keine Verfahren bekannt geworden sind, die sich auf die §§ 315, 317 f stützen. Damit hätte sich gegenüber dem Zustand vor 1965[673] nichts geändert. Sollte es in Zukunft zu gerichtlichen Auseinandersetzungen kommen, so dürften die Gerichte – weit mehr noch als die Wirtschaftsprüfer – durch die ihnen zugewiesenen Aufgaben überfordert sein.

Der Effekt der §§ 311 ff dürfte im wesentlichen darin bestehen, daß das Problem- und Unrechtsbewußtsein der Konzernverwaltungen gestärkt worden ist.

669 Es sei hier nochmals ausdrücklich betont, daß dieses Problem nicht nur deshalb unlösbar ist, weil – wie Geßler (E.: Faktische Konzerne? , a.a.O., S. 172 f) meint – die „allgemeinen" Konzernvor- und -nachteile nicht isolierbar sind. Die Schwierigkeiten bei der Bewertung einzelner aktiver Konzerneingriffe sind – das wurde nachgewiesen – nicht geringer.

670 Diese Erkenntnis ist nicht neu: vgl. schon Kosiol, E.: Grundfragen . . ., a.a.O., S. 159; ferner Mestmäcker, E.J.: Verwaltung . . ., a.a.O., S. 179 ff 303 ff, 348; Moxter, A.: Probleme . . ., a.a.O., S. 644 f; Hax, J.: Aktienrechtsform und Publizität der Unternehmungen, in: Zur großen Aktienrechtsreform, Hannover 1962, S. 93–113, 113; Schubert, W.: a.a.O., S. 229 f; Buchner, R.: a.a.O., S. 36 f; Everling, E.: Der Verbundeffekt . . ., a.a.O.,; Niemann, U.: Probleme . . ., a.a.O., S. 166; Short, R.A.: a.a.O., S. 531; Heigl, A.: Der aktienrechtliche . . ., a.a.O., S. 28.

671 Vgl. dazu auch insb. S. 186 ff dieser Arbeit.

672 Aufschlußreich sind auch Urteile von Konzernpraktikern. Laut Umfrageergebnissen bezeichneten sie die Regelung des faktischen Konzerns als einen „Schuß ins Leere", als „nicht lebensfähig". Sie könne nur die „ärgsten Mißstände" beseitigen und diene mehr der „formalen Beruhigung" (vgl. Lieser/Pleyer/Westermann: a.a.O., S. 2).

673 Vgl. hierzu S. 18 dieser Arbeit.

4. KAPITEL:

Möglichkeiten einer Weiterentwicklung des Minderheitenschutzes im Konzern

Im folgenden soll der Versuch unternommen werden, Maßnahmen aufzuzeigen, mittels derer der Schutz der Konzernminderheiten verbessert werden könnte. Es erscheinen zwei Wege gangbar: Entweder man hält grundsätzlich an der bestehenden Konzeption des Rechts des faktischen Konzerns fest, sorgt dann aber dafür, daß die Einwirkungen der Konzernleitung auf die Vermögens- und Ertragslage der abhängigen AG wirksam neutralisiert werden; oder man versucht, die außenstehenden Aktionäre auf gänzlich andere Weise zu schützen. Zuvor ist jedoch auf die Frage einzugehen, ob ein verstärkter Minderheitenschutz überhaupt notwendig ist.

I. Die Ablehnung der Beschränkung des Minderheitenschutzes auf die Ausschaltung der buchmässigen Gewinnverlagerungen

Man könnte nämlich mit Moxter argumentieren, „der Minderheitsaktionär sei doch an einem Konzernglied beteiligt, nicht an einem fiktiven, selbständigen, konzernfreien Unternehmen, also könne der Minderheitsaktionär auch nur seinen Anteil an dem Gewinn fordern, den diese Gesellschaft als Konzernglied erziele; er habe allenfalls Anspruch darauf, vor arglistigen Schädigungen geschützt zu werden; d.h. vor Maßnahmen, die gar nicht im Konzerninteresse geboten sind“[675].

Eine solche Konzeption, die auf eine Eliminierung lediglich der buchmäßigen Gewinnverschiebungen von der abhängigen AG zu anderen Konzerngesellschaften hinausliefe, könnte für sich geltend machen, daß sie wesentlich praktikabler wäre als die geltenden Konzernvorschriften, wenn auch das Verrechnungspreisproblem nur einer pragmatischen Lösung zugänglich ist. Da sie jedoch die Konzerneffekte, insb. die aktiven, nicht ausschaltet und damit der Konzernleitung das wirksamste Mittel beläßt, Gewinnverlagerungen innerhalb des Konzerns vorzunehmen und somit die abhängige AG zu schädigen, impliziert sie gleichzeitig, daß den Konzerninteressen der Vorrang gegenüber den Minderheitsinteressen eingeräumt wird.

Nun ließe sich dies damit rechtfertigen, daß sich die Konzernzugehörigkeit für die abhängige AG nicht immer negativ auswirken muß, sondern sich oft auch in Vorteilen wie größerer Sicherheit, leichterem Zugang zu Patenten und Kapital äußert[676]. Zudem

675 Moxter, A.: Probleme . . ., a.a.O., S. 644; ähnlich auch Hax, K.: Aktienrechtsreform . . ., a.a.O., S. 113. In gleichem Sinne stellt Köhler (W.: Der Referentenentwurf eines Aktiengesetzes, in: JZ, 14. Jg. (1959), S. 73–76, 110–114, hier 110) – den Minderheitenschutz generell betreffend – fest, die Minderheiten hätten nur ein Anrecht darauf, „gegen groben Mißbrauch der Macht der Mehrheit“ geschützt zu werden.

676 Vgl. auch FN 387 dieser Arbeit.

könnte angeführt werden, daß sich von der Konzernleitung durchgeführte Maßnahmen wie die Ausrichtung der Produktion und Beschaffung der Untergesellschaft auf die Bedürfnisse des Konzerns, die Beschneidung ihrer Funktionen infolge der Zentralisierung von Forschung und Absatz im Konzern oder die Stillegung von Überkapazitäten oder unrentabler Betriebsteile, oft technisch und ökonomisch aus Rationalisierungsgründen als notwendig erweisen, nicht nur im Interesse des Konzerns, sondern auch wegen einer volkswirtschaftlich wünschenswerten Produktivitätssteigerung. Schließlich kann der Konzern gegenüber der Gliedgesellschaft das umfassendere und volkswirtschaftlich wichtigere Interesse für sich geltend machen.

Eine solche Argumentation erscheint mir durchaus nicht abwegig. Nur vermag sie nicht dahingehend zu überzeugen, daß sich die abhängige AG und ihre freien Aktionäre für die Mehrheit aufopfern und vermögensmäßige Benachteiligungen entschädigungslos in Kauf nehmen müssen. Man würde im Grunde zu einer im älteren Schrifttum propagierten Konzeption[677] zurückkehren, die zu Recht auf Kritik gestoßen ist. Aber auch aus anderen Gründen hat der Gesetzgeber dafür Sorge zu tragen, daß die Ertragsfähigkeit der Untergesellschaft nicht allein vom Wohlwollen oder Gutdünken der Konzernleitung abhängt. Bei Realisierung des Moxterschen Vorschlags erhielte man nach der Konstruktion des bestehenden Konzernrechts das widersinnige Ergebnis, daß der Minderheitenschutz im faktischen Konzern geringer wäre als im Vertragskonzern bei gleichzeitig kleinerem finanziellem Engagement des herrschenden Unternehmens. Schließlich würden künstliche Konzentrationsanreize geschaffen, die volkswirtschaftlich schädliche Konzentrationen in gleicher Weise begünstigen wie erwünschte.

II. Möglichkeiten der Weiterentwicklung des Konzepts der §§ 311 ff

A. Möglichkeiten zur Verbesserung der personellen Bedingungen

Die bisherige Untersuchung hat ergeben, daß *ein* Grund für die mangelnde Wirksamkeit und Praktikabilität der §§ 311 ff darin besteht, daß der Gesetzgeber es versäumte, die Positionen von Vorstand und Abschlußprüfer der abhängigen AG zu

677 Vor Einführung des AktG 1937 vertrat ein Teil der Literatur die Ansicht, den umfassenderen Interessen des Konzerns gebühre gegenüber denen der Gliedgesellschaften der Vorrang, auch wenn die Gliedgesellschaften und deren Gesellschafter dadurch geschädigt würden. Aus dem Wesen des Konzerns folge, daß die Gliedgesellschaften zugunsten der Gesamtheit Opfer bringen müßten (so Hachenburg, M.: Die Beziehungen zwischen dem geltenden Aktienrecht und der heutigen deutschen Wirtschaft, in: Enquête-Bericht 1928, S. 44–51, 50), damit hätten sich auch die Minderheitsaktionäre abzufinden (so Haussmann, F.: Grundlegung des Rechts der Unternehmenszusammenfassungen, Mannheim–Berlin–Leipzig 1926, S. 153). Wenn durch eine die Gliedgesellschaft schädigende Maßnahme die Produktivität des Gesamtkonzerns erhöht werde, so sei das Vorgehen des Konzernaktionärs weniger als Eigensucht abzuwerten, als vielmehr vom volkswirtschaftlichen Standpunkt zu begrüßen (Geiler, K.: Die wirtschaftlichen Strukturwandlungen und die Reform des Aktienrechts, Gutachten, in: Enquête-Ausschuß 1928, S. 52–87, 82).
Diese Auffassung fand auch nach der Einführung des AktG 1937 anfangs viele Anhänger; man begründete sie damit, daß die Konzerninteressen als „schutzwürdige Belange" i.S. des

stärken[678]. Nun wird man angesichts des geltenden Mehrheitsprinzips an der faktischen Abhängigkeit des Vorstandes unmittelbar nichts ändern können. Die Bemühungen müssen sich daher darauf konzentrieren, die Stellung der Kontroll- und Prüfungsorgane – und damit mittelbar auch des Vorstandes – zu verbessern[679].

1. Die Stärkung der Wirtschaftsprüfer-Stellung

In der Literatur wird häufig vorgeschlagen, die Effizienz der Prüfung durch die Errichtung eines Aufsichtsamtes zu erhöhen[680]. Die Befugnisse, die diesem Amt eingeräumt werden, reichen von der Beaufsichtigung der Prüfung[681] bis zur Bestellung der Prüfer[682].

Nach anderen Autoren soll der Wirtschaftsprüfer zwar weiterhin von der HV gewählt werden, aber nur für einen beschränkten Zeitraum[683]. Zusätzliche Forderungen gehen

§ 101 Abs. 3 AktG 1937 einzustufen seien. Man forderte daher die Freistellung der Konzerneinflußnahmen von den Sanktionen der §§ 101 Abs. 1, 197 Abs. 1 (vgl. dazu Mestmäcker, E.J.: Verwaltung . . ., a.a.O., S. 276 f; Zöllner, W.: a.a.O., S. 86).

678 Um Mißverständnisse auszuschließen, sei hier nochmals betont, daß mit dieser Feststellung weder die Integrität der Beteiligten bezweifelt noch ein pauschales Urteil derart gefällt werden soll, Vorstand und Wirtschaftsprüfer verhielten sich weitgehend willfährig. Sie besagt lediglich, daß der Gesetzgeber für die aus der Natur der Sache notwendigerweise erwachsenden Konfliktsfälle keine hinreichenden Vorkehrungen getroffen hat. Ein Gesetz, das nur dann funktioniert, wenn sich die Beteiligten entsprechend dem ihnen entgegengebrachten Vertrauen verhalten, ist letztlich überflüssig.

679 Da es sich hierbei um kein ökonomisches, sondern um ein rechtspolitisches Problem handelt, soll es nur in Kürze und im wesentlichen referierend abgehandelt werden. Hier interessiert nur, ob die Realisierung der in der Literatur unterbreiteten Vorschläge es sinnvoll erscheinen läßt, die Grundkonzeption des Rechts des faktischen Konzerns beizubehalten.

680 Strittig ist, ob diese Aufsicht
(1) unter staatlicher Regie erfolgen (so Wiedemann, H.: Warum kein Aktienamt in Deutschland? , in: FAZ, Nr. 73 v. 26.3.1968, S. 15; Zimmerer, C.: a.a.O., S. 49; als „ultima ratio" auch Fischer, C.E.: Die Reform . . ., a.a.O., S. 47) oder
(2) von der Wirtschaftsprüfer-Berufsorganisation durchgeführt werden soll (s. Albach, H.: Den Auslegungsspielraum . . ., a.a.O., S. 42).
Diese Frage offen lassend: Dürrhammer, W.: Diskussionsbeitrag in: ZfhF; 2. Jg. (1950), S. 309; Hax, K.: Aufgaben . . ., a.a.O., S. 249; Kicherer, H.-P.: a.a.O., S. 41 f, der allerdings meint, die Wirtschaftsprüfer dürften in den maßgeblichen Gremien des Amtes keine Mehrheit stellen. Gegen ein staatliches Aktienamt wegen der Gefahr der „kalten Sozialisierung": Geßler, E.: Die Wirtschaftsprüfer . . ., a.a.O., S. 464; Westrick, P.: a.a.O., S. 83 f mit weiteren Nachweisen; gegen ein staatliches Aktienamt nach dem Vorbild der amerikanischen SEC: Claussen, C.P.: Die amerikanische SEC – ein Kind ihrer Zeit, in: FAZ, Nr. 103 v. 3.5.1968, S. 19; ders.: Inside-Trading – ein heißes Eisen, in: FAZ, Nr. 105 v. 6.5.1968, S. 16.

681 So schlägt Kicherer vor, das Amt solle von jedem Prüfungsbericht ein Exemplar bekommen, es solle diesen prüfen und ggf. weitere Auskünfte und Nachforschungen anstellen (zustimmend wohl Albach).

682 So Zimmerer, Hax und Dürrhammer am in FN 680 angegebenen Ort.

683 Vgl. Jäckel, G.: a.a.O., S. 198; Brachvogel, G.: a.a.O., S. 109 (Beschränkung bzw. Wahl auf drei Jahre); Zimmerer, C.: a.a.O., S. 49 (5 Jahre); Westrick, P.: a.a.O., S. 87 (höchstens dreimalige Wahl in 10 Jahren).
Gegen die Turnuswahl mit anschließendem Zwangswechsel wird eingewendet, die Kontinuität der Abschlußprüfung herrsche auch im Ausland vor und sei erforderlich, um unnötige Einarbeitungszeiten zu vermeiden und ein Vertrauensverhältnis zu schaffen (Karoli, R.: a.a.O., S. 399; Adler, H./Müller, H.-P.: a.a.O., S. 156). Jäckel (G.: a.a.O.,

dahin, die Haftung des Wirtschaftsprüfers zu verschärfen[684], die Unabhängigkeit der angestellten Wirtschaftsprüfer einer Prüfungsgesellschaft institutionell abzusichern[685] und obligatorische Erkundungs- und Nachprüfungspflichten bei der Abwahl eines Wirtschaftsprüfers einzuführen[686]. Schließlich wird verlangt, die Honorare aus der Prüfungs- und Beratungstätigkeit bei einem einzelnen Unternehmen dürften einen bestimmten Prozentsatz des Vorjahresumsatzes – etwa 25 % – nicht übersteigen[686].

2. Die Vertretung der Minderheitsaktionäre im Aufsichtsrat

Zu erwägen wäre ferner, die Prüfung dadurch wirksamer zu gestalten, daß die Minderheitsaktionäre, deren Interessen der Abhängigkeitsbericht schützen will, an ihr beteiligt werden.

Dazu wäre es erforderlich, den freien Aktionären einen Sitz im AR zu reservieren. Gegen diesen in Deutschland seit langem diskutierten[687] und in einigen Ländern verwirklichten[688] Vorschlag werden zwar vielfach praktische wie auch grundsätzliche Bedenken geltend gemacht. Indes, sie halten einer näheren Prüfung nicht stand[689]. Angesichts der vorliegenden praktikablen Lösungsvorschläge[690] müßte sich zumindest in Unternehmen, die nicht der Montan-Mitbestimmung unterliegen, ein Weg für die Minderheitenvertretung finden lassen[691].

So berechtigt dieser Vorschlag im allgemeinen sein mag, für die Zwecke der §§ 311 ff wäre von seiner Realisierung wenig zu erwarten. Zwar müßte es möglich sein, die Nominierung qualifizierter Vertreter sicherzustellen; diese unterlägen aber einmal der Schweigepflicht[692]. Sodann könnte wohl kaum verhindert werden, daß der Vorstand

S. 198) meint jedoch, ein zu großes Vertrauensverhältnis könne „leicht zur Vertrauensseligkeit führen". Er weist auf ältere Fälle hin, bei denen „Oberflächlichkeit Dienst am Kunden war", und veranschlagt die durch den Prüferwechsel entstehenden zusätzlichen Kosten und den Zeitaufwand als gering.

684 So insb. Westrick, P.: a.a.O., S. 88 ff; auch Kicherer, H.-P.: a.a.O., S. 42. Ablehnend Adler, H./Müller, H.-P.: a.a.O., S. 157, Karoli, R.: a.a.O., S. 399.

685 Vgl. Albach, H.: a.a.O., S. 42

686 Kicherer, H.-P.: a.a.O., S. 41.

687 Vgl. dazu insb. Wiethölter, R.: Interesse . . ., a.a.O., S. 310 ff mit umfassenden Nachweisen und Overath, H.-P.: Minderheitsvertreter im Aufsichtsrat, in: AG, 15. Jg. (1970), S. 219–224; ferner Steinmann, H.: a.a.O., S. 204 ff, 233 ff; Dülfer, E.: a.a.O., S. 130 ff; Raisch, P.: a.a.O., S. 503; Reg.B. und Ausschußbericht zu § 101, a.a.O., S. 137 ff; Änderungsantrag der SPD-Fraktion zu § 98 RegE (= § 101), Umdruck 638, in: DBT, 4. Wahlperiode, 184. Sitzung v. 19. 5. 1965, a.a.O., S. 9277 f und die Diskussionen dazu, ebenda, S. 9222–9226.

688 So in Österreich seit 1965; weitere Nachweise bei Overath, H.-P.: a.a.O., S. 220 (FN 5).

689 Überzeugend insb. Wiethölter, R.: a.a.O. und Overath, H.-P.: a.a.O., S. 220 ff.

690 Vgl. Overath, H.-P.: a.a.O., S. 222 ff.

691 Hält man die Gefahr, daß im Montanbereich die Kapitalseite ihre Kräfte durch eine Minderheitenvertretung zersplittert und ihre Interessen gegenüben der geschlossenen Front der Arbeitsnehmervertreter nicht mehr wirksam geltend machen kann, für einen entscheidenden Einwand, so wäre zu erwägen, den Minderheiten zwar einen Sitz, nicht aber das Stimmrecht einzuräumen. Für Informations- und Kontrollzwecke, die hier zur Debatte stehen, würde dies ausreichen.

692 Allerdings könnte daran gedacht werden, analog § 132 die gerichtliche Aufhebung der Schweigepflicht vorzusehen.

Informationen zurückhält oder minderheitsfeindliche Absprachen der Mehrheitsvertreter außerhalb der AG stattfinden. Zudem stünden die Chancen des Minderheitsvertreters, von berichtspflichtigen, aber verschwiegenen Maßnahmen oder Veranlassungen Kenntnis zu erlangen, nicht besser als für den Wirtschaftsprüfer. Ihn selbst auch an der eigentlichen Prüfung des Wirtschaftsprüfers zu beteiligen, wäre nicht praktikabel.

3. Übertragung der Prüfungsaufgaben auf die Steuerbehörde

In Betracht zu ziehen wäre endlich die Möglichkeit, die Prüfungsaufgabe des § 313 auf die Steuerbehörden zu übertragen, da sich die Interessen des Fiskus und der Minderheitsaktionäre hinsichtlich der Unterbindung verdeckter Gewinnausschüttungen weitgehend decken[693].

Schon der Vorteil der Vermeidung von sachlich zum großen Teil übereinstimmenden Doppelprüfungen legt den Gedanken nahe. Es bedürfte dazu nur einer im Ergebnis geringfügigen Anpassung der steuerrechtlichen Richtlinien an die aktienrechtlichen Vorschriften[694]. Indes gilt die Interessenidentität nur in bezug auf die Prüfung der Rechtsgeschäfte. Da bisher die Bewertung und Prüfung von Maßnahmen nicht Gegenstand der steuerlichen Betriebsprüfung sind, wären die Betriebsprüfer mit der ihnen übertragenen Aufgabe noch weniger als die Wirtschaftsprüfer vertraut. Da ferner die Maßnahmen die größte Schädigungsquelle darstellen, könnte mit der Verwirklichung dieses Vorschlags kein nennenswerter Fortschritt erzielt werden.

4. Zwischenergebnis

Die Ausführungen haben gezeigt, daß eine wesentliche Verbesserung des personellen Problems nur von einer Stärkung der Wirtschaftsprüfer-Position zu erwarten wäre. Jedoch besagt dies in bezug auf die Praktikabilität der §§ 311 ff noch wenig. Ob sie erhöht werden kann, hängt entscheidend davon ab, ob die materiell-rechtlichen Vorschriften derart umzugestalten sind, daß die aus der Sache – der Bewertung – erwachsenden Probleme einer Lösung zugänglicher werden. Dies gilt es jetzt zu prüfen.

B. Möglichkeiten zur Verbesserung der sachlichen Bedingungen

1. Schutz der abhängigen Aktiengesellschaft durch Sicherung des bei Selbständigkeit erreichbaren Erfolgswertes

Es wurde oben[695] nachgewiesen, daß die „indirekte Methode" Albachs nicht mit den derzeitigen Gesetzesbestimmungen zu vereinbaren ist. Es bleibt hier zu untersuchen, ob es sinnvoll wäre, den Grundsatz der Einzelbewertung de lege ferenda zugunsten dieser Merhode aufzugeben. Sie verlangt die jährliche Isolierung der Konzerneinwirkungen auf die abhängige AG, daneben die periodische Ermittlung des Zukunftserfolgswertes der AG. Was die erste Aufgabe angelangt, so dürften die bisherigen Aus-

693 Vgl. S. 100 ff dieser Arbeit.
694 Vgl. FN 368 dieser Arbeit.
695 Vgl. S. 168 f dieser Arbeit.

führungen gezeigt haben, daß gerade sie dafür verantwortlich ist, daß der Aufspaltung des Konzernerfolgs kaum überwindliche Schwierigkeiten entgegenstehen. Auch Albach zeigt keinen Weg, wie sie gelöst werden könnte. Die Probleme bei der Bestimmung des Unternehmenswerts sind keineswegs geringer als bei der Maßnahmenbewertung. Sie erfordert zunächst einen außerordentlich großen Rechen- und Zeitaufwand, der im Rahmen der Abschlußprüfung kaum vertretbar ist. Da der Unternehmenswert zudem eine subjektive und zukunftsbezogene Größe ist[696], beruht er – genau wie die Bewertung der Maßnahmen – auf Schätzungen, die mit Unsicherheit behaftet sind. Schließlich entziehen sich auch hier die auf den subjektiven Zeit- und Risikopräferenzen der Unternehmensleitung basierenden Erwartenswerte weitgehend einer Nachprüfung durch „unabhängige Dritte“[697]. Von der Realisierung des Albachschen Vorschlags könnte also kein Fortschritt erwartet werden.

2. Schutz der abhängigen Aktiengesellschaft durch ex post-Bewertung der Konzerneinwirkungen

Die Schwierigkeiten bei der Bewertung von Rechtsgeschäften und Maßnahmen, die sich auf lange Sicht kosten- und ertragsmäßig auswirken, resultieren – wie diese Arbeit gezeigt hat – hauptsächlich daraus, daß dem Bewertenden der Blick in die Zukunft verwehrt ist. Der Gesetzgeber hat die abhängige AG bewußt von dem Risiko der Fehleinschätzungen der Zukunftsentwicklung nicht befreien wollen, weil sie nicht besser gestellt werden sollte als unabhängige Unternehmen. Luchterhandt[698] greift diese Regelung heftig an und schlägt als zwingende Alternative vor, die Obergesellschaft müsse das volle kaufmännische Risiko für die von ihr veranlaßten Handlungen der abhängigen AG übernehmen. Er begründet seine Auffassung damit, daß das Risiko „vernünftigerweise derjenige tragen (sollte), der in letzter Instanz darüber zu entscheiden hat, ob eine Maßnahme oder ein Geschäft vorgenommen wird oder nicht, also im faktischen Konzern das herrschende Unternehmen, das die Macht hat, seine Anweisungen durchzusetzen, wenn es eine solche Anweisung gegeben hat“ (S. 21). Dies sei insb. deshalb gerechtfertigt, weil „geschäftspolitische Dispositionen ohne Risikotragungspflicht in gewisser Weise inkonsequent (sind) und ... zum Leichtsinn auf fremde Kosten verleiten, ebenso wie es widersinnig ist, daß jemand fremde Weisungen ausführen und dafür ein gutes Teil der Veranwortung tragen soll“ (S. 22). Nicht zuletzt die gesetzliche Fiktion der Unabhängigkeit der faktisch abhängigen AG erfordere, „daß jeder das Risiko für die von ihm veranlaßten Maßnahmen trägt“ (S. 23).

696 Vgl. S. 193 ff dieser Arbeit.

697 Aus den gleichen Gründen ist die Bilanzierung nach der ökonomischen Gewinnkonzeption (vgl. dazu etwa die Darstellung bei Münstermann, H.: Dynamische Bilanz, Grundlagen, Weiterentwicklung und Bedeutung in der neuesten Bilanzdiskussion, in: Wissenschaft und Praxis, a.a.O., S. 301–327, 314 ff) auf berechtigte Ablehnung in der Literatur gestoßen (zur Kritik vgl. Münstermann, H.: Dynamische ..., a.a.O., S. 319 f; Busse v. Colbe, W.: Aufbau ..., a.a.O., S. 95 f; Kuhn, K.: Die Bilanz als Entscheidungshilfe in dezentral organisierten Konzernen, in: Das Rechnungswesen als Instrument der Unternehmungsführung, a.a.O., S. 43–56, 54 ff).

698 Vgl. Luchterhandt, H.-F.: Leitungsmacht ..., a.a.O., S. 21 ff. Gleicher Ansicht ist Kellmann (Ch.: a.a.O., S. 1515), der aber – anders als Luchterhandt – meint, das herrschende Unternehmen müsse schon de lege lata das volle Risiko tragen (Vgl. S. 165 dieser Arbeit).

Luchterhandt schlägt hier nichts anderes vor als die Statuierung einer „Erfolgshaftung“, wie sie § 284 Abs. 1 RefE vorsah; nach dieser Vorschrift sollte der Mehrheitsaktionär, der keinen Beherrschungs- und Gewinnabführungsvertrag abschließt und dennoch außerhalb der aktienrechtlichen Zuständigkeitsordnung Konzernmacht ausübt, für den daraus entstehenden Schaden haften ohne Rücksicht auf Verschulden.

Soweit Luchterhandts Vorschlag auf der – unzutreffenden – Annahme beruht, durch die §§ 311 ff werde das unternehmerische Risiko für Konzernleitungsmaßnahmen notwendigerweise auf die abhängige AG verlagert, kann auf die obigen Ausführungen[699] verwiesen werden. Auch würde die abhängige AG durch die ex post-Bewertung nicht in jedem Falle – wie Luchterhandt wohl meint – vor Nachteilen bewahrt. Dies gilt nur für vorgenommene Maßnahmen, deren Auswirkungen sich tatsächlich in der Zukunft zeigen, nicht jedoch für unterlassene Maßnahmen oder die Stillegung eines Betriebsteils z.B. Zu welchem Zeitpunkt sollte man die letzteren bewerten? Anders ausgedrückt: wieviel neuere Informationen sollte man verwerten bzw. wann sollte der Prozeß des fortlaufenden (?) Nachausgleichs beendet sein?

Es bleibt daher nur zu prüfen, ob die Statuierung einer Erfolgshaftung zu einer sachgerechten Lösung der Konzernprobleme führen würde. Im Schrifttum wurde eine solche Regelung – von wenigen Ausnahmen abgesehen[700] – auf das Schärfste kritisiert. Diese Haftung sei „drakonisch“[701], „diffamierend“[702] und „existenzgefährdend“[703]. Knüpfe man die Haftung an „unvorhersehbare wirtschaftliche Auswirkungen einzelner Geschäftsführungsakte“, so würde man „ein Grundprinzip des Haftungsrechts verletzen, nämlich das unternehmerische, hier das Konzernrisiko auf die Gesellschaftsorgane abwälzen“[704].

M.E. besteht die Kritik grundsätzlich zu Recht, denn das herrschende Unternehmen muß „das gleiche Recht auf Irrtum in unternehmerischen Ermessensentscheidungen (haben) wie die Organe der Aktiengesellschaft im allgemeinen“[705].

Wenn auch der RefE insofern keine sachgerechte Lösung darstellt als er das Konzern-

699 Vgl. S. 166 f dieser Arbeit.

700 So meinte Klose (H.: Der Referentenentwurf eines Aktiengesetzes in der Sicht des Vorstandes der Schutzvereinigung für Wertpapierbesitz, in: AG, 4. Jg. (1959), S. 85–89, 89), die scharfe Haftung sei ein Äquivalent für die „Durchbrechung aktienrechtlicher Grundprinzipien“; zustimmend auch Fischer (C.E.: Die Unternehmens-Konzentration . . ., a.a.O., S. 54), allerdings nur mangels „anderer konstruktiver Möglichkeiten“; zustimmend wohl auch Würdinger (H.: Zur Reform des Konzernrechts, in: Aktuelle Probleme aus dem Gesellschaftsrecht und anderen Rechtsgebieten, a.a.O., S. 279–293, 280 ff), der den § 284 nur bezüglich „schlichter“ Abhängigkeitsverhältnisse ablehnt.

701 Vgl. Flume, W.: Die abhängige Aktiengesellschaft . . ., a.a.O., S. 190 („strafrechtliche Enklave im zivilrechtlichen Aktienrecht“); Rautmann, H.-G.: a.a.O., S. 193; Semler, J. jr.: Das Recht . . ., a.a.O., S. 553 („dogmatisch angreifbare Schärfe“); Schmidt, W.: Neueste Entwicklung . . ., a.a.O., S. 29 f.

702 Rasch, H.: Gewinnabführungs- und Weisungsverträge . . ., a.a.O., S. 170; Flume, W.: Die konzernrechtliche Gestaltung . . ., a.a.O., S. 68; beide in bezug auf den faktischen Konzern.

703 Rautmann, H.-G.: a.a.O., S. 193; ihm folgend Harms, W.: a.a.O., S. 252.

704 Mestmäcker, E.J.: Verwaltung . . ., a.a.O., S. 279; ähnlich Flume, W.: Die abhängige . . ., a.a.O., S. 190; DJT 1967, S. 40; ablehnend auch Spitzenverbände 1959, S. 78 f; Hartmann, G.: a.a.O., S. 66 f.

705 Mestmäcker, E.J.: Probleme . . ., a.a.O., S. 115.

problem nicht unmittelbar selbst anging, – er verbot die aus faktischen Abhängigkeitsverhältnissen resultierenden Folgen einfach – so ist das m.E. dennoch kein entscheidender Einwand; bestünde keine andere Möglichkeit, die Minderheitsaktionäre wirkungsvoll zu schützen, so bliebe gar keine andere Wahl als die Realisierung der RefE-Lösung. Zudem könnte man argumentieren, es zwinge ja keiner den Konzernaktionär, die Folgen der „unzumutbaren" Haftung in Kauf zu nehmen, er brauche sich ja nur der Einflußnahme zu enthalten; wolle er Macht ausüben, so stehe es ihm frei, einen Beherrschungsvertrag abzuschließen. Die Intention des Gesetzgebers ging – wenn dies auch z.T. bestritten wurde[706] – in der Tat dahin, einen indirekten Zwang zum Abschluß eines Konzernvertrages auszuüben. Auch dagegen wären – wie später noch darzulegen ist[707] – letztlich keine triftigen Gründe vorzubringen. Nur fragt sich – und dies scheint mit das Entscheidende zu sein –, ob der RefE diese Wirkung auch tatsächlich erreicht hätte oder ob nicht unter Umgehung der Gesetzesvorschriften Konzernleitungsmacht auch weiterhin außerhalb des Vertragskonzerns ausgeübt worden wäre, der RefE sich also letztlich als wertlos erwiesen hätte. Dies wurde im Schrifttum zu Recht vermutet[708], da der RefE keine Bestimmung enthielt, welche die Einhaltung des § 284 RefE sicherstellte[709].

Fraglich ist aber auch, ob der Abhängigkeitsbericht die Wirksamkeit der Erfolgshaftung zu garantieren imstande wäre. M.E. muß auch diese Frage verneint werden. Es ist schlecht vorstellbar, daß ein Aktionär, der bereits über die einfache – oftmals auch qualifizierte – Aktienmajorität und damit zugleich über Mittel verfügt, die Unternehmensleitung der abhängigen AG in seinem Sinne zu beeinflussen, daran gehindert werden könnte, seine Macht zu gebrauchen.

. Zwischenergebnis

Die bisherigen Untersuchungen haben ergeben, daß die Konzeption des Rechts des faktischen Konzerns, die Minderheitsaktionäre indirekt durch die Unterbindung bzw.

706 Vgl. Schäffer, F.: Die Aktienrechtsreform . . ., a.a.O., S. 125 f; Flume (W.: Die abhängige . . ., a.a.O., S. 170) meint zu Recht, daß der § 284 RefE unabhängig von evtl. anderen Absichten der Verfasser objektiv diesen Sinn gehabt hätte.

707 Vgl. S. 183 ff dieser Arbeit.

708 So wurde vorgebracht, die mit der Sanktion des § 284 RefE belegten Weisungen würden häufig in Form von – nicht nachweisbaren – „Anregungen", „Empfehlungen" oder „Ratschlägen" erfolgen. § 284 müsse an der fehlenden Beweismöglichkeit scheitern. Zudem sei er durch Herstellung einer Personalunion zwischen herrschender und abhängiger Gesellschaft umgehbar (vgl. Rasch, H.: Gewinnabführungs- und Weisungsverträge . . ., a.a.O., S. 170; ders.: Richtige und falsche Wege . . ., a.a.O., S. 41; Flume, W.: Die abhängige . . ., a.a.O., S. 190; Marbuger Aussprache zur Aktienrechtsreform, a.a.O., S. 80; RegB:, a.a.O., S. 375; DJT 1967, a.a.O., S. 39; Schmidt, W.: Neueste Entwicklung . . ., a.a.O., S. 31; Duden, K.: Zum Referentenentwurf eines neuen Aktiengesetzes, in: BB, 13. Jg. (1958), S. 1101–1104, 1102).
Semler (J. jr.: Diskussionsbeitrag, in: Das Frankfurter Publizitätsgespräch, a.a.O., S. 207) meinte, § 284 könne nicht treffender als durch „das Bild des Haifisches, der hinter einer Glasscheibe schwimmt", charakterisiert werden. Skeptisch später auch Schäffer (F.: Selbstfinanzierung . . ., a.a.O., S. 63 f) und Geßler (E.: Diskussionsbeitrag, in: Unternehmer . . ., a.a.O., S. 82).

709 Ob dies durch die Verhängung von strafrechtlichen Sanktionen hätte erreicht werden können – wie Straßberger, C.P.: a.a.O., S. 40 meint – erscheint mehr als zweifelhaft.

Neutralisierung schädigender Einflußnahmen auf ihre Gesellschaft zu schützen, nicht realisierbar ist. Die gleiche Feststellung müßte getroffen werden, wenn § 300 RegE[710] Gesetz geworden wäre. Selbst bei strenger Auslegung dieser Vorschrift[711] hätte sie nur in dem Maße eine größere Schutzwirkung entfaltet, indem sie die einheitliche Leitungsmacht erschwert hätte. Diese Erschwerung hätte aber wieder die Gefahr erhöhter Umgehung der Bestimmung mit sich gebracht. Die Bewertungsprobleme selbst wären in keiner Weise gemindert worden. Durch eine Veränderung der sachlichen und personellen Bedingungen, unter denen die §§ 311 ff zur Anwendung gelangen, vermag der Minderheitenschutz zwar verbessert, aber auch nicht in hinreichendem Umfange gewährleistet zu werden.

III. Direkter Schutz der Minderheitsaktionäre im Konzern

M.E. kann ein wirksamer Minderheitenschutz im Konzern nur dadurch erreicht werden, daß man den außenstehenden Aktionären selbst Rechte einräumt, die analog den Bestimmungen des Vertragskonzerns ausgestaltet sind (§§ 304 f).

Die Idee, die Rechte auf Dividendengarantie und Abfindung schon bei Begründung eines Abhängigkeitsverhältnisses, nicht erst bei Bestehen einer qualifizierten Mehrheitsbeteiligung zu gewähren, ist in der Aktienrechtsreformdiskussion in ähnlicher Form schon gelegentlich angeklungen[712 713]. Man hat sie aber offensichtlich nicht für wert erachtet, weiterverfolgt oder gar ernsthaft in Erwägung gezogen zu werden. Typisch dürfte eine Äußerung Semlers sein, der zwar einerseits meint, eine solche Regelung stelle die „einzige logische konsequente“ Alternative zu den §§ 311 ff dar; er verwirft sie jedoch sogleich wieder mit dem Hinweis, daß „ihre Auswirkungen auf die Wirtschaftsordnung. . . ungeheuer“ wären[714]. Da er nicht näher erläutert, worin die „Ungeheuerlichkeit“ bestünde, kann nur vermutet werden, daß er sie vor allem in der Beseitigung des faktischen Konzerns erblickt. Nun wäre dies in der Tat die Folge einer Einführung der genannten Normen, da sie einer vertraglichen Absicherung bedürfen. Da auch die Wirtschaftsverbände mit dem Argument, die Wirtschaft habe ein

710 Vgl. S. 49 f und FN 644 dieser Arbeit.

711 S. aber FN 171 dieser Arbeit.

712 So schlug Mestmäcker (E.J.: Verwaltung . . ., a.a.O., S. 367) vor, den Minderheitsaktionären eine Rentengarantie zu gewähren, die „in dem Unterschied zwischen ausgeschütteter Dividende und demjenigen Ertrag (besteht), der auf die freien Aktionäre entfiele, würde die Gesellschaft als selbständiges Unternehmen bestehen“.

713 Interessanterweise folgt die EWG-Kommission in ihrem – erst nach Fertigstellung dieser Arbeit dem Verfasser zugänglichen – Entwurf zur Schaffung eines europäischen Konzernrechts der deutschen Regelung nicht: sie schreibt vielmehr in den Art. 288 ff für alle Konzerne ohne Ansehung ihrer Rechtsreform den §§ 304 f analoge Minderheitenrechte vor (Vgl. EWG-Kommission, a.a.O., S. 83 ff).
Zu französischen Reformbestrebungen, die in die gleiche Richtung gehen, s. Brachvogel, G.: Aktiengesellschaft . . ., a.a.O., S. 199 ff.

714 Vgl. Semler, J. jr.: Die Aufgaben . . . , a.a.O., S.70; ihm folgend Geßler, E.: Der Schutz . . . , a.a.O., S. 268.

starkes Bedürfnis an der Erhaltung des faktischen Konzerns[715], implicite bereits zu erkennen gegeben haben, daß sie der vorgeschlagenen Regelung ablehnend gegenüberstünden, ist zunächst zu klären, ob tatsächlich gewichtige Gründe für die Beibehaltung des faktischen Konzerns sprechen. Erst wenn dies verneint werden könnte, wäre es sinnvoll, die zweite Frage zu prüfen, ob die Bestimmungen der §§ 304 f den freien Aktionären ausreichend Schutz geben oder ob sie einer Verbesserung bzw. Modifizierung bedürfen.

A. Entbehrlichkeit des faktischen Konzerns

1. Prüfung der Notwendigkeit des faktischen Konzerns unter ökonomischen Aspekten

a) Betriebswirtschaftliche Gesichtspunkte

Die betriebswirtschaftliche Notwendigkeit des faktischen Konzerns wird damit begründet, „daß sich nicht alle Unternehmensverbindungen ... in Unternehmensverträgen ordnen oder auf dem Wege einer Eingliederung unterbringen“[716] lassen. Vor allem stelle die Vertragskonzernierung bzw. Fusion nicht immer die „zweckentsprechende organisatorische Gliederung“[717] dar. Der Beherrschungsvertrag sei häufig „ein viel zu grobes Instrument“[718], um eine „fein ausgewogene Dosierung und Ausbalancierung zwischen der Freiheit, die dem Vorstand der abhängigen Gesellschaft für ein eigenständig-initiatives Handeln verbleiben sollte, und der notwendig erscheinenden Bindung seines Handelns an übergeordnete unternehmenspolitische Konzeptionen der Konzernpolitik“[718] zu erlauben. Dies gelte insb. für Konzerne, die den Einzelunternehmen „in der Führung der Geschäfte ein Höchstmaß an Freiheit einräumen“[719]. Durch den Abschluß eines Beherrschungsvertrages binde man die Konzerngesellschaften „so eng an die Mutter ..., daß sie keinen eigenen Willen mehr entfalten könnten“[720], und beraube sie „ihrer Selbständigkeit und Eigenständigkeit

715 Dieses Argument wurde im Rahmen der Diskussion um den RefE vorgebracht, weil die Wirtschaft zu Recht befürchtete, daß der RefE – entgegen der geäußerten Absicht seiner Verfasser – den faktischen Konzern zum Erliegen gebracht hätte. Es würde aber wahrscheinlich in der gleichen Form gegen den hier vorgetragenen Vorschlag geltend gemacht.

716 Pohle, W.: Aussage vor dem Wirtschaftsausschuß, a.a.O.. In gleichem Sinne macht Hartmann (G.: a.a.O., S. 64) geltend, der Zwang zum Abschluß eines Beherrschungsvertrages berücksichtige „ nicht genügend die Vielgestaltigkeit der Konzernformen“, bringe „eine Starrheit mit sich“ und drohe „daher an der Wirklichkeit zu scheitern“.
Die gleichen Argumente werden von der Wirtschaft auch jetzt wieder im Hinblick auf die geplante GmbH-Reform vorgebracht. „Generell wurde gefordert, die bisherige Bewegungsfreiheit, welche die Wahl und Gestaltung der Rechts- und Organisationsform nach den jeweiligen Bedürfnissen gestatte, nicht anzutasten. Dies spreche für die Beibehaltung des dezentralen Konzerns. In GmbH-Konzernen spielten Beweglichkeit und Spontaneität eine viel größere Rolle als im Aktienrecht. Diese Momente müßten verstärkt werden.“ (Lieser/Pleyer/Westermann, a.a.O., S. 3).

717 Pohle, W.: Zur Neuordnung ..., a.a.O., S. 120.

718 Philipp, F.: Die Prüfung ..., a.a.O., S. 164.

719 Kruk, M.: Die Konzerne ..., a.a.O., ähnlich auch Rautmann, H.-G.: a.a.O., S. 193.

720 Kruk, M.: Die Konzerne ..., a.a.O.

sowie ihrer Verantwortlichkeit nach außen hin"[721]. Der Vorzug des faktischen Konzerns bestehe gerade in der Vermeidung dieser Wirkung, da bei ihm „die Beteiligten nach innen und außen eine weitgehende Selbständigkeit behalten"[722].

Ergänzend wird vorgebracht, ein Beherrschungsvertrag rufe „empfindliche Nachteile für das Ansehen der abhängigen AG"[723] hervor. Dies könne vor allem nachteilige psychologische Wirkungen auslösen. So werde „ein empfindlicher, um persönliches Prestige besorgter Vorstand sich scheuen, seine Abhängigkeit öffentlich zu dokumentieren"[724]. Gerade die „besten Männer in den Vorständen von Tochtergesellschaften (würden) vielfach ihre Konsequenzen aus solcher ‚Bevormundung' ziehen"[725].

Außerdem seien u.U. aus der engeren Anlehnung an einen ausländischen Konzern Nachteile zu erwarten, wenn von den „Abnehmern und Lieferanten eine Überfremdung des heimischen Marktes befürchtet wird"[726].

Wenn hier allen Ernstes als wichtigstes Argument vorgebracht wird, es bestehe eine zwingende Abhängigkeit der Organisationsform von der Alternative faktischer Konzern oder Vertragskonzern bzw. Fusion, so muß dem nachdrücklich widersprochen werden. Was zunächst die Innenbeziehungen der Konzerngesellschaften zueinander anbelangt, so belegen zahlreiche Beispiele aus der Wirtschaftspraxis[727], daß es Fälle gibt, in denen die Konzernleitung selbst in die Geschäftsführung 100%iger Tochtergesellschaften oder im Wege der Fusion angegliederter Unternehmen kaum eingreift.

Andererseits dürfte doch wohl nicht zu bestreiten sein, daß die Muttergesellschaft auch im faktischen Konzern jederzeit zu einer straffen, zentralistischen Leitung übergehen kann, wenn sie bisher eine dezentrale Führung bevorzugte. Sie hat zwar nach der derzeitigen Regelung keine rechtliche Weisungsbefugnis; auf Grund ihrer faktischen Beherrschungsmacht, die der Gesetzgeber legalisiert hat, kommt ihr aber die letzte Entscheidungskompetenz zu. Daß davon auch in locker geführten Konzernen – zumindest bei finanzpolitischen Entscheidungen – Gebrauch gemacht wird, wurde oben bereits ausgeführt[728].

Zudem ist die Entscheidungsgewalt gegenüber der in Vertragsform in keiner Weise beschränkt: die Praxis lehrt, daß die einheitliche Konzernleitung und -planung auch solche Maßnahmen einschließt, durch welche die abhängige AG gänzlich umstruktu-

721 Pohle, W.: Konzentration und Wettbewerb, in: ZfbF, 17. Jg. (1965), S. 438–453, 444.

722 Spitzenverbände 1960, S. 53 f; gleicher Ansicht Wilhelmi, H.: in: Verhandlungen des DBT, a.a.O., S. 9405; Seidl, ebenda, S. 9413; Leo, Ch.: Die Einmann-AG . . ., a.a.O., S. 359; implizit auch Hahn (D.: Aktien- und steuerrechtliche Aspekte . . , a.a.O., S. 380): könne kein Beherrschungs- oder Gewinnabführungsvertrag abgeschlossen werden, so sei eine straffe Führung nach dem Zentralisationsprinzip nicht mehr möglich.

723 Leo, H.Ch.: Die Einmann-AG . . , a.a.O., S. 359.

724 Stehle, H.: Abhängigkeitsbericht . . ., a.a.O., S. 239.

725 Kruk, M.: Die Konzerne . . ., a.a.O.; ähnlich Schreibl, P.: Abfindungsleistungen und garantierte Dividenden – Auswirkungen des neuen Konzernrechts, in: W, 15. Jg. (1967), S. 90–94, 91.

726 Stehle, H.: Abhängigkeitsbericht . . ., a.a.O., S. 239.

727 Vgl. die empirischen Nachweise bei Harms, W.: a.a.O., S. 190; Fischer C.E.: Die Unternehmens-Konzentration . . ., a.a.O., S. 30; Baum, H.P.: a.a.O., S. 100; Krämer, H.: Die Finanzpolitik . . ., a.a.O., S. 173 f.

728 Vgl. S. 42 dieser Arbeit.

riert und in den Dienst der Konzernpolitik gestellt[729] wird[730]. Völlig zu Recht stellt daher Mestmäcker fest, der Sachverhalt, daß die Untergesellschaft infolge der Konzerneingliederung zu einem unselbständigen Glied des Konzernverbundes werden könne, sei „in seiner wirtschaftlichen Eigenart prinzipell unabhängig von der Rechtsform der Konzernierung“[731]. In der Realität ist eher eine Abhängigkeit von den jeweiligen, sich im Zeitablauf verändernden wirtschaftlichen und personellen Verhältnissen der Tochtergesellschaften[732] als von der Rechtsform anzutreffen. Unabhängig von dieser dürften die Extreme – hier größte Freiheit der abhängigen AG, dort völlige Bevormundung – die Ausnahme bilden[733].

Aber selbst wenn die versimplifizierende Behauptung[734], Vertragskonzerne seien grundsätzlich straff organisiert, faktische Konzerne dagegen locker, zuträfe, so besagte dies nicht viel, denn wer zwänge die Konzernleitung, von der in diesem Zusammenhang viel gepriesenen Dezentralisierung (Eigeninitiative, Eigenverantwortlichkeit) Abstand zu nehmen? Deshalb ist auch nicht recht einzusehen, warum die Vertragskonzernierung zu Schwierigkeiten bei der Besetzung der Vorstandsposten der abhängigen AG mit qualifizierten Führungskräften führen sollte. Starke Unternehmerpersönlichkeiten werden sich ihre Selbständigkeit schon zu erkämpfen wissen bzw. sich im Anstellungsvertrag zubilligen lassen, schwächere werden sich selbst dann, wenn ihnen gesetzlich eine unabhängige Stellung zugesichert würde, einer energischen Konzernleitung unterwerfen. Dies wird schon durch die Tatsache bestärkt, daß es Abteilungs- oder Werksleiter in rechtseinheitlichen Unternehmen gibt, die über mehr Selbständigkeit verfügen als Vorstandsmitglieder rechtlich selbständiger Konzerngesellschaften[735].

729 Unzutreffend Wiedemann (H.: Minderheitenschutz . . ., a.a.O., S. 69 f), der dies ohne Angabe von Gründen offenbar bestreitet.

730 Das konzidieren auch die Spitzenverbände, wenn sie feststellen, die Erfahrungen der Praxis zeigten, daß die Konzerngesellschaften im faktischen Konzern nicht nur durch einzelne Rechtsgeschäfte und Maßnahmen beeinflußt werden; viel „eingreifender“ sei „die nach großen Konzerngesichtspunkten ausgerichtete Gestaltung der Geschäftspolitik“ (vgl. Spitzenverbände 1960, S. 48). Wie diese Tatsache mit ihrer oben zitierten Feststellung, im faktischen Konzern handele es sich um lose Unternehmensverbindungen, in welchen die Selbständigkeit der Gliedgesellschaften erhalten bleibe, in Einklang zu bringen ist, erklären sie nicht weiter.

731 Mestmäcker, E.J.: Zur Systematik . . ., a.a.O., S. 146.

732 So weist Harms (W.: a.a.O., S. 87 f) darauf hin, daß z.B. die Besetzung der Vorstandsposten der abhängigen Gesellschaft mit schwächeren Persönlichkeiten und eine schlechte Beschäftigungs- und Ertragslage tendenziell zu größerer Zentralisierung führen.

733 So auch Rehbinder, E.: a.a.O., S. 56 f.

734 Harms (W.: a.a.O., S. 78) konstatiert: „Die Vorstellung von der Existenz festgefügter, wirklich respektierter Zuständigkeitsgrenzen ist ein Fetisch der Theorie“. . . . „Die Dynamik der Konzernpraxis würde jeden Versuch, in einem Konzern bindende Zuständigkeitsgrenzen aufzurichten, schnell überrollen“. Vgl. auch Krämer, H.: Konzernbeherrschung und Konzerngestaltung aus der Sicht der beherrschenden Unternehmung, in: Der Betrieb in der Unternehmung, Festschrift für W. Rieger zu seinem 85. Geb., hrsg. v. J. Fettel/H. Linhardt, Stuttgart 1963, S. 256–67, 259.

735 So zum analog gelagerten Problem des Verhältnisses von Vertragskonzern und Fusion Stützel, W.: Aktienrechtsreform und Konzentration, in: Konzentration in der Wirtschaft, Schriften des Vereins für Socialpolitik, Bd. 20/II, Berlin 1960, S. 907–987, 980; Baum, H.-P.: a.a.O., S. 67; Harms, W.: a.a.O., S. 114; Pohmer, D.: Das Verhältnis der Wirtschaftswissenschaft zur Rechtswissenschaft, dargestellt am Beispiel der Konzerngestaltungen,

Unverständlich ist ferner die Behauptung, der Vorstand der abhängigen AG müsse infolge der Vertragskonzernierung Statuseinbußen gegenüber der Umwelt hinnehmen. Dieses Argument wäre allenfalls hinsichtlich der Fusionierung zu vertreten[736 737]. Unverständlich ist schließlich auch, daß die abhängige AG selbst Nachteile durch das Bekanntwerden der Vertragskonzernierung erleiden soll, da das Abhängigkeitsverhältnis auch bei Begründung eines faktischen Konzerns bekannt wird (§§ 20 f).

b) Volkswirtschaftliche Gesichtspunkte

Gegen einen gesetzlichen Zwang zum Vertragskonzern wird unter gesamtwirtschaftlichen Aspekten vorgebracht, er wirke nicht nur „absolut konzernfeindlich"[738], sondern führe auch zu unnötiger, unerwünschter Konzentration in der Wirtschaft[739]. Der Gesetzgeber habe dafür Sorge zu tragen, daß „möglichst viele selbständige Unternehmen aufrechterhalten bleiben"[740].

Darüberhinaus müsse gefordert werden, daß das Aktienrecht gegenüber der Konzentration und Konzernbildung neutral sei. Es könne nicht „Aufgabe des Aktiengesetzes – eines Organisationsgesetzes – sein, den wirtschaftspolitisch gefährlichen Konzern durch Maßnahmen, die nur auf ihn zielen, zu erfassen und zu bekämpfen"[741]. Dafür sei das Kartell- und Wettbewerbsgesetz zuständig. Aus gutem Grunde verhalte sich daher das Konzernrecht in dieser Hinsicht „völlig wertneutral"[742].

in: Schriften des Vereins für Socialpolitik, NF Bd. 33, Berlin 1964, S. 57–66, 62; Fischer, C.E.: Die Unternehmens-Konzentration, a.a.O., S. 29 f; Arndt, H.: Konzentration . . ., a.a.O., S. 13; Lenel, O.: a.a.O., S. 405; zur amerikanischen Praxis: Gasser, Ch.: Die Organisation amerikanischer Konzerne, in: ZfhF, 5. Jg. (1953), S. 182–196, 183 und Rehbinder, E.: a.a.O., S. 55.

736 So weist z.B. Kuhn (K.: Diskussionsbeitrag . . ., in: ZfbF, 20. Jg. (1968), S. 110–115, 112, 114 f) auf die Probleme hin, die sich durch den Verlust an Sozialprestige in der Praxis ergeben können infolge der Fusionierung, wenn bisher selbständige Vorstandsmitglieder zu unselbständigen Werksleitern werden; vgl. auch Söhngen, W.: Aktuelle Fragen zur dezentralen Konzernorganisation, in: ZfhF, 13. Jg. (1961), S. 520–528, 521 f; Pohmer D.: Das Verhältnis . . ., a.a.O., S. 65; Raninen, H.: Über die betriebswirtschaftlichen Vor- und Nachteile der Fusion von Aktiengesellschaften, in: Betriebswirtschaftliche Forschung in internationaler Sicht, Festschrift für E. Kosiol zum 70. Geb., hrsg. von H. Kloidt, Berlin 1969, S. 131–154, 147 ff. Daß die Schwierigkeiten aber durchaus nicht unüberwindlich sind, zeigt das bei Baum (H.–P.: a.a.O., S. 100 f) wiedergegebene Beispiel aus der Wirtschaftspraxis.

737 Schon allein durch die Beseitigung des faktischen Konzerns würde dieses Problem bedeutungslos. Es ist doch wohl kaum anzunehmen, daß sich die Vorstandsmitglieder aus diesen mehr psychologisch-irrationalen Motiven mit Führungspositionen in kleinen AGen oder GmbH zufrieden gäben.

738 Marburger Aussprache zur Aktienrechtsreform, a.a.O., S. 80.

739 Vgl. Seidl: a.a.O., S. 9413; Hartmann, G.: a.a.O., S. 65; Köhler, W.: a.a.O., S. 113; wohl auch Brachvogel, G.: a.a.O., S. 24; Schäffer, F.: zit. nach Rasch, H.: Gewinnabführungs- und Weisungsverträge . . ., a.a.O., S. 167; v. Wallis, H.: Besteuerung . . ., a.a.O., S. 65 f, der mit diesem Argument für die Beibehaltung des Schachtelprivilegs eintritt. Diese These wird vor allem auch generell gegen eine Erschwerung der Konzernierung gegenüber der Fusion vorgebracht (so z.B. Harms, W.: a.a.O., S. 120 f).

740 Seidl: a.a.O.

741 Schäffer, F.: Die Aktienrechtsreform . . ., a.a.O., S. 1258, im gleichen Sinne RegB: a.a.O., S. 374; Stellungnahme der Spitzenverbände 1959, a.a.O., S. 10; Jagenburg, W.: Aktienrecht als Organisationsrecht, in: AG, 10. Jg. (1965), S. 156–168, 160.

742 Wilhelmi, H.: in: Verhandlungen des DBT, a.a.O., S. 9405.

Da ferner der faktische Konzern im Ausland vorherrsche als Konzernorganisationsform, werde die deutsche Wirtschaft durch die Untersagung des faktischen Konzerns „in ihrer Wettbewerbsfähigkeit gegenüber dem Ausland beeinträchtigt“[743].

Kritisch ist zu diesen Ausführungen zunächst anzumerken, daß das Verbot des faktischen Konzerns nur eine verstärkte formal-juristische Konzentration bewirkt, daneben eine Anteilsbesitzkonzentration, wenn die freien Aktionäre zusätzlich zu einer Dividendengarantie auch ein Abfindungsrecht erhalten, von dem sie dann Gebrauch machen würden. Wie wären aber nun diese Konzentrationen, die zweifellos tendenziell einträten, volkswirtschaftlich zu beurteilen? Wie jeder Konzentrationsvorgang so ist auch die Vertragskonzernierung primär anhand ihrer Auswirkungen auf die Wettbewerbsintensität der Wirtschaft und die Produktivität der Unternehmen zu bewerten[744]. Was den letzten Gesichtspunkt betrifft, so wird sicherlich niemand bestreiten wollen, daß der Vertragskonzern die Auswertung der Verbund- und Rationalisierungsvorteile (Kostensenkung durch Zentralisierung von Funktionen, Realisierung risikoreicher Entwicklungs- und Forschungsvorhaben, Einsatz kapitalintensiver, aber kostengünstigerer Verfahren etc.) mindestens in gleichem Maße wie der faktische Konzern ermöglicht. Strittig kann daher nur sein, ob er größere Gefahren der Wettbewerbsverzerrung und -beeinträchtigung in sich birgt[745]. Als wettbewerbsverfälschende Maßnahme käme hier vor allem die Möglichkeit in Betracht, Mischkalkulationen vorzunehmen. Der Spielraum für solche selektiven Preisunterbietungen, bei denen Gewinne aus dem Absatz eines Produktes zur Subventionierung anderer Erzeugnisse eingesetzt werden mit dem Ziel, u.U. leistungsfähigere Konkurrenten auf dem Markt zu verdrängen oder die Rolle eines Preisführers zu erringen[746], ist im faktischen Konzern gewiß nicht geringer. Ebenso erlaubt der faktische Konzern in gleichem Maße die Umgehung der kartell-rechtlichen Bestimmungen, da Konzerne grundsätzlich kaum unmittelbar vom Gesetz gegen Wettbewerbsbeschränkungen betroffen sind[747]. Abgesehen davon, daß die Berechtigung der Forderung nach wirt-

743 DJT 1967, S. 45 (Votum einer Minderheit innerhalb der Kommission).

744 Vgl. hierzu insb. Kantzenbach, E.: Die Funktionsfähigkeit des Wettbewerbs, Göttingen, 2. Aufl. 1967, S. 120 ff; Stützel, W.: Aktienrechtsreform . . ., a.a.O., S. 939 ff; Mestmäcker, E.J.: Konzern, a.a.O., S. 31; Lenel, O.: a.a.O., S. 42 ff, insb. S. 48, 56.

745 Zur Widerlegung der in die gleiche Richtung zielenden Behauptung, der Konzern (meist ist der Vertragskonzern bzw. die steuerrechtliche Organschaft angesprochen) sei volkswirtschaftlich der Fusion überlegen, vgl. Mestmäcker, E.J.: Probleme . . ., a.a.O., S. 104 f; Ritschl, H.: Die Organschaft im Umsatzsteuerrecht, in: Finanzarchiv, 16. Jg. (1956) S. 399–408, insb. S. 404 ff; Rasch, H.: Gewinnabführungs- und Weisungsverträge . . ., a.a.O., S. 167 f; Stützel, W.: Aktienrechtsreform . . ., a.a.O., S. 979 f; Lenel, O.: a.a.O., S. 403 ff; Pohmer, D.: Das Verhältnis . . ., a.a.O., S. 62; ders.: Bemerkungen zur unternehmenspolitischen Entscheidung über die „Konzerntrationsform“, in: ZfB, 31. Jg. (1961), S. 513–519, 515 f.

746 Vgl. hierzu Kantzenbach, E.: a.a.O., S. 124; Mestmäcker, E.J.: Verwaltung . . ., a.a.O., S. 28 ff; Lenel, O.: a.a.O., S. 205 ff; Stützel, W.: Aktienrechtsreform . . ., a.a.O., S. 943 f; Seidenfus, H.St.: Mehrproduktunternehmen, preispolitischer Ausgleich und Konzentration, in: Kyklos, Vol. XX (1967), S. 208–217, insb. S. 211.

747 Vgl. Großfeld, B.: a.a.O., S. 34 ff; Harms, W.: a.a.O., S. 125 ff. Zur Frage, inwieweit die Konzerne von den EWG-Wettbewerbsregeln betroffen sind, vgl. insb. Hefermehl, W.: Beurteilung von Fusionen und Konzernbildungen nach Art. 85 und 86 des EWG-Vertrages, in: Festschrift für H.C. Nipperdey zum 70. Geb., Bd. II, München 1965, S. 771–795; ders.:

schaftspolitischer Neutralität schon aus diesem Grunde dubios erscheind[748], ist die These, das jetzige Konzernrecht sei in dieser Hinsicht wertneutral, unzutreffend. Wettbewerbsneutral könnte das Konzernrecht nur dann genannt werden, wenn der Minderheitenschutz im faktischen Konzern ausreichend gewährleistet wäre.

Dadurch, daß die §§ 311 ff ihre Aufgabe nicht zu erfüllen imstande sind, vermag sich der Konzernaktionär weiterhin nicht leistungsbedingte Vermögensvorteile zu verschaffen.

Bleibt schließlich noch zu prüfen, ob der deutschen Wirtschaft durch die generelle Normierung des Vertragskonzerns Nachteile gegenüber dem Ausland entstünden. In der Tat herrscht nämlich im Ausland der faktische Konzern vor[749]. Das beruht aber in erster Linie auf rechtsdogmatischen Gründen[749], keineswegs darauf, daß die ausländischen Aktienrechte die Notwendigkeit des Minderheitenschutzes für gering erachten[750]. Zudem vermag auch der Hinweis auf ausländische Gesetze nicht von der Richtigkeit einer Regelung zu überzeugen, die im Ergebnis fordert, daß sich die ffreier Aktionäre für das Konzerninteresse aufopfern. Vor allem aber besteht m.E. gar nicht die Gefahr, daß deutsche Unternehmen Wettbewerbsnachteile hinzunehmen haben. Zunächst wäre die Konzernierung weiterhin bei einer einfachen Mehrheitsbeteiligung möglich. Die Tatsache, daß man durch Majoritätsbildung praktisch die volle Verfügungsmacht über fremdes Vermögen erringen kann – sie ist im Gebiet des Privatrechts sonst unbekannt – ist schon erstaunlich genug. Freilich könnte der Extremfall eintreten, daß die Obergesellschaft 49 % der Aktionäre abfinden müßte. Die Kapitalaufbringung wird jedoch dadurch erleichtert, daß die Abfindung auch in Aktien erfolgen kann (§ 305), die sich die herrschende Gesellschaft i.d.R. im Wege der Kapitalerhöhung zu beschaffen vermag. Der Fall, daß alle Minderheitsaktionäre ihre Gesellschaft verlassen wollen, ist m.E. zudem sehr unwahrscheinlich. Angesichts der hohen Konzernverflechtung der deutschen Wirtschaft[751] werden die Chancen, sich an einer konzernfreien AG zu beteiligen, zunehmend geringer. Vor allem aber ist zu

Unternehmenszusammenschlüsse im Lichte der Art. 85 und 86 des Vertrages über die Europäische Wirtschaftsgemeinschaft, in: Kooperation und Konzentration im gemeinsamen Markt, Köln–Bonn–Berlin–München 1968, S. 59–77.

748 Fischer (C.E.: Unternehmens-Konzentration . . ., a.a.O., S. 51 f) weist zu Recht auf den Widerspruch hin, daß man einerseits alle konzernrechtlich relevanten Maßnahmen aus dem Kartellrecht ausmerzte und dann erklärte, konzentrationshemmende Vorschriften gehörten nicht in das Gesellschaftsrecht. Zur Kritik vgl. auch Hefermehl, W.: Unternehmenszusammenschlüsse . . ., a.a.O., S. 61; Raisch, P.: Zu den grundsätzlichen Aufgaben . . ., a.a.O., S. 506; Böhm, F.:in: Verhandlungen des DBT, 4. Wahlperiode, 184. Sitzung vom 19. 5. 1965, a.a.O., S. 9215.
Zur Interdependenz von Konzern- und Wettbewerbsrecht siehe vor allem Großfeld, B.: a.a.O., S. 44 ff und passim; Mestmäcker, E.J.: Das Verhältnis . . ., a.a.O., S. 112 ff.

749 Dies gilt zumindest für die EWG-Länder. Vgl. dazu Geßler, E.: Europäisches Gesellschaftsrecht am Scheideweg, in: DB, 22. Jg. (1969), S. 1001–1008, 1007. Nach Wiethölter (R. Interessen . . ., a.a.O., S. 156) sehen aber die Aktiengesetze einiger US-Bundesstaaten ein Minderheitenrecht auf Abfindung vor für den Fall der Konzernbildung.

750 Auf die in ihrer Zielsetzung den §§ 311 ff ähnliche französische Regelung wurde schon hingewiesen. Daß diese die freien Aktionäre auch nicht besser schützen kann, ändert nichts an dem Willen des französischen Gesetzgebers, die Aktionäre gleich zu behandeln.

751 Vgl. FN 10 f dieser Arbeit.

vermuten, daß der größte Teil der Aktionäre den Verbleib in der abhängigen AG vorziehen würde, wenn die Dividendengarantie entsprechend attraktiv ausgestaltet wird.

2. Prüfung der Notwendigkeit des faktischen Konzerns unter außerökonomischen Aspekten

Vorgebracht wird ferner, die Möglichkeit zur Abfindung der freien Aktionäre stelle eine „Enteignung zu privaten Zwecken"[752] dar, die unserem Recht grundsätzlich fremd sei. Auch könne es nicht Sinn des Schutzes der Minderheitsaktionäre sein, daß diese „ihre Eigentümerstellung zugunsten einer Gläubigerstellung aufgeben . . ."[753].

Die Dividendengarantie des außenstehenden Aktionärs sei eine „für die Aktie atypische Rendite" und „kein äquivalenter Ausgleich" für die Beeinträchtigung seiner Position[754]. Gleiches gelte für die Aktienabfindung. Dividendengarantie und Abfindung stellten „einen schwerwiegenden Eingriff in die Rechte des Aktionärs dar", der „vom Standpunkt der Eigentumsgarantie aus recht bedenklich" erscheine[755].

Dagegen ist einzuwenden, daß den Minderheitsktionären keineswegs das Recht genommen wird, in ihrer Gesellschaft zu verbleiben. Zudem ist die Berufung auf deren Eigentümerstellung völlig verfehlt. Zu Recht wird die Eigentumsthese in der Literatur als anachronistisch abgelehnt[756]. Die Trennung von Eigentum und Verfügungsgewalt ist nicht erst seit heute ein Faktum, das man allenfalls „bedauern, aber auf jeden Fall nicht bestreiten"[757] kann. Angesichts der fast sprichwörtlichen Indolenz der Aktionäre[758] erscheinen die Bestrebungen um ihre Reaktivierung und Mitbestim-

752 Flume, W.: Die abhängige Aktiengesellschaft . . ., a.a.O., S. 191; Kutzenberger G.: a.a.O., S. 154.
753 Hartmann, G.: a.a.O., S. 65; Dülfer, E.: a.a.O., S. 212.
754 Dieses Argument wird vor allem gegen die auf einen festen %-Satz lautende Dividendengarantie vorgebracht: vgl. Günther, W.: Grenzen der Mehrheitsmacht im Aktienrecht bei der verschmelzenden Umwandlung auf den Hauptgesellschafter, Diss. Tübingen 1964, S. 91 f und die dort angegebene Literatur.
755 Vgl. Pleyer, K.: Aktienrecht . . ., a.a.O., insb. S. 11. Ihm folgend Straßberger, C.P.: a.a.O., S. 55.
756 So insb. von Flume (W.: Grundfragen . . ., a.a.O., S. 11: „eher ethisches Topos als juristisches Argument"), ders. (Die Forderung der Gewerkschaften auf Erweiterung der qualifizierten Mitbestimmung, in DB, 20. Jg. (1967), S. 249–301, 297: „bare und zugleich gefährliche Ideologie"), Wiethölter (R.: Die Publizitätsinteressen . . ., a.a.O., S. 39: „Eigentumspathos als ideologische Tarnung mißbraucht"); vgl. ferner Pross (H.: Manager und Aktionäre in Deutschland, Frankfurt 1965, S. 121 ff, 159 ff); Duden (K.: Die Aktienrechtsreform, in: JJb 3 (1962/63), S. 69–81, 73 f), Ballerstedt (K.: Gesellschaftsrechtliche Probleme . . ., a.a.O., S. 879 f), Großfeld (B.: a.a.O., S. 191 ff), Steinmann (H.: a.a.O., S. 37 ff). Die Berufung auf die RegB erscheint wenig beweisträchtig, da diese maßgeblich auf den Vorstellungen des damaligen Staatssekretärs Strauß basiert, aber wohl kaum als Wille des Gesetzgebers zu deuten ist. So hat Geßler (E.: Vollendete oder nur begonnene Aktienrechtsreform?, in: AG, 10. Jg. (1965), S. 343–348, 346) die Forderung nach Mitbestimmungsrechten der Aktionäre als „Wunschträume" zurückgewiesen.
757 Lutter, M.: a.a.O., S. 98.
758 Nach Schupp (R.: Probleme . . ., a.a.O., S. 34) machten 1966 noch nicht einmal 1 % der Minderheitsaktionäre von ihrem Weisungsrecht Gebrauch. Treffend kennzeichnet Wiethölter (R.: Die Publizitätsinteressen . . ., a.a.O., S. 40) die HV-Beschlüsse als „traditionelle Technik, ein Ritual". Die spontane Aktivität der Aktionäre bei besonderen Anlässen oder das Auftreten von „Berufsaktionären" spricht nicht dagegen.

mung[759] als hoffnungsloses Unterfangen. Das liegt weniger in den fehlenden Rechten als vielmehr in der Natur der Sache selbst begründet[760].

Insgesamt gesehen kann nur Pross zugestimmt werden, die feststellt: „Nicht gemäß der juristischen Definition, wohl aber nach ihrer tatsächlichen Stellung im Unternehmen sind die Aktionäre heute eine Kreuzung aus Gläubigern und Sparern"[761]. Das vielfache Verlangen nach Abschluß eines Organschaftsvertrages[762] zeigt, daß hier den freien Aktionären Motive unterstellt werden, von denen sie sich oft gar nicht leiten lassen.

3. Zwischenergebnis

Die bisherigen Überlegungen können dahingehend zusammengefaßt werden, daß eine Ausdehnung des Geltungsbereichs der §§ 304 f auf faktische Konzerne volkswirtschaftlich keineswegs schädlich wäre, sondern im Gegenteil geboten erscheint: gesamtwirtschaftlich erwünschte Konzentrationen würden nicht verhindert, lediglich künstliche Anreize – diese kommen allen Konzentrationsformen zugute ohne Ansehung ihrer wirtschaftspolitischen Berechtigung– beseitigt.

Unter betriebswirtschaftlichen Aspekten wäre zudem nicht zu befürchten, daß die Vielgestaltigkeit der Konzernformen einem „konzernpolitischen Eintopf" weichen müßte, da die Konzernleitungen in der Gestaltung der Innenbeziehungen der Konzernglieder völlig freie Hand haben.

759 Vgl. etwa die Vorschläge von Kutzenberger, G.: a.a.O.

760 Einerseits fehlt es den Aktionären an Zeit und wirtschaftlichem Interesse, zum anderen erscheint es angesichts des mangelnden Sachverstandes durchaus sachgerecht, und zwar auch im Interesse der AG und der Minderheitsaktionäre selbst, wenn die Verfügungsgewalt in Händen der Verwaltung liegt (so auch Cassier, S.C.: Wer bestimmt die Geschäftspolitik der Großunternehmen? , Frankfurt 1962, S. 51 f; Mestmäcker, E.J.: Verwaltung . . ., a.a.O., S. 93; Wiethölter, R.: Interessen . . ., a.a.O., S. 337; Flume, W.: Die Forderung . . ., a.a.O., S. 297). Sachgerechter erscheint daher der Ausbau der nach wie vor unterentwickelten Kontroll- und Informationsrechte.

761 Pross, H.: a.a.O., S. 149; ähnlich Zöllner, W.: a.a.O., S. 90; Lutter (M.: Diskussionsbeitrag, in Minderheitenschutz bei Kapitalgesellschaften, Karlsruhe 1967, S. 98–101, 98), der von einer Entwicklung zum spekulativen Obligationär spricht. Bezeichnend ist ferner, daß in anderen Ländern durchaus entsprechende Konsequenzen gezogen werden: so schlug z.B. der italienische Entwurf über die Reform des Rechts der (Publikums-) Kapitalgesellschaft von 1965 die Schaffung von zwei Aktientypen vor:
(1) stimmrechtslose Sparaktien, die mit einer Garantie auf Dividenden und Teilnahme an der Wertsteigerung der Aktien ausgestattet sind (Minderheitsaktionärsaktien),
(2) Beteiligungsaktien, die den Einfluß auf die Gesellschaft gestatten (Mehrheitsaktionärsaktien).
Vgl. Asquini, A.: Der Schutz der Minderheiten im italienischen Codice civile und im Gesetzentwurf über die Neuordnung des Rechts der Aktiengesellschaft, in: Minderheitenschutz . . ., a.a.O., S. 5–23, insb. 14 ff und Ferri, G.: Diskussionsbeitrag . . ., ebenda, S. 86–91.

762 Vgl. hierzu z.B. Mestmäcker, E.J.: Verwaltung . . ., a.a.O., S. 368.

B. Prüfung der Schutzwirkung der §§ 304 f

Es wäre wenig sinnvoll, eine Ausweitung des Geltungsbereichs der §§ 304 f vorzuschlagen ohne zu untersuchen, ob die Einführung dieser Vorschriften tatsächlich einen besseren Minderheitenschutz gewährleistet. Um diese Frage beantworten zu können, bedarf es einer eingehenden Betrachtung dieser Bestimmungen, da die Probleme im Detail liegen.

1. Die Ermittlung der angemessenen Abfindung nach § 305

§ 305 räumt den Vorständen der Unter- und der Obergesellschaften – nicht den Minderheitsaktionären –[763] beim Abschluß eines Beherrschungsvertrages ein Wahlrecht ein: die Abfindung kann in Geld oder Aktien erfolgen[764].

Der Gesetzgeber hat es leider unterlassen, ein bestimmtes Verfahren zur Bestimmung der „angemessenen" Abfindung zu normieren. Der Hinweis, es müsse „die Vermögens- und Ertragslage der Gesellschaft im Zeitpunkt der Beschlußfassung ihrer Hauptversammlung über den Vertrag" (§ 305 Abs. 3 S. 2) berücksichtigt werden, ist so allgemein gehalten, daß sich die Anwendung praktisch jeder der vielfältigen Verfahren und betriebswirtschaftlichen Bewertungsmethoden zur Abfindungsermittlung rechtfertigen läßt[765].

Dies gilt auch für den Börsenkurs als Bewertungsgrundlage[766], denn wer wollte bestreiten, daß im Börsenkurs die „Vermögens- und Ertragslage der Gesellschaft" zum Ausdruck kommt? Auch die Gesetzesmaterialien[767] erzwingen keine gegenteilige

763 Vgl. Bernhardt, W.: Die Abfindung von Aktionären nach dem neuen Recht, in: BB, 21. Jg. (1966), S. 257–261, 258 f. Die Wirtschaft hat sich offensichtlich mit ihren Bedenken gegen die Aktienabfindung (vgl. Spitzenverbände 1960, S. 28 ff; ferner Kropff, B.: Der außenstehende Aktionär . . ., a.a.O., S. 678 und die Diskussionsbeiträge von Flume, Würdinger und Ballerstedt in: Zur großen Aktienrechtsreform, a.a.O., S. 90 f, 144 ff) durchgesetzt. Diese sollte nach der ursprünglichen Absicht des Gesetzgebers (vgl. RegB und Ausschußbericht zu § 305 Abs. 2, a.a.O., S. 397 f) zwingend vorgeschrieben werden. Anders als das AktG gesteht der Entwurf der EWG-Kommission (vgl. Art. 228) den freien Aktionären das Wahlrecht zu.

764 Da sich die Aktienabfindung von der Barabfindung nur dadurch unterscheidet, daß statt eines Unternehmens zwei Unternehmen zu bewerten sind, beschränken sich die folgenden Ausführungen auf die Barabfindung. Auf Besonderheiten der Aktienabfindung wird im Text hingewiesen.

765 Unzutreffend Brachvogel (G.: Leitungsmacht . . ., a.a.O., S. 122, FN 3), der – allzusehr am Gesetzestext klebend – meint, nur die Verwendung der Mittelwertmethode sei mit § 305 Abs. 3 S. 2 vereinbar.

766 So auch Sieben, G.: Angemessener Ausgleich und angemessene Abfindung bei Abschluß von Beherrschungs- und Gewinnabführungsverträgen, in: Betriebswirtschaftliche Information, Entscheidung und Kontrolle, a.a.O., S. 403–418, 416. A.A. Albach, H.: Probleme der Ausgleichszahlung und der Abfindung bei Gewinnabführungsverträgen nach dem Aktiengesetz 1965, in: AG, 11. Jg. (1966), S. 180–186, 183, 185; IdW, Arbeitskreis Unternehmensbewertung: Angemessene Abfindung und angemessener Ausgleich im Aktienrecht, in: WPg, 22. Jg. (1969), S. 129–133, 130. Schumacher, F.: Zur Problematik der Unternehmensbewertung, in DB. 23. Jg. (1970), S. 1940–44, 1942; Niemann, Ch.: a.a.O., S. 202 ff, insb. S. 202; wohl auch KG Berlin, Urteil 1 w 2982/69 v. 15.12.1970, in WPg, 24. Jg. (1971), S. 212–21, 220.

767 Vgl. dazu auch die Äußerungen der Sachverständigen Würdinger, Zahn und Geßler vor dem Wirtschafts- und Rechtsausschuß (zit. bei Albach, H.: Probleme . . ., a.a.O., S. 183).

Auffassung. Zwar heißt es im Ausschußbericht, es käme für die „Bemessung der Abfindung nicht allein auf den Kurswert der Aktien“[768] an; diese Feststellung kann aber auch so aufgefaßt werden, daß der Börsenkurs nur in bestimmten Fällen – etwa bei Kursmanipulationen durch den Konzernaktionär, extremen Kursschwankungen etc. – unmaßlich sein soll.

Somit bleibt die Rechtsunsicherheit, die vor Einführung des neuen Aktiengesetzes bestand und in hohem Maße durch das Fehlen einer verbindlichen Bewertungsmethode mit verursacht wurde, weiterhin[769] bestehen[770]. Die widerstreitenden Auffassungen über das maßgebliche Bewertungsverfahren, denen wir uns nun zuwenden wollen, werden das bestätigen. Diese lassen sich im wesentlichen auf zwei Gruppen zurückführen: eine Reihe von Autoren bestimmt den Wert der Unternehmung als Ganzes und hält den quotalen (pro rata) Anteil daran für die angemessene Abfindung; andere dagegen versuchen den Wert der einzelnen Anteile „als Träger bestimmter Ansprüche“[771] unmittelbar aus ihrem mutmaßlichen Nutzen zu ermitteln.

a) Die indirekte Ermittlung der angemessenen Abfindung aus dem Gesamtwert des Unternehmens

(1) Begründung der Abfindung als Anspruch auf anteiligen Unternehmenswert

Gerichte und Autoren versuchen, auf Grund der Auslegungsbedürftigkeit der gesetzlichen Bestimmungen auf die Bestimmung der angemessenen Abfindung außenstehender Gesellschafter rechtsähnliche Abfindungsfälle analog anzuwenden. Am häufigsten werden die Grundsätze herangezogen, die für die Abfindung eines aus einer Personengesellschaft ausscheidenden Gesellschafters nach § 738 BGB entwickelt worden sind[772]. Diese Vorschrift enthalte einen allgemeinen Rechtsgedanken und sei wegen

768 Ausschußbericht zu § 305 Abs. 3 S. 2, a.a.O., S. 399.

769 Dafür spricht auch, daß sich der IdW-Arbeitskreis (a.a.O., S. 130) zu keiner eindeutigen Stellungnahme durchringen konnte.

770 Zu Recht kritisch Albach, H.: Probleme . . ., a.a.O., S. 183; Sieben, G.: der Anspruch auf angemessene Abfindung nach § 12 UmwG, in: AG, 11. Jg. (1966), S. 6–13, 54–58, 83–89, hier S. 7.

771 Busse v. Colbe, W.: Zur Maßgeblichkeit des Börsenkurses für die Abfindung der bei einer Umwandlung ausscheidenden Aktionäre, in: AG, 9. Jg. (1964), S. 263–267, 264.

772 Vgl. insb. BGH-Urteil v. 30.3.1967, II CR 141/64, in: DB, 20. Jg. (1967), S. 854 (dort werden die Entscheidungsgründe nur unvollständig wiedergegeben; dem Verf. lag eine Kopie des Urteils vor); daneben Böttcher, C./Meilicke, H.: Umwandlung und Verschmelzung von Kapitalgesellschaften, Berlin 5. Aufl. 1958, Anm. 25 zu § 13 UmwG a.F.; Kropff, B. Rechtsfragen der Abfindung ausscheidender Aktionäre, in: DB, 15. Jg. (1962), S. 155–158, 155 f; ders.: Festsetzung höherer Ausgleichszahlungen oder einer höheren Abfindung durch das Gericht, in: W, 17. Jg. (1969), S. 3–9, 6; KG Berlin, Urteil vom 28.4.1964, in: AG, 9. Jg. (1964), S. 217–221, 219; Kindermann, H.-H.: Der Einfluß des Börsenkurses auf die angemessene Abfindung nach § 12 UmwG, in: AG, 9. Jg. (1964), S. 178–181, 180; Warnecke, H.: Zur Frage der Ermittlung der ausscheidenden Aktionären zu gewährenden angemessenen Abfindung, in: WPg, 17. Jg. (1964), S. 446–452, 449; Schreib, P.: Zur Bewertung von Minderheitsanteilen, in: W, 15. Jg. (1967), S. 132–136, 135; Bachelin, H.: a.a.O., S. 35; Petzel, A.: a.a.O., S. 50; Niemann, Ch.: a.a.O., S. 195; ferner im älteren Schrifttum: Heun, W.: Zur Frage der angemessenen Abfindung der bei der Umwandlung ausscheidenden Minderheitsaktionäre, in: WTr, 7. Jg. (1938), S. 220–223, 222; Prion, W.: Zum Problem der angemessenen Abfindung der ausscheidenden Aktionäre bei Umwandlung der AG in eine Personengesellschaft, in: ZfhF, 33. Jg. (1939), S. 393–408, 393 f.

der gleichen Interessenlage auch beim Ausscheiden eines Anteilseigners aus einer Kapitalgesellschaft anzuwenden[773]. Es dürften nur vermögensrechtliche Gesichtspunkte, nicht jedoch Herrschaftsrechte berücksichtigt werden[774]. Die analoge Anwendung des § 738 BGB sei vor allem deshalb gerechtfertigt, weil die Aktionäre die „wirtschaftlichen Eigentümer des Unternehmens" und die Aktien „Eigentumsurkunden" seien[775]. Daher müsse der Verkauf des ganzen Unternehmens unterstellt und dem Abfindungsberechtigten sein quotaler Anteil ausgekehrt werden[776]. Dies sei auch schon aus Gründen der Billigkeit geboten, da der freie Aktionär die sein Ausscheiden bewirkenden Maßnahmen nicht verhindern könne[777].

Zuweilen wird auch eine Analogie der Abfindung zur Verschmelzung zweier Aktiengesellschaften[778] oder zur Liquidation[779] gesehen.

Schließlich wird der Anspruch der freien Aktionäre auf anteiligen Unternehmenswert aus dem „Grundsatz der Gleichbehandlung der Aktionäre"[780] abgeleitet.

Da der Börsenkurs nicht mit dem anteiligen „objektiven inneren Wert" der Unternehmung – dem einzig angemessenen Abfindungsmaßstab, wie es heißt – übereinstimmen muß, wird er von den vorstehend Genannten als für die Abfindung unmaßgebelich abgelehnt.

(2) Die Ermittlung des Zukunftserfolgswertes

Bestimmt man die Abfindung als anteiligen Unternehmenswert, so stellt sich die Frage der richtigen Methode zur Ermittlung des Gesamtwerts der Unternehmung. „Anerkannte Grundsätze der Betriebswirtschaftslehre", auf die manche Urteile glauben verweisen zu können[781], gibt es auf dem Gebiet der Unternehmensbewertung

773 Vgl. Kropff, B.: Rechtsfragen . . ., a.a.O., S. 156.

774 Vgl. Kropff, B.: Rechtsfragen . . ., a.a.O., S. 158; KG Berlin, a.a.O., S. 218 f; Kindermann, H.-H.: a.a.O., S. 180.

775 So Bachelin, H.: a.a.O., S. 35 in Anlehnung an die RegB, a.a.O., S. 14 (Allgemeines) und S. 162 (zu § 117); in gleichem Sinne aus der Eigentümerstellung des Kleinaktionärs dessen Anspruch auf den anteiligen Unternehmenswert ableitend: Schreib, P.: Zur Bewertung . . ., a.a.O., S. 136; Viel/Bredt/Renard: 2. Aufl., a.a.O., S. 84 f.

776 Vgl. Böttcher/Meilicke: a.a.O., S. 123; Meilicke, H.: Zur Frage der angemessenen Abfindung der bei der Umwandlung ausscheidenden Aktionäre, in: JW, 67. Jg. (1938), S. 3018 f; zustimmend v. Falkenhausen, B.: Verfassungsrechtliche Grenzen der Mehrheitsherrschaft nach dem Recht der Kapitalgesellschaften (AG und GmbH), Karlsruhe 1967, S. 36.

777 Meilicke, H.: Zur Frage . . ., a.a.O., S. 3019; Kropff, B.: Rechtsfragen . . ., a.a.O., S. 158; Elmendorff, W.: Bewertung von Unternehmensanteilen im Streubesitz, in: WPg, 19. Jg. (1966), S. 548–555, 551; Heun, W.: a.a.O., S. 221 f.

778 Kindermann, H.-H.: a.a.O., S. 180: in beiden Fällen gehe das Beteiligungsrecht der Minderheitsaktionäre unter.

779 KG Berlin (a.a.O., S. 221): es könne „im praktischen Endergebnis keinen Unterschied machen, ob eine AG auf Grund des UmwG . . . oder aus sonstigen Gründen erlischt". Vgl. auch Koppenberg, H.-J.: Bewertung von Unternehmen – Höchstrichterliche Entscheidungen nach dem Umwandlungsgesetz, Düsseldorf 1964, S. 22 f.

780 Kretschmer, H.-J.: Angemessene Abfindung und angemessener Ausgleich im Aktienrecht, in: WPg, 22. Jg. (1969), S. 248–250, 249.

781 Vgl. z.B. OLG Hamm, Beschluß v. 23.1.1963, abgedruckt in: Koppenberg, H.-J.: a.a.O., S. 99 ff, 114 f.

nocn keineswegs. So ist es nicht verwunderlich, daß es wohl kaum ein Verfahren gibt, das nicht als Bewertungsmaßstab höchstrichterlicher Entscheidungen gedient hätte[782]. Angesichts der Vielzahl von Einzelproblemen kann hier nur in Grundzügen auf die beiden Komponenten des Unternehmenswerts, Zukunftserfolgswert und Substanzwert, und einige im Rahmen der §§ 304 f besonders wichtige und umstrittene Gesichtspunkte eingegangen werden.

In der betriebswirtschaftlichen Bewertungsliteratur – vornehmlich in der älteren – wird zu einem großen Teil die Auffassung vertreten, der Zukunftserfolgswert sei aus dem *objektiven* Nutzen zu ermitteln, den die Unternehmung als solche und unter der Annahme eines durchschnittlich befähigten Unternehmensleiters besitze[783]. Es müsse unabhängig von der Interessenlage und den Fähigkeiten des jeweiligen Eigentümers[784] der gemeine Wert[785], der generell erzielbare Preis des Unternehmens[786] bestimmt werden[787].

Gegen diese Ansicht, die sich die Gerichte, so auch der BGH, fast ausnahmslos zu eigen machen, wird zu Recht eingewendet, einen objektiven allgemeingültigen Unternehmenswert gäbe es nicht[788]. Auch ein neutraler Gutachter – mag er noch so sehr um Objektivität bemüht sein – wird sich nie ganz von subjektiven Vorstellungen frei machen können. Dies zeigen die Gutachten im Rahmen der gerichtlichen Abfin-

782 Vgl. Koppenberg, H.-J.: a.a.O., S. 19 ff; Sieben, G.: Der Anspruch . . ., a.a.O., S. 54 f.

783 Vgl. Mellerowicz, K.: Der Wert der Unternehmung als Ganzes, Essen 1952, S. 60.

784 So auch Kolbe (K.: a.a.O., S. 43 f) im Hinblick auf die Aufgabe eines „unparteiischen Gutachters" und generell Jacob, H.: Der Zukunftserfolgsbegriff und die Verfahren der Unternehmensbewertung, in: ZfB, 31. Jg. (1961), S. 231–246, 232 ff.

785 So Heigl, A.: Die Bewertung von Unternehmungen und Unternehmungsanteilen, in: ZfB, 32. Jg. (1962), S. 513–528, 514; Bartke, G.: Die Bewertung von Unternehmungen und Unternehmungsanteilen, in: ZfB, 32. Jg. (1962), S. 165–175, 166; Bredt, O.: Empfehlungen zur Bewertung von ganzen Unternehmungen, in: ZfbF, 21. Jg. (1969), S. 832 f; Baur, D.: Wertlose Dividendengarantie? , in: W. 17. Jg. (1969), S. 91–95, 91.

786 So Viel u.a.: a.a.O., S. 21 f (allerdings mit widersprüchlicher Begründung).

787 Zu den weiteren Vertretern eines objektiven Zukunftserfolges und deren Ansichten im einzelnen vgl. Busse v. Colbe, W.: Der Zukunftserfolg, Wiesbaden 1957, S. 12 ff; Jaensch, G.: Wert . . ., a.a.O., S. 6 ff.

788 Vgl. insb. Busse v. Colbe, W.: Objektive oder subjektive Unternehmensbewertung? , in: ZfB, 27. Jg. (1957), S. 113–125, 117 ff; Schweizer, P.: Zum Problem der objektiven Bewertung von Unternehmungen und Unternehmungsanteilen, in: ZfB, 32. Jg. (1962), S. 676–680; Sieben, G.: Der Substanzwert der Unternehmung, Wiesbaden 1963, S. 79 ff; Münstermann, H.: Wert und Bewertung der Unternehmung, Wiesbaden 1966, S. 21 ff; Jaensch, G.: Wert . . ., a.a.O., S. 8 ff; Hax, K.: Die langfristigen Finanzdispositionen, in: HdW, Bd. 1, Köln und Opladen, 2. Aufl. 1966, S. 453–489, 469; Bröhl, K.: Der Kalkulationszinsfuß, Diss. Köln 1966, S. 12 ff; Hintner, O.: Unternehmungsbewertung und Bewertungsgesetz, in: Zur Besteuerung der Unternehmung, a.a.O., S. 205–222, 211 ff; Käfer, K.: Substanz . . ., a.a.O., S. 304; Peumans, H.: Die Bewertung der Unternehmen zum Zwecke des Erwerbs, in: Journal UEC, o. Jg. (1969), S. 175–178, 176. Neuerdings auch König, W.: Die Bewertung von Unternehmen unter Anwendung von Wertkonventionen, in WPg, 23. Jg. (1970), S. 72–78; Reuter, A.L.: Die Berücksichtigung des Risikos bei der Bewertung von Unternehmen, in WPg, 23. Jg. (1970), S. 265–70; Coenenberg, G.: Unternehmensbewertung mit Hilfe der Monte-Carlo-Simulation, in ZfB, 40. Jg. (1970), S. 793–804, 794. Die von diesen Autoren vertretende subjektive Unternehmensbewertung darf heute als gesicherter Bestandteil der Bewertungstheorie gelten. Das schließt nicht aus, daß in der Praxis immer noch mit „recht mittelalterlichen Methoden" (Schneider, D.: Investition . . ., a.a.O., S. 215) gearbeitet wird; vgl. dazu z.B. Maus, N.: a.a.O., insb. S. 395.

dungsfälle in aller Deutlichkeit: sie weichen bis zu 100 %[789], manchmal noch weit mehr[790] voneinander ab. Wie nun zu zeigen ist, ergeben sich aus dem Prinzip der Subjektivität erhebliche Konsequenzen für die Unternehmungsbewertung.

Während die objektive Unternehmensbewertung bewußt von Besonderheiten des Bewertungssubjekts abstrahieren will, verlangt die *subjektive* Bewertung genau das Gegenteil: da der Zukunftserfolgswert als Nutzwert subjektbezogen ist, hängt er entscheidend von den unternehmerischen Plänen der an einer Bewertung interessierten Parteien – im Falle des Kaufs einer Unternehmung Käufer und Verkäufer also – ab, die diese „auf Grund ihrer subjektiven Erwartungen und gemäß ihrer Risikobereitschaft"[791] hegen. Auf der Grundlage einer umfassenden Planung müssen sie den Investitionskalkül gesondert aufmachen. Darin sind auch beabsichtigte Veränderungen der Betriebsstruktur und -größe (Rationalisierungsmaßnahmen, Kapitalzuführungen[792], Verbesserung der Führungsmethoden, Änderung der Rechtsreform der Unternehmung etc.) und die in dieser Arbeit schon ausführlich behandelten positiven (u.U. auch negativen) Verbundeffekte[793] und die dadurch bewirkten Kostensenkungen[794] und Erlössteigerungen zu berücksichtigen[795].

Sowohl ein Großteil der Bewertungsliteratur[796] als auch die die mit der Abfindung befaßten Gerichte[797] sprechen sich für die Maßgeblichkeit der *erzielbaren Erfolge*[798]

789 Vgl. z.B. Koppenberg, H.-J.: a.a.O., S. 57 ff.

790 Nach Münstermann (H.: Zur Bewertung von Unternehmungen und Beteiligungen, in: Betriebswirtschaftliche Umschau, 35. Jg. (1965), S. 411–420, 413) ermittelte im Falle der Premag AG, Berlin, der die Gesellschaft vertretende Wirtschaftsprüfer den Wert der Minderheitsanteile mit 229,1 %, der gerichtlich bestellte Vertreter der freien Aktionäre mit 1846,5 %. Weitere Beispiele für krasse Bewertungsdivergrenzen bei Münstermann, H.: Wert . . ., a.a.O., S. 24 (FN 34).

791 Busse v. Colbe, W.: Unternehmungsbewertung als Investitionskalkül, in: Die Unternehmung, 20. Jg. (1966), S. 49–61, 61.

792 Vgl. dazu insb. Sieben, G.: Der Einfluß geplanter, bezüglich der Finanzierungsquellen von dem Bewertungsobjekt freier oder an das Bewertungsobjekt gebundener Kapitalzuführungen auf den Gesamtwert der Unternehmung, in: Aktuelle Fragen der Unternehmensfinanzierung und Unternehmensbewertung, K. Schmaltz zum 70. Geb., Stuttgart 1970, S. 181–202.

793 Sie werden in der Literatur auch als „Konzentrationsrente" (Jaensch, G.: Wert . . ., a.a.O., S. 9); „Synergismus" (Eisenhofer, A.: Beteiligungen, Wiesbaden 1970, S. 17); „Kombinationseffekt" (IdW, Arbeitskreis Unternehmungsbewertung, a.a.O., S. 131) oder „Zwei + Zwei = Fünf-Effekt" (Engels, W.: Uwei + Zwei = Fünf, in VW, 24. Jg. (3/1970), S. 33–35) genannt.

794 Nach empirischen Untersuchungen von Raninen (H.: a.a.O., S. 141) verringerten sich die Kosten infolge von Fusionen um 1,5 bis 3,5 % des Umsatzes. Weitere Zahlenangaben bei Eisenhofer, A.: a.a.O., S. 19 ff.

795 Vgl. insb. Busse v. Colbe, W.: Objektive . . ., a.a.O., S. 121 ff; ferner Zimmerer, C.: Über die Mobilisierbarkeit . . ., a.a.O., S. 474. Schill, J./Saur, J. (Warum die Amerikaner Höchstpreise zahlen, in VW, 24. Jg. (1/1970), S. 27 f) weisen darauf hin, daß die in Europa vielfach für überhöht gehaltenen Kaufofferten der US-Firmen beim Ankauf europäischer Unternehmen weniger auf deren Wettbewerbsvorteilen (Wechselkursparität, steuerliche Finanzvorteile, höhere Finanzkraft, komparative Kostenvorteile, technologischer Vorsprung) als darauf beruhen, daß die Amerikaner die oben genannten Aspekte konsequent in den Bewertungskalkül einbeziehen.

796 Vgl. Viel u.a.: a.a.O., S. 50 ff; weitere Nachweise bei Busse v. Colbe, W.: Der Zukunftserfolg . . ., a.a.O., S. 27 ff.

797 Vgl. dazu Sieben, G.: Der Anspruch . . ., a.a.O., S. 56.

798 Meist i.S. der Differenz von Aufwendungen und Erträgen. Zur Kritik daran vgl. Busse

aus. Diese Ansicht wird auch im Rahmen der §§ 304 f vertreten[799] mit der Begründung, der Minderheitenschutz[800] bzw. die in § 304 Abs. 2 S. 1 vorgesehene Ausgleichsregelung[801] erfordere ein solches Vorgehen.

Da die thesaurierten Gewinne der Verfügungsmacht der Beteiligten – also auch der Mehrheitsaktionäre – entzogen sind, ist der Zukunftserfolgswert methodisch einwandfrei nur durch Kapitalisierung der *Ausschüttungen*[802] an die Unternehmenseigner zu bestimmen[803]. Da dies keineswegs heißt, daß nur die Dividenden in den Bewertungskalkül einzubeziehen sind[804] – und schon gar nicht durch den Ansatz des als konstant unterstellten derzeitigen Ausschüttungssatzes[805] – ist auch nicht einzusehen, warum dadurch die freien Aktionäre geschädigt werden sollten. Auch § 304 spricht nicht gegen die hier vertretene Auffassung: die Regelung des § 304 Abs. 2 S. 1 beruht auf einem völlig anderen Gedanken als § 305[806].

Zudem fehlt jeder direkte Bezug zwischen den §§ 304 und 305. Der Gesetzgeber hätte diesen aber leicht herstellen können, indem er – entsprechenden Vorschlägen folgend[807] – die Kapitalisierung der Ausgleichszahlung nach § 304 Abs. 2 S. 1 vorgeschrieben hätte. Natürlich bereitet die Prognose der zukünftigen Auszahlungen große Schwierigkeiten[808]. Dies gilt aber in kaum geringerem Maße auch für die Schätzung der Zukunftserfolge[809].

Der *Zinssatz,* mit dem die Nettoeinnahmen zu kapitalisieren sind, ist bekanntlich für die Ermittlung des Zukunftserfolgswertes eine gleich wichtige Komponente wie der Zukunftserfolg, da sich schon kleine Änderungen seiner Höhe in erheblichem Maße auswirken[810]. Maßgeblich ist grundsätzlich der interne Zinsfuß der günstigsten al-

v. Colbe, W.: Der Zukunftserfolg . . ., a.a.O., S. 54 ff; Münstermann, H.: Wert . . ., a.a.O., S. 32 ff; Engels, W.: Betriebswirtschaftliche . . ., a.a.O., S. 131 ff.

799 Vgl. Albach, H.: Probleme . . ., a.a.O., S. 183; Bachelin, H.; a.a.O., S. 35 f.

800 So Bachelin, H.: a.a.O.

801 So offenbar Albach, H.: a.a.O.

802 Unter Berücksichtigung künftiger Kapitalzu- und -rückzahlungen.

803 Vgl. Münstermann, H.: Wert . . ., a.a.O., S. 46 f; Hax, H.: Der Einfluß der Investitions- und Ausschüttungspolitik auf den Zukunftserfolgswert der Unternehmung, in: Betriebswirtschaftliche Information, Entscheidung und Kontrolle, a.a.O., S. 361–380; Jaensch, G.: Empfehlungen zur Bewertung von ganzen Unternehmungen, in: ZfB, 21. Jg. (1969), S. 643–655, 654 f und ZfbF, 22. Jg. (1970), S. 336–343, 343 und die dort jeweils angegebene Literatur. Zum Unterschied von Gewinn- und Dividendenthese im allgemeinen vgl. Schneider D.: Investition . . ., a.a.O., S. 425 ff und Gutenberg, E.: Grundlagen der Betriebswirtschaftslehre, Bd. III: Die Finanzen, 4. Aufl. Berlin–Heidelberg–New York 1970, S. 247 ff.

804 Vgl. S. 205 f.

805 So scheinbar Bachelin, H.: a.a.O.

806 Vgl. S. 207 f.

807 So z.B. Stützel, W.: Aktienrechtsreform . . ., a.a.O., S. 980.

808 Es sind die gleichen Schwierigkeiten, wie sie für die Maßnahmenbewertung im Rahmen der §§ 311 ff dargelegt wurden (vgl. S. 106 ff).

809 Zur Milderung dieser Probleme im Wege vereinfachender Annahmen vgl. Busse v. Colbe, W.: Unternehmungsbewertung . . ., a.a.O., S. 52 f.

810 Zur Problematik im Rahmen der Spruchstellen- bzw. Bewertungspraxis vgl. insb. Sieben, G.: Der Anspruch . . ., a.a.O., S. 55 f, 85 f; Thönnes, H.: Anforderungen an Form und Inhalt eines betriebswirtschaftlichen Gutachtens über die Bewertung eines Unternehmens im Ganzen, in: WPg, 21. Jg. (1968), S. 407–412, 412.

ternativen Investitionsmöglichkeit[811]. Dabei ist zu beachten, daß das allgemeine Unternehmerrisiko nicht noch einmal im Kalkulationszinsfuß berücksichtigt werden darf, wenn es – zutreffend – bereits bei der Ermittlung der Zukunftserfolge[812] in Ansatz gebracht wurde.

(3) Die Ermittlung des Substanzwertes

Der Substanzwert, die zweite Determinante des Unternehmungswertes, ist nach weit verbreiteter Ansicht[813] als Summe der zu Wiederbeschaffungspreise bewerteten materiellen und immateriellen Gegenstände des Unternehmens als selbständige Größe der Unternehmungsbewertung zu betrachten. Er dient der Korrektur des auf der Grundlage der Aufwands-Ertrags-Rechnung ermittelten Erfolgswertes[814]. Dieses Vorgehen wird im Rahmen der Bestimmung der angemessenen Abfindung vor allem damit begründet, daß der Substanzwert im Gegensatz zum subjektiven und spekulativen Einflüssen unterliegenden Zukunftserfolgswert eine objektive, mit einem hohen Maß an Sicherheit feststellbare Größe sei, deren Ansatz daher am ehesten den erforderlichen Minderheitenschutz garantiere[815].

Nun hat die moderne Bewertungsliteratur[816] überzeugend nachgewiesen, daß der Substanzwert weder diese noch andere ihm zugewiesene Funktionen erfüllen kann: Ein Unternehmenswert, der in der o.a. Weise den Substanzwert berücksichtigt, ist nicht sicherer, sondern im allgemeinen nur niedriger, da er unter pauschaler und übertriebener Anwendung des Vorsichtsprinzips zustandegekommen ist. Dadurch wird die das Unternehmen (die Anteile) übernehmende Partei in ungerechtfertigter Weise bevorzugt. Sicherer ist der Substanzwert schon deshalb nicht, weil die Substanz die Sicherheit der angelegten Gelder höchsten in Höhe der Liquiditätswerte verbürgt. Ihre ökonomische Bedeutung bei Fortführung der Unternehmung beruht allein dar-

811 Vgl. Münstermann, H.: Wert . . ., a.a.O., S. 74 f.

812 Vgl. hierzu S. 123 ff dieser Arbeit. Zur Möglichkeit, Risiken und Chancen bei der Unternehmensbewertung mit Hilfe der Simulation explizit zu erfassen s. Coenenberg, G.: Unternehmensbewertung . . ., a.a.O., S. 798 ff.

813 Zur Spruchstellenpraxis vgl. Koppenberg, H.-J.: a.a.O., S. 19; zur Bewertungspraxis: Viel (J.: Empfehlungen . . ., a.a.O.,), der sich immer noch auf das „im Wirtschaftsleben Bewährte“ beruft und Schumacher, F.: a.a.O., S. 1943 f.

814 Dies geschieht in der Form, daß Substanz- und Erfolgswert in der verschiedensten Weise miteinander kombiniert werden. So wird z.B. das arithmetische Mittel dieser beiden Werte berechnet (Mittelwertverfahren). Nach anderen Verfahren ist eine Abschreibung auf den Goodwill der Unternehmung vorzunehmen (Verfahren der laufenden und begrenzten Geschäftsabschreibung). Wieder andere Methoden bestimmen den Unternehmungswert auf dem Wege der getrennten Ermittlung und Addition des Substanzwertes und des Goodwill; dabei werden sie sog. Übergewinne, welche die normale Verzinsung des Substanzwertes übersteigen, mit einem höheren als dem normalen Zinssatz kapitalisiert (Verfahren der Übergewinnkapitalisierung) oder nur für eine begrenzte Anzahl von Jahren (Verfahren der Übergewinnabgeltung, insb. das UEC- und das Stuttgarter Verfahren) veranschlagt. Zu Einzelheiten vgl. Jacob, H.: Die Methoden zur Ermittlung des Gesamtwertes einer Unternehmung, in: ZfB, 30. Jg. (1960), S. 131–147, 209–222; Jaensch, G.: Wert . . ., a.a.O., S. 76 ff.

815 Vgl. Brachvogel, G.: Leitungsmacht . . . , a.a.O., S. 122; Kropff, B.: Rechtsfragen . . . , a.a.O., S. 156.

816 Vgl. die in FN 788 angegebenen Autoren.

auf, daß sie Zukunftserfolge hervorbringt bzw. künftige Ausgaben substituiert[817]. Der Substanzwert ist also nicht anders als der Erfolgswert eine subjekt- und zukunftsbezogene Größe[818] und mit nicht geringerer Unsicherheit behaftet[819].

(4) Wert und Preis der Unternehmung

Zwar ist der Zukunftserfolgswert die maßgebliche Größe für die Ermittlung des Gesamtwertes einer Unternehmung, endgültig kann dieser aber erst ermittelt werden durch die Heranziehung der günstigsten dem Investor zugänglichen Vergleichsinvestition[820].

Mit Hilfe der einzig einwandfreien Unternehmungsbewertungsmethode, der subjektiven Bewertung auf investitionstheoretischer Basis, können Entscheidungsgrundlagen für Preisverhandlungen gewonnen werden. Die von beiden an der Bewertung interessierten Parteien ermittelten Unternehmenswerte geben ihnen an, was sie höchstens zu zahlen bereit sind bzw. mindestens verlangen müssen, um ihre augenblickliche wirtschaftliche Situation nicht zu verschlechtern[821]. Der Preis ist das Ergebnis der Verkaufsverhandlungen.

(5) Die Festsetzung des Abfindungsbetrages

Folgt man der dargelegten Auffassung, die Minderheitsaktionäre seien mit dem – auf der Grundlage des Zukunftserfolgswertes ermittelten – anteiligen Wert der Unternehmung als Ganzes abzufinden, so kämen für die Ermittlung der Abfindung zwei Wege in Betracht:

(1) Man unterstellt den Verkauf der abhängigen AG. Dann müßte die Wertfindung auf den individuellen Plänen, den Erwartungen und den Risiko- und Zeitpräferenzen des Mehrheitsgesellschafters und eines fiktiven Erwerbers der Gesellschaft fußen. Als günstigste Vergleichsinvestition wäre etwa die Errichtung einer Unternehmung oder der Erwerb einer maßgeblichen Beteiligung in Ansatz zu bringen, welche die gleichen Nettoeinnahmeüberschüsse bzw. einen gleichen Erfolgszuwachs gewährleisten wie die abhängige AG. Der dazu aufzuwendende Betrag wäre aus der Sicht des Mehrheitsaktionärs als Preisuntergrenze, aus der Sicht des fiktiven Käufers als Preisobergrenze zu betrachten.

817 Vgl. Sieben, G.: Neue Aspekte der Unternehmungsbewertung, in: ZfB, 33. Jg. (1963), S. 37–46, 40.

818 Der Einwand von Huppert (W.: Unternehmungsbewertung zur Abfindung außenstehender Aktionäre, in: ZfgK, 23. Jg. (1970), S. 316–322, 317), der Zukunftserfolgswert sei deshalb nicht maßgeblich, weil § 305 vom „Zeitpunkt der Beschlußfassung" spricht, geht dabei völlig fehl: jede Unternehmungsbewertung muß zukunftsbezogen erfolgen. Der Wortlaut des § 305 bezieht sich nur auf den Zeitpunkt der Bewertung.

819 Zur Widerlegung der Behauptung, der Substanzwert sei eine geeignete Größe zur Abschätzung der zukünftigen Konkurrenzgefahr vgl. Busse v. Colbe, W.: Unternehmungsbewertung . . ., a.a.O., S. 56 f.

820 Aus der Sicht des Käufers einer Unternehmung primär der Neuaufbau eines Betriebes. Dabei ist dem Umstand, daß Vergleichs- und Bewertungsobjekt ggf. einem unterschiedlichen allgemeinen Unternehmerrisiko unterliegen, beim Ansatz des Zukunftserfolgswertes Rechnung zu tragen.

821 Vgl. Jaensch, G.: Wert . . ., a.a.O., S. 131 ff; Busse v. Colbe, W.: Unternehmungsbewertung . . ., a.a.O., S. 57 ff.

Dieser Weg ist aber nicht gangbar, da man bezüglich des fiktiven Erwerbers ganz willkürliche Annahmen treffen müßte. Als Ausweg käme in Betracht, den Unternehmenswert aus der Sicht des Mehrheitsaktionärs allein zu bestimmen. Dabei wäre selbstverständlich auch die Zunahme der Erfolgsfähigkeit der abhängigen AG auf Grund der Verbundeffekte und der Pläne des Konzernaktionärs zu berücksichtigen. Aber auch hier träten Schwierigkeiten auf: keiner könnte diesen zwingen, seine wahren Zukunftserwartungen und Pläne aufzudecken, deren Kenntnis allein eine einwandfreie Bewertung ermöglichen würde. Er wird doch immer versucht sein, die Zukunftsaussichten der Gesellschaft zu pessimistisch darzustellen, dies um so mehr, als seine Angaben nur in beschränktem Umfange intersubjektiv nachprüfbar sind. Es wäre wirklichkeitsfremd, anzunehmen, er trüge freiwillig dazu bei, die Abfindungsforderung in die Höhe zu schrauben.

(2) Man könnte davon ausgehen, die freien Aktionäre seien so abzufinden, daß sie auch freiwillig aus der abhängigen AG ausgeschieden wären. Faßt man Mehrheits- und Minderheitsaktionäre als Käufer und Verkäufer der Anteile auf, so läge der Preis, die Abfindung, zwischen den von ihnen gesondert ermittelten[822] anteiligen Unternehmenswerten.

Zu den unter (1) dargestellten Schwierigkeiten träten bei Vorgehen nach (2) zwei weitere hinzu: da die Minderheitsaktionäre keine homogene Gruppe bilden, müßte man zum einen ihre Wertschätzungen normieren. Dies ist aber problematisch[823]. Man könnte das Problem nur so lösen, daß man den Wert der Untergesellschaft aus der Sicht der bisherigen Unternehmensleitung[824] und auf Grund der Pläne, welche diese bei Selbständigkeit der AG[825] verfolgt hätte, bestimmt. Der so ermittelte Wert, der normalerweise unter dem unter Einschluß des Verbundeffektes berechneten liegt, wäre aus der Sicht der Minderheitsaktionäre nur als Preisuntergrenze anzusehen[826], da

822 Dabei ist unerheblich, ob beide Parteien je einen Gutachter bestellen oder sich auf einen neutralen Experten einigen.

823 Vgl. hierzu S. 205 f.

824 Hier taucht natürlich wieder – wie im Rahmen der §§ 311 ff – das Abhängigkeitsproblem auf. Die Gefahr eines zu niedrigen Wertansatzes besteht auch deshalb, weil die Erfolgsfähigkeit der abhängigen AG infolge der i.d.R. bereits bestehenden Konzerneingliederung und der mangelhaften Schutzwirkungen der §§ 311 ff u.U. beeinträchtigt wurde.

825 Solange kein Beherrschungs- oder Gewinnabführungsvertrag abgeschlossen ist, bleibt ja die gesetzliche Fiktion der Unabhängigkeit (§§ 311 ff) bestehen.

826 A.A. Sieben, G.: Angemessener Ausgleich . . ., a.a.O., S. 413 (der Minderheitsaktionär ist so zu stellen, als sei die Unternehmensverbindung nicht zustandegekommen); Wiedemann, H.: Minderheitenschutz . . ., a.a.O., S. 71 f (Infragestellung des Mehrheitsprinzips); Bankmann J.: Untergrenzen für die Abfindung ausscheidender Minderheitsaktionäre, in: DB, 21. Jg. (1968), S. 1410 f, 1411 (Außerachtlassung von Vorteilen, die nur der Mehrheitsaktionär zu realisieren in der Lage ist); v. Godin-Wilhelmi: a.a.O., S. 91 (bei Paketbildung liegt der Kurwert über(?!) dem „wahren Wert" der Aktie, die Minderheitsaktionäre haben keinen Anspruch auf anteiligen Paketzuschlag); Kindermann, H.H.: a.a.O., S. 180; Petzel, A.: a.a.O., S. 106; OLG Düsseldorf: Beschluß v. 31.7.1964, in: AG, 9. Jg. (1964), S. 246 f, 247; OLG München: Beschluß vom 15.12.1964, in: AG, 10. Jg. (1965), S. 139 f, 140 (keine Beteiligung der Minderheiten an den vom Mehrheitsaktionär angestrebten zukünftigen Vorteilen, Stichtagprinzip). Diese Autoren lehnen eine Teilnahme der Minderheitsaktionäre an Verbundeffekten (bzw. Paketzuschlägen) ab. Der IdW-Arbeitskreis Unternehmensbewertung (a.a.O., S. 131) läßt diese Frage offen.

es dem Verkäufer im allgemeinen gelingt, einen Teil der Vorteile des Käufers zu vereinnahmen[827]. Vor allem aber gehen die Verbundeffekte auf beide Parteien – Konzern und abhängige AG – zurück.

Zum anderen ist mit der Feststellung, die Minderheitsaktionäre seien an den Verbundeffekten-Vorteilen zu beteiligen[828], noch nicht viel gewonnen, da es – und dies ist das weitere Problem – an ökonomischen Kriterien für die Höhe der Zurechnung[829] bzw. für die Fixierung des Preises, des endgültigen Abfindungsbetrages also[830], fehlt. Als Ausweg käme eine Abfindung in Höhe des arithmetischen Mittels[831] aus den beiden getrennt berechneten Unternehmenswerten in Betracht.

M.E. ist die unter (2) beschriebene Lösung die theoretisch richtige, wegen der größeren praktischen Schwierigkeiten ist aber u.U. die Lösung (1) – die auch nicht unproblematisch ist – vorzuziehen.

b) Die direkte Ermittlung der angemessenen Abfindung aus dem Wert der Unternehmensanteile im Streubesitz

(1) Der qualitative Unterschied zwischen Mehrheits- und Minderheitsanteilen

Die oben dargestellte Auffassung, die freien Aktionäre seien mit dem anteiligen Unternehmenswert abzufinden, unterstellt, daß die Aktien einer Gesellschaft den

827 So zutreffend schon Buchwald, B.: a.a.O., S. 96.

828 So wohl auch Mestmäcker, E.J.: Probleme . . ., a.a.O., S. 107; Huppert, W.: Unternehmungsbewertung . . ., a.a.O., S. 318. Zur amerikanischen Rechtsprechung, die dies im berühmten Perlmann v. Feldmann-Fall bejaht hat, vgl. Wiedemann, H.: a.a.O., S. 35 ff; Mestmäcker, E.J.: Verwaltung . . ., a.a.O., S. 205 ff, 209; zum Securities Exchange Act, der Insider bzw. Personen mit einem Aktienbesitz von 10 % u.m. zur Herausgabe von Gewinnen aus kurzfristigen Geschäften, insb. Paketverkäufen, zwingt (Section 10 und 16), vgl. Loss, L.: a.a.O., S. 238 ff.

829 Man könnte etwa wie folgt argumentieren: ist der Verbundeffekt spezieller Natur, d.h. er tritt nur im Verhältnis zur Obergesellschaft auf, dann ist er tendenziell dieser zuzuschlagen; ist er dagegen mehr allgemeiner Art, d.h. er käme auch im Verhältnis zu anderen Gesellschaften zum Tragen, so ist er tendenziell der Untergesellschaft zuzurechnen. Jedoch wäre m.E. ein solches Vorgehen wenig sinnvoll: erstens wird man die Frage nach der Primärverursachung des Verbundeffektes selten eindeutig beantworten können; zudem würde selbst in diesem Falle bei freier Verhandlungsführung dem anderen Partner ein Teil der Vorteile zugestanden.

830 Es wurde bereits ausgeführt, daß mit Hilfe der Verhandlungstheorie dieses Problem bis jetzt nicht lösbar ist (vgl. S. 94 ff). Auch der neuerliche Ansatz von Matschke (M.J.: Der Kompromiß als betriebswirtschaftliches Problem bei der Preisfestsetzung eines Gutachters im Rahmen der Unternehmensbewertung, in: ZfbF, 21. Jg. (1969), S. 57–77, insb. S. 66 ff) kann nicht befriedigen. Matschke schlägt vor, den von Käufer und Verkäufer gemeinsam erzielbaren Gewinn (= Differenz zwischen ihren Entscheidungsgrenzen) dergestalt auf beide zu verteilen, daß die Erfolge aus der Verwendung des entscheidungstheoretischen Goodwill [= Entscheidungswert des Käufers (Preis der Unternehmung) ./. Preis der Unternehmung (Entscheidungswert des Verkäufers)] maximiert werden. Zwar erfüllt der Preis hier seine volkswirtschaftliche Lenkfunktion, wenn die Gewinne ihrer günstigster Verwendung zugeführt werden; Daß aber beide Parteien gemäß volkswirtschaftlicher Einsicht und Zweckmäßigkeit handeln, scheint mir eine zweifelhafte Prämisse zu sein. Derjenige, der die besseren Investitionsmöglichkeiten hat und somit bevorteilt würde, wird doch im Gegenteil dem Partner gegenüber größere Kompromißbereitschaft zeigen.

831 Hierbei handelt es sich nicht um eine Modifizierung der o.a. und abzulehnenden Mittelwertmethode.

gleichen Wert haben. Nun ist es aber eine Tatsache, daß beim Aufkauf[832] oder bei der Bildung von Aktienpaketen Preise gezahlt werden, die erheblich über dem Börsenkurs von Aktien im Streubesitz liegen[833]. Der Grund ist in der unterschiedlichen Nutzenschätzung der Mehrheits- und Minderheits-Anteilseigner zu suchen. *Die Mehrheitsbeteiligung* verschafft den Einfluß auf die Organe der Gesellschaft und die volle, nicht nur dem eigenen Anteilsbesitz entsprechende, Verfügungsgewalt über den Betrieb (Mehrheitsprinzip). Diese wiederum erlaubt es, gut dotierte Verwaltungsposten einzunehmen. Die Möglichkeit, gesellschaftsschädigende Sondervorteile zu vereinnahmen, ist zwar durch die §§ 311 ff eingeschränkt, infolge der Wirkungslosigkeit dieser Vorschriften aber weiterhin gegeben. Darüber hinaus gestattet der Erwerb einer Mehrheitsbeteiligung ein schnelleres Eindringen in einen neuen Markt und die sichere Bestimmung der Kosten für die Markterschließung: für die Übernahme einer eingearbeiteten Belegschaft, von Know how, eines Kundenstammes, sicherer Bezugsquellen, eines bevorzugten Standortes und eines bestimmten Marktanteils zahlt man einen festen Preis, während das Risiko bei der Neuerrichtung einer Unternehmung nur schwer abschätzbar ist (unsichere Schätzung der Anlauf- und Aufbaukosten).

Hinzu kommen die Möglichkeiten, Marktmacht zu gewinnen, ohne mit dem Kartellrecht in Konflikt zu geraten, Verbundeffekte incl. der Steuervorteile zu vereinnahmen und die Ertragsfähigkeit der übernommenen AG durch effizientere Führungsmethoden, Nutzbarmachung des Konzern-Know hows etc. zu erhöhen. Paketzuschläge können daneben auch in Informationspräferenzen begründet liegen[834]: schon der Besitz einer Sperrminorität gestattet i.d.R. eine schnellere und sichere Information über Vorgänge innerhalb der AG und eine bessere Kenntnis des Wertes der Gesellschaft.

Während beim Mehrheitsaktionär i.d.R. das betriebliche Interesse vorrangig ist – ihm geht es primär „um eine sichere und krisenfeste Position der Unternehmung am Markt“[835], manchmal schon allein deshalb, weil diese seine ausschließliche oder hauptsächliche Einnahmequelle ist, das kurzfristige Renditestreben tritt vor allem auch aus steuerlichen Gründen[836] zurück – steht beim *Minderheitsanteilseigner* i.d.R.

832 Nachweise bei Stützel, W.: Aktienrechtsreform, a.a.O., S. 968; Lenel, O.: a.a.O., S. 206, 373 f; vgl. auch Mestmäcker, E.J.: Verwaltung . . ., a.a.O., S. 141 ff.

833 Zu nennen sind hier z.B. die Kurssteigerungen infolge von Interessenkäufen Flicks und Grundigs; während der Tiefst- bzw. Höchststand des amtlichen Aktienindexes in den Jahren 1956 bis 1960 = 166/661 betrug, ergaben sich bei den betreffenden AGen folgende Werte: Daimler 283/7800; Feldmühle 312/1950; Dynamit 290/1500; Adlerwerke 80/599; Triumph-Werke Nürnberg 150/2900 (Nachweise bei Cassier, S.: a.a.O., S. 215).
Interessant ist auch die Entwicklung von „Aufkaufwerten“ im Jahre 1969: so zogen z.B. Ilseder Hütte um 108 %, Aschzell um 93 %, Otavi-Minen um 91 %, Hannoversche Verkehrsaktien um 208 % an (vgl. FAZ, Nr. 302 v. 31.12.1969, S. 17 und VW, 24. Jg. (3/1970), S. 43 mit zahlreichen weiteren Nachweisen).

834 Vgl. Münstermann, H.: Börsenkurswert, in: ZfB, 32. Jg. (1962), S. 693–701, 700.

835 Hintner, O.: Wertpapierbörsen, Wiesbaden 1961, S. 127.

836 Größtmögliche Gewinnthesaurierung durch die AG ist für ihn vorteilhaft, wenn sein marginaler Einkommensteuersatz mehr als 36 % beträgt (vgl. hierzu insb. Hax, H.: Der Einfluß . . ., a.a.O., S. 373 ff sowie die Argumente der Verfechter einer Teilhabersteuer-Einführung). Dies dürfte bei deutschen Großaktionären die Regel sein; anders dagegen bei ausländischen: so unterliegen z.B. nach dem deutsch-amerikansichen Doppelbesteuerungs-

das Motiv der günstigen Kapitalanlage im Vordergrund. Seiner Beteiligung, die er vornehmlich „nach den zu erwartenden Dividenden, nach der Aussicht auf Bezugsrechte oder Zusatzaktien, nicht zuletzt nach den Chancen für Kursgewinne"[837] auswählt, muß der Charakter unternehmerischer Tätigkeit abgesprochen werden. „Das berufliche Hauptinteresse des Kleinaktionärs liegt auf einem anderen Gebiet, die Aktienanlage bedeutet für ihn nicht mehr als Sparkonto und Hobby[838]. Es fehlt meistens an einem räumlichen und funktionalen Verhältnis zu dem in der Aktiengesellschaft verfolgten Zweck. Der Durchschnittsaktionär kennt ‚sein' Unternehmen nur vom Kurszettel"[839]. Seine Gesellschaftsrechte erstrecken sich praktisch nur auf die Dividende, da er vom Bezugsrecht ausgeschlossen werden kann (§ 186 Abs. 3). Den rein rechnerisch auf ihn entfallenden Teil am Gesamtwert der Unternehmung kann er – abgesehen von der Liquidation – nie realisieren[840]. Bei der Informationsbeschaffung ist er weitgehend auf die Veröffentlichungen der Gesellschaft oder Berichte über die mutmaßliche zweig- oder gesamtwirtschaftliche Entwicklung angewiesen; auch die Möglichkeit der externen Bilanzanalyse und die Geltendmachung des Auskunftsrechts in der HV ändern nichts daran, daß seine Erwartungen auf Grund der unvollkommenen und zudem verspäteten Informationen sehr viel unsicherer sind[841].

Das neue Aktiengesetz hat das Wertgefälle zwischen Mehrheits- und Minderheitsaktien nur unwesentlich abgebaut. Darauf deuten schon die weiterhin gezahlten Paketzuschläge hin. Die neuen Vorschriften haben ihr Ziel, die Stellung des Kleinaktionärs zu stärken[842], nur sehr beschränkt erreicht. So ist z.B. das Mitspracherecht bei der Gewinnverwendung (§ 58) durch „landauf und landab stattfindende Satzungsänderungen"[843] verwässert, „die Rechte, Mehrheitsbeschlüsse anzufechten, stehen – da sie als Minderheiten – nicht als Individualrechte ausgestaltet sind – weiterhin auf dem Papier"[844]; auch die Publizität wurde nicht entscheidend verbessert: die Steuern sind auch weiterhin nicht getrennt auszuweisen; die §§ 153 ff geben dem subjektiven Ermessen immer noch einen weiten Spielraum und schreiben keinen

abkommen die an die amerikanische Konzernmutter transferierten Kapitalerträge nur einer Besteuerung von 25 % bzw. 15 %, je nach dem, ob sie reinvestiert werden oder nicht (vgl. Hohensee/Bellstedt: a.a.O., S. 232 ff). Bezeichnend sind die hohen Dividendenzahlungen der in der BRD ansässigen Töchter der US-Konzerne.

837 Kruk, M.: War der DEA-Kurs falsch? , in: FAZ v. 29.4.1966.

838 Jedenfalls berührt das Recht auf Dividende kein lebenswichtiges Interesse des Kleinaktionärs, das es mit Nachdruck zu verteidigen lohnte (vgl. Pross, H.: a.a.O., S. 139).

839 Großfeld, B.: a.a.O., S. 29.

840 Vgl. Busse von Colbe, W.: Die handelsrechtliche Umwandlungsbilanz von Kapitalgesellschaften, in: ZfB, 29. Jg. (1959), S. 599–614, 610; Stützel, W.: Aktienrechtsreform . . ., a.a.O., S. 960.

841 Vgl. Moxter, A.: Die Grundsätze ordnungsmäßiger Bilanzierung und der Stand der Bilanztheorie, in ZfbF, 18. Jg. (1966), S. 28–59, 42; Hax, H.: Aktienrechtsreform . . ., a.a.O., S. 96 ff.

842 Vgl. die Überblicksdarstellungen von Fischer, R.: Der Minderheitenschutz im deutschen Aktienrecht, in: Minderheitenschutz bei Kapitalgesellschaften, Karlsruhe 1967, S. 59–71, 67 ff; Horn, A.: Zum Mitverwaltungs- und Kontrollrecht der Aktionäre, in: AG, 14. Jg. (1969), S. 369–374.

843 Lutter, M.: a.a.O., S. 98–101, 99.

844 So selbst Geßler, E.: Diskussionsbeitrag in: Minderheitenschutz . . ., a.a.O., S. 92–97, 94; ferner Großfeld, B.: a.a.O., S. 205 ff, 220 ff.

Aktivierungszwang für immaterielle Investitionen vor[845]. Da die Minderheitsaktionäre noch nicht einmal im AR der AG vertreten sind, versteht es sich von selbst, daß sie nach wie vor nicht den geringsten Einfluß auf die Geschäftsführung haben.

Bestimmt man die Abfindung der ausscheidenden Gesellschafter als anteiligen Unternehmenswert – wie es auch der BGH tut –, so ignoriert man damit den qualitativen Unterschied, der zwischen ihren Anteilen und denen der Mehrheitsaktionäre besteht[846], und man unterstellt ihnen „eine wirtschaftliche Position innerhalb der Gesellschaft . . ., die sie gar nicht besitzen"[847]. Der BGH müßte m.E. die anteilige Abfindung gerade ablehnen, wenn er – der Meinung des Bundesverfassungsgerichtes folgend – feststellt, der ausscheidende Gesellschafter solle „das erhalten, was seine gesellschaftliche Beteiligung . . . wert ist" und müßte „für den Verlust (seiner) Rechtsposition wirtschaftlich voll entschädigt werden"[848].

(2) Die Ablehnung der analogen Anwendung rechtsähnlicher Abfindungsfälle

Bei der analogen Anwendung des § 738 BGB wird übersehen, daß sich Personen- und Kapitalgesellschaften in ihrer Struktur grundlegend unterscheiden[849]. Die Personengesellschafter sind gering an Zahl und gleichberechtigt, die Gleichberechtigung der Aktionäre besteht dagegen nur formal. Die Bemühungen der Eigentumsthese ist – wie bereits ausgeführt – angesichts der tatsächlichen Stellung der Kleinaktionäre[850] völlig verfehlt.

Auch ist nicht einzusehen, warum § 738 BGB aus Billigkeitsgründen analog anzuwenden sei. „Billigerweise kann niemand mehr als Abfindung beanspruchen, als er besessen hat"[851]. Dies ist aber nicht der anteilige Unternehmenswert, sondern der monetäre Nutzen aus den Aktien[852].

Hinzu kommt folgender wichtiger Gesichtspunkt: gäbe man den ausscheidenden Aktionären einen Anspruch auf anteiligen Unternehmenswert, so schüfe man – über diese Inkonsequenz scheint man sich nicht im klaren zu sein – im Ergebnis zweierlei Recht: bei der Bildung eines Vertragskonzerns kommen nur die letzten 25 % der Aktionäre in den Genuß dieses Anspruchs, nicht dagegen die Besitzer der 75 % übrigen Aktien, die ihre Anteile im Zuge der Paketbildung infolge mangelnder Infor-

845 Vgl. Busse von Colbe, W.: Aufbau und Informationsgehalt von Kapitalflußrechnungen, in: ZfB, 36. Jg. (1966), 1. EG. S. 82–114, 91 f; Stützel, W.: Worum geht es . . ., a.a.O., insb. S. 143 f.

846 So zutreffend Elmendorff, W.: a.a.O., S. 548; Knorr, E.: Zur Bewertung von Unternehmen und Unternehmensanteilen, in: Die Unternehmung bei wachsender Integration der Märkte, Berlin 1965, S. 224–233, 226.

847 Busse v. Colbe, W.: Die Maßgeblichkeit . . ., a.a.O., S. 265.

848 BGH: Urteil vom 30.3.1967, a.a.O.

849 „Die AG ist eben nicht Personenverband, sondern Vermögensverband" (Wiethölter, R.: Die Publizitätsinteressen . . ., a.a.O., S. 40). Zum Gleichbehandlungsgrundsatz kritisch insb. auch ders.: Interessen . . ., a.a.O., S. 103 ff, insb. S. 120. Allenfalls eine Analogie zur „geschlossenen AG" (Familien-AG) ließe sich rechtfertigen.

850 Vgl. S. 189 f dieser Arbeit.

851 Walb, E.: Betrachtung . . ., a.a.O., S. 13.

852 Nutzenschätzungen, die außerhalb des ökonomischen Bereichs liegen (Zugehörigkeitsgefühl, Prestige etc.) müssen schon mangels Bewertbarkeit außer Ansatz bleiben.

mation, der understatement policy[853] etc. „unter Wert“ abgegeben haben. Sie haben zwar freiwillig verkauft, sie hätten dies aber wohl kaum bei Kenntnis des – wie man sagt – höheren Werts ihrer Anteile getan. Außerdem haben sie selbst die Aktien meist ebenfalls „unterbewertet“ erworben. Dagegen kann auch nicht eingewendet werden, die Kleinaktionäre erführen durch die Aktienaufkäufe und den dadurch bedingten Kursanstieg[854] von der Paketbildung: viele Paketbildungen vollziehen sich unbemerkt außerhalb der Börse[855]. Die Einführung der §§ 20 f ist zwar ein echter Fortschritt, löst das Problem aber auch nur unvollständig: einmal sind die Mitteilungspflichten umgehbar[856]; vor allem aber greifen sie erst ein, wenn der Großaktionär sein Ziel, die Erringung der 25 % oder 50 %-Beteiligung, bereits erreicht hat. Somit muß die Abfindung der außenstehenden Aktionäre in Höhe des anteiligen Unternehmenswerts nach dem geltenden Recht als inkonsequent abgelehnt werden. Eine ganz andere Frage ist es, ob man den qualitativen Unterschied der Anteile de lege ferenda zu beseitigen suchen sollte. Darauf wird noch zurückzukommen sein.

Die Analogie zur Fusion träfe allenfalls auf die Aktienabfindung zu; diese ist aber im Rahmen des § 305 gerade umgehbar[857].

(3) Die Berücksichtigung des qualitativen Unterschieds der Mehrheits- und Minderheitsanteile durch einen Abschlag vom „objektiven“ Wert des Unternehmens als Ganzes

Dem qualitativen Unterschied zwischen Mehrheits- und Minderheitsanteilen wird zuweilen durch einen Minderheitenabschlag vom anteiligen „objektiven“ Unternehmenswert Rechnung getragen[858]. Dieses Verfahren ist – abgesehen von den Einwänden gegen einen „objektiven“ Unternehmenswert als Bewertungsgrundlage – insofern nicht unbedenklich, weil es zu sehr generalisiert.

Aus dem gleichen Grunde ist auch das von der Finanzverwaltung entwickelte und z.Z. gültige Stuttgarter Verfahren[858a] abzulehnen; dieses ist zudem auf steuerliche Belange zugeschnitten und daher für die Abfindung nicht anwendbar.

(4) Die Ermittlung der angemessenen Abfindung nach der „Theorie der angemessenen Abfindung“ Siebens

Sieben ermittelt den Wert der Minderheitsanteile unabhängig vom Problem der Unter-

853 Vgl. dazu insb. Stützel, W.: Aktienrechtsreform . . ., a.a.O., S. 959 ff; zur „Aushungerung“ von Kleinaktionären s. auch Enquête-Bericht 1964, S. 67.
854 Bezeichnenderweise lehnen die Verfechter der pro rata-Abfindung den Börsenkurs mit dem Argument ab, durch die Aufkäufe steige der Kurs über den „wahren Wert“ der Anteile und werde im übrigen in „unbilliger Weise“ in die Höhe getrieben. (So z.B. der BGH: Urteil v. 30.3.1967, a.a.O.; v. Godin-Wilhelmi: a.a.O., S. 1602.) Sie verkennen dabei, daß der Kurs gerade der beste Maßstab für den Wert ist, den der Großaktionär den Anteilen beimißt.
855 So stellt der Enquête-Bericht 1964 fest, daß „die Großbanken fast die Hälfte der zwischen 1950 und 1961 erworbenen Schachtel- und Mehrheitsbeteiligungen außerhalb der Börse zusammengekauft haben (S. 99). Soweit die Banken die mit „wenig Kapital“ und billig „gesammelten“ (S. 36) Schachtel- und Mehrheitsbeteiligungen wieder verkaufen, geschah dies wiederum fast ausschließlich außerhalb der Börse (S. 38).
856 Vgl. DJT 1967, S. 41 ff, Anm. 230 f, S. 70 f.
857 Vgl. auch Busse v. Colbe, W.: Zur Maßgeblichkeit . . ., a.a.O., S. 264; der wenig sinnvolle Vergleich mit der Liquidation spielt im Rahmen des § 305 keine Rolle.

nehmensbewertung direkt aus ihrem Nutzen. Nach seiner „Theorie der angemessenen Abfindung“[858b] ist dem ausscheidenden Gesellschafter „der durch sein Ausscheiden entstandene monetäre Nutzenentgang zu vergüten. Dieser Nutzenentgang ist durch einen einzigen Geldbetrag, die Barabfindung, auszudrücken. Der Geldbetrag ist so zu bemessen, daß er bei anderweitiger Anlage durch den verdrängten Gesellschafter den Nutzenentgang gerade wieder ausgleicht“[859].

Da eine individuelle Abfindung der Gesellschafter auf der Grundlage ihrer subjektiven Pläne infolge der Nichtnachprüfbarkeit der Angaben und der Rechtsunsicherheit – ausgelöst durch verschiedene hohe Abfindungen – nicht möglich ist, müssen Nutzenentgang und Ausweichsinvestition normiert werden. Eine solche Normierung stößt aber auf Schwierigkeiten. Siebens Fiktion eines Daueranlegers, der den Wert seiner Anteile allein in den Dividenden erblickt und als Ausweichsinvestition die Anlage in Kapitalmarktpapieren (landesübliche Verzinsung)[860], ist zwar praktikabel, beruht aber auf irrealen Prämissen. Zwar dürfte das Motiv der langfristigen Kapitalanlage beim „Normaltyp“ des Kleinaktionärs vorherrschen[861]; auch lassen sich die zukünftigen Dividendenzahlungen wegen der seit langem bestehenden Tendenz zur stabilen Dividendenpolitik[862] sicherer ableiten als die Zukunftserfolge. Nur kauft doch wohl kein rational handelnder Aktionär Aktien nur wegen der Dividenden, er wird vielmehr auch Bezugsrechte, Zusatzaktien und vor allem Kursgewinne in seinen Kalkül einbeziehen[863]. Würde man dann noch die als konstant unterstellten Dividendenausschüttungen mit dem landesüblichen Zinsfuß kapitalisieren, so erhielte man – ganz

858 So Warnecke, H.: a.a.O., S. 452; Mellerowicz (als gerichtlicher Gutachter: 10 % vom Erfolgswert; vgl. OLG Stuttgart: Beschluß vom 12.11.1962, in: Koppenberg, H.-J.: a.a.O., S. 57 ff, 58); OLG Celle (Beschluß vom 6.1.1961, in: Koppenberg, H.-J.: a.a.O., S. 54 f, 55: 10 % vom Substanzwert); OLG Stuttgart: (Beschluß vom 12.11.1962, a.a.O., S. 58 = Gutachten Nr. 1: 10 % vom kombinierten Erfolgs- und Substanzwert).

858a Zu Einzelheiten s. Segitz, O.: Bewertung unnotierter Anteile und Aktien, Berlin 1962, S. 115 ff; zur Kritik vgl. z.B. Bolsenkötter, H.: Das „Stuttgarter Verfahren“ in betriebswirtschaftlicher Sicht, in: WPg, 22. Jg. (1969), S. 417–429.

858b Vgl. Sieben, G.: Der Anspruch . . ., a.a.O.; ders.: Angemessene Abfindung . . ., a.a.O., insb. S. 408 ff.

859 Sieben, G.: Der Anspruch . . ., a.a.O., S. 83.

860 Vgl Sieben, G.: Der Anspruch . . ., a.a.O., S. 11; ders.: Angemessene Abfindung . . ., a.a.O., S. 408 f.

861 Empirische Untersuchungen haben ergeben, daß die Motive der Kleinaktionäre beim Aktienerwerb unterschiedlich sind je nach Alter, Beruf etc. Es zeigte sich aber, daß das Motiv der langfristigen Kapitalanlage gegenüber anderen Motiven (Prestige, Spekulation, Konsumorientierung etc.) bei weitem dominiert. Nachweise bei Leverkus, J.Ch.: Das Verhalten der Kleinaktionäre in der Bedeutung für die Eigentumspolitik, Berlin 1969, S. 133 ff.

862 Nachweise bei Sieben, G.: Angemessener Ausgleich . . ., a.a.O., S. 408 (FN 10); vgl. auch Münstermann, H.: Zur Theorie und Praxis der Gewinnverwendung, in: Geld, Kapital und Kredit, Festschrift für H. Rittershausen zum 70. Geb., Stuttgart 1968, S. 335–356, 348 ff und Gutenberg, E.: Bd. III, a.a.O., S. 253 f.

863 So betrug die Rendite der 100 repräsentativen deutschen Aktien, die im FAZ-Index zusammengefaßt sind, in der Dekade 1959–1969 durchschnittlich ca. 9 %; davon entfielen nur ca. 3 % auf Dividendenerlöse, der Hauptteil dagegen auf Bezugsrechtserlöse (ca. 3,3 %) und Kursgewinne (ca. 3,7 %); vgl. FAZ, Nr. 302 vom 31.12.1969, S. 17.

entgegen der Absicht Siebens – sehr niedrige[864] Abfindungsbeträge[865]. Geht man dagegen von realistischeren Annahmen als Sieben aus[866], so wirft die Normierung im Siebenschen Sinne sehr viel größere Probleme auf[867].

(5) Die Ermittlung der angemessenen Abfindung auf der Grundlage des Börsenkurses

Folgt man der Ansicht Siebens, die ausscheidenden Gesellschafter seien grundsätzlich entsprechend ihrem individuellen Nutzenentgang abzufinden, eine Normierung der uneinheitlichen subjektiven Wertschätzungen der Aktionäre sei aber unerläßlich, so eignet sich der Börsenkurs am besten als Abfindungsgrundlage. Der Kurswert spiegelt als Marktpreis „eine börsenmäßige, verobjektivierte Wertschätzung"[868] einer Aktie und die mit ihr „verbundenen Hoffnungen und Befürchtungen – auch soweit sie von stillen Reserven, dem Goodwill oder anderen Faktoren des inneren Wertes des Unternehmens genährt werden –"[869] wider. Er kann dann als Barwert der marktmäßig normierten erwarteten geldwerten Vorteile aufgefaßt werden.

Der BGH lehnt den Börsenkurs jedoch mit folgenden Worten ab:

> „Der Börsenkurs kann sich mit dem wahren Wert der Aktien decken, er kann aber auch niedriger oder höher sein. Er ergibt sich aus dem im Augenblick der Kursbildung vorhandenen Verhältnis von Angebot und Nachfrage, das von der Größe oder Enge des Marktes, von zufallsbedingten Umsätzen, von spekulativen Einflüssen und sonstigen nicht wertbezogenen Faktoren wie politischen Ereignissen, Gerüchten, Informationen, psychologischen Momenten oder einer allgemeinen Tendenz abhängen. Außerdem unterliegt der Börsenkurs unberechenbaren Schwankungen und Entwicklungen, wie die Aktienkurse der letzten Jahre besonders deutlich gemacht haben. Das schließt es aus, der Berechnung der angemessenen Abfindung den Börsenkurs zugrundezulegen"[870].

Der BGH wiederholt hier nur bekannte Argumente, die in der Literatur – auf die

864 Selbst wenn man von der z.Z. (1970) sehr hohen Rendite für festverzinsliche Wertpapiere von ca. 9% absieht. Zum Verhältnis von Obligationen- und Dividendenrendite vgl. insb. auch Kandlbinder, H.K.: Renditen – einst und heute, in: ZfdgK, 13. Jg. (1960), S. 696–700, 749–752.

865 So liegen auch die Dividendenertragskurse erheblich unter den Börsenkursen (vgl. Münstermann, H.: Börsenkurswert . . ., a.a.O., S. 699).

866 Etwa: Einbeziehung aller geldwerten Vorteile des Aktienbesitzes, Anlage des Abfindungsbetrages in anderen Aktien.

867 Wie schwierig es ist, Kursgewinne zu prognostizieren, erhellt daraus, daß die Wertsteigerung (ohne Bezugsrechts- und Dividendenerlöse) der in FN 863 genannten Aktien von 1959–1969 im Durchschnitt 43 %, von 1958–1968 aber 127 %, und von 1951–1960 gar 1120 % betrug (Quelle wie in FN 863). Von Aktie zu Aktie ergeben sich dabei noch erhebliche Unterschiede. Es treten also praktisch die gleichen Schwierigkeiten wie bei der Unternehmensbewertung (Prognose der geldwerten Vorteile beruhend auf subjektiven Erwartungen, intersubjektiv nicht nachprüfbare Risiko- und Zeitpräferenzen) auf.

868 Heigl, A.: Die Bewertung . . ., a.a.O., S. 514. Das ist zugleich der entscheidende Vorteil gegenüber der auf der Grundlage der Unternehmensbewertung ermittelten Abfindung, bei der ein echter Anhaltspunkt für die Wertschätzung der Parteien fehlt.

869 Busse v. Colbe, W.: Die handelsrechtliche . . ., a.a.O., S. 610.

870 BGH: Urteil vom 30.3.1967, a.a.O.

geht er mit keinem Wort ein – längst widerlegt worden sind[871]. Es erscheint daher wenig sinnvoll, zu seinen Ausführungen Stellung zu nehmen.

(6) Die Ermittlung der angemessenen Abfindung unnotierter Anteile

Zur Ermittlung des Wertes unnotierter Kapitalanteile ist wegen des Fehlens von Marktpreisen eine Bewertung der Unternehmung als Ganzes unumgänglich, da die Heranziehung der Börsenkurse anderer Unternehmen[872] in Ermangelung wirklich vergleichbarer Gesellschaften im allgemeinen ausscheiden muß. Die dabei auftretenden Schwierigkeiten wurden bereits dargelegt. M.E. gebührt grundsätzlich dem auf S. 199 f (2) dargestellten Verfahren der Vorzug. Wegen der dabei auftretenden Gefahr der Unterbewertung der Untergesellschaft, vor allem aber wegen praktischer Schwierigkeiten, ist jedoch letztlich das auf S. 198 f (1) beschriebene Verfahren angebrachter: der quotale Anteil am subjektiven Unternehmenswert aus der Sicht des Konzernaktionärs steht dem Kleinaktionär wegen seiner nach der jetzigen Gesetzeslage nicht gleichberechtigten Stellung in der AG zwar nicht zu, andererseits wird dies durch den i.d.R. zu vorsichtigen Wertansatz des Mehrheitsaktionärs ausgeglichen.

2. Die Ausgleichsregelung nach § 304

Der Berechnung der angemessenen konstanten Dividende nach § 304 Abs. 2 Satz 1 ist der verteilbare Zukunftserfolg der abhängigen AG zugrundezulegen[873]. Dadurch werden die freien Aktionäre fraglos besser gestellt als bei Nichtbestehen eines Beherr-

871 Vgl. vor allem Rieger, W.: Zur Frage der angemessenen Abfindung der bei der Umwandlung ausscheidenden Aktionäre, in: JW, 67. Jg. (1938), S. 3016–3018; ders.: Zur Frage der angemessenen Abfindung der bei der Umwandlung ausscheidenden Minderheitsaktionäre, in: WTr, 7. Jg. (1938), S. 256–258; Busse v. Colbe, W.: Zur Maßgeblichkeit . . ., a.a.O., S. 265 ff; ders.: Die handelsrechtliche . . ., a.a.O., S. 608 ff; für den Börsenkurs ferner eintretend: die Wirtschaftsprüfer-Gutachten in den Fusionsfällen Fried. Krupp Hüttenwerke AG, Rheinhausen – Bochumer Verein für Gußstahlfabrikation AG, Bochum (1965); Hackethal-Draht- und Kabelwerke AG, Hannover – Osnabrücker Kupfer- und Drahtwerke (1966); Kabelwerke Duisburg – Norddeutsche Kabelwerke AG, Berlin (1966) (zit. nach Schreib, P.: Zur Bewertung . . ., a.a.O., S. 133 f); weitgehend auch OLG Hamm: Beschlüsse vom 23.1.1963 und 15.5.1963, in: Koppenberg, H.-J.: a.a.O., S. 99 ff, S. 115 ff; OLG Stuttgart, Beschluß v. 12.11.1962, in AG, 8. Jg. (1963), S. 77; Buwert, H.: Das Problem der Abfindung der ausscheidenden Aktionäre bei der erleichterten Umwandlung, in: WTr, 7. Jg. (1938), S. 145–148, 146 f (allerdings mit zweifelhaften Argumenten); Zahn: Diskussionsbeitrag in: DJT 1957, S. F 96.

872 Dies wird von Elmendorff, W.: Bewertung . . ., a.a.O., S. 552 f; Meier, A./Kretschmer, H.-J.: Unternehmensbewertung objektiv und subjektiv, in: VW, 20. Jg. (1966) S. 696 f, 697; Viel u.a.: a.a.O., S. 87 erwogen.

873 Dies folgt daraus, daß vom erzielbaren Zukunftserfolg „angemessene Abschreibungen und Wertberichtigungen" nicht jedoch freie Rücklagen in Abzug zu bringen sind (§ 304 Abs. 2), also nur Aufwendungen für die Erhaltung der Unternehmenssubstanz berücksichtigt werden dürfen. Zur Frage, ob die Substanz real oder nominal zu erhalten ist, hat der Gesetzgeber leider keine Stellung bezogen: wenn es in der RegB zu § 304 (a.a.O., S. 395) heißt, freie Rücklagen für Investitionen seien außer Ansatz zu lassen, so bleibt offen, ob damit Erhaltungs- oder Erweiterungsinvestitionen gemeint sind. Der IDW-Arbeitskreis Unternehmensbewertung (a.a.O., S. 132) meint, die Abschreibungen seien gemäß dem Anschaffungswertprinzip (§ 154) zu ermitteln. Nach Kretschmer (H.-J.: a.a.O., S. 250) sind sie dagegen nach dem Wiederbeschaffungsprinzip zu ermitteln, was die Bildung einer freien Rücklage in Höhe der Differenz zwischen Wiederbeschaffungs- und Anschaffungs- bzw. Herstellkosten

schungsvertrages[874]. Der Grund für diese Regelung liegt darin, daß der Mehrheitsaktionär – von den §§ 300 ff abgesehen – frei über den Gewinn der abhängigen AG verfügen und somit auch deren freie Rücklagen an sich bringen kann[875]. Der Gesetzgeber mißtraut – wohl zu Recht – der Möglichkeit sicherzustellen, daß ein evtl. Substanzzuwachs auch den außenstehenden Aktionären zugute kommt.

Die Ausgleichsregelung nach § 304 Abs. 2 Satz 2 (variable Dividende) läßt die Frage offen, ob bei der Bewertung der Untergesellschaft[876] der Zukunftserfolg gemäß § 304 Abs. 2 Satz 1 oder entsprechend § 305 zu ermitteln ist. Indes spricht manches für die erste Alternative: da diese zu einem für die freien Aktionäre günstigeren Umtauschverhältnis führt, andererseits aber dem Konzernaktionär das Wahlrecht in bezug auf die Gestaltung der Ausgleichsregelung zugesteht, wäre somit die Regelung nach § 304 Abs. 2 Satz 1 überflüssig; der Mehrheitsaktionär würde sich selbstverständlich für die ihm vorteilhaftere Regelung entscheiden. Außerdem treffen die für die nach wirtschaftlichen Gesichtspunkten atypische Regelung des § 304 Abs. 2 Satz 1 angegebenen Gründe auch für die variable Dividende zu[877].

Selbst wenn man diese für die außenstehenden Aktionäre günstigere Lösung akzeptiert, bleibt die Schutzwirkung des § 304 unzureichend[878]. Die große Gefahr besteht für die Minderheitsaktionäre darin, daß sie u.U. nur relativ kurze Zeit in den Genuß der Ausgleichszahlung gelangen[879] und ihre Gesellschaft während dieser Zeit „ausgehöhlt" wird. Dies kann einmal – in Umgehung der §§ 301 f – dadurch geschehen,

bedingt. Für die letztere Auffassung spricht m.E., daß § 304 keinen Bezug auf § 154 nimmt und Abschreibungen wirtschaftlich nur dann „angemessen" sind, wenn sie die Erhaltung der realen Substanz gewährleisten. Jedoch spricht neben dem Wortlaut des § 304 („ohne Bildung freier Rücklagen") für die „IDW"-Auffassung, daß die RegB die Abweichung von betriebswirtschaftlichen Grundsätzen ausdrücklich mit den Besonderheiten des Beherrschungsverhältnisses begründet. Außerdem kann die reale Substanzerhaltung fremdfinanziert werden (vgl. IDW-Arbeitskreis, a.a.O., S. 132).

874 Vgl. Albach, H.: Probleme . . ., a.a.O., S. 180 f.

875 Vgl. RegB zu § 304, a.a.O., S. 395.

876 Eine Unternehmensbewertung ist immer erforderlich, wenn es sich um nicht börsennotierte AGen handelt. Aber auch bei börsennotierten AGen ist eine Unternehmensbewertung sinnvoll, da bei der Ermittlung des Umtauschverhältnisses die Grundsätze der Verschmelzung anzuwenden sind (§ 304 Abs. 2 Satz 3). Diese besagen, daß das Umtauschverhältnis zweckmäßigerweise für die Minderheitsanteile und den am Tausch ebenfalls beteiligten Mehrheitsaktionär einheitlich festzulegen ist. Daneben bilden aber die Börsenkurse einen sehr wichtigen Anhaltspunkt für die Bestimmung der Umtauschrelation. So auch Busse v. Colbe, W.: Die handelsrechtliche . . ., a.a.O., S. 611; Hertlein, A.: Fusion von Unternehmungen, in: HdSW, 4. Bd., Stuttgart–Tübingen–Göttingen 1959, S. 196–199, 197 f; Deutsch, P.: Grundfragen der Finanzierung, Wiesbaden 1962, S. 90; Töndury, H./Gsell, E.: Finanzierungen, Bd. II, Zürich 1948, S. 273; Bussmann, K.-F.: Finanzierungsvorgänge, München 1955, S. 76; Huppert, W.: Unternehmensbewertung . . ., a.a.O., S. 321; IdW-Arbeitskreis Unternehmungsbewertung, a.a.O., S. 131. Eisenhofer, A.: a.a.O., S. 32.

877 Ferner spricht dafür, daß der § 304 Abs. 2 insgesamt gesehen „Richtlinien für die Mindesthöhe der Ausgleichszahlung" angeben und das wie bei einer Verschmelzung ermittelte Umtauschverhältnis nicht in jedem Falle maßgeblich sein soll (vgl. RegB zu § 304, a.a.O., S. 395).

878 Darüber scheint sich auch der Gesetzgeber im klaren gewesen zu sein (vgl. RegB zu § 305 Abs. 1, a.a.O., S. 397).

879 Das Gesetz sieht keine Mindestlaufzeit für die Verträge nach § 291 vor.

daß die stillen Reserven[880] zugunsten des Mehrheitsgesellschafters aufgelöst[881] oder Passivierungswahlrechte in veränderter Weise ausgenutzt werden[882]. Vor allem aber ist es der Obergesellschaft erlaubt, besonders ertragreiche Produktionszweige oder bestimmte Funktionen aus der abhängigen AG auszugliedern oder ihr sehr risikoreiche Aufgaben zu übertragen, ohne daß sie eine Garantie für die Wiederherstellung der selbständigen wirtschaftlichen Existenzfähigkeit der Untergesellschaft im Falle der Vertragsauflösung übernehmen müßte.

Unzureichend ist der Minderheitenschutz ferner in mehrstufigen Abhängigkeitsverhältnissen[883]. Auch im Wege der Gesetzesauslegung ist die Gesetzeslücke nur unvollkommen zu schließen[884].

In der Literatur wird weiterhin behauptet, die Minderheitsaktionäre könnten durch Kapitalerhöhungen der Obergesellschaft und die dadurch bedingte Verwässerung der variablen Dividendengarantie geschädigt werden. Dies trifft jedoch für die „echte" Kapitalerhöhung genau so wenig zu wie für die Kapitalaufstockung aus Gesellschaftsmitteln[886]; denn selbstverständlich sind bei der Ermittlung der Umtauschrelation auch künftige Kapitalerhöhungen[887] zu berücksichtigen.

3. Zwischenergebnis

Die Ausführungen haben gezeigt, daß die Ausgleichsregelung nach § 304 den Minderheitenschutz nur unzureichend gewährleistet. Wenn der Beherrschungs- und Gewinn-

880 Nach Berechnungen von Albach (H.: Über die Schätzung der stillen Reserven deutscher Aktiengesellschaften, in: WPg, 22. Jg. (1969), S. 140–142) machten die stillen Reserven 1963 ca. 30 % des Eigenkapitals deutscher AGen aus. Wenn auch die Quote zu sinken scheint, erhellt daraus doch der erhebliche Manipulationsspielraum der Konzernleitungen.

881 Diese Möglichkeit wird auch von Geßler, E.: Probleme und Wege der Aktienrechtsreformen, in: Juristische Blätter, 88. Jg. (1966), S. 169–179, 179 nicht ausgeschlossen.

882 Wurden z.B. bis zum Abschluß des Vertrages die Aufwendungen für Lastenausgleichsabgabe, Pensionsverbindlichkeiten über die Gewinn- und Verlustrechnung verbucht, nach Vertragsabschluß aber passiviert, so vermindert sich dadurch der ausgleichspflichtige Jahresfehlbetrag bzw. erhöht sich der abführbare Gewinn. Daß solche Fälle in der Praxis vorkommen, zeigte sich beim Organschaftsverhältnis Dortmund–Hörder Hüttenunion AG – Hüttenwerke Siegerland AG (vgl. hierzu Meilicke, H.: Korporative Versklavung deutscher Aktiengesellschaften durch Beherrschungs- und Gewinnabführungsverträge gegenüber in- und ausländischen Unternehmen, in: Berliner Festschrift für E.E. Hirsch, Berlin 1968, S. 99–126, 105 ff).

883 Sämtliche bisher bekannt gewordenen Beherrschungsverträge enthalten keine Schutzklausel für den Fall, daß die die Dividende garantierende Obergesellschaft ihrerseits mit einer dritten Gesellschaft einen Vertrag nach § 291 abschließt, der sie zur Abführung der Gewinne verpflichtet (vgl. Meilicke, H.: Korporative . . ., a.a.O., S. 110).

884 Vgl. dazu Bachelin, H.: a.a.O., S. 69 ff, insb. 74 ff.

885 Vgl. Meilicke, H.: Korporative . . ., a.a.O., S. 110 ff; Baur, D.: a.a.O., S. 92 f.

886 Zur Anpassung des Umtauschverhältnisses infolge der Schutzwirkung des § 216 Abs. 3 vgl. Bachelin, H.: a.a.O., S. 77 f.

887 Die Ermittlung des Zukunftserfolges kann nur auf Grund einer umfassenden Planung der künftigen Unternehmungspolitik erfolgen. Dabei sind auch Überlegungen anzustellen, wie die zukünftigen Investitionen finanziert werden sollen. Freilich sind die Schätzungen über den Zeitpunkt der Kapitalerhöhungen und die Bedingungen, unter denen sie vorgenommen werden, mit Unsicherheit behaftet. Aus diesem Grunde wäre eine „Substanzkoppelung" aus der Sicht der außenstehenden Aktionäre vorzuziehen.

abführungsvertrag keine über die gesetzlichen Bestimmungen hinausgehende Garantien enthält, kann den außenstehenden Aktionären nur geraten werden, von ihrem Abfindungsrecht nach § 305 Gebrauch zu machen.

Die Abfindungsregelung nach § 305 ist mit dem – vermeidbaren – Mangel behaftet, daß sie kein bestimmtes Unternehmensbewertungsverfahren normiert. Dies ist um so bedauerlicher, als sich auch die in erster Linie mit diesen Bewertungen betrauten Wirtschaftsprüfer bisher zu keiner einheitlichen Auffassung durchringen konnten, und andererseits die Höhe des Abfindungsbetrages maßgeblich von der Wahl des Verfahrens abhängt. Allerdings sind Bewertungsdivergenzen in keinem Falle zu vermeiden, auch dann nicht, wenn man sich auf das einzig einwandfreie Verfahren, die Bewertung auf investitionstheoretischer Basis, einigen würde: dies folgt unmittelbar aus der Tatsache, daß der Unternehmenswert als subjekt- und zukunftsbezogene Größe mit Unsicherheit behaftet ist.
Aus diesem Grunde gebührt die Bewertung auf der Grundlage der Börsenkurse der Vorzug. Wegen des fortbestehenden faktischen Wertgefälles zwischen Mehrheits- und Minderheitsanteilen ist das sebst dann gerechtfertigt, wenn der Kurswert unter dem anteiligen Unternehmenswert liegt. Da jedoch nur der geringere Teil der deutschen Aktiengesellschaften börsennotiert ist, können dadurch die Bewertungsschwierigkeiten lediglich unvollständig überwunden werden

Bei der Unternehmensbewertung treten im Kern die gleichen Probleme auf, wie im Rahmen der §§ 311 ff. Deshalb fragt es sich, ob durch eine Ausweitung des Geltungsbereichs einer den §§ 304 f analogen Regelung überhaupt ein Fortschritt erzielt werden könnte. M.E. ist das zu bejahen. Bei der Unternehmensbewertung handelt es sich um einen einmaligen Vorgang; sie kann, da sie nicht unter dem Zeitdruck des Prüfungsauftrages gemäß § 313 durchgeführt werden muß, sehr viel sorgfältiger erfolgen. Aufwendigere Prüfungsmethoden und Informationsbeschaffungen lassen sich hier voll rechtfertigen. Zudem ist die Chance, durch intensive Gespräche mit den Unternehmungsleitungen deren wahre Absichten zu ergründen, größer. Das Abhängigkeitsproblem kann durch die gerichtliche Bestellung neutraler Gutachter gelöst werden (§ 306).

Als Facit bleibt festzuhalten, daß die Einführung der §§ 304 f für Konzerne generell – ohne Ansehung der Rechtsform – sinnvoll wäre, eine Weiterentwicklung der Vorschriften i.S. eines besseren Minderheitenschutzes aber als wünschenswert erscheint.

Abschließend ist also zu untersuchen, welche Möglichkeiten dazu bestehen und wie die Vorschriften im einzelnen aussehen sollten.

C. *Der Schutz der Minderheitsaktionäre im Konzern durch Umgestaltung der Abfindungs- und Ausgleichsansprüche nach §§ 304 f*

1. Minderheitenschutz außerhalb des Geltungsbereichs der Konzernvorschriften

Bestrebungen, den Minderheitenschutz im Konzern zu verbessern, müssen notwendigerweise Überlegungen einschließen, wie
(1) der Geltungsbereich der Konzenrvorschriften klar abzugrenzen ist und
(2) die Aktionäre außerhalb dieses Bereichs wirkungsvoll geschützt werden können.
Die Bedeutung der ersten Frage liegt auf der Hand: gelingt es nicht, operationale Kriterien für die Zulässigkeit der Konzernleitungsmacht zu definieren, so besteht die Gefahr, daß diese ohne Einhaltung der gesetzlichen Pflichten ausgeübt wird. Die befriedigende Beantwortung der zweiten Frage ist mindestens ebenso wichtig wie die Lösung des Minderheitenschutzproblems im Konzern selbst. Es wäre ein Unding, den Schutz des i.d.R. größeren Teils der Aktionäre, der seine Aktien vor Begründung des Konzernverhältnisses verkauft hat, zu vernachlässigen: je wirksamer die Konzernbestimmungen sind, desto größer ist der Anreiz, sie zu umgehen bevor sie eingreifen, sei es im Wege des billigen Anteilserwerbs, sei es durch Erzielung von Sondervorteilen zum Schaden der AG und der übrigen Aktionäre. Auf beide Fragen ist daher nun noch kurz einzugehen.

M.E. sollten die Konzernvorschriften bei Bestehen einer Mehrheitsbeteiligung eingreifen. Das heißt zunächst, daß der Erwerb oder Besitz einer Beteiligung von 50 % und mehr unabdingbar die Pflicht begründet, den Minderheitsaktionären Ausgleichs- bzw. Abfindungsrechte einzuräumen[888]. Hält man eine solche Regelung für zu starr, so wäre zumindest in detaillierten Bestimmungen festzulegen, unter welchen eng begrenzten Bedingungen diese Pflichten nicht eintreten[889]. Wenn man einerseits die unumschränkte Konzernleitungsmacht, die nach der jetzigen Gesetzeslage erst der Vertragskonzern begründet, schon bei einfacher Mehrheitsbeteiligung zuläßt, so ist andererseits sicherzustellen, daß die AG trotz Fehlens eines Mehrheitsaktionärs nicht unter schädigenden Einfluß gerät. Nun wäre es wirklichkeitsfremd, wollte man die Möglichkeit ausschließen, ohne Besitz der Aktienmajorität beherrschenden Einfluß ausüben zu können. Ebenso wäre der Versuch zu beurteilen, der Beherrschungsmöglichkeit mittels einfachen Verbots der Einflußnahme – wie es der RefE im Ergebnis vorsah – Herr zu werden. Es wäre jedoch zu erwägen, die rechtsgeschäftliche Bildung beherrschender Positionen zu verbieten bzw. unter die Sanktionen zu stellen, wie sie

888 Man könnte bestimmen, daß ein Mehrheitsaktionär, der die genannten Pflichten nicht erfüllen will (kann), einen Teil seiner Aktien zu verkaufen hat (z.B. an die AG), so daß seine Herrschaftsmöglichkeit (Mehrheit der Stimmrechte, Bestellung der Mehrheit der Mitglieder der Geschäftsführungs- und Kontrollorgane) ausgeschlossen wird.

889 So könnte etwa festgelegt werden, daß Mehrheitsaktionärspflichten dann nicht eintreten, wenn die Satzungsbestimmungen die Ausübung der einheitlichen Leitung bzw. des beherrschenden Einflusses trotz Mehrheitsbeteiligung nicht zulassen (Mehr- oder Höchststimmrechte, stimmrechtslose Vorzugsaktien etc.). In keinem Falle dürfte es genügen, die Pflichten von der tatsächlichen Ausübung der einheitlichen Leitung abhängig zu machen.

die §§ 20 f vorsehen. Bevor man aber eine so weitreichende Regelung ernsthaft in Betracht zieht, sollte geprüft werden, ob die Beibehaltung der §§ 311 ff der nicht majorisierten AG ausreichenden Schutz gewähren würde.

Die Schwäche der §§ 311 ff beruht – von den anderen Problemen sei hier zunächst abgesehen – darauf, daß sie erst bei Bestehen eines faktischen Konzerns eingreifen, der Begriff des faktischen Konzerns vom Gesetzgeber aber nicht operational definiert wurde. Das liegt einmal daran, daß der Einfluß von einem Unternehmen ausgehen muß und der aktienrechliche Unternehmensbegriff nicht näher erläutert wurde. M.E. erfordert der Schutzzweck der §§ 311 ff aus den dargelegten Gründen zumindest eine Klarstellung i.S. der Vertreter eines funktionalen Unternehmensbegriffs. Da aber andererseits auch die Normierung der funktionalen Betrachtungsweise nicht alle Unklarheiten zu beseitigen vermag[890] und zudem kein ernsthafter Grund für die weitere Privilegierung des privaten Großaktionärs ersichtlich ist – schon gar nicht angesichts der bestehenden Vermögensverteilung in der BRD[891] –, so wäre zu bestimmen, daß die §§ 311 ff unabhängig von der Unternehmenseigenschaft des Aktionärs gelten[892].

Ein weiteres Problem gibt das Erkennen des Abhängigkeitsverhältnisses zu lösen auf. Es wurde oben dargelegt, daß eine Abhängigkeit schon bei einer Kapitalbeteiligung von 20 %, u.U. sogar bereits früher, bestehen kann[893]. M.E. sollten die §§ 311 ff unabhängig von der Frage, ob ein Abhängigkeitsverhältnis vorliegt oder nicht, aus Praktikabilitätsgründen – aber auch aus anderen Gründen, die sogleich anzuführen sind – schon bei einer 10%igen Beteiligung eingreifen[894]. Dies würde natürlich eine entsprechende Erweiterung der Mitteilungspflichten gemäß §§ 20 f voraussetzen[895].

890 So dürfte insb. die eindeutige Abgrenzung der „reinen Vermögensverwaltung" von der „Verfolgung eigener unternehmerischer Interessen" Schwierigkeiten bereiten, da es an justiziablen Unterscheidungskriterien mangelt.

891 Vgl. z.B. Der Spiegel, 23. Jg. (31/1969), S. 38–51; Bar.: Die Vermögenskonzentration hat sich verschärft, in FAZ, Nr. 170 v. 27.7.71, S. 13 und mj: 1,7 Prozent, in Die Zeit, Nr. 31 v. 30.7.71, S. 26.

892 So auch DJT 1967, insb. S. 7 (Tz. 103).

893 Auch mit Hilfe eines detaillierten Indizienkatalogs (etwa: Einflußnahme auf die Zielsetzung der Untergesellschaft und den Unternehmensgegenstand, die tatsächliche wirtschaftliche Machtstellung, die Zahl der Aufsichtsratsmandate, die bisher verfolgte Unternehmenspolitik und ihre Beeinflussung durch den Großaktionär, die Stellung der Hausbank, die Unterstützung der Depotbanken bei HV-Beschlüssen) ließe sich der Abhängigkeitsbegriff nicht eindeutig genug präzisieren.

894 Aus organisatorisch-technischen Gründen sollte eine solche Regelung selbst bei Bestehen mehrerer solcher Beteiligungen nicht scheitern. Es wurde oben ausgeführt, daß die Aufstellung eines Abhängigkeitsberichtes (hier besser: Bericht über die Beziehungen zu Großaktionären genannt) die geringsten Schwierigkeiten bei der Anwendung der §§ 311 ff in sich birgt. Übt der Großaktionär keinen Einfluß auf die Gesellschaft aus, was durchaus vorkommen mag – mit diesem Argument wurde die Einführung des Abhängigkeitsberichts u.a. bekämpft – so könnte sich der Bericht mit einer Fehlanzeige begnügen.

895 Einen anderen Weg geht neuerdings der Entwurf der EWG-Kommission: Minderheitsaktionäre, die 5 % oder 50.000 Rechnungseinheiten des Grundkapitals vertreten, können die Frage, ob ein Unternehmen abhängig ist, nach Art 225 gerichtlich nachprüfen lassen. Wenngleich dieser Vorschlag gegenüber der deutschen Regelung einen Fortschritt bringt, löst er – trotz der gegenüber §§ 16 ff präziseren Bestimmung des Abhängigkeitsbegriffs (unwiderlegbare Vermutung der Abhängigkeit, wenn ein anderes Unternehmen über die Hälfte der

Einer solchen Abänderung stünden m.E. – von Gruppeninteressen abgesehen[896] – nichts im Wege; dies zeigt schon die langjährige analoge Praktizierung solcher Vorschriften im Ausland[897]. Sie wäre im Gegenteil sowohl im Interesse des Minderheitenschutzes als auch zur Erhöhung der Transparenz des Aktienhandels erwünscht.

Nun fragt es sich, ob angesichts der sachlichen Probleme der §§ 311 ff – diese wären die gleichen wie nach der jetzigen Gesetzeslage und auch nicht zu lösen – an dieser Regelung festgehalten werden sollte. M.E. spricht dafür, daß sie bei einer kapitalmäßig noch nicht majorisierten AG weit eher geeignet sind, die beabsichtigte Präventivwirkung zu erreichen[898]. Der Vorstand wird hier auf Grund seiner größeren wirtschaftlichen Unabhängigkeit schädigenden Einflüssen konsequenter entgegentreten können. Ferner vermag er bei Gefährdung der AG-Interessen die Kleinaktionäre zu mobilisieren. Freilich kann eine AG auch ohne das Vorhandensein eines Großaktionärs wirtschaftlich von einem anderen Unternehmen abhängig werden. Hieran kann das AktG aber nichts ändern; es handelt sich insoweit um eine Aufgabe des GWB. Solange man das aktienrechtliche Prinzip der qualifizierten Mehrheitsbeschlüsse beibehält, wird man ferner nicht verhindern können, daß die AG durch den Inhaber einer Sperrminorität in ihrer Entscheidung gehemmt wird[899]. Immerhin hätte der Vorstand in diesem Falle – gleiches gilt auch für den Extremfall einer 49%igen Beteiligung – die Möglichkeit, den Aufbau beherrschender Positionen im Wege der Konzentration von Aktienbesitz mittels Satzungsbestimmungen (§ 134) zu unterbinden. Hier zeigt sich zugleich, daß die Einführung einer Meldepflicht für 10%ige Beteiligun-

Stimmrechte oder über die Möglichkeit, mehr als die Hälfte der Geschäftsführungs- und Kontrollorgane zu bestellen, verfügt oder vertraglich zugesicherte Einflußmöglichkeiten auf die Geschäftsleitung besitzt, Art. 6 Abs. 2) – die sachliche Problematik der Definition des Abhängigkeitsbegriffs nur unzureichend (Abhängigkeit ohne Mehrheitsbeteiligung!).

896 Angesichts des erbitterten Widerstandes der Wirtschaftsverbände gegen die Einführung der §§ 20 f würde die Erweiterung der §§ 20 f erst recht nicht auf Gegenliebe stoßen. Dies ist nur zu verständlich, würde doch dadurch die Bildung von Aktienpaketen im Wege des heimlichen und damit i.d.R. billigeren Aufkaufs erschwert. Bei Durchsicht der einschlägigen Literatur zu diesem Thema (vgl. etwa Das Frankfurter Publizitätsgespräch, a.a.O., S. 178 ff; Rasch, H.: 4. Aufl., a.a.O., S. 75 ff; DJT 1967, S. 41 ff) wird man aber nur zu dem Schluß kommen können, daß die positiven Argumente bei weitem überwiegen.

897 So sieht das französische Recht von 1966 – ebenso wie das vorher geltende – eine Mitteilungspflicht bei 10% des Aktienbesitzes vor. Weitergehend und m.E. vorzuziehen ist das amerikanische Recht: nach Sec. 16, Securities Exchange Act von 1934 ist nicht nur das Bestehen einer 10 %igen Beteiligung mitzuteilen, sondern auch jede spätere Änderung. Eine analoge Vorschrift schlug der sog. Jenkins-Report für England vor (vgl. Stationary Office (Hrsg.): Report of the Company Law Committee Comnd 1749, London 1962, §§ 141, 147). Zu erwägen wäre ferner, ob entsprechend der amerikanischen Regelung eine Vorschrift eingebaut werden sollte, welche die „Insider" zur Herausgabe der Gewinne aus kurzfristigen Aktiengeschäften verpflichtet.

898 Man könnte die §§ 311 ff u.U. in der Weise modifizieren, daß schädigende Einflußnahmen – entgegen der Bestimmung des § 311 – untersagt werden. Stellt der Vorstand in seinem Bericht fest, daß der Versuch dazu unternommen wurde, so könnte im Wege des § 315 geklärt werden, ob die Feststellung zu Recht besteht. Bejaht das Gericht diese Frage, so könnte man daran die Sanktionen der §§ 20 f (Verlust der Stimm- und Gewinnrechte) knüpfen.

899 Vgl. hierzu FN 106 und Kruk, M.: Das ominöse Schachtelprinzip, in: FAZ, Nr. 107 v. 11.5.1970, S. 13. Anders als das AktG läßt das englische Recht z.B. Kapitaländerungen – ausgenommen sind nur Kapitalherabsetzungen – durch einfachen Mehrheitsbeschluß zu.

gen unabdingbar ist. M.E. müßte die modifizierte Meldepflicht zusammen mit den §§ 311 ff zum Schutz der AG ausreichen.

Bliebe noch die Frage zu prüfen, ob die hier vorgeschlagene Konzernregelung an der leichten Umgehbarkeit im Falle des mehrfachen Paketbesitzes scheitern müßte. Zu denken ist hier etwa an die Situation, daß zwei Aktionäre zu je 26 % beteiligt sind. Angesichts der kontroversen Literaturmeinungen wäre hier zumindest eine Klarstellung in dem Sinne erforderlich, daß die Gesellschafter im Falle der gemeinsamen Leitung der AG – etwa über eine GbR – die Ausgleichs- und Abfindungspflichten gemeinsam zu tragen hätten. Die im Schrifttum vorgeschlagenen Lösungen[900] zeigen, daß diese Regelung keineswegs – wie gelegentlich behauptet – wegen des Problems der Verteilung der Pflichten im Innenverhältnis unpraktikabel wäre. M.E. müßte man noch einen Schritt weiter gehen: da es im wirtschaftlichen Ergebnis keinen Unterschied macht, ob die Leitung über eine GbR ausgeübt wird oder dadurch, daß die Gesellschafter im AR koalieren, wäre auch für letzteren Fall die Vermutung der einheitlichen Leitung gesetzlich zu normieren. Sie dürfte zudem wiederum nur unter den oben genannten erschwerenden Voraussetzungen widerlegt werden können.

Die bisher behandelten Schutzmaßnahmen werden nur z.T. verhindern, daß die Aktien vor Begründung eines Konzernverhältnisses auf Grund bestehender Informationspräferenzen „unter Wert" verkauft werden und in die Hände der am besten Informierten gelangen. Um dies zu unterbinden, müßte man endlich das Publizitätsproblem energisch angehen. An geeigneten Vorschlägen zur Verbesserung der Publizität fehlt es auch hier nicht[901].

900 So wird festgestellt, daß die Obergesellschaften, welche eine AG gemeinsam beherrschen, bei Erfüllung der §§ 300 ff gesamtschuldnerisch gegenüber den Gläubigern der abhängigen AG zu haften haben. (Vgl. dazu die Diskussionsbeiträge von Burchard, F. v. und Flume, W.: in: Zur großen Aktienrechtsreform, a.a.O., S. 86–92, hier 88, 92; Burchard, F. v.: Die Eingliederung . . ., a.a.O., S. 267; Kronstein, H.: Die Anwendbarkeit . . ., a.a.O., S. 644; Koppensteiner, H.-J.: a.a.O., S. 317 ff). Gleiches gilt auch für die Ausgleichspflicht nach § 304. Bestehe keine Absprache über den Ausgleichsmodus im Innenverhältnis, so könne dieser so gewählt werden, daß diejenige Gesellschaft, die den Anspruch verursacht habe, leiste. Lasse sich auf diese Weise kein Schlüssel für die Lastenverteilung finden, so seien die Partner nach § 426 Abs. 1 BGB zu gleichen Teilen verpflichtet (Kronstein). Auch für die Abfindung lassen sich praktikable Lösungen finden: Während Koppensteiner meint, es käme nur eine Barabfindung in Betracht (unter der Voraussetzung, die GbR sei ein Unternehmen), ist nach anderen auch eine Aktienabfindung möglich (Kronstein und Flume: Aktienabfindung nach Wahl der Aktionäre; v. Burchard: nach Wahl der Gesellschafter).

901 Zur Verbesserung der Publizität mittels Kapitalflußrechnungen vgl. Busse v. Colbe, W. Aufbau . . ., a.a.O., ders.: Prognosepublizität . . ., a.a.O., und die dort angegebene Literatur. Zu den neueren bilanztheoretischen Ansätzen vgl. auch Heinen, E.: Handelsbilanz, 4. Aufl. Wiesbaden 1968, S. 63 ff. Daß auch andere Länder dem Publizitätsproblem große Aufmerksamkeit schenken, zeigt z.B. das französische Gesetz, das ab 1.1.1966 die Offenlegung des steuerlichen Gewinns vorschreibt (Vgl. hierzu Geßler, E.: Probleme und Wege . . ., a.a.O. S. 177). Solange der Gesetzgeber nicht die Veröffentlichung detaillierter, unsaldierter Zahlungsströme vorschreibt, würde die Publizierung der Steuerbilanzzahlen fraglos einen Fortschritt bedeuten. Zur Möglichkeit und Problematik, aus den bilanzmäßig ausgewiesenen Steuern den Gewinn zu ermitteln, s. Schlembach, H.: a.a.O., S. 31 ff.

2. Umgestaltung der Ausgleichsansprüche

Die oben aufgezeigten Schwächen der Ausgleichsregelung können gleichzeitig als Ansatzpunkte für einen Ausbau der Schutzwirkung dieser Vorschrift dienen. Die Gefährdung der Garantie der variablen Dividende in mehrstufigen Unternehmensverbindungen könnte dadurch behoben werden, daß die Dividende der Untergesellschaft an den Ausschüttungssatz der an der Konzernspitze stehenden Gesellschaft gekoppelt wird. Zudem könnten die Aktionäre der Untergesellschaft in gleichem Verhältnis wie die der Obergesellschaft in Bezugsrechten, Kapitalerhöhungen oder Berichtigungsaktien beteiligt werden[902].

Da es ferner wegen der umfassenden Weisungsbefugnisse des herrschenden Unternehmens praktisch nicht möglich ist, Wert und Ertragsfähigkeit der abhängigen AG durch gesetzliche Vorschriften während der Vertragsdauer zu erhalten, müßte den außenstehenden Aktionären für den Fall der Vertragsauflösung ein Abfindungsrecht zugestanden werden. Dies könnte so ausgestaltet werden, daß das Umtauschverhältnis bei Abschluß des Vertrages „eingefroren" wird[903].

3. Umgestaltung der Abfindungsansprüche

Die Erweiterung der Informations- und Kontrollrechte in der auf den S. 211 ff vorgeschlagenen Art läßt erwarten, daß der Börsenkurs – mehr als bisher – die marktmäßig eskompierten Zukunftserfolge der AG wiederspiegelt. Deshalb wäre er auch bei einer Regelung, die eine echte vermögensmäßige Gleichstellung der Aktionäre anstrebt, als Abfindungsbasis geeignet.

Jedoch ist damit das Problem der Bewertung unnotierter Anteile nicht gelöst. Nun hat Stützel[904] ein Verfahren vorgeschlagen, das die oben aufgezeigten Bewertungsschwierigkeiten und -unsicherheiten beseitigen würde. Stützels Vorschlag sieht im Kern vor, den Markt als „Unternehmensbewerter" einzuschalten. Die Regelung sollte nach Stützel im einzelnen wie folgt lauten:

> „Mit der Bestimmung der Höhe der Barabfindung . . . geht der andere (d. h. das herrschende Unternehmen) die Verpflichtung ein, gegen eine um ein Zehntel über dieser Barabfindung liegende Barzahlung jedem außenstehenden Aktionär[905] Aktien der Gesellschaft bis zum Gesamtbetrag in Höhe von zwei Dritteln des zum Vertragsabschluß . . . zustimmenden Grundkapitals zu liefern".

902 Solche Regelungen sahen z.B. manche Organschaftsverträge vor, die noch vor Einführung des AktG 1965 abgeschlossen wurden (Nachweise bei Erlinghagen, P.: Der Organschaftsvertrag mit Ergebnisausschlußklausel im Aktienrecht, Marburg 1960, S. 161, Nr. 9 u. 17; Mattes, A.: a.a.O., S. 30 f; Meilicke, H.: Korporative . . ., a.a.O., S. 110 f). Auch bei Wandelschuldverschreibungen ist es üblich, die Anleihebedingungen bei Kapitalerhöhungen, die vor dem Umwandlungszeitpunkt durchgeführt werden, anzupassen. Vgl. z.B. die Prospekte der Wandelschuldverschreibungen der Dresdner Bank AG (in: Zeit, Nr. 26 v. 27.6.1969, S. 44–48, 47: § 3) und der Algemene Bank Nederland N.V., Amsterdam (in: FAZ, Nr. 194 v. 23.8.1969, S. 23–25, 24, Artikel 4).

903 Auch solche Vertragsbedingungen sind in der Praxis nicht unbekannt (Nachweise bei Erlinghagen, P.: a.a.O., S. 162, Nr. 26 und Meilicke, H.: Korporative . . ., a.a.O., S. 113 f).

904 Vgl. Stützel, W.: Akteinrechtsreform . . ., a.a.O., S. 983 ff, insb. S. 983.

905 Stützel meint mit jedem außenstehenden Aktionär auch jeden Dritten, der noch keine Aktien besitzt.

Entsprechend habe die Regelung für die Abfindung in Aktien auszusehen:

„Mit der Bestimmung der Höhe des Umtauschverhältnisses geht der andere die Verpflichtung ein, gegen eine um ein Zehntel höhere Anzahl Aktien der herrschenden Gesellschaft als im Umtauschverhältnis angegeben ist, Aktien der Gesellschaft bis zum Gesamtbetrag von zwei Dritteln des dem Vertragsabschluß,... zustimmenden Grundkapitals zu liefern".

Man könnte dieses Verfahren in der Weise modifizieren[906], daß der bisherige Inhaber der Mehrheitsbeteiligung diese vollständig an einen „mitbietenden" Dritten herausgeben muß, wenn letzterer ein um 10 % höheres Übernahmeangebot unterbreitet[907]. Dadurch würde zwar der bisherige Mehrheitsaktionär – wenn auch nur geringfügig – privilegiert, die freien Aktionäre erhielten aber tendenziell den pro-rata-Anteil am Wert der Unternehmung aus der Sicht des Mehrheitsaktionärs, und zwar einschließlich des oben besprochenen Verbundeffektes[908] [909].

906 Bei Einführung dieses Abfindungsverfahrens entstünden Schwierigkeiten, wollte man weiterhin den abzufindenden Aktionären wahlweise eine Ausgleichszahlung i.S. des § 304 zugestehen. Einerseits könnte man zwar ohne weiteres bestimmen, die variable Ausgleichszahlung sei auf der Grundlage des Abfindungsangebots zu bemessen und in der auf S. 215 dargestellten Weise auszugestalten. Da die Aktionäre jedoch ihre Aktien behalten dürften, nützte der Abschluß eines Beherrschungsvertrages einem potentiellen mitbietenden Dritten wenig. Die Möglichkeit, die bisher stimmberechtigten Aktien in stimmrechtslose Anteile umzuwandeln, oder den Umtausch der Aktien in Schuldverschreibungen zuzulassen, ist wohl auszuschließen. Auch eine Regelung, die nur den außenstehenden Aktionären, nicht dagegen dem bisherigen Mehrheitsaktionär das Wahlrecht (Ausgleichszahlung oder Abfindung) einräumte, würde nicht viel nützen; sie gewährleistete nicht, daß der Dritte die qualifizierte Mehrheit – und nur dafür wäre er bereit, einen hohen Preis zu zahlen – erwerben kann. Außerdem blieben die Bewertungsprobleme bei der erforderlichen Berechnung der Umrechnungsrelation bestehen: der Unternehmenswert der zu übernehmenden Gesellschaft könnte nicht marktmäßig ermittelt werden –. Damit müßte die Ausgleichsregelung entfallen. Dadurch würde die Übernahme zweifellos verteuert, volkswirtschaftlich erwünschte Konzentrationen aber wohl kaum gehemmt.

907 Allerdings wäre dem Mehrheitsaktionär das Recht einzuräumen, innerhalb einer bestimmten Frist ein weiteres – höheres – Angebot zu unterbreiten. Die Regelung könnte etwa die Wirkung zeitigen, die unlängst in der Praxis zu beobachten war: Die Farbwerke Hoechst AG machten den Aktionären der englischen Farbenfabrik Berger, Johnson & Nicholson ein erstes Übernahmeangebot zu 11 Sh pro share; dieses wurde von der Londoner Warburg Bank mit 12 Sh überboten. Daraufhin bot Hoechst 13 Sh pro share bzw. 27 statt vorher 25 Mio $ für das gesamte Unternehmen an (vgl. Die Zeit, Nr. 3 vom 16.1.1970, S. 19; FAZ, Nr. 284 vom 9.12. 1969, S. 15).

908 Der 10 %ige Abschlag von diesem Wert (Stützel gibt hierfür keine Erklärung), der natürlich mehr oder weniger willkürlich gewählt ist, erfüllt also zwei Funktionen: er verhindert, daß ein Dritter, der das Angebot des Mehrheitsaktionärs nur ganz geringfügig überbietet, in den Besitz der Aktien gelangt; andererseits stellt er einen Ausgleich dafür dar, daß die freien Aktionäre bei in freier Verhandlungsführung erfolgtem Verkauf der Anteile i.d.R. nicht den vollen pro-rata-Anteil am Unternehmenswert aus der Sicht des Konzernaktionärs erhielten. Da sich jedoch die Höhe des Abschlages nicht rational begründen läßt, sollte man m.E. trotz der genannten Gesichtspunkte von einem 10 %igen Abschlag Abstand nehmen, wenn man das in FN 907 angegebene Verfahren zuließe.

909 Der neuerdings von Niemann (CH.: a.a.O., S. 205) vorgebrachte Einwand, bei Anwendung des Stützel-Verfahrens werde die Vermögens- und Ertragslage der Gesellschaft nicht berücksichtigt, kann nur auf Unverständnis des Verfahrens zurückgeführt werden.
Zum Einwand Niemanns (ebenda), evtl. würden gerechtfertigte Konzentrationsbestrebungen zunichte gemacht, vgl. die zutreffenden – widerlegenden – Ausführungen von Stützel (W.: Aktienrechtsreform ..., a.a.O., S. 983 ff).

Nun wird man evtl. einwenden, es bestünde die Gefahr, daß der Mehrheitsaktionär die AG mittels eines niedrigen Angebotes zu günstigen Bedingungen in seinen Besitz bringt, wenn wegen mangelnden Marktinteresses oder infolge einer Absprache mit den Konkurrenten – die in erster Linie als Kaufinteressenten in Frage kämen – eine Gegenofferte ausbliebe. Diese Gefahr besteht indes nur in geringem Maße: erstens dürfte das Angebot bei börsennotierten Aktiengesellschaften wohl nie unter dem Börsenkurs liegen[910]. Weiterhin würde von diesem Verfahren eine Präsentivwirkung ausgehen: trotz der auch international recht starken Kapital- und Interessenverflechtung müßte der Mehrheitsaktionär immer damit rechnen, unverhofft von Dritten – etwa US-Firmen –[911] überboten zu werden. Zudem ließe sich z.B. bestimmen, daß generell oder nur bei Ausbleiben von Gegenangeboten das Übernahmeangebot grundsätzlich überprüft werden kann, womit den Minderheitsaktionären zumindest gegenüber ihrer jetzigen Stellung keine Nachteile entstünden[912].

Dieses Verfahren mag auf den ersten Blick etwas radikal anmuten[913], indes, ganz ohne Parallelen wäre es nicht. Im Grundsatz beruht es auf dem gleichen Gedanken, auf dem auch ausländische Übernahmeregelungen basieren: so bezwecken die hier vor allem[914] anzuführenden englischen Bestimmungen zum take-over-bid[915] – ähnlich

910 Es wäre sinnvoll, für alle AG-Typen ein einheitliches Abfindungsverfahren vorzuschreiben.

911 Zu dem Argument, die amerikansiche Industrie genieße gegenüber der europäischen, also auch der deutschen, einen ungerechtfertigten Wettbewerbsvorteil s. FN 795.

912 Zu erwägen wäre ferner, die Übernahme von der Zustimmung der Mehrheit der Minderheitsaktionäre – also etwa 25 % aller Anteile – abhängig zu machen.

913 Allerdings könnten verfassungsrechtliche Einwendungen wohl kaum erhoben werden, da das Bundesverfassungsgericht 1962 im „Feldmühleurteil" die „Enteignung" von 21 % der Aktionäre als verfassungskonform ansah.

914 Erwähnenswert ist daneben z.B. die französische Regelung: zwar enthält das französische AktG keine Bestimmungen für die Abwicklung von öffentlichen Kauf- bzw. Umtauschangeboten, wohl aber die französische Börsenordnung und die Richtlinien für Börsenmakler für den Fall, daß die Kaufangebote über die Börse abgewickelt werden. Vgl. hierzu und zu Beispielen aus der französischen Rechtspraxis Brachvogel, G.: Aktiengesellschaft . . ., a.a.O., S. 91 ff.

915 Vgl. Sec. 209 Companies Act. Diese Bestimmung berechtigt jedermann, also auch bisherige Nichtaktionäre, den Aktionären einer Gesellschaft ein Übernahmeangebot zu unterbreiten. Akzeptieren 90 % der Aktionäre einer Aktiengattung das Angebot, so hat der Offerent die Möglichkeit, die restlichen 10 % zwangsweise abzufinden. Ihnen steht allerdings das Recht zu, gerichtlich nachprüfen zu lassen, ob das Angebot „fair" war. Die Gerichte haben diese Frage bisher immer dann bejaht, wenn die Abfindung – dies war ausschließlich der Fall – über dem Börsenkurs lag, da ihrer Meinung nach der Kurswert dem wirklichen Wert der Aktien entspricht (zu Einzelheiten vgl. Pennington, R.R.: Entwicklungstendenzen im englischen Aktienrecht, in: ZHR, 126 Jg. (1964), S. 338–362, insb. S. 359 ff; Duden K.: „Umwandlung" und „Take-Over", in: Vom deutschen zum europäischen Recht, Festschrift für H. Tölle, Tübingen 1963, S. 435–449, insb. S. 439 ff; Siebel, U.R.: Der take-over-bid gemäß Section 209 des englischen Companies Act 1948, in: ZHR, Bd. 126 (1964), S. 62–73). Interessanterweise setzte sich schon Buchwald (B.: a.a.O., S. 96 f) mit beachtlichen Argumenten für die Einführung einer entsprechenden Vorschrift in das deutsche Recht ein. Der Jenkins-Report (a.a.O., S. 98 ff) empfiehlt, die Regelung im Grundsatz beizubehalten. Er schlägt nur einige, mehr technische Verbesserungen vor. So soll der Offerent z.B. detaillierte Angaben über den Wert angebotener Aktien machen; sucht er widerstrebende Aktionäre durch eine Erhöhung des Angebotspreises zur Annahme zu bewegen, so sollen ferner auch die Aktionäre, welche dem (niedrigeren) Angebot bereits zugestimmt haben, in den Genuß der höheren Abfindung kommen.

auch vergleichbare amerikanische Vorschriften (tender offer)[916] – primär einen wirksamen Minderheitenschutz. Dieser Zweck – so der sehr überzeugende Gedanken – kann am besten dadurch erreicht werden, daß das Unternehmen im Abfindungsfalle „auf den Markt gebracht wird".

IV. Zusammenfassung

Die unzureichende Schutzwirkung der §§ 311 ff für die freien Aktionäre faktisch konzernabhängiger Aktiengesellschaften, die neben der vermögensrechtlichen Gleichstellung aller Aktionäre auch die erstrebte Wettbewerbs- und Konzentrationsneutralität des Aktiengesetzes und die Effizienz des Rechts des Vertragskonzerns in Frage stellt, läßt eine Revision dieser Vorschriften als dringend geboten erscheinen. Die hierzu angestellten Überlegungen und die Vorschläge zur Weiterentwicklung des Minderheitenschutzes lassen sich wie folgt zusammenfassen:

(1) Eine Beschränkung des Minderheitenschutzes auf die Ausschaltung von Nachteilen, welche aus Rechtsgeschäften erwachsen können, die das abhängige Unternehmen auf Veranlassung oder im Interesse des Konzerns vornimmt oder unterläßt, wäre zwar praktikabler als die §§ 311 ff; sie würde aber nur einen höchst unvollkommenen Schutz der außenstehenden Aktionäre gewährleisten.

(2) Die Konzeption der §§ 311 ff, die Minderheitsaktionäre indirekt durch die Unterbindung bzw. Neutralisierung schädigender Konzerneinflußnahmen auf ihre Gesellschaft zu schützen, ist selbst bei Verbesserung der personellen und sachlichen Bewertungs- und Prüfungsbedingungen (Stärkung der Wirtschaftsprüferstellung, Vertretung der Minderheitsaktionäre im Aufsichtsrat, Übertragung der Prüfungsaufgaben auf die Steuerbehörden; Sicherung des bei Selbständigkeit der Untergesellschaft erreichbaren Erfolgswertes, ex post-Bewertung der Konzerneinwirkungen) nicht praktikabel.

(3) Die Minderheitsaktionäre können im Konzern nur dadurch wirksam geschützt werden, daß man ihnen selbst und unabhängig von der Rechtsform der Konzernierung Rechte einräumt, die analog den geltenden Bestimmungen des Vertragskonzerns (§§ 304 f) ausgestaltet sind.

– Das Argument, eine solche Regelung widerspreche der Notwendigkeit, Konzerngestaltungen zuzulassen, die nicht auf vertraglichen Weisungsrechten und entsprechenden Pflichten beruhen, erweist sich sowohl unter ökonomischen als auch außerökonomischen Gesichtspunkten als nicht stichhaltig.

– Die Bestimmungen der §§ 304 ff schützen die freien Aktionäre wirkungsvoller als die §§ 311 ff. Sie bedürfen aber einer Weiterentwicklung und Modifizierung.

– Ein Ausbau des Minderheitenschutzes im Konzern wäre wie folgt denkbar:

916 Vgl. hierzu z.B. Fleischer, A. jr./Mundheim, R.H.: Corporate Acquisition by Tender Offer, in: University of Pennsylvania Law Review, Vol. 115 (3/1967), S. 317–370. Dieser Aufsatz enthält zahlreiche instruktive Beispiele der in FN 907 genannten Art.

- Die Ausgleichs- und Abfindungsrechte greifen grundsätzlich bei Bestehen einer Mehrheitsbeteiligung ein. Da beherrschender und schädigender Einfluß auch ohne den Besitz der Aktienmajorität ausgeübt werden kann, gelangen bei Fehlen einer Mehrheitsbeteiligung die §§ 311 ff weiterhin zur Anwendung. Aus Praktikabilitätsgründen (Schwierigkeiten der Definition eines operationalen Unternehmens- und Abhängigkeitsbegriffs) und zum Zwecke erhöhter Transparenz des Aktienhandels und größerer Präventivwirkung und Durchschlagskraft der §§ 311 ff ist es jedoch erforderlich, daß diese schon bei einer 10 %igen Beteiligung eingreifen (bei einer entsprechenden Ausweitung der Meldepflicht nach §§ 20 f) und auch für Privataktionäre gelten.
- Die Ausgleichsansprüche werden in der Weise verbessert, daß die Dividende der Untergesellschaft in mehrstufigen Unternehmensverbindungen an den Ausschüttungssatz der an der Konzernspitze stehenden Gesellschaft gekoppelt wird, die Aktionäre der Untergesellschaft in gleichem Verhältnis wie die Obergesellschaft an Bezugsrechten, Kapitalerhöhungen und Berichtigungsaktien beteiligt werden und für den Fall der Vertragsauflösung ein Abfindungsrecht entsprechend der bei Vertragsabschluß ermittelten Umtauschrelation erhalten.
- Bei der Ermittlung der Abfindungsansprüche ist der Börsenkurs als Bewertungsgrundlage heranzuziehen, da er – bei einer wünschenswerten Ausweitung der Informations- und Kontrollrechte der Aktionäre mehr als bisher an der tatsächlichen Ertrags- und Vermögenslage der AG orientiert – die marktmäßig eskomptierten Zukunftserfolge widerspiegelt. Die Bewertung unnotierter Anteile erfolgt nach dem Vorbild ausländischer Regelungen – unter Zulassung von Unternehmen, die an der Untergesellschaft bis jetzt nicht beteiligt sind – auf der Basis des höchsten Übernahmeangebots.

Literaturverzeichnis

Adler-Düring-Schmaltz: Rechnungslegung und Prüfung der Aktiengesellschaft, 3. Aufl. Stuttgart 1957

Adler-Düring-Schmaltz: Rechnungslegung und Prüfung der Aktiengesellschaft, 4. Aufl. Stuttgart 1968

Adler, H./Müller, H.P.: Zur Stellung des Abschlußprüfers im künftigen Aktienrecht, in: AG, 9. Jg. (1964), S. 154–157

Adler, H.: Der Prüfungsbericht des Abschlußprüfers nach dem Regierungsentwurf eines Aktiengesetzes, in: AG, 5. Jg. (1960), S. 207–211

Albach, H.: Wirtschaftlichkeitsrechnung bei unsicheren Erwartungen, Köln und Opladen 1959

Albach, H.: Entscheidungsprozeß und Informationsfluß in der Unternehmungsorganisation, in: Organisation, Bd. 1, hrsg. von E. Schumacher und K. Agthe, Berlin und Baden-Baden, o.J. (1961), S. 355–402

Albach, H.: Die Prognose im Rahmen unternehmerischer Entscheidungen, in: Diagnose und Prognose als wirtschaftswissenschaftliche Methodenprobleme, Schriften des Vereins für Socialpolitik, NF, Bd. 25, Berlin 1962, S. 201–214

Albach, H.: Die Organisation des Entscheidungsprozesses nach dem Aktiengesetz von 1965, in: NB, 19. Jg. (1966), S. 30–35

Albach, H.: Die Rechtsverhältnisse verbundener Unternehmen, in NB, 19. Jg. (1966), S. 203–208

Albach, H.: Probleme der Ausgleichszahlung und der Abfindung bei Gewinnabführungsverträgen nach dem Aktiengesetz 1965, in: Die AG, 11. Jg. (1966), S. 180–186

Albach, H.: Das optimale Investitionsbudget bei Unsicherheit, in: ZfB, 37. Jg. (1967), S. 503–518

Albach, H.: Stand und Entwicklungstendenzen der Unternehmensforschung in Deutschland, in: Wissenschaft und Praxis, Festschrift zum 20jährigen Bestehen des Westdeutschen Verlages 1967, Köln und Opladen 1967, S. 251–81

Albach, H.: Den Auslegungsspielraum einengen, in: VW, 23. Jg. (16/1969), S. 42, 47

Albach, H.: Über die Schätzung der stillen Reserven deutscher Aktiengesellschaften, in: WPg, 22. Jg. (1969), S. 140–142

Algemene Bank Nederland N.V., Amsterdam: Prospekt der Wandelanleihe von 1969, in: FAZ Nr. 194 vom 23.8.1969, S. 23–25

Altmann, C.H.: Das öffentliche Auftragswesen. Grenzen des fiskalischen Denkens, Stuttgart 1961

Arbeitskreis Diercks der Schmalenbach-Gesellschaft: Der Verrechnungspreis in der Plankostenrechnung, in: ZfbF, 16. Jg. (1964), S. 613–668.

Arbeitskreis Gubitz-Kuczewski der Schmalenbach-Gesellschaft: Erhebung über die Preissituation des Beschaffungsmarktes vom Standpunkt des Einkäufers, in: ZfhF, 11. Jg. (1959), S. 563–602

Arbeitskreis Hardach der Schmalenbach-Gesellschaft: Gemeinschaftsunternehmen, in ZfbF,. 21. Jg. (1969), S. 1–25

Arbeitskreis Hax der Schmalenbach-Gesellschaft: Wesen und Arten unternehmerischer Entscheidungen, in ZfbF, 16. Jg. (1964), S. 685–715

Arbeitskreis Krähe der Schmalenbach-Gesellschaft: Konzernorganisation, bearbeitet von F.W. Hardach, 2. Aufl. Köln und Opladen 1964

Arndt, H.: Aktuelle Probleme der Konzentration, in: Die Aussprache, 15. Jg. (1965), S. 211–218

Arndt, H.: Mikroökonomische Theorie, Bd. 2, Tübingen 1966

Arndt, H.: Konzentration und Konzentrationspolitik, in: Bibliographie: Konzentration und Konzentrationspolitik 1960–1966, Schriftenreihe des Instituts für Konzentrationsforschung an der FU Berlin, Bd. I, hrsg. von H. Arndt und H. Münzer, bearbeitet von J. Huffschmid, J. Michaelis, W.-R. Plan, Berlin 1967, S. 11–30

Asquini, A.: Der Schutz der Minderheiten im italienischen Codice civile und im Gesetzentwurf über die Neuordnung des Rechts der Aktiengesellschaft, in: Minderheitenschutz bei Kapitalgesellschaften, H. 2 der Hefte für den Gedankenaustausch zwischen deutschen und italienischen Juristen e.V., Karlsruhe 1967, S. 5–23

Ausschuß zur Untersuchung der Erzeugungs- und Absatzbedingungen der deutschen Wirtschaft: Verhandlungen und Berichte des Unterausschusses für allgemeine Wirtschaftsstruktur (I. Unterausschuß), 3. Arbeitsgruppe: Wandlungen in den wirtschaftlichen Organisationsformen, 1. Teil: Wandlungen in den Rechtsformen der Einzelunternehmungen und Konzerne, Berlin 1928 (zit. Enquête-Ausschuß 1928)

Ausschuß zur Untersuchung der Erzeugungs- und Absatzbedingungen der deutschen Wirtschaft: Verhandlungen und Berichte des Unterausschusses für allgemeine Wirtschaftsstruktur (I. Unterausschuß), 3. Arbeitsgruppe: Wandlungen in den wirtschaftlichen Organisationsformen, 3. Teil: Wandlungen in der aktienrechtlichen Gestaltung der Einzelunternehmen und Konzerne, Generalbericht, Berlin 1930 (zit. Enquête-Bericht 1930)

B.U.S. Details: How Income Must Be Devided By American Firms, Their Overseas Units, in: The Wall Street Journal, v. 16.4.1968, S. 7

Bache, W.: Der internationale Unternehmensvertrag im deutschen Kollisionsrecht, Bad Homburg v.d.H.–Berlin–Zürich 1969

Bachelin, H.: Der konzernrechtliche Minderheitenschutz, H. 19 der Schriftenreihe „Rechtsfragen der Handelsgesellschaften", Köln 1969

Bachmayr, K.E.: Der reine Verlustübernahmevertrag, ein Unternehmensvertrag im Sinne des Aktiengesetzes 1965, in: BB, 22. Jg. (1967), S. 135–139

BAG, Beschluß v. 18.6.1970, 1 ARB 3/70, in AG, 15. Jg. (1970), S. 268–70

Ballerstedt, K.: Kapital, Gewinn und Ausschüttungen bei Kapitalgesellschaften, Tübingen 1949

Ballerstedt, K.: Handels- und gesellschaftsrechtliche Probleme der Organschaft, in: DB, 9. Jg. (1956), S. 813–15, S. 837–40

Ballerstedt, K.: Die Verfassung der Aktiengesellschaft und der Organschaftsvertrag, in: DB, 10. Jg. (1957), S. 837–841

Ballerstedt, K.: Vertragsfreiheit und Konzentration, Rechtsprobleme einer Begründung und Bindung von Marktmacht, in: Konzentration in der Wirtschaft, Schriften des Vereins für Socialpolitik, Bd. 20/II, hrsg. v. H. Arndt, Berlin 1960, S. 839–869

Ballerstedt, K.: Gesellschaftsrechtliche Probleme der Unternehmenskonzentration, in: Konzentration in der Wirtschaft, Schriften des Vereins für Socialpolitik, Bd. 20/II, hrsg. von H. Arndt, Berlin 1960, S. 871–905

Bankmann, J.: Untergrenzen für die Abfindung ausscheidender Minderheitsaktionäre, in: DB, 21. Jg. (1968) S. 1410 f

Bar.: Die Konzentrationswelle rollt weiter, in FAZ, Nr. 38 v. 9.2.1971, S. 14

Bar.: Die Vermögenskonzentration hat sich verschärft, in FAZ, Nr. 170 v. 27.7.1971, S. 13

Bartke, G.: Die Bewertung von Unternehmungen und Unternehmungsanteilen, in ZfB, 32. Jg. (1962), S. 165–175

Bartke, G.: Die Methoden zur Ermittlung des Gesamtwertes einer Unternehmung, in: ZfB, 30. Jg. (1960), S. 736–745

Barz, C.H. (Hrsg.): Das Frankfurter Publizitätsgespräch, Frankfurt/M. 1962

Barz, C.H.: Beherrschungs- und Gewinnabführungsvertrag mit ausländischen Aktiengesellschaften, in: BB, 21. Jg. (1966), S. 1168

Baum, H.-P.: Gestaltung und Organisation der Führung und Leitung deutscher und britischer Konzerne, Diss. FU Berlin 1963

Baumbach-Hueck: Aktiengesetz, 13. Aufl. München–Berlin 1968

Baur, D.: Wertlose Dividendengarantie, in: W,17. Jg. (1969), S. 91–95

Becker, J.: Die Bestimmung der Verrechnungspreise für zwischenbetriebliche Leistungen als Problem der Betriebspraxis, in: ZfhF, 11. Jg. (1959), S. 493–514

Bender, K.: Aktienrechtsreform vom Standpunkt der Praxis, in: NJW, 12. Jg. (1959), S. 1402–1404

Bergsteiner, W.: Die Problematik der Gewinnverlagerungen bei internationalen Konzernen im handels- und steuerrechtlichen Jahresabschluß deutscher Konzernunternehmen, Diss. München 1968

Berndsen, R.: Wem gehören die deutschen Aktien? , in AG, 7. Jg. (1962), S. 213–218

Bernhardt, W.: Die Abfindung von Aktionären nach dem neuen Recht, in: BB, 21. Jg. (1966), S. 257–261

Beste, Th.: Möglichkeiten und Grenzen der Preispolitik in der Unternehmung, in: ZfbF, 16. Jg. (1964), S. 122–144
Beste, Th.: Artikel „Verrechnungspreis", in: HdB, Bd. IV, Stuttgart, 3. Aufl. 1962, Sp. 5806–5811
Beuthien, V.: Art und Grenzen der aktienrechtlichen Haftung herrschender Unternehmen für Leitungsmachtmißbrauch, in: DB, 22. Jg. (1962), S. 1781–1785
BFH (o.V.): Verdeckte Gewinnausschüttung oder Gegenleistung?, in: BB, 19. Jg. (1964), S. 1412 (BFH-U. v. 22.4.64 – I 62/61 U, BStBl 1964 III, S. 370)
BFH (o.V.): Zuwendungen an eine gemeinsame Unterstützungskasse, in: BB, 19. Jg. (1964), S. 1412 (BFH-U. v. 29.1.64 – I 209/62U)
BFH (o.V.): Urteil v. 1.2.1966 – I 121/63: Keine Organschaft mit Ergebnisausschlußvertrag bei nebengeordneten Kapitalgesellschaften, in: DB, 19. Jg. (1966), S. 925 f
BFH (o.V.): Urteil vom 29.1.1964 – I 209/62 U: Zur körperschaftssteuerlichen Beurteilung unterschiedlich hoher Zuwendungen einzelner Betriebe eines Konzerns an eine gemeinschaftliche Unterstützungskasse (Konzernkasse), in: DB, 17. Jg. (1964), S. 1761 f
BFH, Urteil I 194/59 v. 2.2.1960, in BB, 15. Jg. (1960), S. 731 f
BFH, Urteil I 220/64 v. 1.2.1967, in BStBl 1967, Teil III, S. 495–498
BFH, Urteil I 261/63 v. 16.3.1967, BStBl 1967 III, S. 626
BFH, Urteil I R/67 v. 19.3.1969, BStBl 1969 II, S. 497
BFH, Urteil IV R 144/66 v. 26.1.1970, in WPg. 23. Jg. (1970), S. 184–95
BGH: Urteil vom 30.3.1967, II, CR 141/64, in: DB, 20. Jg. (1967), S. 854
BGH: Urteil II ZR 53/69 v. 1.3.1971, in AG, 16. Jg. (1971), S. 153–56
Bidlingmaier, J.: Unternehmerische Zielkonflikte und Ansätze zu ihrer Lösung, in: ZfB, 38. Jg. (1968), S. 149–176
Biedenkopf, K.H./Koppensteiner, H.-J.: in Kölner Kommentar zum Aktiengesetz, Köln–Bonn–Berlin–München 1970/71/72 (Manuskript)
Birkholz, H.: Die gesetzlichen Vermutungen der §§ 17 und 18 AktG 1965, in: BB, 21. Jg. (1966), S. 960
Birzele: Leistungen von Schwester-Kapitalgesellschaften zu unangemessen niedrigen Preisen, in: DB, 15. Jg. (1962), S. 1668 f
Blencke: Gewinnrealisierung bei innerkonzernlichen Lieferungen, in: RGmbH, 50. Jg. (1959), S. 31 f
Blümich–Klein–Steinbring–Stutz: Kommentar zum Körperschaftssteuergesetz, Berlin–Frankfurt, 4. Aufl. 1965
Bock, F./Maas, E.: Die einkommen- und körperschaftssteuerliche Behandlung von verdeckten Zuwendungen zwischen Kapitalgesellschaften und ihren Gesellschaftern, in: Beilage zu FR, 16. Jg., (22/1961)
Boetius, J.: Konzernbildung durch Aktienpoolung?, in DB, 23. Jg. (1970), S. 1964 f
Böhm, H.-G.: Beeinflussung des Erfolgs und der Beschäftigung durch den Verrechnungspreis, in: ZfB, 24. Jg. (1954), S. 141–150
Bössmann, E.: Die Vorteile der Entscheidungstheorie für die unternehmerische Praxis, in: ZfgSt, Bd. 124 (1968), S. 233–248
Böttcher, C./Meilicke, H.: Umwandlung und Verschmelzung von Kapitalgesellschaften, 5. Aufl. 1958
Bolsenkötter, H.: Zum aktienrechtlichen Begriff des Unternehmens, in: DB, 20. Jg. (1967), S. 1098–1101
Bolsenkötter, H.: Das „Stuttgarter Verfahren" in betriebswirtschaftlicher Sicht, in:WPg, 22. Jg. (1969), S. 417–429
Borch, K.H.: Wirtschaftliches Verhalten bei Unsicherheit, München und Wien 1969
Brachvogel, G.: Leitungsmacht und Verantwortlichkeit im Konzern, Diss. München 1967
Brachvogel, G,: Aktiengesellschaft und Gesellschaftsgruppe im französischen Recht, Stuttgart 1971
Brandt, K.: Preistheorie, Bd. 1, Ludwigshafen 1960
Brauksiepe, J.: Der „außenstehende Aktionär" bei Beherrschungs- und Gewinnabführungsverträgen, in: BB, 21. Jg. (1966), S. 144–146
Brauksiepe, J.: Zum Unternehmensbegriff des neuen Aktienrechts, in: BB, 23. Jg. (1966), S. 869–872
Brede, H.: Die wirtschaftliche Beurteilung von Verwaltungsentscheidungen in der Unternehmung, Köln und Opladen 1968

Bredt, O.: Empfehlungen zur Bewertung von ganzen Unternehmungen, in: ZfbF, 21. Jg. (1969), S. 832 f
Bredt, O./Viel, J./Renard, M.: Die Bewertung von Unternehmungen und Unternehmungsanteilen, 2. Aufl. Stuttgart 1967
Brestel, H.: Wird 1970 ein besseres Börsenjahr? , in: FAZ Nr. 302 v. 31.12.1969, S. 17
Brockhoff, K.: Probleme und Methoden technologischer Vorhersagen, in ZfB, 39. Jg. (1969), 2. EG., S. 1–24
Brodmann, E.: Die Sanierung unseres Aktienwesens, Berlin und Leipzig 1931
Bröhl, K.: Der Kalkulationszinsfuß, Diss. Köln 1966
Brökelmann, H.: Beiträge zum Verwaltungs- und Rechnungswesen des Konzerns, Diss. Kiel 1938
Broschwitz: Der kalkulatorische Gewinn bei öffentlichen Aufträgen, in: DB, 18. Jg. (1965), S. 333–337
Broschwitz, J.: Bemessungsgrundlagen für den kalkulatorischen Gewinn bei öffentlichen Aufträgen, in: DB, 23. Jg. (1970), S. 261–267
Buchner, R.: Der Bericht des Vorstandes über Beziehungen zu verbundenen Unternehmen nach dem neuen deutschen Aktienrecht und seine betriebswirtschaftliche Problematik, in: ZfbF, 19. Jg. (1967), S. 32–41
Buchwald, B.: Die wirtschaftlichen Strukturwandlungen und die Reform des Aktienrechts, Gutachten, in Enquête-Ausschuß 1928, S. 89–125
Bühler, O.: Steuerrecht der Gesellschaften und Konzerne, 3. Aufl. Berlin–Frankfurt 1956
Bühlmann, H./Löffel, H./Nievergelt, E.: Einführung in die Theorie und Praxis der Entscheidung bei Unsicherheit, Berlin–Heidelberg–New York 1967
Bundesministerium der Justiz (Hrsg.), Referentenentwurf eines Aktiengesetzes, Köln 1958 (zit.: RefE)
Bundesministerium der Justiz (Hrsg.), Entwurf eines Aktiengesetzes und eines Einführungsgesetzes zum Aktiengesetz nebst Begründung, Bonn 1960 (zit.: RegE)
Bundesministerium der Justiz (Hrsg.), Referentenentwurf eines Gesetzes über Gesellschaften mit beschränkter Haftung, Köln 1969
Burchard, F.v.: Die Eingliederung einer von mehreren Aktionären beherrschten Aktiengesellschaft, in: AG, 7. Jg. (1962), S. 266–268
Burchard, F.v.: Diskussionsbeitrag, in: Zur großen Aktienrechtsreform, Hannover 1962, S. 86–88
Busse v. Colbe, W.: Der Zukunftserfolg. Die Ermittlung des künftigen Unternehmungserfolges und seine Bedeutung für die Bewertung von Industrieunternehmen, Wiesbaden 1957
Busse v. Colbe, W.: Objektive oder subjektive Unternehmungsbewertung? in: ZfB, 27. Jg. (1957), S. 113–125
Busse v. Colbe, W.: Die handelsrechtliche Umwandlungsbilanz von Kapitalgesellschaften, in: ZfB, 29. Jg. (1959), S. 599–614
Busse v. Colbe, W.: Zur Maßgeblichkeit des Börsenkurses für die Abfindung der bei einer Umwandlung ausscheidenden Aktionäre, in: Die AG, 9. Jg. (1964, S. 263–267
Busse v. Colbe, W.: Entwicklungstendenzen in der Theorie der Unternehmung, in: ZfB, 34. Jg. (1964), S. 615–627
Busse v. Colbe, W.: Planung der Betriebsgröße, Wiesbaden 1964
Busse v. Colbe, W.: Aufbau und Informationsgehalt von Kapitalflußrechnungen, in: ZfB, 36. Jg. (1966), 1. Ergänzungsheft, S. 82–114
Busse v. Colbe, W.: Die Unternehmungsbewertung als Investitionskalkül, in: Die Unternehmung, Schweizerische Zeitschrift für Betriebswirtschaft, 20. Jg. (1966), S. 49–61
Busse v. Colbe, W.: Prognosepublizität von Aktiengesellschaften, in: Beiträge zur Lehre der Unternehmung, Festschrift für K. Käfer, hrsg. von O. Angehrn und H.P. Künzi, Stuttgart 1968, S. 91–118
Busse v. Colbe, W.: Zum Informationswert von Konzernbilanzen, in: Betriebswirtschaftliche Information, Entscheidung und Kontrolle, Festschrift für H. Münstermann zum 70. Geb., hrsg. von Busse v. Colbe, W./Sieben, G, Wiesbaden 1969, S. 87–117
Busse v. Colbe, W./Ordelheide, D.: Konzernabschlüsse, Rechnungslegung für Konzerne nach betriebswirtschaftlichen und aktienrechtlichen Grundsätzen, Wiesbaden 1969
Bussmann, K.F.: Kartelle und Konzerne, Stuttgart 1963
Buwert, H.: Das Problem der Abfindung der ausscheidenden Aktionäre bei der erleichterten Umwandlung, in: Der WTr, 7. Jg. (1938), S. 145–148
Caflisch, S.: Die Bedeutung und die Grenzen der rechtlichen Selbständigkeit der abhängigen Gesellschaft im Recht der Aktiengesellschaft, Diss. Zürich 1961, Winterthur 1961

Cassier, S.C.: Wer bestimmt die Geschäftspolitik der Großunternehmen? , Frankfurt 1962
Claussen, C.P.: Konzerne vor der Entscheidung, in: VW, 20. Jg. (1966), S. 51–53
Claussen, C.P.: Die amerikanische SEC – ein Kind ihrer Zeit, in: FAZ vom 3.5.1968, Nr. 103, S. 19
Claussen, C.P.: Insider-Trading – ein heißes Eisen, in: FAZ vom 6.5.1968, Nr. 105, S. 16
Coenenberg, G.H.: Möglichkeiten des Wirtschaftlichkeitsvergleichs zwischen Eigenfertigung und Fremdbezug von Vorratsgütern, in ZfB, 37. Jg. (1967), S. 268–84
Coenenberg, G.H.: Unternehmensbewertung mit Hilfe der Monte-Carlo-Simulation, in ZfB, 40. Jg. (1970), S. 793–804
Commerzbank AG (Hrsg.), Wer gehört zu wem? , o.O., 6. Aufl. 1964, 7. Aufl. 1967, 8. Aufl. 1969
Cordes, W.: Preispolitik zur Erzielung optimaler Beschäftigung, in: ZfbF, 16. Jg. (1964), S. 145–157
Danert, G.: Preispolitik bei Voll- und Überbeschäftigung, in: ZfbF, 16. Jg. (1964), S. 158–167
Deringer, A.: Kooperation und Konzentration im Spannungsfeld von Wettbewerbs- und Gesellschaftsrecht, in: Kooperation und Konzentration im Gemeinsamen Markt, Köln–Bonn–Berlin–München 1968, S. 85–103
DBT, 3. Wahlperiode: Verhandlungen des Deutschen Bundestages, 134. Sitzung vom 7.12.1960, Stenographische Berichte, Bd. 48, Bonn 1961, S. 7638–7677 (= 1. Beratung des Aktiengesetzes 1965 durch den 3. DBT)
DBT, 4. Wahlperiode: Verhandlungen des Deutschen Bundestages, 17. Sitzung vom 23.2.1962, Stenographische Berichte, Bd, 50, Bonn 1962, S. 579–601 (= 1. Beratung des Aktiengesetzes 1965 durch den 4. DBT)
DBT, 4. Wahlperiode: Kurzprotokoll Nr. 12 der 12. Sitzung des Unterausschusses „Aktienrecht" des Rechtsausschusses vom 4.12.1963 (vervielfältigtes Manuskript)
DBT, 4. Wahlperiode: Ergebnis einer Untersuchung der Konzentration in der Wirtschaft, 29.2.1964, Drucksache IV/2320, in: Anlagen zu den Stenographischen Berichten, Bd. 91, Bonn 1965 (zit.: Enquete-Bericht 1964)
DBT, 4. Wahlperiode: Bericht der Bundesregierung an den Deutschen Bundestag über die Wettbewerbsverfälschungen, die sich aus Sitzverlagerungen und aus dem zwischenstaatlichen Steuergefälle ergeben können, 23.6.1964, in: Anlagen zu den Stenographischen Berichten, Bd. 92, Drucksache IV/2412, Bonn 1965 (zit.: Steueroasen-Bericht)
DBT, 4. Wahlperiode: Verhandlungen des Deutschen Bundestages, 184. Sitzung v. 19.5.1965, Stenographische Berichte, Bd. 58, Bonn 1965, S. 9210–9236, 9249–9280 (= 2. Beratung des Aktiengesetzes durch den 4. DBT)
DBT, 4. Wahlperiode: Änderungsantrag der Fraktion der SPD zur zweiten Beratung des Entwurfs des Aktiengesetzes und des Entwurfs eines Einführungsgesetzes zum Aktiengesetz, Umdruck 638, in: Stenographische Berichte, Bd. 58, Bonn 1965, S. 9277 f
DBT, 4. Wahlperiode: Verhandlungen des Deutschen Bundestages, 187. Sitzung vom 25.5.1965, Stenographische Berichte, Bd. 59, Bonn 1965, S. 9392–9416 (= 3. Beratung des Aktiengesetzes 1965 durch den 4. DBT)
Deutsch, P.: Verschmelzung, in: HdB, Bd. 4, 3. Aufl. Stuttgart 1962, Sp. 5832–5841
Deutsches Institut für Betriebswirtschaft und Institut für interne Revision (Hrsg.): Praktische Probleme im neuen Aktiengesetz, Berlin 1967 (zit.: DIfB)
Diederich, H.: Der Kostenpreis bei öffentlichen Aufträgen, Heidelberg 1961
DIfB s. Deutsches Institut . . .
DJT 1957: s. Verhandlungen
DJT 1967: s. Studienkommission
Dober, W.: Die Prüfung der Geschäftsführung der Genossenschaft durch die Kontrollstelle nach OR 906, in: Der Schweizer Treuhänder, Bd. 37 (1963), S. 113–116
Döllerer, G.: Gläubigerschutz und Aktionärschutz im neuen Aktienrecht – ein Scheingegensatz, in: BB, 21. Jg. (1966), S. 629–633
Döllerer, G.: Steuerliche Bemerkungen zum neuen Aktienrecht, in: DB, 20. Jg. (1967), S. 1261–63
Döllerer, G.: Fragen der verdeckten Gewinnausschüttung der Aktiengesellschaft, in: BB, 22. Jg. (1967), S. 1437–1446
Döllerer, G.: Aktienrecht und Steuerrecht, in WPg, 22. Jg. (1969), S. 323–340
Döllerer, G.: Rez. zu Niemann, U.: Probleme der Gewinnrealisierung innerhalb des Konzerns, Düsseldorf 1968, in: RGmbH, 60. Jg. (1969), S. 371 f

Döllerer, G.: Die Maßgeblichkeit der Handelsbilanz für die Steuerbilanz, in: BB, 24. Jg. (1969), S. 501–507
Dräger, Ch.: Der angemessene kalkulatorische Gewinn bei öffentlichen Auträgen, Diss. München 1964
Dreger, K.-M.: Probleme des Gläubigerschutzes im Konzern, Diss. Mannheim 1966
Dresdner Bank AG: Prospekt zum Bezug der neuen Aktien aus der Kapitalerhöhung 1969 und der 5 % Wandelschuldverschreibungen von 1969, in: Die Zeit, Nr. 26 v. 27.6.1969, S. 44–48
Dresdner Bank: Aktienreport, o.O. 1969,
Ds.: Hoechst bietet mehr, in: FAZ Nr. 284 v. 8.12.1969, S. 15
Duden, K.: Aktienrechtliche Fragen zur „Organschaft" mit einem Großaktionär, in: BB, 12. Jg. (1957), S. 49–51
Duden, K.: Die Dikussion über das Konzernrecht, in: BB, 12. Jg. (1957), S. 1230–1236
Duden, K.: Zum Referentenentwurf eines neuen Aktiengesetzes, in: BB, 13. Jg. (1958), S. 1101–1104
Duden, K.: Die Aktienrechtsreform, in: JJb, Bd. 3 (1962/63), S. 69–81
Duden, K.: „Umwandlung" und „Take over". Rechtsvergleichende Bemerkungen zum Urteil des BVerfGs über § 15 UmwG v. 12.11.1956, in: Vom deutschen zum europäischen Recht, Festschrift für Hans Tölle, Bd. I, Tübingen 1963, S. 435–449
Duden, K.: Über den Minderheitenschutz im deutschen Konzernrecht, in: Minderheitenschutz bei Kapitalgesellschaften, Karlsruhe 1967, S. 73–79
Dülfer, E.: Die Aktienunternehmung, Göttingen 1962
Dürrhammer, W.: Diskussionsbeitrag, in: ZfhF, 2. Jg. (1949), S. 309
Ehrt, R.: Die Zurechenbarkeit von Kosten und Leistungen auf der Grundlage kausaler und finaler Beziehungen, Stuttgart–Berlin–Köln–Mainz 1967
Eicke, U.: Der Ertrag bestimmt den Kurs, in: W, 16. Jg. (1968), S. 687–690
Eisenhofer, A.: Beteiligungen, der Erfolgsweg zu Wachstum und Diversifikation, Wiesbaden 1970
El.: Zur Angemessenheit von Pachtentgelten, in: DB, 20. Jg. (1967), S. 969 f
Elmemdorff, W.: Bewertung von Unternehmungsanteilen im Streubesitz, in: Die WPg, 17. Jg. (1966), S. 548–555
Elmemdorff, W.: Diskussionsbeitrag, in: Wirtschaftsprüfung im neuen Aktienrecht, Düsseldorf 1966, S. 131 f
En.: Konzernierung und verdeckte Gewinnausschüttung, in DB, 17. Jg. (1964), S. 788
En.: Saldierung und verdeckte Gewinnausschüttung, in DB, 18. Jg. (1965), S. 1421 f
Engels, W.: Zwei + Zwei = Fünf, in: VW, 24. Jg. (3/1970), S. 33–35
Engels, W.: Betriebswirtschaftliche Bewertungslehre im Lichte der Entscheidungstheorie, Köln und Opladen 1962
Engler, G.-W.: Vor Aktien wird gewarnt, München–Bern–Wien 1967
Enquête-Ausschuß 1928: s. Ausschuß . . .
Enquête-Bericht 1930: s. Ausschuß . . .
Enquête-Bericht 1964: s. DBT
Enßlin, G.: Bilanzierung von Ausgleichsforderungen und -verbindlichkeiten gemäß § 311 AktG – Abhängigkeitsverhältnis, in: DB, 21. Jg. (1968), S. 1190 f
Erlinghagen, P.: Der Organschaftsvertrag mit Ergebnisausschlußklausel im Aktienrecht, Marburg 1960
Eßer, J.: Die Bedeutung von Verrechnungspreisen in betriebswirtschaftlicher, handelsrechtlicher und steuerrechtlicher Hinsicht, in: AG, 6. Jg. (1961), S. 170–173
Everling, W.: Interne Konzernbeziehungen, Diss. Berlin 1957
Everling, W.: Konzerne und rechtseinheitlich gegliederte Unternehmungen, in: DB, 14. Jg. (1961), S. 1557–1559
Everling, W.: Die Bedeutung der internen Preisbildung für die Aussagefähigkeit von Bereichsergebnissen, in: BFuP, 14. Jg. (1962), S. 557–566
Everling, W.: Interne Preisbildung bei Lieferung gleicher Erzeugnisse an externe und interne Abnehmer, in: BFuP, 15. Jg. (1963), S. 446–455
Everling, W.: Der Verbundeffekt und seine Erfassung, in: BFuP, 15. Jg. (1963), S. 203–214
Everling, W.: Eigenfertigung oder Fremdbezug? , in: DB, 18. Jg. (1965), S. 1489–1493
Everling, W.: Bezugszwang bei Schwesterwerken oder freie Lieferantenwahl? , in: BFuP, 21. Jg. (1969), S. 107–114
EWG-Kommission: S. Kommission . . .

v. Falkenhausen, B. Frh.: Verfassungsrechtliche Grenzen der Mehrheitsherrschaft nach dem Recht der Kapitalgesellschaften (AG und GmbH), Berkeley–Kölner Rechtsstudien, Kölner Reihe, Bd. 9, Karlsruhe 1967
v. Falkenhausen, G.: Fragen zur Konzernfinanzierung, in: ZfhF, 5. Jg. (1953), S. 168–182
Fasold, R.W.: Unterpreis-Berechnungen bei Betriebsaufspaltungen, in DB, 14. Jg. (1961), S. 386–389
Felix, G.: Körperschaftssteuerliche Beurteilung sog. „Regiekosten" international tätiger Konzerne, in: StuW, 41.Jg. (1964), Sp. 19–32
Ferri, G.: Diskussionsbeitrag, in: Minderheitenschutz bei Kapitalgesellschaften, Karlsruhe 1967, S. 86–91
Fettel, J.: Marktpreis und Kostenpreis, Meisenheim a. Glan, 1962
Filbinger, H.: Die Schranken der Mehrheitsherrschaft im Aktienrecht und Konzernrecht, Berlin 1942 = Neue deutsche Forschungen, Abteilung bürgerliches Recht, Handelsrecht und Wirtschaftsrecht, Bd. 12 der Gesamtreihe
Fischer, C.E.: Rechtsschein und Wirklichkeit im Aktienrecht, Rechtspolitische Betrachtungen in einer Reform des Aktiengesetzes, in: AcP, Bd. 154 (1955), S. 85–120
Fischer, C.E.: Die Reform des Aktiengesetzes, Grundsätzliche Gesichtspunkte und einige Vorschläge für die Neufassung, in: AcP, Bd. 154 (1955), S. 181–242
Fischer, C.E.: Halbe Maßnahmen im neuen Konzernrecht, in: Die Zeit, Nr. 2 v. 9.1.1959, S. 11
Fischer, C.E.: Die Unternehmens-Konzentration als Gegenstand wirtschaftsordnender, gesellschaftsrechtlicher und steuerlicher Gesetzgebung, Bonn 1960
Fischer, R.: Der Minderheitenschutz im deutschen Aktienrecht, in: Minderheitenschutz bei Kapitalgesellschaften, Karlsruhe 1967, S. 59–71
Flauger, E.: Verdeckte Gewinnausschüttung und das Problem ihrer Erfaßbarkeit, Diss. Köln 1958
Flechtheim: Die Strukturwandlungen der Wirtschaft und das Aktienrecht, Gutachten, in: Enquête-Ausschuß 1928, S. 5–43
Fleischer, A./Mundheim, R.H.: Corporate Acquisition By Tender Offer, in: University of Pennsylvania Law Review, Vol. 115 (3/1967), S. 317–370
Flume, W.: Die abhängige Aktiengesellschaft und die Aktienrechtsreform, in: DB, 12. Jg. (1959), S. 190–196
Flume, W.: Grundfragen der Aktienrechtsreform, Bemerkungen zu dem Regierungsentwurf eines Aktiengesetzes, Düsseldorf 1960
Flume, W.: Diskussionsbeitrag, in: Das Frankfurter Publizitätsgespräch, Frankfurt 1962, S. 183–189
Flume, W.: Die konzernrechtliche Gestaltung im Aktienrecht, in: Zur großen Aktienrechtsreform, Hannover 1962, S. 65–77
Flume, W.: Diskussionsbeitrag, in: Zur großen Aktienrechtsreform, Hannover 1962, S. 88–92
Flume, W.: Die Forderung der Gewerkschaften auf Erweiterung der qualifizierten Mitbestimmung, in: DB, 20. Jg. (1967), S. 294–301
Flume, W.: Abfindung der sog. außenstehenden Aktionäre bei Abschluß eines Beherrschungsvertrages, in: DB, 22. Jg. (1969), S. 1047–1049
Forster, K.-H.: Neue Pflichten des Abschlußprüfers nach dem Aktiengesetz von 1965, in: WPg, 18. Jg. (1965), S. 585–605
Fr.: Nordstern Allgemeine und Leben schließen einen Beherrschungsvertrag, in W, 14. Jg. (1966), Frankfurter Publizitätsgesetz: s. Barz S. 37
Frankenberg, Ph.: Die konzernmäßige Abhängigkeit, Diss. Zürich 1937
Frischmuth, G.: Daten als Grundlage für Investitionsentscheidungen, Berlin 1969
Fröhlich, E.: Die verdeckte Gewinnausschüttung, München 1968
Gäfgen, G.: Theorie der wirtschaftlichen Entscheidung, 2. Aufl. Stuttgart 1968
Gasser, Ch.: Die Organisation amerikanischer Konzerne, in: ZfhF, 5. Jg. (1953), S. 182–96
Gassner, B.: Bewertung von Minderheitsanteilen, in: DB, 22. Jg. (1969), S. 898 f
Gater, R.: Zentralisierung und Dezentralisierung in ihren Auswirkungen auf die Anpassungsfähigkeit der Unternehmungen, in: Dynamische Betriebsführung, Berlin 1959, S. 104–117
Gaube, H.: Verrechnungspreise, in: Dynamische Betriebsführung, hrsg. von der Deutschen Gesellschaft für Betriebswirtschaft, Berlin 1959, S. 226–30
Gefromm, E.: Das Eigentum am Kapital der deutschen Aktiengesellschaften, in: Wirtschaft und Statistik, 18. Jg. (1966), S. 94–97
Geiler, K.: Die wirtschaftlichen Strukturwandlungen und die Reform des Aktienrechts, Gutachten, in: Enquête-Ausschuß 1928, S. 52–87

Gerfin, H.: Langfristige Wirtschaftsprognose, Tübingen–Zürich 1964

Gerster, M.: Bewertung und Preisstellung für Zulieferungen unter Konzernfirmen, in BWM v. 25.2.1968, S. 159–162

Geßler, E.: Die Wirtschaftsprüfer als Garanten aktienrechtlicher Publizität, in: WPg, 9. Jg. (1956), S. 463–465

Geßler, E.: Der Schutz der abhängigen Gesellschaft, in: Aktuelle Probleme aus dem Gesellschaftsrecht und anderen Rechtsgebieten, Festschrift für W. Schmidt zum 70. Geb., hrsg. von B. Samson, Berlin 1959, S. 247–278

Geßler, E.: Diskussionsbeitrag, in: Unternehmer und Wirtschaftsprüfer mit dem Blick in die Zukunft, Bericht über die Fachtagung des IdW am 4./5.6.59 in Stuttgart, Düsseldorf 1960, S. 82–84

Geßler, E.: Rez. zu Wiethölter, R.: Interessen und Organisation der Aktiengesellschaft im amerikanischen und deutschen Recht, in: BB, 16. Jg. (1961), S. 1135 f

Geßler, E.: Prüfungsrechte gegenüber anderen Unternehmen?, in: WPg, 17. Jg. (1964), S. 400–404

Geßler, E.: Diskussionsbeitrag, in: Entwicklungstendenzen des Handels- und Steuerrechts, Bericht über die Fachtagung des IdW am 30./31.1.1964, Düsseldorf 1964, S. 46–47

Geßler, E.: Probleme des neuen Konzernrechts, in: DB, 18. Jg. (1965) S. 1691–1696, S. 1729–1731

Geßler, E.: Vollendete oder nur begonnene Aktienrechtsreform?, in: AG, 10. Jg. (1965) S. 343–348

Geßler, E.: Das neue Aktienrecht, in: BB, 20. Jg. (1965), S. 677–683

Geßler, E.: Probleme und Wege der Aktienrechtsreformen, in: Juristische Blätter, 88. Jg. (1966), S. 169–179

Geßler, E.: Die Rechtsverhältnisse verbundener Unternehmen, in: NB, 19. Jg. (7/8 1966), S. 198–202

Geßler, E.: Stellungnahme zu Albach, H.: Die Rechtsverhältnisse verbundener Unternehmen, in: NB, 19. Jg. (1966), S. 207

Geßler, E.: Aktuelle gesellschaftsrechtliche Probleme, in: DB, 19. Jg. (1966), S. 215–221

Geßler, E.: Diskussionsbeitrag, in: Minderheitenschutz bei Kapitalgesellschaften, H. 2 der Hefte für den Gedankenaustausch zwischen deutschen und italienischen Juristen e.V., Karlsruhe 1967, S. 92–97

Geßler, E.: Entwicklungstendenzen im Gesellschaftsrecht, in: BB, 23. Jg. (1968), S. 717–722

Geßler, E.: Europäisches Gesellschaftsrecht am Scheideweg?, in: DB, 22. Jg. (1969), S. 1001–1008

Geßler, E.: Faktische Konzerne?, in: Recht und Rechtsleben in der sozialen Demokratie, Festgabe für O. Kunze zum 65. Geb., Berlin 1969, S. 159–175

Gessler, J.H.: Aktiengesetz, 2. Aufl. Frankfurt 1969

Gerfin, H.: Langfristige Wirtschaftsprognose, Tübingen–Zürich 1964

Girgensohn, W.: Der Minderheitenschutz im Entwurf des neuen Aktiengesetzes, in: AG, 4. Jg. (1959), S. 29–33

Glade, A.: Verdeckte Gewinnausschüttungen zwischen Schwestergesellschaften, in: RGmbH, 54. Jg. (1963), S. 81–85

Glade, A.: Die einkommen- und körperschaftssteuerliche Behandlung von verdeckten Zuwendungen zwischen Kapitalgesellschaften und ihren Gesellschaftern, Beilage in: FR, 21. Jg. (1/1966)

Gaube, H.: Verrechnungspreise, in: Dynamische Betriebsführung, hrsg. von der Deutschen Gesellschaft für Betriebswirtschaft, Berlin 1959, S. 226–230

v. Godin-Wilhelmi: Aktiengesetz vom 6. September 1965, Kommentar, 3. Aufl. Berlin 1967

Goerdeler, R.: Diskussionsbeitrag, in: Wirtschaftsprüfung im neuen Aktienrecht, Düsseldorf 1966, S. 125–126

Goerdeler, R.: Geschäftsbericht, Konzerngeschäftsbericht und „Abhängigkeitsbericht" aus der Sicht des Wirtschaftsprüfers, in: WPg, 19. Jg. (1966), S. 113–126

Graf, H.: Zur Problematik des „Abhängigkeitsberichts" nach dem neuen Aktienrecht, insbesondere bei faktischen Einflußmöglichkeiten durch zwei Obergesellschaften, in: BFuP, 20. Jg. (1968), S. 94–102

Grochla, E.: Die Kalkulation von öffentlichen Aufträgen, Berlin 1954

Grochla, E.: Betriebsverbindungen, Berlin 1969

Großfeld, B.: Aktiengesellschaft, Unternehmenskonzentration und Kleinaktionäre, Stuttgart 1968

Gümbel, R.: Die Bedeutung der Gewinnmaximierung als betriebswirtschaftliche Zielsetzung, in: BFuP, 16. Jg. (1964), S. 71–81
Günther, W.: Grenzen der Mehrheitsmacht im Aktienrecht bei der verschmelzenden Umwandlung auf den Hauptgesellschafter, Diss. Tübingen 1964
Gutenberg, E.: Unternehmensführung, Organisation und Entscheidungen, Wiesbaden 1962
Gutenberg, E.: Grundlagen der Betriebswirtschaftslehre, Bd. I: Die Produktion, 14. Aufl. Berlin–Heidelberg–New York 1968
Gutenberg, E.: Grundlagen der Betriebswirtschaftslehre, Bd. II: Der Absatz, 11. Aufl. Berlin–Heidelberg–New York 1968
Gutenberg, E.: Grundlagen der Betriebswirtschaftslehre, Bd. III: Die Finanzen, 4. Aufl. Berlin–Heidelberg–New York 1970
Haar, A.: Die Konzernbilanz (konsolidierte Bilanz) (consolidated balance sheet), in: Die Bilanzen der Unternehmungen, Bd. II, Festgabe für J. Ziegler, hrsg. von K. Meithner, Wien 1933, S. 155–202
Haas, Ch.· Unsicherheit und Risiko in der Preisbildung, Köln–Berlin–Bonn–München 1965
Haas, G.: Steuerbedingte Gewinnarbitrage und internationale Unternehmensgestaltung, in: Empirische Betriebswirtschaftslehre, Festschrift für L. L. Illetschko, hrsg. von E. Loitlsberger, Wiesbaden 1963, S. 51–63
Hachenburg, M.: Die Beziehungen zwischen dem geltenden Aktienrecht und der heutigen deutschen Wirtschaft, Gutachten, in: Enquête-Ausschuß 1928, S. 44–51
Hahn, D.: Gliederung und Bewertung des Vorratsvermögens im Einzel- und konsolidierten Jahresabschluß, unter besonderer Berücksichtigung des Regierungsentwurfs eines Aktiengesetzes, Diss. Berlin 1962
Hahn, D.: Handels- und steuerrechtliche Zulässigkeit von Konzernverrechnungspreisen, in: BFuP, 17. Jg. (1965), S. 342–357, S. 438–449
Hahn, D.: Aktien- und steuerrechtliche Aspekte zur Wahl der Durchführungsart externer Unternehmensvergrößerung, in: Zur Besteuerung der Unternehmung, Festschrift für P. Scherpf, Berlin 1968, S. 369–404
Hahnhäuser, C.-D.: Verdeckte Gewinnausschüttung an Nicht-Gesellschafter, Düsseldorf 1965
Hansen, H.: Die Aktiengesellschaften im Jahre 1970, in AG, 16. Jg. (1971), S. 148 f
Hardach, F.W.: Die „einheitliche Leitung" von Konzernen, in: ZfhF, 13. Jg. (1961), S. 713–737
Harder, U.: Pflichtprüfung und verdeckte Gewinnausschüttung, in: Prüfung und Besteuerung der Betriebe, Festschrift für W. Eich zu seinem 70. Geb., Berlin 1959, S. 61–87
Harder, U.: Bilanzpolitik, Wiesbaden 1962, S. 152–185
Harms, W.: Konzerne im Recht der Wettbewerbsbeschränkungen,, Köln–Berlin–Bonn–München 1968
Hartmann, G.: Konzernrecht und Aktienrechtsreform, in: Marburger Aussprache zur Aktienrechtsreform, Marburg 1959, S. 53–67
Haussmann, F.: Grundlegung des Rechts der Unternehmenszusammenfassung, Mannheim–Berlin–Leipzig 1926
Havermann, H.: Die verbundenen Unternehmen und ihre Pflichten nach dem Aktiengesetz 1965, in: WPg, 19. Jg. (1966), S. 30–41, S. 66–73, S. 90–99
Havermann, H.: Leasing, Düsseldorf 1965
Hax, H.: Der Einfluß der Investitions- und Ausschüttungspolitik auf den Zukunftserfolgswert der Unternehmung, in: Betriebswirtschaftliche Information, Entscheidung und Kontrolle, Festschrift für H. Münstermann zum 70. Geb., hrsg. von Busse v. Colbe, W./Sieben, G., Wiesbaden 1969, S. 361–380
Hax, H.: Die Koordination von Entscheidungen. Ein Beitrag zur betriebswirtschaftlichen Organisationslehre, Köln–Berlin–Bonn–München 1965
Hax, K.: Betriebswirtschaftliche Aspekte der Konzentration, in: Die Konzentration in der Wirtschaft, Schriften des Vereins für Socialpolitik, NF, Bd. 22, Berlin 1961, S. 61–98
Hax, K.: Aktienrechtsreform und Publizität der Unternehmungen, in: Zur großen Aktienrechtsreform, Hannover 1962, S. 93–113
Hax, K.: Die langfristigen Finanzdispositionen, in: HdW, Bd. 1, Betriebswirtschaft, 2. Aufl. Köln und Opladen 1966, S. 453–489
Hax, K.: Betriebswirtschaftliche Deutung der Begriffe „Betrieb" und „Unternehmung", in: Recht und Rechtsleben in der sozialen Demokratie, Festgabe für O. Kunze zum 65. Geb., Berlin 1969, S. 109–126
Hecker, B.: Vollkostenrechnung mit gesonderten Fixkostenbeiträgen. Eine weitere Stellungnahme zu dem gleichnamigen Aufsatz von Prof. Dr. F. Henzel, in: ZfB, 37. Jg. (1967), S. 783–788

Heckmann, N./Plein, W.: Investition und Risiko, in: ZfbF, 20. Jg. (1968), S. 760–85
Hefermehl, W.: Beurteilung von Fusionen und Konzernbildungen nach Art. 85 und 86 des EWG-Vertrages, in: Festschrift für H.C. Nipperdey zum 70. Geb., Bd. II, München 1965, S. 771–795
Hefermehl, W.: Unternehmenszusammenschlüsse im Lichte der Art. 85 und 86 des Vertrages über die Europäische Wirtschaftsgemeinschaft, in: Kooperation und Konzentration im Gemeinsamen Markt, Köln–Berlin–Bonn–München 1968, S. 59–77
Heigl, A.: Die Bewertung von Unternehmungen und Unternehmungsanteilen, in: ZfB, 32. Jg. (1962), S. 513–528
Heigl, A.: Der aktienrechtliche Prüfungsauftrag beim Abhängigkeitsbericht und die Prämissen für die Auftragserfüllung, in: ZfR, 14. Jg. (1968), S. 1–4, S. 27–32
Heinen, E.: Reformbedürftige Zuschlagskalkulation, in: ZfhF, 10. Jg. (1958), S. 1–27
Heinen, E.: Konzentration und Kosten, in: Konzentration in der Wirtschaft, Schriften des Vereins für Socialpolitik, Bd. 20/III, hrsg. von H. Arndt, Berlin 1960, S. 1633–1659
Heinen, E.: Die Zielfunktion der Unternehmung, in: Zur Theorie der Unternehmung, Festschrift zum 65. Geb. von E. Gutenberg, Wiesbaden 1962, S. 9–71
Heinen, E.: Das Zielsystem der Unternehmung, Wiesbaden 1966
Heinen, E.: Handelsbilanzen, 4. Aufl. Wiesbaden 1968
Henninger, F.: Zur innerkonzernlichen Gewinnverwirklichung, in: BB, 13. Jg. (1958), S. 832 f
Henninger, F.: Verdeckte Gewinnausschüttungen bei Betriebsaufspaltungen, in: RGmbH, 59. Jg. (1968), S. 251–255
Henzel, F.: Vollkostenrechnung mit gesonderten Fixkostenbeiträgen, in: ZfB, 37. Jg. (1967), S. 485–502
Henzel, F.: Die Kostenrechnung, 4. Aufl. Essen 1964
Henzler, R.: Ergebnisfeststellung und Ergebnisvergleich bei Genossenschaften, in: Vorträge und Aufsätze des Instituts für Genossenschaftswesen der Universität Münster, H. 12, Karlsruhe 1966, S. 9–20
Hertlein, A.: Fusion von Unternehmungen, in: HdSW, Bd. 4, Stuttgart–Tübingen–Göttingen 1959, S. 196–199
Heuer, G.: Verdeckte Gewinnausschüttungen bei Betriebsverpachtungen, in: RGmbH, 50. Jg. (1959), S. 212–214
Heuer, G.: Verdeckte Gewinnausschüttungen bei Miet- und Pachtverhältnissen zwischen Gesellschaft und Gesellschafter, in: DB, 14. Jg. (1961), S. 329 f
Heun, W.: Zur Frage der angemessenen Abfindung der bei der Umwandlung ausscheidenden Minderheitsaktionäre, in: WTr, 7. Jg. (1938), S. 220–223
Hintner, O.: Das Verhältnis von Wirtschaftsprüfung und Betriebsführung, in: Probleme der Betriebsführung, Festschrift zum 65. Geb., von Otto R. Schnutenhaus, hrsg. von C.W. Meyer, Berlin 1959, S. 277–293
Hintner, O.: Unternehmensbewertung und Bewertungsgesetz, in: Zur Besteuerung der Unternehmung, Festschrift für P. Scherpf, Berlin 1968, S. 205–222
Hintner, O.: Wertpapierbörsen, Wiesbaden 1961
Hofmann, E.M.: Wandlungen und Tendenzen in der Machtstellung und Zusammensetzung der Verwaltung privater Aktiengesellschaften, Veröffentlichung der Handels-Hochschule St. Gallen, Reihe A, hrsg. von F.W. Bürgi, E. Gsell, A. Jöhr, Th. Keller, H. 39, Zürich und St. Gallen 1954
Hofmann, G.: Die Bedeutung der optimalen Geltungszahl für die Verrechnungspreise im Konzern, Diss. Tübingen 1958
Hohensee-Bellstedt: Die Besteuerung international verflochtener Gesellschaften, 2. Aufl. Köln 1970
Horn, A.: Zum Mitverwaltungs- und Kontrollrecht der Aktionäre, in: AG, 14. Jg. (1969), S. 369–374
Hornef, H.: Diskussionsbeitrag, in: Wirtschaftsprüfung im neuen Aktienrecht, Düsseldorf 1966, S. 121–124
Huffschmid, J.: Die Politik des Kapitals. Konzentration und Wirtschaftspolitik in der Bundesrepublik, 3. Aufl. Frankfurt 1970
Huppert, W.: Internationale Industriekonzerne, Berlin 1966
Huppert, W.: Unternehmensbewertung zur Abfindung außenstehender Aktionäre, in: Zeitschrift für das gesamte Kreditwesen, 23. Jg. (1970), S. 316–322
IdW (Hrsg.): Bericht über die 8./9. Arbeitstagung der Wirtschaftsprüfer 1965/66, Düsseldorf 196 (als Manuskript gedruckt)

IdW: Hauptfachausschuß, Sonderausschuß zum neuen Aktienrecht, Stellungnahme 6/1966, Zum Bericht des Vorstandes über Beziehungen zu verbundenen Unternehmen (Abhängigkeitsbericht nach § 312 AktG 1965), in: WPg, 19. Jg. (1966), S. 678 f

IdW: Stellungnahme NA 4 (1968): Zur Widerlegung der Abhängigkeitsvermutung nach § 17 II AktG, in: WPg, 21. Jg. (1968), S. 262 f

IdW-Arbeitskreis Unternehmensbewertung: Angemessene Abfindung und angemessener Ausgleich im Aktienrecht, in: WPg, 22. Jg. (1969), S. 129–133

IdW (Hrsg.): Unternehmensführung und Unternehmensberatung: Berichte über die Fachtagung 1969 des IdW in Deutschland e.V., Düsseldorf 1969

Isaac, A.: Unternehmensverflechtung und Bilanzrevision, in: Der Wirtschaftsprüfer, 1. Jg. (1932), S. 380–384

Internal Revenue Code, § 1.482-1-2, in: National Archives of the US, Washington, Federal Register, Vol. 33, Nr. 74 v. 16.4.1968, S. 5848–5859, 6290

Internal Revenue Service, § 1.482-1-2, in: National Archives of U.S., Federal Register, Vol. 31, No. 148, part 3, 1. und 2.8.1966, Allocation of Income and Deductions among Taxpayers, Determination of Sources of Income; Notice of Propose Rule Making, Washington 1966, S. 10394–10406, S. 10643

Isaac, A.: Unternehmensverflechtung und Bilanzrevision, in: Der Wirtschaftsprüfer, 1. Jg. (1932), S. 380–384

Jacob, H.: Zum Problem der Unsicherheit bei Investitionsentscheidungen, in: ZfB, 37. Jg. (1967), S. 153–187

Jacob, H.: Der Zukunftserfolgsbegriff und die Verfahren der Unternehmungsbewertung, in: ZfB, 31. Jg. (1961), S. 231–246

Jacob, H.: Die Methoden zur Ermittlung des Gesamtwertes einer Unternehmung, in: ZfB, 30. Jg. (1960), S. 131–147, S. 209–222

Jacob, H.: Preispolitik, Wiesbaden 1963

Jäckel, G.: Die Unabhängigkeit der Abschlußprüfer bei der Pflichtprüfung von Aktiengesellschaften der „öffentlichen Hand", Hamburg 1960

Jaensch, G.: Wert und Preis der Unternehmung, Köln und Opladen 1966

Jaensch, G.: Empfehlungen zur Bewertung ganzer Unternehmungen, in: ZfbF, 21. Jg. (1969), S. 643–655

Jaensch, G.: Empfehlungen zur Bewertung von ganzen Unternehmungen, in: ZfbF, 22. Jg. (1970), S. 336–343

Jagenburg, W.: Aktienrecht als Organisationsrecht, in: AG, 10 Jg. (1965), S. 156–168

Janberg, H./Schlaus, W.: Abstimmungsverträge nach neuem Aktienrecht unter Berücksichtigung des Rechts der verbundenen Unternehmen, in: AG, 12. Jg. (1967), S. 33–39

Jennings, R.W.: Insider-Geschäfte nach Rule 10(b)-5 der Vorschriften über die Security-Exchange Commission, in: ZHR, Bd. 132 (1969), S. 1–34

Jenkins-Report: s. Stationary Office

Käfer, K.: Substanz und Ertrag bei der Unternehmensbewertung, in: Betriebswirtschaftliche Information, Entscheidung und Kontrolle, Festschrift für H. Münstermann zum 70. Geb., hrsg. von Busse v. Colbe, W./Sieben G., Wiesbaden 1969, S. 297–357

Kandlbinder, H.K.: Renditen – einst und heute, in: Zeitschrift für das gesamte Kreditwesen, 13. Jg. (1960), S. 696–700, S. 749–752

Kantzenbach, E.: Die Funktionsfähigkeit des Wettbewerbs, Wirtschaftspolitische Studien aus dem Institut für Europäische Wirtschaftspolitik der Universität Hamburg, 2. Aufl. Göttingen 1967

Karoli, R.: Die Stellung des Abschlußprüfers nach dem künftigen Aktienrecht, in: WPg, 17. Jg. (1964), S. 394–399

Kellmann, Ch.: Schadensersatz und Ausgleich im Faktischen Konzern, in BB, 24. Jg. (1969), S. 1509–18

Kern, W.: Die Gewinnverlagerung als Problem unternehmerischer Entscheidungen unter Berücksichtigung der Besonderheiten im Konzern, Diss. Frankfurt 1964

KG Berlin: Urteil vom 28.4.1964, in: Die AG, 9. Jg. (1964), S. 217–221

KG Berlin: Urteil 1 W 2982/69 v. 15.12.1970, in: WPg, 24. Jg. (1971), S. 212–21

Kicherer, H.-P.: Kummer mit der Unabhängigkeit, in: VW, 23. Jg. (16/1969), S. 38–42

Kilger, W.: Flexible Plankostenrechnung, 3. Aufl. Köln und Opladen 1967

Kilger, W.: Entscheidungskriterien zur Wahl zwischen Eigenerstellung und Fremdbezug, in: Das Rechnungswesen als Instrument der Unternehmungsführung, hrsg. von Busse v. Colbe, W., Gütersloh 1969, S. 75–121

Kilger, W.: Die Verrechnung von Material-, Verwaltungs- und Vertriebsgemeinkosten in Kalkulationen zur Bestimmung von Selbstkostenpreisen für Auträge mit atypischer Kostenstruktur, in: ZfB, 39. Jg. (1969), S. 475–496
Killius, J.: US-Richtlinien über Verrechnungspreise in Konzernen, in: FR, 23. Jg. (1968), S. 181–183
Kindermann, H.-H.: Der Einfluß des Börsenkurses auf die angemessene Abfindung nach § 12 UmwG, in: Die AG, 9. Jg. (1964), S. 178–181
Kirsch, Guy: Manager – Herrscher ohne Auftrag? Die Legitimationsgrundlagen der Managerherrschaft, Köln 1969
Klose, H.: Der Referentenentwurf eines Aktiengesetzes in der Sicht des Vorstandes der Schutzvereinigung für Wertpapierbesitz, in: AG, 4. Jg. (1959), S. 85–89
Klussmann, G.: Einzelfragen zu Inhalt und Gliederung des Abhängigkeitsberichts nach § 312 AktG, in: DB, 20. Jg. (1967), S. 1487–1489
Knoppe, H.: Pachtzins bei Betriebsaufspaltungen, in: FR, 17. Jg. (1962), S. 80 f
Knoppe, H.: Lizenzverträge und verdeckte Gewinnausschüttung, in: DB, 20. Jg. (1967), S. 1117–1120
Knorr, E.: Zur Bewertung von Unternehmungen und Unternehmungsanteilen, in: Die Unternehmung bei wachsender Integration der Märkte, hrsg. von der Deutschen Gesellschaft für Betriebswirtschaft, Berlin 1965, S. 224–233
Koberstein, G.: Unternehmungszusammenschlüsse, Essen 1955
Koberstein, G.: Das Rechnungswesen des Konzerns, Freiburg i. Br. 1949
Koch, H.: Die Diskussion um die Ungewißheit, in ZfhF, 12. Jg. (1960), S. 49–75
Koch, H.: Grundprobleme der Kostenrechnung, Köln und Opladen 1966
Koch, H.: Über eine allgemeine Theorie des Handelns, in: Zur Theorie der Unternehmung, Festschrift zum 65. Geb. von E. Gutenberg, Wiesbaden 1962, S. 367–423
Koch, H.: Probleme der Investitionsplanung, in: ZfB, 39. Jg. (1969), S. 761–78
Koch, H.: Grundprobleme der Kostenrechnung, Köln und Opladen 1966
Koehler, W.: Der Referentenentwurf eines Aktiengesetzes, in: JZ, 14. Jg. (1959), S. 73–76, S. 110–114
Kolbe, K.: Theorie und Praxis des Gesamtwertes und Geschäftswertes der Unternehmung, 3. Aufl. Düsseldorf 1967
Kolbeck, R.: Leasing als finanzierungs- und investitionstheoretisches Problem, in: ZfbF, 20. Jg. (1968), S. 787–797
Kommission der Europäischen Gemeinschaften: Vorschlag einer Verordnung des Rates über die Satzung einer Europäischen Aktiengesellschaft, Durcksache VI/1109 des 6. DBT v. 19.8.1970 (zit.: EWG-Kommission)
Koppenberg, H.J.: Bewertung von Unternehmen, Höchstrichterliche Entscheidungen nach dem Umwandlungsgesetz, Düsseldorf 1964
Koppensteiner, H.J.: Unternehmergemeinschaften im Konzerngesellschaftsrecht, in: ZHR, Bd. 131 (1968), S. 289–329
Kosiol, E.: Grundfragen der Konzernierung, in: Die Betriebswirtschaft, 31. Jg. (1938), S. 153–159
Kosiol, E.: Zur Problematik der Planung in der Unternehmung, in: ZfB, 37. Jg. (1967), S. 77–96
Kosiol, G.: Kostenrechnung und Kalkulation, Berlin 1969
Kpk: Die Unternehmenszusammenschlüsse häufen sich, in: FAZ, Nr. 272 v. 24.11.1969, S. 13, 15
Krähe, W.: Quoten und Quotenhandel, in: BFuP, 18. Jg. (1966), S. 669–678
Krämer, H.: Die Finanzpolitik westdeutscher Konzerne der Elektroindustrie, der chemischen Industrie und des Kohle–Eisen–Stahlbereichs von 1950–1959, Nürnberger Abhandlungen zu den Wirtschafts- und Sozialwissenschaften, H. 13, Berlin–München 1961
Krämer, H.: Konzernbeherrschung und Konzerngestaltung aus der Sicht der beherrschenden Unternehmung, in: Der Betrieb in der Unternehmung, Festschrift für W. Rieger zu seinem 85. Geb., hrsg. von J. Fettel und H. Linhardt, Stuttgart 1963, S. 256–267
Krause, W.: Der Wertumlauf im Industriekonzern, Diss. München 1939
Kreis, H.: Verrechnungspreisprobleme in Konzernen, in: Der WTr, 4. Jg. (1935), S. 500–504
Krelle, W.: Unsicherheit und Risiko in der Preisbildung, in: ZfgSt, Bd. 113 (1957), S. 632–677
Krelle, W.: Preistheorie, Tübingen–Zürich 1961
Krelle, W. (unter Mitarbeit von D. Coenen): Präferenz- und Entscheidungstheorie, Tübingen 1968
Kretschmer, H.-J.: Angemessene Abfindung und angemessener Ausgleich im Aktienrecht, in: WPg, 22. Jg. (1969), S. 248–250

Kreyszig, E.: Statistische Methoden und ihre Anwendung, 2. Aufl. Göttingen 1967
Krollmann, H.: Grundlagen der verdeckten Gewinnausschüttung, in: AG, 7. Jg. (1962), S. 296–309
Kronstein, H.: Die abhängige juristische Person, München–Berlin–Leipzig 1931
Kronstein, H.: Die Anwendbarkeit der §§ 311 ff AktG über die Verantwortlichkeit im „faktischen Konzern" bei mehrstufigen Unternehmensverbindungen, in: BB, 22. Jg. (1967), S. 637–644
Kropff, B.: Der außenstehende Aktionär im Konzern nach dem RefE eines Aktiengesetzes, in: W, 6. Jg. (1958), S. 674–680
Kropff, B.: Konzernrechtliche Vorschriften im Referentenentwurf eines Aktiengesetzes, in: NJW, 12. Jg. (1959), S. 173–178
Kropff, B.: Rechtsfragen der Abfindung ausscheidender Aktionäre, in: DB, 15. Jg. (1962), S. 155–158
Kropff, B.: Aktiengesetz, Textausgabe, Düsseldorf 1965
Kropff, B.: Das Konzernrecht des Aktiengesetzes 1965, in: BB, 20. Jg. (1965), S. 1281–1289
Kropff, B.: Diskussionsbeitrag, in: Wirtschaftsprüfung im neuen Aktienrecht, Düsseldorf 1966, S. 127–130
Kropff, B.: Der „faktische Konzern" als Rechtsverhältnis, in: DB, 20. Jg. (1967), S. 2147–2153, S. 2204–2208
Kropff, B.: Festsetzung höherer Ausgleichszahlungen oder einer höheren Abfindung durch das Gericht, in: W, 17. Jg. (1969), S. 3–9
Krüger, G.: Betriebswirtschaftliche Überlegungen zur Frage: Eigenerstellung oder Fremdbezug von Leistungen, in: Gegenwartsprobleme der Unternehmensführung, Festschrift zum 65. Geb. von W. Hasenack, hrsg. v. H.J. Engeleiter, Berlin–Herne 1966, S. 479–97
Kruk, M.: Die Konzerne passen sich an, in: FAZ, Nr. 255 v. 2.11.1965, S. 17
Kruk, M.: War der DEA-Kurs falsch? , in: FAZ vom 29.4.1966, S. 15
Kruk, M.: Konzentration und kein Ende, in: FAZ v. 29. 12. 1969, Nr. 300, S. 15
Kruk, M.: Das ominöse Schachtelprivileg, in: FAZ v. 11.5.1970, Nr. 107, S. 13
Künzi/Nievergelt/Müller: Einführungskursus in die dynamische Programmierung, Berlin–Heidelberg–New York 1968
Kuhn, K.: Diskussionsbeitrag, in: ZfbF, 20. Jg. (1968), S. 110–115
Kuhn, K.: Die Bilanz als Entscheidungshilfe im dezentral organisierten Konzern, in: Das Rechnungswesen als Instrument der Unternehmensführung, hrsg. v. W. Busse v. Colbe, Gütersloh 1969, S. 43–56
Kunze, K.: Der Begriff der Betriebsstätte und des ständigen Vertreters, Diss. Mannheim 1963
Kutzenberger, G.: Mitbestimmung der Aktionäre, Berlin 1964
Lange, J.: Verdeckte Gewinnausschüttungen, 2. Aufl. Herne–Berlin 1969
Langenegger, E.: Konzernunternehmungspolitik, Bern 1967
Layer, M.: Die Herstellkosten der Deckungsbeitragsrechnung und ihre Verwendbarkeit in Handelsbilanz und Steuerbilanz für die Bewertung unfertiger und fertiger Erzeugnisse, in: ZfbF, 21. Jg. (1969), S. 131–154
Lehmann, M.R.: Das Wesen und das System der betriebswirtschaftlichen Verrechnungspreise, in: ZfB, 7. Jg. (1930), S. 721–742, S. 801–818, S. 902–920
Lehmann, M.R.: Industriekalkulation, 5. Aufl., Essen 1964
Lenel, H.O.: Ursachen der Konzentration, 2. Aufl. Stuttgart 1968
Leo, H.Ch.: Die Einmann-AG und das neue Konzernrecht, in: AG, 10. Jg. (1965), S. 352–359
Leo, H.Ch.: Einheitliche Konzernleitung durch mehrere Obergesellschaften? , in: WPg, 21. Jg. (1968), S. 395–400
Leverkus, J.Ch.: Das Verhalten der Kleinaktionäre in seiner Bedeutung für die Eigentumspolitik, Beiträge zur Verhaltensforschung, H. 9, Berlin 1969
Lieser/Pleyer/Westermann: Tatsachen und Konzeptionen für ein neues GmbH-Konzernrecht – 4. Stellungnahme zum Referentenentwurf der Centrale für GmbH, Köln 1971
Linhardt, H.: Zur Reform des Aktienrechts, in: Die Aussprache, 8. Jg. (1958), S. 331–336
Linhardt, H.: Wirtschaftsberatung und Wirtschaftsprüfung, in: Betriebswirtschaftliche Umschau, 31. Jg. (1961), S. 97–110
Lipfert, H.: Gefahren der Konzentration für den Streubesitz, in: Konzentration in der Wirtschaft, Schriften des Vereins für Socialpolitik, Bd. 20/III, hrsg. von H. Arndt, Berlin 1960, S. 1661–1685

Loitlsberger, E.: Zum Informationsbegriff und zur Frage der Auswahlkriterien von Informationsprozessen, in: Empirische Betriebswirtschaftslehre, Festschrift für L. L. Illetschko, hrsg. von E. Loitlsberger, Wiesbaden 1963, S. 115–135

Lorch, F.: „Vollkostenrechnung mit gesonderten Fixkostenbeiträgen". Eine weitere Stellungnahme zu dem von Prof. Dr. F. Henzel vorgeschlagenen Kalkulationsschema, in: ZfB, 38. Jg. (1968), S. 208–210

Loss, L.: Der Schutz der Kapitalanleger, in: ZHR, 129. Jg. (1967), S. 197–255

Luchterhandt, H.-F.: Leitungsmacht und Veranwortlichkeit im faktischen Konzern, in: ZHR, Bd. 133 (1969), S. 1–60

Luchterhandt, H.-F.: Der Begriff „Unternehmen" im Aktiengesetz 1965, in: ZHR, Bd. 132 (1969), S. 149–174

Lutter, M.: Diskussionsbeitrag, in: Minderheitenschutz bei Kapitalgesellschaften, Karlsruhe 1967, S. 98–101

Lutz, B.: Die Bewertungsprobleme des Konzerns, Zürich und St. Gallen 1952, Veröffentlichungen der Handelshochschule St. Gallen, Reihe A, hrsg. von W.F. Bürgi, E. Gsell, A. Jöhr und Th. Keller, H. 33

Männel, W.: Kann die Vollkostenrechnung durch den Ausweis „gesonderter Fixkostenbeiträge" gerettet werden? , in: ZfB, 37. Jg. (1967), S. 759–782

Männel, W.: Die Wahl zwischen Eigenfertigung und Fremdbezug, Herne–Berlin 1968

Männel, W.: Grundprobleme der Wahl zwischen Eigenfertigung und Fremdbezug im Industriebetrieb, in: BFuP, 21. Jg. (1969), S. 76–97

Marburger Aussprache zur Aktienrechtsreform, Marburg 1959

Martens, H.J.: Der Aussagewert des Bestätigungsvermerks nach neuem Aktienrecht, in: WPg, 20. Jg. (1967), S. 537–548

Mathern, F.: Die Beurteilung von Rahmenverträgen zwischen Gesellschaften im Abhängigkeitsverhältnis auf Grund der §§ 311 ff AktG 1965, in: AG, 11. Jg. (1966), S. 380–385

Matschke, M.J.: Der Kompromiß als betriebswirtschaftliches Problem bei der Preisfestsetzung eines Gutachters im Rahmen der Unternehmungsbewertung, in: ZfbF, 21. Jg. (1969), S. 57–77

Mattes, A.: Finanzierungsvorgänge im Konzern, Stuttgart 1966

Maul, K.-H.: Zur Berichterstattung über Beziehungen zu verbundenen Unternehmen nach französischem und deutschem Recht, in: DB, 23. Jg. (1970), S. 213–218

Maus, N.: Unternehmensbewertung als Grundlage unternehmerischer Entscheidungen, in: Betriebswirtschaftliche Information, Entscheidung und Kontrolle, Festschrift für H. Münstermann zum 70. Geb., hrsg. von Busse v. Colbe, W./Sieben, G., Wiesbaden 1969, S. 383–399

Meffert, H.: Betriebswirtschaftliche Kosteninformation. Ein Beitrag zur Theorie der Kostenrechnung, Wiesbaden 1968

Meier, A.: Kostenprüfung, Köln und Opladen 1959

Meier, A.: Koordination in der Leitungsorganisation, in: ZfhF, 13. Jg. (1961), S. 538–553

Meier, A,: Der Abhängigkeitsbericht unter betriebswirtschaftlichen Aspekten, in: Wirtschaftsprüfung im neuen Aktienrecht, Bericht über die Fachtagung des IdW in Deutschland e.V. am 29./30.9.1966, Düsseldorf 1966, S. 83–91

Meier, A.: Einheitliche Leitung im Konzern aus betriebswirtschaftlicher Sicht, in: WPg, 19. Jg. (1966), S. 570–573

Meier, A./Kretschmer, H.J.: Unternehmungsbewertung, objektiv und subjektiv, in: VW, 20. Jg. (1966), S. 696 f

Meilicke, H.: Zur Frage der angemessenen Abfindung der bei der Umwandlung ausscheidenden Aktionäre, in: JW, 67. Jg. (1938), S. 3018 f

Meilicke, H.: Das Minderheitenproblem im Aktienrecht, Sonderdruck aus: Dynamische Betriebsführung, Berlin 1959, S. 204–220

Meilicke, H.: Jüngste Wechselwirkungen zwischen Steuerrecht und Privatrecht, in: StbJb, 1965/66, S. 141–173

Meilicke, H.: Korporative Versklavung deutscher Aktiengesellschaften durch Beherrschungs- und Gewinnabführungsverträge gegenüber in- und ausländischen Unternehmen, in: Berliner Festschrift für E.E. Hirsch, Berlin 1968, S. 99–126

Meilicke, H.: Die Kunst der Verlagerung von Gewinnen und Verlusten sowie Steuern nach Handelsrecht und Steuerrecht, in: Steuerberater-Jahrbuch 1968/69, hrsg. von G. Thoma, O.H. Zacharias, U. Niemann, Köln 1969, S. 149–176

Mellerowicz, K.: Der Wert der Unternehmung als Ganzes, Essen 1952

Mellerowicz, K.: Kosten und Kostenrechnung, Bd. II, Verfahren, 2. Teil: Kalkulation und Auswertung der Kostenrechnung und Betriebsabrechnung, 4. Aufl. Berlin 1968
Menges, G.: Kriterien optimaler Entscheidungen unter Ungewißheit, in: Statistische Hefte, Bd. 178 (4/1963), S. 151–171
Menges, G.: Ökonometrische Prognosen, Köln und Opladen 1967
Menges, G./Schneeweiß, H./Hax, H./Poensgen, O.H.: Entscheidung und Information, Frankfurt 1968
Mersmann, W.: Die steuerliche Behandlung der Konzerne, in: StbJb 1963/64, Köln 1963, S. 53–91
Mersmann, W.: Die Ertragsbesteuerung inländischer Betriebsstätten und Tochtergesellschaften ausländischer Kapitalgesellschaften, Heidelberg 1966
Mertens, H.J.: Die Haftung wegen Mißbrauchs der Leitungsmacht nach § 309 AktG aus schadensersatzrechtlicher Sicht, in: AcP, Bd. 167 (1968), S. 225–234
Mertens, P.: Konzentration, Konzernprobleme und Aktienrechtsreform, in: Betriebsgröße und Unternehmungskonzentration, Nürnberger Abhandlung zu den Wirtschafts- und Sozialwissenschaften, H. 10, Berlin 1959, S. 147–162
Mestmäcker, E.J.: Verwaltung, Konzerngewalt und Rechte des Aktionärs, Karlsruhe 1958
Mestmäcker, E.J./Koberstein, G.: Konzern, in: Staatslexikon, Bd. V, Freiburg, 6. Aufl. 1960, Sp. 28–38
Mestmäcker, E.J.: Die Unternehmenskonzentration im ausländischen Recht, in: Konzentration in der Wirtschaft, Schriften des Vereins für Socialpolitik, Bd. 20/II, hrsg. von H. Arndt, Berlin 1960, S. 989–1043
Mestmäcker, E.J.: Das Verhältnis der Wirtschaftswissenschaft zur Rechtswissenschaft im Aktienrecht, in: Schriften des Vereins für Socialpolitik, N.F. Bd. 33. Das Verhältnis der Wirtschaftswissenschaft zur Rechtswissenschaft, Soziologie und Statistik, Berlin 1964, S. 103–119
Mestmäcker, E.J.: Zur Systematik des Rechts der verbundenen Unternehmen im neuen Aktienrecht, in: Das Unternehmen in der Rechtsordnung, Festgabe für H. Kronstein aus Anlaß seines 70. Geb., hrsg. v. Biedenkopf/Coing/Mestmäcker, Karlsruhe 1967, S. 129–150
Mestmäcker, E.J.: Probleme der Konzentration im neuen Recht der verbundenen Unternehmen, in: Jahrbuch der Fachanwälte für Steuerrecht 1967/68, Herne 1968, S. 99–123
Meusel, H.: Verrechnungsfragen bei Lieferungen und Leistungen zwischen den Betrieben einer Unternehmung und eines Konzerns, Diss. Frankfurt/M. 1944
Minz, G.: Wirtschaftsprüfung und Unternehmungsberatung, in: WPg. 21. Jg. (1968), S. 123–127
Mirani, A./Schmidt, H.: Investitionsrechnung bei unsicheren Erwartungen, in: Das Rechnungswesen als Instrument der Unternehmensführung, hrsg. v. W. Busse v. Colbe, Gütersloh 1969, S. 120–136
Mizoguchi, K.: Direct Costing und Preisbestimmung, in: ZfbF, 21. Jg. (1969), S. 123–130
Möhring, P.: Die gesetzliche Regelung der Unternehmungsverbindungen im neuen Aktiengesetz, in: NJW, 20. Jg. (1967), S. 1–10
Moxter, A.: Offene Probleme der Rechnungslegung bei Konzernunternehmen, in: ZfhF, 13. Jg. (1961), S. 641–653
Moxter, A.: Bilanzierung und unsichere Erwartungen, in: ZfhF, 14. Jg. (1962), S. 607–632
Moxter, A.: Der Einfluß von Publizitätsvorschriften auf das unternehmerische Verhalten, Köln und Opladen 1962
Moxter, A.: Präferenzstruktur und Aktivitätsfunktion des Unternehmens, in: ZfbF, 16. Jg. (1964), S. 6–35
Moxter, A.: Die Grundsätze ordnungsmäßiger Bilanzierung und der Stand der Bilanztheorie, in: ZfbF, 18. Jg. (1966), S. 28–59
Müller-Haeseler, W.: Eine Milliarde in der Kasse. Die Expansionspläne der Farbwerke Hoechst, in: Die Zeit, Nr. 3 vom 16.1.1970, S. 19
Müller, E.: Die Preisstellung zwischen einem Auslandsunternehmen und der deutschen Tochtergesellschaft oder Betriebsstätte in einkommensteuerlicher Betrachtung, in: WPg, 9. Jg. (1956), S. 481–489
Müller, H.J./Rieker, K.: Der Unternehmensbegriff des Aktiengesetzes 1965, in: WPg, 20. Jg. (1967), S. 197–203
Müller, O.: Die Rechtsnatur von Beherrschungsvertrag und Gewinnabführungsvertrag im Regierungsentwurf zu einem Aktiengesetz, in: AG, 10. Jg. (1965), S. 133–137
Münstermann, H.: Börsenkurswert, in: ZfB, 32. Jg. (1962), S. 693–701
Münstermann, H.: Zur Bewertung von Unternehmungen und Beteiligungen, in: Betriebswirtschaftliche Umschau, 35. Jg. (1965), S. 411–420

Münstermann, H.: Wert und Bewertung der Unternehmung, Wiesbaden 1966
Münstermann, H.: Dynamische Bilanz: Grundlagen, Weiterentwicklung und Bedeutung in der neuesten Bilanzdiskussion, in: Wissenschaft und Praxis, Festschrift zum 20jährigen Bestehen des Westdeutschen Verlages 1967, Köln und Opladen 1967, S. 301–327
Münstermann, H.: Zur Theorie und Praxis der Gewinnverwendung, in: Geld, Kapital und Kredit, Festschrift zum 70. Geb. v. H. Rittershausen, hrsg. von H.E. Büschgen, Stuttgart 1968, S. 335–356
Münzner, H./Brenzing, K.: Die geplanten US-Richtlinien über Verrechnungspreise im Konzern, in: Europäische Steuerzeitung, Nr. 27 v. April 1968, S. 31–38
Munzel, G.: Die Berücksichtigung der fixen Kosten in der Kostenträgerrechnung, Diss. Aachen 1966
Mutze, O.: Erfahrungen aus der Anwendung der Unternehmensverträge des Aktiengesetzes 1965, in: AG, 12. Jg. (1967), S. 215–218, S. 254–259
Nash, J.F.: The Bargaining Problem, in: Ec, Vol. 18 (1950), S. 155–162
Nash, J.F.: Two-Person Cooperative Games, in: Ec, Vol. 21 (1953), S. 128–140
Neubert, H.: Minderheitenschutz durch Abschlußprüfer, in: DB, 11. Jg. (1958) S. 703–705
Neuhaus, J.: Die Grenzen der Konzernleitungsmacht im faktischen Konzern und der Nachteilsbegriff des § 311 AktG 65, in: BB, 25. Jg. (1970), S. 1913–19
Niedner, H.J.: Lizenz- und „know-how"-Vergütungen an ausländische Unternehmen, in: AWD des BB, 14. Jg. (1968), S. 429–432
Niehus, R.J.: Konzernumlagen bei ausländischen Tochtergesellschaften, Neue Richtlinien der Steuerbehörden in USA, in: AWD des BB, 13. Jg. (1967), S. 64–66
Niehus, R.J.: Umlagen zwischen nahestehenden Gesellschaften, in: AWD des BB, 14. Jg. (1968), S. 446–447
Niemann, Ch.: Ansprüche der Minderheitsaktionäre bei Abschluß eines Beherrschungs- oder Gewinnabführungsvertrages, Diss. Frankfurt/M. 1968
Niemann, U.: Probleme der Gewinnrealisierung innerhalb des Konzerns, Düsseldorf 1968
Niemann, U.: Verdeckte Gewinnausschüttung bei Konzernunternehmen, in: BB, 24. Jg. (1969), S. 393 f
Obermüller, W./Werner, W./Winden, K.: Aktiengesetz 1965, Stuttgart 1965
Obermüller, W./Werner, W./Winden, K: Sonderprüfung nach dem Aktiengesetz 1965, in: DB, 20. Jg. (1967), S. 1119–1124
Oeser, A.: Konzern-Architektur, in: Die Wirtschaftskurve, 22. Jg. (1943), S. 224–240
OLG Düsseldorf: Beschluß v. 31.7.1964, in AG, 9. Jg. (1964), S. 246 f
OLG München: UmwG § 12, Zur Bemessung der angemessenen Abfindung an ausscheidende Aktionäre, Beschluß v. 15.12.1964 – Allg. Reg. 11/38–40/60 in: Die AG, 10. Jg. (1965), S. 139 f
OLG Stuttgart: Beschluß vom 12.11.1962, in AG, 8. Jg. (1963), S. 77
Oppo, G.: Diskussionsbeitrag, in: Minderheitenschutz bei Kapitalgesellschaften, Karlsruhe 1967, S 81–85
Ott, A.E.: Grundzüge der Preistheorie, Göttingen 1968
Ott, M.: Die Bilanzprobleme bei Konzernverflechtung, Frankfurt 1960
o.V.: Wie setzt man Konzern-Fabrikationspreise? , in: DB, 13. Jg. (1960), S. 1432
o.V.: Der Regierungsentwurf zur Aktienrechtsreform im Bundestag, in: AG, 6. Jg. (1961), S. 2–9
o.V.: Zum Wesen der Konzernverrechnungsklausel, in: AG, 11. Jg. (1966), S. 327
o.V.: Zahlen und herrschen, in: Der Spiegel, 20. Jg. (32/1966), S. 29
o.V.: Rückzug aus Hüls, in: Der Spiegel, 23. Jg. (44/1968), S. 36
o.V.: Vermögen in Deutschland, in: Der Spiegel, 23. Jg. (31/1969), S. 38–51
o.V.: Tausch um Mitternacht, in: Der Spiegel, 24. Jg. (3/1970), S. 33 f
o.V.: Phantasie auf Abwegen, in: VW, 24. Jg. (3/1970), S. 43
o.V.: Dicker Hund, in: Der Spiegel, 24. Jg. (16/1970), S. 115
o.V.: Gezinkte Karten, in: Der Spiegel, 24. Jg. (20/1970), S. 84, 86
o.V.: Moral kontra Profit? , in WW, 25. Jg. (33/1971), S. 10–15
Overath, H.-P.: Minderheitsvertreter im Aufsichtsrat? , in: AG, 15. Jg. (8/1970), S. 219–224

Pausenberger, E.: Konzerninterne Gewinnrealisierung, in: BFuP, 18. Jg. (1966), S. 535–540
Penmington, R.R.: Entwicklungstendenzen im englischen Aktienrecht, in: ZHR, 126. Jg. (1964), S. 338–362
Pergament, E.: New 482 regs provide arm's-length rules flexibility in pricing of tangible property, in: The Journal of Taxation, New York, October 1966, S. 238–242

Petzel, A.: Ansprüche der Minderheitsaktionäre bei Unternehmensverbindung und Umwandlung, Diss. Göttingen 1967
Peumans, H. Die Bewertung der Unternehmen zum Zwecke des Erwerbs, in: Journal UEC, o. Jg. (1969), S. 175–178
Philipp, F.: Die Prüfung des Berichts des Vorstandes über die Beziehungen zu verbundenen Unternehmen nach dem Aktiengesetz von 1965, in: Hamburger Jahrbuch für Wirtschafts- und Gesellschaftspolitik, 11. Jg. (1966), S. 155–166
Philipp, F.: Risiko und Risikopolitik, Stuttgart 1967
Pleyer, K.: Aktienrecht und Unternehmenskonzentration, in: AG, 4. Jg. (1959), S. 8–13, S. 39–43
Plum, G.: Beteiligungsverhältnisse in der deutschen Wirtschaft gemäß der Meldepflicht nach dem Aktiengesetz von 1965, 2. Aufl. Frankfurt 1966
Poensgen, O.H.: Zentralisation und Dezentralisation im Lichte dreier moderner Entwicklungen, in: ZfB, 37. Jg. (1967), S. 373–394
Pohle, W.: Zur Neuordnung des Aktienrechts, in: AG, 4. Jg. (1959), S. 117–120
Pohle, W.: Konzernrecht, in: AG, 5. Jg. (1960), S. 311–317
Pohle, W.: Konzentration und Wettbewerb, in: ZfbF, 17. Jg. (1965), S. 438–453
Pohmer, D.: Bemerkungen zur unternehmenspolitischen Entscheidung über die „Konzentrationsform", in: ZfB, 31. Jg. (1961), S. 513–519
Pohmer, D.: Betrieb und Unternehmung als Merkmalsträger von Konzentrationserscheinungen, in: Der Betrieb in der Unternehmung, Festschrift für W. Rieger zu seinem 85. Geb., hrsg. von J. Fettel und H. Linhardt, Stuttgart 1963, S. 102–120
Pohmer, D.: Das Verhältnis der Wirtschaftswissenschaft zur Rechtswissenschaft, dargestellt am Beispiel der Konzerngestaltung, in: Schriften des Vereins für Socialpolitik, N.F. Bd. 33, Das Verhältnis der Wirtschaftswissenschaft zur Rechtswissenschaft, Soziologie und Statistik, Berlin 1964, S. 57–66
Potthoff, E.: Prüfung und Überwachung der Geschäftsführung, in: ZfhF, 13. Jg. (1961), S. 563–580
Potthoff, E.: Die Möglichkeiten der Geschäftsführungsprüfung, in: WPg, 19. Jg. (1966), S. 586–591
Potthoff, E: Kein absolutes Maß, in: VW, 23. Jg. (1969), S. 47
Prion, W.: Zum Problem der angemessenen Abfindung der ausscheidenden Aktionäre bei Umwandlung der Aktiengesellschaft in eine Personalgesellschaft, in: ZfhF, 33. Jg. (1939), S. 393–408
Protokoll der Betriebsprüfertagung, Frühjahr 1966, Universität Bochum, unveröffentlichtes Manuskript, o. J. (1966)
Pross, H.: Manager und Aktionäre in Deutschland, Untersuchungen zum Verhältnis von Eigentum und Verfügungsmacht, Frankfurter Beiträge zur Soziologie, Bd. 15, hrsg. von Th. W. Adorno u. W. Dirks, Frankfurt 1965

Rädler, A.J.: Jüngste Entwicklungen im internationalen Konzernsteuerrecht, in: AG, 6. Jg. (1961), S. 346–350
Rädler, A.J.: Akute Fragen der Besteuerung internationaler Konzerne, in: StuW, 40. Jg. (1963), Sp. 283–296
Rädler/Raupach: Deutsche Steuern bei Auslandsbeziehungen, München–Berlin 1966
Raffée, H.: Kurzfristige Preisuntergrenzen als betriebswirtschaftliches Problem, Köln und Opladen 1961
Raisch, P.: Zu den grundsätzlichen Aufgaben der Rechtswissenschaft gegenüber dem neuen Aktiengesetz. Zugleich ein Beitrag zur Auslegung des § 155 I, S. 3 AktG und zum Begriff des Unternehmens im Konzernrecht, in: JZ, 21. Jg. (1966), S. 501–506, 549–556
Raninen, H.: Über die betriebswirtschaftlichen Vor- und Nachteile der Fusion von Aktiengesellschaften, in: Betriebswirtschaftliche Forschung in internationaler Sicht, Festschrift für E. Kosiol zum 70. Geb., hrsg. von H. Kloidt, Berlin 1969, S. 131–154
Rasch, H.: Deutsches Konzernrecht, 2. Aufl. Köln–Berlin–Bonn–München 1955
Rasch, H.: Minderheitenschutz im Konzernrecht, in: W, 6. Jg. (1958), S. 592–601
Rasch, H.: Gewinnabführungs- und Weisungsverträge im Referentenentwurf eines Aktiengesetzes, in: BB, 14. Jg. (1959), S. 165–171
Rasch, H.: Richtige und falsche Wege der Aktienrechtsreform, Karlsruhe 1960
Rasch, H.: Beratungskosten an ausländische Konzernmuttergesellschaften, in: BB, 18. Jg. (1963), S. 1094 f

Rasch, H.: Deutsches Konzernrecht, 3. Aufl. Köln–Berlin–Bonn–München 1966
Rasch, H.: Deutsches Konzernrecht, 4. Aufl. Köln–Berlin–Bonn–München 1968
Rasch, Heinz: Die Wahl zwischen Selbsterstellung und Fremdbezug als Einkaufs- und Investitionsproblem in der industriellen Unternehmung, Berlin 1968
Rasner, H.: Der Abhängigkeitsbericht des § 312 AktG, in: BB, 21. Jg. (1966), S. 1043–1046
Raunecker, W.: Die Revision industrieller Tochtergesellschaften im Dienste der Muttergesellschaft, in: Betriebs- und finanzwirtschaftliche Forschungen, hrsg. von F. Schmidt, II. Serie, H. 28, Berlin–Wien 1927
Rautmann, H.-G.: Probleme aus dem Recht der Unternehmensverträge im Referentenentwurf eines Aktiengesetzes, in: Beiträge zur Aktienrechtsreform, hrsg. von H. Hengeler, Heidelberg 1959, S. 159–196
Rehbinder, E.: Konzernaußenrecht und allgemeines Privatrecht, Bad Homburg v.d.H.–Berlin–Zürich 1969
Reinhardt, R.: Artikel: Konzernrecht, in: HdSW, Bd. 6, Stuttgart–Tübingen–Göttingen 1959, S. 184–187
Reuter, A.L.: Die Berücksichtigung des Risikos bei der Bewertung von Unternehmen, in WPg, 23. Jg. (1970), S. 265–70
RFH: Urteil I A 376/30 v. 12.5.1930, RStBl 1930, S. 498
Riebel, P.: Kurzfristige unternehmerische Entscheidungen im Erzeugungsbereich auf der Grundlage des Rechnens mit relativen Einzelkosten und Deckungsbeiträgen, in NB, 20. Jg. (8/1967), S. 1–23
Richter, A.: Verrechnungspreispolitik in Konzernen, in: Zeitschrift für Handelswissenschaft und Handelspraxis, 22. Jg. (1929), S. 234–241
Richter, A.: Die Bewertung von Minderheitsanteilen an Kapitalgesellschaften, in: Der Praktische Betriebswirt, 22. Jg. (1942), S. 105–110
Rieger, W.: Zur Frage der angemessenen Abfindung der bei Umwandlung ausscheidenden Minderheitsaktionäre, in: WTr, 7. Jg. (1938), S. 256–258
Rieger, W.: Zur Frage der angemessenen Abfindung der bei der Umwandlung ausscheidenden Aktionäre, in: JW, 67. Jg. (1938), S. 3016–3018
Rinck, G.: Konzernrecht, in: JJb, Bd. 5 (1964/65), S. 121–132
Ritschl, H.: Die Organschaft im Umsatzsteuerrecht, in: Finanzarchiv, Bd. 16 (1956), S. 399–408
Rose, G.: Bemerkenswerte Entwicklungen in der Rechtsprechung des Bundesfinanzhofs zur verdeckten Gewinnausschüttung, in: DB, 21. Jg. (1969), S. 1874–1877
Rotschild, K.W.: Wirtschaftsprognose, Methoden und Probleme, Berlin–Heidelberg–New York 1969
Rühli, E.: Grundzüge einer betriebswirtschaftlichen Entscheidungslehre, in: Beiträge zur Lehre von der Unternehmung, Festschrift für K. Käfer, hrsg. von O. Angehrn und H.P. Künzi, Stuttgart 1968, S. 271–295
Saage, G.: Die Bewertungen von Anschaffungen zwischen Konzerngesellschaften nach geltendem Aktienrecht, in: AG, 6. Jg. (1961), S. 221–225
Saage, G.: Die Prüfung der Geschäftsführung, Stuttgart 1965
Saage, G.: Führung und Verantwortung nach dem Aktienrecht, in: NB, 19. Jg. (1966), S. 35–44
Saage, G.: Die Überwachung der Geschäftsführung, in: Gegenwartsfragen der Unternehmungsführung, Festschrift für W. Hasenack zum 65. Geb., Herne–Berlin 1966, S. 289–300
Sapper, H.: Die rechtssystematische Stellung der Unternehmensverträge, Diss. Tübingen 1963
Sarrey, S.S.: Treasury's need to curb tay avoidance in foreign business through use of 482, in: Journal of Taxation, New York 1968, S. 75–79
Sauermann, H./Selten, R.: Anspruchsanpassungstheorie der Unternehmung, in: ZfgSt, Bd. 118 (1962), S. 77–97
Segitz, D.: Bewertung unnotierter Anteile und Aktien, Berlin 1962
Seidenfus, H.St.: Mehrproduktunternehmen, preispolitischer Ausgleich und Konzentration, in: Kyklos, Vol. XX (1967), S. 208–217
Seiler, D.: Bevorstehende Änderung des englischen Gesellschaftsrechts, in: AG, 12. Jg. (1967), S. 72–75
Semler, J.: Das Recht der verbundenen Unternehmen nach dem Regierungsentwurf eines Aktiengesetzes, in: WPg, 13. Jg. (1960), S. 485–491, S. 514–520, S. 552–556
Semler, J.: Diskussionsbeitrag, in: Das Frankfurter Publizitätsgespräch, Frankfurt 1962, S. 205–208

Semler, J.: Der Einfluß der Securities and Exchange Commission auf Rechnungslegung und Prüfung rechtlich selbständiger Gesellschaften in den Vereinigten Staaten von Nordamerika, in: WPg, 13. Jg. (1960), S. 317–322, S. 345–354, S. 377–382

Semler, J. jr.: Die Aufgaben des Wirtschaftsprüfers nach dem Entwurf eines Konzernrechts, in: Unternehmer und Wirtschaftsprüfer mit dem Blick in die Zukunft, Bericht über die Fachtagung des IdW am 4./5.6.1959 in Stuttgart, Düsseldorf 1960, S. 49–81

Short, R.A.: Der US-Richtlinienentwurf über Verrechnungspreise im Konzern, in: EurStZ, o. Jg. (1967), S. 543–553

Siebel, U.R.: Der take-over-bid gemäß Section 209 des englischen Companies Act 1948, in: ZHR, Bd. 126 (1964), S. 62–78

Sieben, G.: Neue Aspekte der Unternehmensbewertung, in: ZfB, 33. Jg. (1963), S. 37–46

Sieben, G.: Der Substanzwert der Unternehmung, Wiesbaden 1963

Sieben, G.: Der Anspruch auf angemessene Abfindung nach § 12 UmwG, in: AG, 11. Jg. (1966), S. 6–13, S. 54–58, S. 83–89

Sieben, G.: Angemessener Ausgleich und angemessene Abfindung beim Abschluß von Beherrschungs- und Gewinnabführungsverträgen, in: Betriebswirtschaftliche Information, Entscheidung und Kontrolle, Festschrift für H. Münstermann zum 70. Geb., hrsg. von Busse v. Colbe, W./Sieben, G., Wiesbaden 1969, S. 403–418

Sieben, G.: Der Einfluß geplanter, bezüglich der Finanzierungsquellen von dem Bewertungsobjekt freier oder an das Bewertungsobjekt gebundener Kapitalzuführungen auf den Gesamtwert der Unternehmung, in: Aktuelle Frage der Unternehmensfinanzierung und Unternehmensbewertung, K. Schmaltz zum 70. Geb., Stuttgart 1970, S. 181–202

Sieber, E.H.: Der Simulation gehört die Zukunft, in: VW, 23. Jg. (1969), Nr. 14 v. 3.4.1969, S. 44–48

Silcher, F.: Diskussionsbeitrag, in: Das Frankfurter Publizitätsgespräch, Frankfurt 1962, S. 192 f

Simon, H.A.: Theories of Decision-Making in Economics and Behavioral Science, in: The American Economic Review, Vol. 49 (1959), S. 254–283

Söhngen, W.: Aktuelle Fragen zur dezentralen Konzernorganisation, in: ZfhF, 13. Jg. (1961), S. 520–528

Spitzenverbände der deutschen Wirtschaft(Bundesverband der Deutschen Industrie, Bundesverband des privaten Bankgewerbes, Bundesvereinigung der Deutschen Arbeitgeberverbände, Deutscher Industrie- und Handelstag, Gesamtverband der Versicherungswirtschaft): Gemeinsame Denkschrift zum Referentenentwurf eines Aktiengesetzes, Köln–Bonn 1959 (zit: Spitzenverbände 1959)

Spitzenverbände der deutschen Wirtschaft (Bundesverband der deutschen Industrie, Bundesverband des privaten Bankgewerbes, Bundesvereinigung der Deutschen Arbeitgeberverbände, Deutscher Industrie- und Handelstag, Gesamtverband der Versicherungswirtschaft): Stellungnahme zu den Vorschriften über das Recht der verbundenen Unternehmen im Regierungsentwurf eines Aktiengesetzes und im Einführungsgesetzentwurf zum Aktiengesetz, Köln–Bonn 1960 (zit: Spitzenverbände 1960)

Spitzenverbände der Wirtschaft: Bericht über die Beziehungen zu verbundenen Unternehmen gemäß § 312 AktG (Abhängigkeitsbericht), in: WPg, 20. Jg. (1967), S. 105–107 (Zit: Spitzenverbände 1967)

Swoboda, D.: Kostenrechnung und Preispolitik, 4. Aufl. Wien 1969

Stationary Office (Hrsg.): Report of the Company Law Commitee, Comnd, 1749, London 1962 (zit.: Jenkins-Report)

Stehle, H.: Abhängigkeitsbericht oder Beherrschungsvertrag?, in: AG, 11. Jg. (1966), S. 233–239

Stehle, H.: Konzernverrechnungspreise und Konzernumlagen internationaler Konzerne in steuerlicher Sicht, in: BWM, o. Jg. (12/1970), S. 611–614

Steinitzer, E.: Ökonomische Theorie der Aktiengesellschaft, Leipzig 1908

Steinmann, H.: Das Großunternehmen im Interessenkonflikt, Stuttgart 1969

Steueroasen-Bericht: s. DBT

Straßberger, C.P.: Der Beherrschungsvertrag in der Aktienrechtsreform, Diss. München 1965

Strobl, J./Zirkel, K.: Zum Problem des „angemessenen“ Verrechnungspreises im internationalen Konzern in steuerlicher Sicht, in: AWD, 14. Jg. (1968), S. 463–469

Studienkommission des DJT: Untersuchungen zur Reform des Konzernrechts, Bericht, zugleich Stellungnahme zu den Vorschriften über das Recht der verbundenen Unternehmen im Entwurf 1960/62 eines Aktiengesetzes und eines Einführungsgesetzes zum Aktiengesetz mit Hinweisen auf das Aktiengesetz 1965, Tübingen 1967 (zit.: DJT 1967)

Stützel, W.: Aktienrechtsreform und Eigentumsbildung, in: Die Aussprache, 9. Jg. (1959), S. 231–235

Stützel, W.: Aktienrechtsreform und Konzentration, in: Konzentration in der Wirtschaft, Schriften des Vereins für Socialpolitik, Bd. 20/II, hrsg. von H. Arndt, Berlin 1960, S. 507–587

Stützel, W.: Worum geht es bei der Aktienrechtsreform? , in: Die Aussprache, 14. Jg. (1964), S. 138–147

Schäfer, D.: Aktuelle Probleme des neuen Aktienrechts, in: BB, 21. Jg. (1966), S. 229–233

Schäfer, D.: Wann ist der Großaktionär Unternehmer? , in: NJW, 20. Jg. (1967), S. 1741

Schäfer, E.: Die Unternehmung, 4. Aufl. Köln und Opladen 1961

Schäfer, E.: Grundlagen der Marktforschung, 4. Aufl. Köln und Opladen 1966

Schäffer, F.: Die Aktienrechtsreform und ihre Probleme, in: BB, 13. Jg. (1958), S. 1253–1259

Schäffer, F.: Selbstfinanzierung und Konzernrecht, in: AG, 4. Jg. (1959), S. 57–64

Scheibe-Lange, J.: Berichterstattungs- und Publizitätspflichten der verbundenen Unternehmen, in: Das Mitbestimmungsgespräch, 14. Jg. (1968), S. 191–203

Scherpf, P.: Die aktienrechtliche Rechnungslegung und Prüfung, Köln 1967

Schill, J./Saur, J.: Warum die Amerikaner Höchstpreise zahlen, in: VW, 24. Jg. (1/1970), S. 27 f

Schilling, W.: Alte Unternehmensverträge im neuen Aktienrecht, in: BB, 20. Jg. (1965), S. 1428–1431

Schlembach, H.: Bewertung von Aktien, München 1968

Schlotterbeck, R.: Der Normalpreis von Warenlieferungen ausländischer Muttergesellschaften an inländische Tochtergesellschaften, in: BB, 13. Jg. (1958), S. 838–840

Schmalenbach, E.: Theorie der Produktionskostenermittlung, in: ZfhF, 3. Jg. (1908/09), S. 41–65

Schmalenbach, E.: Über Verrechnungspreise, in: ZfhF, 3. Jg. (1908/09), S. 165–185

Schmid, O.: Zur Verwendung quantitativer Prognosemodelle, in: Die Unternehmung, 23. Jg. (1969), S. 176–200

Schmidt-Sudhoff, U.: Organisation und Führungskontrollen in dezentralen Unternehmen, in: Betriebswirtschaftliche Information, Entscheidung und Kontrolle, Festschrift für H. Münstermann zum 70. Geb., hrsg. von Busse v. Colbe, W./Sieben, G., Wiesbaden 1969, S. 423–442

Schmidt, F.: Besonderheiten der Prüfung im Genossenschaftswesen, ihre Aufgabenstellung und Technik, in: Vorträge und Aufsätze des Instituts für Genossenschaftswesen der Universität Münster, H. 12, Karlsruhe 1966, S. 21–36

Schmidt, W.: Neueste Entwicklung der Aktienrechtsreform in der konzernrechtlichen Regelung, in: AG, 5. Jg. (1960), S. 29–32

Schmölder: Rechnungslegung, Prüfung und Publizität der Aktiengesellschaft, in: ZfhF, 2. Jg. (1950), S. 279–303

Schneeweiß, H.: Entscheidungskriterien bei Risiko. Ökonometrie und Unternehmensforschung, Bd. VI, hrsg. von W. Krelle/H.P. Künzi, Berlin–Heidelber–New York 1967

Schneider, D.: Theoretisches und praktisches Denken in der Unternehmensrechnung, in: Wissenschaft und Praxis, Festschrift zum 20jährigen Bestehen des Westdeutschen Verlages, Köln und Opladen 1967, S. 225–243

Schneider, D.: Zielvorstellungen und innerbetriebliche Lenkungspreise in privaten und öffentlichen Unternehmen, in: ZfbF, 18. Jg. (1966), S. 260–275

Schneider, D.: Die Theorie der Verrechnungspreise heute, in: Liiketa Loudellinen Aikakauskirja, XVI Vuosikerta, 6. Jg. (1967), Helsinki, S. 106–124 (The Journal of Business Economics)

Schneider, D.: Unternehmensziele und Unternehmensrechnung, in: Das Rechnungswesen als Instrument der Unternehmungsführung, hrsg. von Busse v. Colbe, W., Gütersloh 1969, S. 11–23

Schneider, D.: Die Lohnerhöhung als Alibi, in: VW, 23. Jg. (42/1969), S. 48–51

Schneider, D.: Investition und Finanzierung, Lehrbuch der Investitions-, Finanzierungs- und Ungewißheitstheorie, Köln und Opladen 1970

Schneider, E.: Wirtschaftlichkeitsrechnung, 6. Aufl. Tübingen–Zürich 1966

Schneider, E.: Einführung in die Wirtschaftstheorie, Bd. 2, 10. Aufl. Tübingen 1967

Schneider, K.: Die Rechtsstellung der genossenschaftlichen Prüfungsverbände, in: WPg, 13. Jg. (1960), S. 449–57

Schönfeld, H.-M.: Kostenrechnung, 4. Aufl. Stuttgart 1968

Schreib, P.: Zur Bewertung von Minderheitsanteilen, in: W, 15. Jg. (1967), S. 132–136
Schreib, P.: Abfindungsleistungen und garantierte Dividenden – Auswirkungen des neuen Konzernrechts, in: W, 15. Jg. (1967), S. 90–94
Schreib, P.: Abhängigkeitsbericht I, in: W, 15. Jg. (1967), S. 240
Schreib, P.: Abhängigkeitsbericht II, in: W, 15. Jg. (1967), S. 298
Schreib, P.: Abhängigkeit (§ 17 AktG) I, in: W, 15. Jg. (1967), S. 92
Schreib, P.: Abhängigkeit (§ 17 AktG) II, in: W, 15. Jg. (1967), S. 668
Schubert, W.: Zur Berichtspflicht über Beziehungen zu verbundenen Unternehmen nach dem neuen Aktienrecht, in: BFuP, 18. Jg. (1966), S. 165–174, S. 223–234
Schubert, W.: Zur Frage von Steuerumlagen auf organschaftlich verbundene Unternehmen, in: Zur Besteuerung der Unternehmung, Festschrift für P. Scherpf zur Vollendung des 65. Geb., hrsg. von O. Hintner u. H. Linhardt, Berlin 1968, S. 285–316
Schulze, J.: Einheitliche Leitung von Konzernunternehmen durch mehrere Obergesellschaften und ihre Bedeutung für die Konzernrechnungslegung nach dem Aktiengesetz, in: WPg, 21. Jg. (1968), S. 85–90
Schumacher, F.: Zur Problematik der Unternehmensbewertung, in: DB, 23. Jg. (1970), S. 1940–44
Schupp, R.: Das Recht des faktischen Konzerns in der Sicht der Großen Aktienrechtsreform, in: BFuP, 12. Jg. (1960), S. 545–550
Schupp, R.: Probleme, die das neue Aktiengesetz ungelöst ließ, in: NB, 20. Jg. (2/1967), S. 32–35
Schwarz, H.: Konzernrechnungswesen, Stuttgart 1963
Schwarz, H.: Kostenträgerrechnung und Unternehmungsführung, Berlin–Herne 1969
Schwarz, M.: Die Rechnungslegung der Aktiengesellschaften unter neuen Aspekten, in: Entwicklungstendenzen des Handels- und Steuerrechts, Bericht über die Fachtagung des IdW am 30./31.1.1964 in München, Düsseldorf 1964, S. 30–45
Schweizer, P.: Zum Problem der objektiven Bewertung von Unternehmungen und Unternehmungsanteilen, in: ZfB, 32. Jg. (1962), S. 676–680

Thoennes, H.: Anforderungen und Inhalt eines betriebswirtschaftlichen Gutachtens über die Bewertung eines Unternehmens im Ganzen, in: WPg, 21 Jg. (1969), S. 407–412
Tinbergen, J.: The Notions of Horizon and Expectancy in Dynamic Economics, in: Econometrica, Vol. 1 (1933), S. 247–264
Tubach, F.: Verdeckte Gewinnausschüttungen trotz Ergebnisabführungsverträgen?, in: DB, 22. Jg. (1969), S. 322–324
Tz.: Immer weniger Aktiengesellschaften, in: W, 16. Jg. (1968), S. 203

Verhandlungen des 42. Deutschen Juristentages, Bd. II (Sitzungsberichte): Sitzungsbericht der Verhandlungen der dritten Abteilung am 13. und 14.9.1957 über das Thema „Sind auf dem Gebiete des Konzernrechts gesetzgeberische Maßnahmen gesellschaftsrechtlicher Art erforderlich"?, Tübingen 1959 (zit.: DJT 1957)
Viel, J.: Empfehlungen zur Bewertung von ganzen Unternehmungen, in: ZfbF, 22. Jg. (1970), S. 331–335
Vodrazka, K.: Wertuntergrenzen für das bilanzielle Vermögen im Aktien- und Ertragssteuerrecht, in: Zur Besteuerung der Unternehmung, Festschrift für P. Scherpf, Berlin 1968, S. 139–166
Vormbaum, H.: Kalkulationsarten und Kalkulationsverfahren, Stuttgart 1966

Walb, E.: Betrachtung über Wertarten und stille Reserven im Zusammenhang mit der Bewertung von Unternehmungen und Unternehmungsanteilen sowie der Gesellschafterabfindung, in: ZfhF, 34. Jg. (1940), S. 1–13
v. Wallis, H.: Fragen des Bilanzsteuerrechts bei Kapitalgesellschaften in der Rechtsprechung des Bundesfinanzhofs, in: RGmbH, 59. Jg. (1968), S. 87–94
v. Wallis, H.: Das Konzernrecht des Aktiengesetzes 1965 und das Konzernsteuerrecht, in: AG, 12. Jg. (1967), S. 40–46
v. Wallis, H.: Besteuerung der Unternehmenszusammenfassungen, Herne–Berlin 4. Aufl. 1970
Walter, O.L.: Verteilung der Konzerngewinne in den USA, Bemerkungen zu Richtlinien der Steuerbehörden in USA, in: AWD des BB, 14. Jg. (1968), S. 1–5
Walther, G.: Zum Recht der verbundenen Unternehmen nach dem Regierungsentwurf eines Aktiengesetzes, in: AG, 6. Jg. (1961), S. 85–90
Warneke, H.: Zur Frage der Ermittlung der ausscheidenden Aktionäre zu gewährenden angemessenen Abfindung, in: WPg, 17. Jg. (1964), S. 446–452

Weber, K.: Verrechnungspreise im Konzern. – Wann liegt eine verdeckte Gewinnausschüttung vor?, in: BdW, 8.9.1969
Weber, K.: Preisgestaltung zwischen Tochtergesellschaften internationaler Konzerne, in: DB, 22. Jg. (1969), S. 1908–1909
Wein, E.-A.: Die betriebswirtschaftliche Aussagefähigkeit der Konzern-Rechnungslegung nach dem neuen Aktiengesetz, Köln und Opladen 1968
Weissenborn, U.: Zur Abgrenzung von Lizenzverträgen gegenüber den sogenannten „gemischten Verträgen", in: RGmbH, 56. Jg. (1965), S. 104 f
Weisser, K.-F.: Der Gewinn der Aktiengesellschaft im Spannungsfeld zwischen Gesellschaft und Aktionären, Nürnberger Abhandlungen zu den Wirtschafts- und Sozialwissenschaften, hrsg. von H. Eichler, H. Linhardt, Th. Scharmann, W. Weddingen, Bd. 17, Berlin 1962
Werner, W.: Probleme des neuen Konzernrechts, in: NB, 20. Jg. (4/1967), S. 1–18
Werner, W.: Der erste Kommentar zum neuen Aktienrecht (zum Erscheinen der 3. Aufl. des Kommentars von Godin-Wilhelmi zum Aktiengesetz 1965), in: AG, 12. Jg. (1967), S. 122–127
Werner, W.: Zum Erscheinen der 13. Aufl. des Kommentars von Baumbach-Hueck zum Aktiengesetz, in: AG, 13. Jg. (1968), S. 181–185
Westerfelhaus, H./Glade, A.: Verdeckte Gewinnausschüttung als steuerrechtliches und betriebswirtschaftliches Problem, 2. Aufl. Düsseldorf 1961
Westrick, P.: Abschlußprüfung und Abschlußprüfer nach geltendem und zukünftigem Aktienrecht, Diss. Frankfurt/M. 1962
Wiedemann, H.: Minderheitenschutz und Aktienhandel. Eine rechtsvergleichende Studie zum amerikanischen und deutschen Gesellschaftsrecht, Stuttgart 1968
Wiedemann, H.: Warum kein Aktienamt in Deutschland?, in: FAZ, Nr. 73 vom 26.3.1968, S. 14
Wiedemann, H.: Die Börsenspielregeln fair und flexibel halten, in: FAZ, Nr. 75 vom 28.3.1968, S. 15
Wiethölter, R.: Interessen und Organisation der Aktiengesellschaft im amerikanischen und deutschen Recht, Berkeley–Kölner Rechtsstudien, Kölner Reihe, Bd. 1, Karlsruhe 1961
Wiethölter, R.: Die Publizitätsinteressen der Anteilseigner, in: Das Frankfurter Publizitätsgespräch, Frankfurt 1962, S. 33–54
Wild, J.: Unternehmerische Entscheidungen, Prognosen und Wahrscheinlichkeit, in: ZfB, 39. Jg. (1969), 2. EG, S. 60–89
Wilhelmi, H.: Das neue Aktiengesetz, in: AG, 10. Jg. (1965), S. 153–155, S. 187–190, S. 217–220, S. 247–250, S. 277–281, S. 307–310, S. 349–352
Winkelmann, R.: Die Gewinn- und Verlust-Rechnung im Konzern, Berlin 1936
Winkhaus, E.: Der Bericht des Vorstandes einer Aktiengesellschaft über Beziehungen zu verbundenen Unternehmen unter besonderer Berücksichtigung der Ausgleichspflicht und der Einfluß von Rahmenverträgen, welche die Geschäftsbeziehungen zwischen herrschender und abhängiger Gesellschaft regeln, auf die Berichterstattungspflicht und den Berichtsumfang, Diss. Münster 1967
Wittmann, W.: Ungewißheit und Planung, in: ZfhF, 10. Jg. (1958), S. 499–510
Wittmann, W.: Unternehmung und unvollkommene Information, Köln und Opladen 1959
Wittmann, W.: Konzentrationsproblem in der Betriebsphäre, in: Die Konzentration in der Wirtschaft, Schriften des Vereins für Socialpolitik, N.F. Bd. 22, Berlin 1961, S. 267–287
Wolany, J.: Stellungnahme zu den verschiedenen Vorschlägen zur Reform des Aktienrechts, in: AG, 3. Jg. (1958), S. 193–203, S. 250–254, S. 273–279
Wollert, H.: Der Abhängigkeitsbericht nach dem Aktiengesetz 1965, in: DB, 19. Jg. (1966), S.1281–1283 = Beiträge zum Aktienrecht 1965 III, Düsseldorf 1966, S. 25–28
WP Handbuch 1968, Düsseldorf 1968
Würdinger, H.: Betrachtungen zur Regelung der Konzernverfassung im Entwurf eines Aktiengesetzes, in: DB, 11. Jg. (1958), S. 1447–1452
Würdinger, H.: Zur Reform des Konzernrechts, in: Aktuelle Probleme aus dem Gesellschaftsrecht und anderen Rechtsgebieten, Festschrift für W. Schmidt zum 70. Geb., hrsg, von B. Samson, Berlin 1959, S. 279–293
Würdinger, H.: Zum Regierungsentwurf eines Aktiengesetzes, in: AG, 5. Jg (1960), S. 109–112
Würdinger, H.: Aktien- und Konzernrecht, 2. Aufl. Karlsruhe 1966
Würdinger, H.: Konzernbegriff und Konzernbilanz, in: AG, 14. Jg. (1969), S. 165–167
Würdinger, H.: Der Begriff Unternehmen im Aktiengesetz, in: Recht und Rechtsleben in der sozialen Demokratie, Festgabe für O. Kunze zum 65. Geb., hrsg. von K. Ballerstedt, E. Friesenhahn, O. v. Nell-Breuning, Berlin 1969, S. 177–187

v. Wysocki, K.: Grundlagen des betriebswirtschaftlichen Prüfungswesens, Berlin–Frankfurt/M. 1967,
v. Wysocki, K.: Kontrolle durch Kollegen, in: VW, 23. Jg. (1969), S. 47 f

Zahn, J.: Diskussionsbeitrag, in DJT 1957, S. F 95 f
Zilias, M.: Treuhandverhältnisse und Unternehmensverbindungen, in: WPg, 20. Jg. (1967), S. 465–471
Zimmerer, C.: Die Organe der AG und die Stellung der Wirtschaftsprüfer, in: NB, 19. Jg. (1966), S. 44–49
Zimmerer, C.: Über die Mobilisierbarkeit gewerblicher Unternehmungen, in: ZfB, 37. Jg. (1967), S. 471–75
Zitzelsberger, S.: Die Problematik der Gewinnrealisierung bei der handels- und steuerrechlichen Bewertung konzerninterner Lieferungen und Leistungen, Diss. München 1966
Zöllner, W.: Die Schranken mitgliedschaftlicher Stimmrechtsmacht bei den privatrechtlichen Personenverbänden, München und Berlin 1963

Abkürzungsverzeichnis

a.A.	anderer Ansicht
a.a.O.	am angegebenen Ort
AcP	Archiv für civilistische Praxis
AG	Die Aktiengesellschaft, Zeitschrift für das gesamte Aktienwesen
AG	Aktiengesellschaft
AktG	Aktiengesetz
Anm.	Anmerkung
AR	Aufsichtsrat
Art.	Artikel
Aufl.	Auflage
AWD	Außenwirtschaftsdienst des Betriebs-Beraters
BAnz	Bundesanzeiger
BB	Der Betriebs-Berater
Bd.	Band
BdW	Blick durch die Wirtschaft
bes.	besonders
BFH	Bundesfinanzhof
BFuP	Betriebswirtschaftliche Forschung und Praxis
BGB	Bürgerliches Gesetzbuch
BGH	Bundesgerichtshof
BRD	Bundesrepublik Deutschland
BStBl	Bundessteuerblatt
BverfG	Bundesverfassungsgericht
BWM	Betriebswirtschafts-Magazin
bzw.	beziehungsweise
DB	Der Betrieb
DBT	Deutscher Bundestag
dgl.	desgleichen
d.h.	das heißt
DIfB	Deutsches Institut für Betriebswirtschaft und Interne Revision
Diss.	Dissertation
DJT	Deutscher Juristentag
Ec	Econometrica
EGAktG	Einführungsgesetz zum Aktiengesetz
EG	Ergänzung
EurStZ	Europäische Steuerzeitung
FAZ	Frankfurter Allgemeine Zeitung
FN	Fußnote
FR	Finanzrundschau

GbR	Gesellschaft bürgerlichen Rechts
GenG	Genossenschaftsgesetz
GG	Grundgesetz
GmbH	Gesellschaft(en) mit beschränkter Haftung
GmbHR	GmbH-Rundschau
GWB	Gesetz gegen Wettbewerbsbeschränkungen
HdB	Handwörterbuch der Betriebswirtschaft
HdSW	Handwörterbuch der Sozialwissenschaften
HdW	Handwörterbuch der Wirtschaftswissenschaften
h.M.	herrschende Meinung
HV	Hauptversammlung
i.d.R.	in der Regel
IdW	Institut der Wirtschaftsprüfer in Deutschland e.V.
insb.	insbesondere
i.V.m	in Verbindung mit
JJb	Juristen-Jahrbuch
JW	Juristische-Wochenschrift
JZ	Juristenzeitung
KG	Kommanditgesellschaft
KGaA	Kommanditgesellschaft(en) auf Aktien
KStDV	Körperschaftsteuerdurchführungsverordnung
KStG	Körperschaftsteuergesetz
LSÖ	Leitsätze für die Preisermittlung auf Grund der Selbstkosten bei Leistungen für öffentliche Auftraggeber
LSP	Leitsätze für die Preisermittlung auf Grund von Selbstkosten
m.E.	meines Erachtens
NB	Neue Betriebswirtschaft
NJW	Neue Juristische Wochenschrift
OHG	offene Handelsgesellschaft
OLG	Oberlandesgericht
o.O.	ohne Ort
o.V.	ohne Verfasser
Prot.	Protokoll
RefE	Referentenentwurf eines Aktiengesetzes, Köln 1958
RegB	Regierungsbegründung
RegE	Regierungsentwurf eines Aktiengesetzes und eines Einführungsgesetzes zum Aktiengesetz nebst Begründung, Bonn 1960
RFH	Reichsfinanzhof
S.	Seite
s.	siehe
SEC	Securities Exchange Commission
sog.	sogenannt
Sp.	Spalte
Tz	Textziffer
u.a.	unter anderem

UEC	Union Européenne des Experts Comptables, Economique et Financiers
UmwG	Umwandlungsgesetz
u.U.	unter Umständen
Verf.	Verfasser
vGA	verdeckte Gewinnausschüttung(en)
VO	Verordnung
VPöA	Verordnung über die Preise bei öffentlichen Auträgen
VW	Der Volkswirt
W	Das Wertpapier
WP	Wirtschaftsprüfer
WPg	Die Wirtschaftsprüfung
WTr	Der Wirtschaftstreuhänder
WW	Wirtschaftswoche
z.B.	zum Beispiel
ZfB	Zeitschrift für Betriebswirtschaft
ZfbF	Zeitschrift für betriebswirtschaftliche Forschung
ZfgK	Zeitschrift für das gesamte Kreditwesen
ZfgSt	Zeitschrift für die gesamten Staatswissenschaften
ZfhF	Zeitschrift für handelswissenschaftliche Forschung
ZfR	Zeitschrift für das gesamte Rechnungswesen
ZHR	Zeitschrift für das gesamte Handelsrecht und Wirtschaftsrecht

Stichwortverzeichnis

Bochumer Beiträge zur Unternehmungsführung und Unternehmensforschung

---

Band 1 Der Computer im Dienste der Unternehmungsführung
Herausgegeben von Walther Busse von Colbe und Richard V. Mattessich

Band 2 Unternehmerische Planung und Entscheidung
Herausgegeben von Walther Busse von Colbe und Peter Meyer-Dohm

Band 3 Robert N. Anthony
Harvard-Fälle aus der Praxis des betrieblichen Rechnungswesens
Herausgegeben von Richard V. Mattessich unter Mitarbeit von Klaus Herrnberger und Wolf Lange

Band 4 Richard V. Mattessich
Die wissenschaftlichen Grundlagen des Rechnungswesens
Eine analytische und erkenntniskritische Darstellung doppischer Informationssysteme für Betriebs- und Volkswirtschaft

Band 5 Joachim Schweim
Integrierte Unternehmungsplanung

Band 6 Das Rechnungswesen als Instrument der Unternehmungsführung
Herausgegeben von Walther Busse von Colbe

Band 7 Michel Domsch
Simultane Personal- und Investitionsplanung im Produktionsbereich

Band 8 Manfred Leunig
Die Bilanzierung von Beteiligungen
Eine bilanztheoretische Untersuchung

Band 9 Reimund Franke
Betriebsmodelle
Rechensysteme für Zwecke der kurzfristigen Planung, Kontrolle und Kalkulation

Band 11 Recht und Steuer der internationalen Unternehmensverbindungen
Herausgegeben von Marcus Lutter

Band 12 Helmut Niebling
Kurzfristige Finanzrechnung auf der Grundlage von Kosten- und Erlösmodellen

Band 13 Manfred Perlitz
Die Prognose des Unternehmenswachstums aus Jahresabschlüssen deutscher Aktiengesellschaften

Band 14 Walter Niggemann
Optimale Informationsprozesse in betriebswirtschaftlichen Entscheidungssituationen

Band 15 Harald Richardt
Der aktienrechtliche Abhängigkeitsbericht unter ökonomischen Aspekten

---

Betriebswirtschaftlicher Verlag Dr. Th. Gabler, Wiesbaden